Claudio Bellecca

ESSERE GENITORI:
il più "facile" dei mestieri

Seconda edizione

Dedica

Questo libro è dedicato a mio figlio Michele, a Silvia e Michela, mie amatissime nipoti e a tutti i bambini della Terra affinché abbiano un futuro più *luminoso*!

Con Amore incondizionato

Claudio Bellecca

«In ogni bambino è nascosto un sogno di Dio»

Gibran Kahlil Gibran

A mio padre **Michele** e a mia madre **Vera** (non più appartenenti a questa dimensione) va tutto il mio Amore e la mia eterna gratitudine per avermi aiutato a diventare un uomo.

Ringraziamenti

Ringrazio dal profondo del cuore i bambini e i genitori, con i quali sono venuto in contatto nei quarantacinque anni di professione al mio attivo, per quanto mi hanno insegnato.

Uno speciale ringraziamento va a tutte le persone che, credendo in me, mi hanno incoraggiato a scrivere questo libro. In particolare ringrazio mia sorella Antonella, mio cognato Mario Felici, Mimmo Micarelli, Maria Allìa, Giuliana Galli e Claudio Vagni (purtroppo scomparso).

Sono grato a Leonardo Carrano, autore dei disegni contenuti in questo testo.

Un grazie affettuoso, inoltre, va ad Alfredo Rezzonico per la meticolosità e la pazienza impiegate nel trasferire sul computer questa seconda edizione, aggiornata e riveduta, e a Leonardo Marigliani che mi ha aiutato a pubblicarla.

Sono riconoscente nei confronti di Eliana Sorà, madre di mio figlio, per avermi dato l'opportunità di diventare padre.

Un grazie, perché no, lo riservo pure a me stesso per il coraggio, l'entusiasmo e la perseveranza che mi hanno accompagnato nei sette anni impiegati per scrivere questo libro.

Rivolgo, infine, un commosso ringraziamento a Dio per il sostegno spirituale che mi dà nel fare il medico e il papà, nonché per avermi aiutato a rialzarmi tutte le volte che sono caduto.

Presentazione

Questo libro si rivela essere una iniezione di positività, un utile vademecum prima per l'uomo e per la donna, poi per i genitori, quindi per i figli. Un compendio del mestiere di genitore, il cui aggettivo "facile" è provocatorio e denso di significato. Un valido strumento di introspezione per il lettore al quale viene indicato, con oggettività, quali siano, nel pianeta uomo – donna odierno, i giusti punti di riferimento della sfera affettiva. Non si limita, però, ad essere un efficace manuale per genitori o uno spunto di riflessione su quei fattori, soggettivi, che possono incentivare il miglioramento della vita di ognuno di noi ma è anche proprio un modo per regalarsi un momento per se stessi, intenso, agile e piacevole.

Colui che l'ha scritto, Claudio Bellecca, ha saputo conciliare nel testo, in maniera semplice ed essenziale, la sua esperienza di uomo, di padre e di impegnato professionista, a favore della narrazione, per un servizio che, si sente, desiderava rendere a tutti anche in questo modo. E c'è riuscito dal momento che il volume si scopre essere rivolto appunto ai genitori, ai membri della nostra famiglia, ai nostri figli, ai nipoti.

Il libro è un dono che ciascuno di noi può farsi in qualunque momento, nel quale riconoscersi e dal quale ricevere soddisfazione.

È un regalo per i nostri cari, per gli amici, per i conoscenti e perché no anche per tutti coloro che abbiamo l'opportunità di incontrare nella vita, come gesto autentico e profondo nonché come una vera benedizione. Un omaggio di un istante che è per sempre.

Viviana Normando

«Il migliore modo di capire e imparare la legge dell'Amore è attraverso i bambini»

Mahatma Gandhi

Più che una premessa...

Molto probabilmente non saranno pochi coloro i quali, leggendo il titolo di questo libro, sgraneranno gli occhi chiedendosi stupiti se sia stato commesso un errore di stampa o se, invece, l'autore sia da considerare un individuo a dir poco bislacco. Mi sembra quasi di udire le parole di un ipotetico lettore il quale, ancora incredulo per ciò che ha appena visto, si lascia andare ad un salace commento: «come sarebbe a dire *facile* il mestiere del genitore? Ma è incredibile un'affermazione del genere! Vorrei proprio conoscere chi ha scritto una simile eresia. Giudicare l'operato degli altri è fin troppo semplice, mi piacerebbe vedere questa persona alle prese con un bambino! Al giorno d'oggi, è il caso di dirlo, se ne sentono e se ne vedono di tutti i colori...».

Può darsi che, di primo acchito, si possa ipotizzare che io sia un tipo stravagante. Certo, non lo nego, se mi fosse capitato di leggere questo titolo diversi anni fa, vale a dire prima di iniziare un cammino di conoscenza e di consapevolezza, verosimilmente anch'io mi sarei meravigliato oppure avrei provato un istintivo scetticismo.

So bene che se, anziché "facile", avessi scritto "difficile", tutto sarebbe rientrato nella normalità. È noto, infatti, che la maggior parte della gente crede che essere genitori sia un compito estremamente complesso ed oneroso. La mia opinione di papà, di pediatra e di uomo non collima affatto con questa diffusa convinzione.

Ricorrere al termine "facile" sicuramente non è stato un espediente per attirare l'attenzione delle persone. L'idea è nata dal presupposto secondo il quale, nella vita, è difficile o impossibile soltanto ciò che non si conosce o che non si ha voglia di conoscere. Quando, invece, animati dal vivo desiderio di imparare qualcosa, siamo disposti ad affrontare gli iniziali ostacoli legati all'apprendistato, magari lasciandoci aiutare da chi ha più conoscenze di noi, ciò che volevamo acquisire diventa familiare e persino facile una volta che l'abbiamo fatto nostro. «*Tutto è difficile prima di divenire facile*» (proverbio persiano).

Prendendo spunto da questa regola, peraltro applicabile anche alla educazione dei figli, ho voluto fare partecipi, stimolandoli attraverso una bonaria provocazione, tanti genitori del fatto che è possibile rendere più efficace il proprio ruolo di educatore purché si abbia voglia di imparare e di migliorarsi. Credo che questa lettura possa aiutare fattivamente in tal senso.

Desidero precisare che se il vocabolo *facile* è stato posto tra due virgolette, vuol dire che il suo significato non va preso alla lettera e che non è mia intenzione sminuire la figura del padre e della madre la cui funzione riveste un ruolo cardine nella vita di un bambino, tanto da influenzarne il destino.

A volte ascoltare una voce diversa, rispetto ai luoghi comuni a cui si è abituati, può produrre effetti benefici. Pertanto, suggerisco al lettore di liberare il più possibile la propria mente dai pregiudizi e da tutto ciò che possa essere di ostacolo per una proficua lettura.

Pur non avendone avuta alcuna intenzione, è probabile che quanto ho scritto possa urtare la suscettibilità di qualcuno e generare delle resistenze, almeno inizialmente. Ciò è comprensibile perché non sempre è possibile incontrare un univoco consenso specialmente quando si espongono concetti che la maggior parte delle persone ignora. Difatti, accade spesso che, nel momento in cui si propone "qualcosa di nuovo" rispetto a quanto la gente è abituata a pensare e a fare da tempo, si corra il rischio di smuovere un vespaio. Molti individui vogliono sentirsi dire esattamente quello che essi reputano giusto e che sanno (o che credono di sapere). Non amano essere contraddetti neanche quando la loro vita è contrassegnata da insuccessi e sofferenze.

A tanti individui il cambiamento dà fastidio perché cambiare costa, ma è indispensabile quando costituisce l'unica alternativa nei confronti di un modo di vivere che non giova affatto. **Tutto, nella vita, ha un prezzo da pagare!** Niente è gratuito. Nulla che abbia un effettivo valore si conquista senza forza di volontà e senza impegno. Pertanto, solo se siamo propensi a correggere ciò che non va nel nostro modo di vedere le cose e di agire, la nostra esistenza e quella dei nostri figli può assumere risvolti decisamente migliori.

Nel tempo, man mano che le mie conoscenze si sono ampliate, ho sentito l'esigenza di comunicarle sia a chi in qualità di paziente mi onora della sua stima e sia a tante altre persone che non conosco. Questa è la ragione principale che mi ha indotto a pubblicarle consapevole che apporteranno un valido aiuto a chi vorrà servirsene.

Da quando ho compreso quanto sia essenziale agire unicamente se è il nostro *cuore* ad ispirarci e quanto sia importante *condividere* ciò che conosciamo, mettendolo a disposizione del prossimo, ho compiuto una tappa fondamentale nel mio percorso di crescita. Nel momento in cui si dà con generosità, senza aspettarsi nulla in cambio, si prova un profondo appagamento e una piacevole sensazione di pace e di armonia con noi stessi e con gli altri.

Ciò che maggiormente mi interessa è far sapere a tantissima gente che non è affatto vero che siamo nati per soffrire, né in quanto esseri umani, né come educatori. Al contrario, siamo tutti qui, su questo pianeta, per vivere con coraggio e determinazione quella incredibile sfida che è la *vita*, con le sue luci e con le sue ombre.

Essere riuscito a mettere per iscritto quel che conosco mi ha reso felice in quanto è stata la mia *anima* a guidarmi e ad ispirarmi.

Quello che vi accingete a leggere costituisce una personale elaborazione degli autorevoli insegnamenti che ho ricevuto e rappresenta anche il risultato di attente osservazioni, di entusiasmanti intuizioni e soprattutto di tante esperienze accumulate nel corso degli anni.

Mi è stato insegnato che possiamo imparare da tutti e che ciò sia possibile in qualsiasi momento della nostra esistenza a patto che si abbia la volontà di *ascoltare* e di *aprirsi*. Chiunque, dal più umile al più sapiente, può costituire per noi una fonte di apprendimento, a prescindere dal titolo di studio che la persona ha o non ha conseguito. Ritengo, inoltre, che si possa attingere molto anche da chi è portavoce di idee e modi di pensare che non rientrano nei canoni imposti dalla società.

Contrariamente a quello che molti credono, i figli hanno tanto da insegnarci. Personalmente sono un indefesso sostenitore del fatto che sono loro i principali *maestri di vita* per noi genitori. In effetti, se si ha la pazienza e l'umiltà di osservarli e di ascoltarli con attenzione, i ragazzini sanno trasmetterci, attraverso gli sguardi, i sorrisi ed il loro semplice e genuino modo di fare e di comunicare, verità che spesso ci sfuggono perché la nostra anima è sepolta sotto una coltre di paure, false credenze, razionalità, testardaggine, presunzione e quant'altro un adulto può aver incamerato in seguito ai molteplici condizionamenti ricevuti. «*I figli hanno tante cose da insegnarvi, mentre voi non avete niente da insegnare a loro*» (Osho).

Fin da quando ho iniziato a scrivere questo libro, ho avvertito l'esigenza di evidenziare come gli *atteggiamenti mentali negativi* siano responsabili, oltre che di scontentezze e frustrazioni, anche di inevitabili ripercussioni fallimentari sul piano educativo. In altri termini, ho voluto far risaltare l'importanza del principio, per me incontrovertibile, secondo il quale se si vuole divenire bravi genitori occorre innanzitutto migliorarsi, ogni giorno di più, come esseri umani. **Se non si fa nulla per educare se stessi, mi chiedo, come possiamo ottenere buoni risultati con i figli?**

Allorché ci accorgiamo che il rapporto con la nostra prole è deludente e ci rende insoddisfatti, occorre avere l'umiltà di metterci in gioco operando un cambiamento su di noi. Nel momento in cui decidiamo di cambiare, automaticamente ci mettiamo in discussione e, porsi in discussione, implica aver fatto già un notevole passo in avanti. Solo manifestando un comportamento aperto e flessibile possiamo diventare via via individui più maturi e perciò padri e madri di valore.

L'esperienza acquisita mi induce ad affermare che i due aspetti, umano e genitoriale, non sono affatto disgiunti ma hanno una stretta connessione tra loro. Essere disponibili nell'apprendere cose che non si conoscono significa lasciarsi guidare dal lodevole intento di crescere come esseri umani, dando conseguentemente a chi abbiamo procreato la facoltà di vivere una esistenza ricca di possibilità e di soddisfazioni.

Molteplici sono i libri indirizzati ai genitori allo scopo di insegnare loro come educare i figli. Se negli ultimi decenni si è verificata, in questa direzione, una intensa fioritura letteraria vuol dire che la richiesta è andata aumentando. In effetti, sono sempre più numerose le persone che percepiscono la necessità di ricevere buoni consigli la cui applicazione, nel quotidiano, possa condurre ad un appagante rapporto con chi si è messo al mondo.

Questo libro non ha la pretesa di essere superiore agli altri. Semmai è diverso dato che non segue dei cliché. Costituisce uno spassionato e onesto contributo personale nei confronti di quella che amo definire la *riscoperta* della dimensione umana del bambino e del genitore.

Quel che ho scritto credo rappresenti un incisivo punto di riferimento per tutti quelli che, avendo il coraggio di guardarsi dentro, sono disposti ad uscire dalla mediocrità, dai pregiudizi e dalla ignoranza che una educazione imperniata sulla razionalità, sulle apparenze e sulle convenzioni ha generato.

Diventare **genitori consapevoli**, e perciò responsabili, è quanto offre questa lettura. Soltanto quando diventiamo consapevoli di qualcosa riusciamo a trarne giovamento. In caso contrario, ossia se non si è coscienti, ci muoviamo a tentoni e ci comportiamo come se fossimo bendati. E' poco probabile, vivendo in questo modo, ottenere dei risultati che ci rendano felici!

Sapere *come* andare incontro ai nostri figli per nutrirne le esigenze spirituali e permettere loro di crescere, sfruttando al meglio le potenzialità di cui sono dotati, vuol dire essere padri e madri consci del proprio ruolo.

La *consapevolezza* ci consente di vivere una esistenza libera dalle prigioni mentali e dalle frustrazioni che ci sono state trasmesse o alle quali noi stessi, senza saperlo, abbiamo dato adito nel corso degli anni. Con la *consapevolezza*, inoltre, si acquisisce sempre più fiducia in se stessi e si è in grado di dare alle cose, alle persone e alla vita, un significato non più legato alla esteriorità bensì all'*essenza*. Divenire consapevoli ci induce a fare luce e chiarezza in noi. Ci sbarazza di quella confusione mentale della quale spesso siamo prigionieri.

La consapevolezza ci fa vivere nella serenità. L'ignoranza nella inquietudine e nel patimento. "Vedere" con maggiore chiarezza significa *sapersi ascoltare* fidandoci di tutto quello che *proviamo* e *sentiamo*. Soltanto in questo modo è possibile entrare in *empatia* con i nostri figli, vale a dire sintonizzarsi sulla loro lunghezza d'onda emozionale, divenendo coscienti di cosa essi necessitano *realmente*. Tali necessità vanno ben oltre il bisogno di essere nutriti e vestiti, perché sono esigenze che riguardano *l'anima*.

Mentre scrivo ho la sensazione di parlare con le persone proprio come faccio, quotidianamente, con i papà e le mamme che si rivolgono a me per ricevere aiuto. Mi succede spesso di udire qualcuno di loro affermare, mentre sospira malinconicamente, che il mestiere del genitore è il più gravoso ed ingrato di tutti. Non nascondo che in passato, prima che anch'io divenissi padre, mi sono interrogato più volte sulla veridicità di questa affermazione. Col passare del tempo, l'esperienza acquisita in veste di genitore mi ha permesso di comprendere che spesso la verità non coincide con quello che pensa la maggior parte degli esseri umani. «*Il fatto che una opinione sia ampiamente condivisa non è necessariamente una prova che non sia assurda. Infatti, a causa della stupidità della maggioranza degli uomini, è molto più probabile che un giudizio diffuso sia sciocco piuttosto che ragionevole*» (B. Russell).

Non vi è dubbio che, nel far da guida ad un bambino, vale a dire un essere del tutto indifeso, si debbano assolvere compiti ben precisi e ci si debba assumere responsabilità non trascurabili. Tuttavia ritengo di poter affermare, anche a costo di apparire un inguaribile ottimista o perfino un pazzo, che non è poi così arduo allevare un figlio riuscendo a farne un adulto capace di affrontare con ottimismo e risolutezza le non poche difficoltà che la vita pone davanti. Tutto sta nel sapere **come** fare ma, dato che non ci è stato insegnato o non ci è stato trasmesso nel giusto modo, lo dobbiamo apprendere dalla pratica quotidiana alla quale i figli ci sottopongono.

Sono convinto che la nostra esistenza, pur nella sua complessità, *sia molto più semplice di quanto si possa immaginare: siamo noi a complicarcela, giorno dopo giorno, vittime di un inconsapevole accanimento nei nostri stessi confronti*. Soltanto nell'ottimismo, nel buon senso e nella semplicità possono trovare spazio il piacere, la soddisfazione e la gioia di vivere (proprio come accade ai bambini). Al contrario, nel pessimismo, nell'essere contorti mentalmente e nel rendere complicata ogni cosa, non risiede alcun appagamento né si può essere felici. «*È meglio essere ottimisti ed avere torto, piuttosto che essere pessimisti ed avere ragione*» (A. Einstein).

Ormai sono certo che esiste una *via alternativa*, diversa da quella che è stata insegnata alla maggior parte di noi, nell'educare un bambino. Una via che consenta a chi si è procreato di crescere indipendente, genuino ed amorevole. Affinché ciò si realizzi occorre, però, che un genitore impari ad amare innanzitutto se stesso prima di poter trasmettere insegnamenti assennati al figlio. Solo **essendo se stessi**, che sostanzialmente significa esprimere i propri pensieri, i propri sentimenti e le proprie emozioni senza che il giudizio altrui abbia su di noi alcuna influenza, potremo comprendere come amare i nostri figli, i figli degli altri, nonché gli altri stessi.

Quando è nato mio figlio Michele è iniziata un'avventura che mi ha arricchito spiritualmente, una delle più straordinarie che un uomo possa provare. Sicuramente tale evento mi ha consentito di fare un salto di qualità come essere umano rendendomi più flessibile, più paziente, più affettuoso, più compassionevole e anche un figlio migliore. Allorché si diviene genitori si comprendono molto meglio i propri genitori e si è più propensi ad accettare e a perdonare quelle che sono state le loro mancanze nei nostri confronti.

Con la paternità il mio amore per i bambini è diventato ancor più profondo e coinvolgente. Mi è difficile descrivere la struggente tenerezza che provo ogni volta che stringo a me un bimbo, anche se non è mio figlio, né risulta facile tradurre in parole la commozione che mi pervade quando ne vedo uno soffrire. In quel momento la sua sofferenza è anche la mia, per cui diviene prioritario cercare di fare qualcosa per aiutarlo. Dando una mano ai suoi genitori nel comprendere delle cose, gli rendo un servizio. In questo, principalmente, consiste il mio impegno quotidiano di pediatra.

Viviamo in un mondo pieno di contraddizioni nel quale la gente, distratta da meri valori materiali, sembra non avere tempo per ciò che è veramente importante e prioritario: **nutrire i sentimenti e lo spirito.** Lasciarsi andare ogni giorno a sensate riflessioni e a momenti di sincera introspezione ci aiuta a rigenerarci dalle nostre fatiche e ci induce a vedere noi stessi e gli altri con occhi diversi, più fraterni.

Spesso occorre *poco* per sentirsi felici a patto che si ascolti il **cuore**, nostro grande alleato, e non la *testa* che, invece, ci complica l'esistenza.

Ho l'abitudine di sperimentare fino in fondo, in prima persona, tutto quello che imparo: in nessun caso mi limito alla sola teoria. Soltanto dopo che ho fatto mio quanto ho appreso e ne constato la validità, mi permetto di divulgarlo. Vivere pienamente tutte le esperienze che ci "capita" di fare, prendendo da esse sempre il meglio, credo sia fondamentale se si vuole migliorare costantemente la *qualità* del nostro stile di vita.

Una volta che abbiamo conseguito delle conoscenze possiamo trasmetterle con amore agli altri. Naturalmente il nostro prossimo, figli inclusi, dovrà sentirsi libero di accogliere o di respingere l'aiuto offerto essendoci da parte nostra la volontà di accettare sia l'una che l'altra evenienza. È inoltre estremamente importante essere coerenti tra quel che si afferma e quel che si fa.

Come un seme ha in sé la potenzialità di maturare e di germogliare, divenendo col tempo una pianta che produrrà fiori profumati e frutti gustosi, così, similmente, ogni essere umano si porta dentro la possibilità di crescere, svilupparsi e "fiorire". Questo libro non vuole insegnare nulla per la semplice ragione che **"tutto, potenzialmente, è già racchiuso dentro ognuno di voi"**. Si propone, invece, di rendervi consapevoli del fatto che tutti, ma veramente tutti, possediamo le prerogative per divenire buoni educatori. È sufficiente imparare a lasciar "sbocciare" queste qualità naturali, che sono appannaggio di ognuno di noi, per constatare come mutino in meglio i risultati delle nostre azioni.

"Cambia dentro di te e cambierà il mondo intorno a te" ammonisce un famoso aforisma. Come è vero! Da anni sto verificando personalmente quanto questa affermazione sia veritiera. Se, infatti, ci impegniamo in un processo di trasformazione individuale anche gli altri, e per altri intendo riferirmi soprattutto ai nostri figli, si rapporteranno a noi in maniera diversa avendo la possibilità di esprimere più compiutamente il potenziale umano di cui sono dotati. *Tutto ciò che correggiamo dentro di noi cambia inevitabilmente la realtà esterna!*

Sono molti coloro che credono di poter cambiare il mondo così come sono tanti i genitori che hanno la presunzione di voler correggere i figli senza iniziare da se stessi nel modificare gli atteggiamenti errati di cui sono ogni giorno protagonisti. Se vogliamo trasformare in meglio il mondo (cosa di cui ce n'è sicuramente molto bisogno) non dobbiamo cominciare da quest'ultimo, ma da ciascuno di noi. «*Non c'è nulla di nobile nell'essere superiore ad un altro uomo. La vera nobiltà sta nell'essere superiore alla persona che eravamo fino a ieri*» (S. Johnson).

Tutte le rivoluzioni di cui è costellata la Storia del genere umano, pur essendo degne di rispetto per aver apportato qualche cambiamento, non sono bastate a far sì che l'essere umano oggi viva nel pieno benessere fisico, psichico e spirituale. Ce lo mostrano la violenza e le guerre, la povertà e le malattie, la droga e la delinquenza (tanto per citare le principali piaghe che affliggono la nostra civiltà) con le quali ancora dobbiamo misurarci e confrontarci.

Si vuole cambiare la società e le sue strutture (sanità, scuola, pubblico impiego...) ma il singolo individuo non vuole cambiare la propria **mentalità.** La causa di ogni sofferenza e di ogni infelicità umana si trova **dentro** le persone e non fuori di esse. *Cambia te stesso, cambia la tua visione della vita, opera in te una trasformazione che ti conduca a mutare la tua prospettiva nel vedere le cose: solo così potrai salvarti e contribuirai a salvare anche la Terra.* Questa è l'unica "rivoluzione" che è necessario attuare. Questo è il solo cammino che valga veramente la pena di essere percorso.

Sono consapevole che all'inizio non è agevole accantonare certi punti di vista negativi, rinforzati dal tempo, e sostituirli con altri nuovi e positivi né, in un attimo, si possono perdere abitudini dannose che ci trasciniamo da anni. Tuttavia, se si ha l'accortezza di non rigettare a priori le informazioni qui contenute, prima di averle attentamente valutate e messe in pratica, i giovamenti non si faranno attendere. Vi invito a sperimentare quotidianamente i suggerimenti indicati anche se, talvolta, possono far sorridere perché apparentemente molto semplicistici. Garantisco di averli applicati innumerevoli volte su di me e sugli altri e sempre con successo: funzionano davvero! Questa è la ragione per la quale ho voluto diffonderli attraverso questa pubblicazione.

Risolvere le problematiche che normalmente assillano la maggior parte dei genitori costituisce un evento tutt'altro che irrealizzabile. Vivere in maniera equilibrata, armonizzandoci con le esigenze nostre e di chi abbiamo messo al mondo, è possibile. Il segreto sta nella *volontà di cambiare* e nel *lasciarsi aiutare*, tutto il resto, poi, viene da sé.

Cambiare comportamenti e vecchie abitudini richiede impegno e forza di volontà, lo so bene. Ci saranno sicuramente momenti in cui vi distoglierete da questo intento e ricadrete in vecchie e nocive consuetudini: non preoccupatevi perché è normale e, soprattutto, è umano. Siate piuttosto sempre più attenti riguardo a ciò che vi procura scontentezze e guai, sia come persone che come genitori. Sbagliare, fare errate valutazioni, è parte integrante della nostra vita. Non c'è nulla di cui stupirsi o rammaricarsi. La cosa fondamentale è rendersene conto: **semplicemente rendersene conto.** Più riuscirete a comprendere e meno cadrete nell'errore. Tanto meno confusi e disorientati sarete, tanto più voi e i vostri figli godrete dei benefìci apportati dal cambiamento.

È risaputo che, quando si comincia una qualsiasi attività fisica, il primo periodo è il più duro perché si accusano degli intensi dolori muscolari (accumulo di acido lattico). Se, però, anziché scoraggiarsi si persevera, col trascorrere dei giorni i disturbi scompariranno lasciando il posto al piacere di sentirsi sempre più in forma. Così, similmente, solo l'inizio del mutamento è contrassegnato dalle difficoltà, dato che occorre necessariamente "rompere" con certi modelli comportamentali, radicati in noi, frutto delle idee erronee che i condizionamenti ricevuti hanno prodotto. In effetti, senza rendercene conto ed in maniera del tutto automatica, ce li siamo portati appresso per anni. Credo sia giunto il momento di liberarcene una volta per tutte. A cosa serve, infatti, continuare a fare cose che si sono dimostrate insoddisfacenti se non a farci del male, procurandolo inevitabilmente anche a chi ci vive accanto? Che senso ha fare e rifare le stesse cose per poi chiedersi, con aria stupita o rammaricata, come mai la nostra vita non ci riservi gioie e soddisfazioni? Smettiamola di comportarci come dei genitori "folli" che si ostinano, anche se in buona fede, a perpetuare vecchi schemi educativi, per taluni aspetti validi, ma sicuramente infruttuosi per altri versi: sono quest'ultimi che vanno cambiati ed è bene farlo al più presto!

Non vi è dubbio che la **non conoscenza** e la **non consapevolezza** siano responsabili delle nostre frustrazioni e dei nostri dolori. Conscio di ciò, ho voluto inserire in questo libro argomenti, concetti, spiegazioni, indicazioni ed esempi (nonché frasi appartenenti ad illustri personaggi) affinché il lettore possa farsi un'idea concreta su come migliorare la qualità del proprio modo di interagire con la prole. Questa pubblicazione non si limita a darvi delle informazioni, vi offre anche la possibilità di metterle in pratica e di verificarne la validità.

Più si fa, più ci si impratichisce e si acquisisce esperienza. Soltanto la perseveranza nel cercare di raggiungere un obiettivo conduce *sempre*, prima o poi, al suo raggiungimento e al godimento dei vantaggi che comporta averlo conseguito.

La nostra è un'epoca in cui più che mai si avverte l'esigenza di rendersi conto del *perché* di tante cose. Il pensiero che tutti voi possiate scoprire, in qualche parte del libro, quello di cui avete bisogno in questo momento della vostra esistenza mi gratifica e mi rende felice.

Questo testo costituisce un coraggioso tentativo di far comprendere da cosa ha origine l'*infelicità* e come è possibile allevare i figli in maniera tale che non diventino degli infelici. «*La mancanza di felicità è un chiaro segno che ciò che stiamo pensando, dicendo o facendo ha bisogno di una correzione*» afferma un vecchio detto.

Per comunicare quel che ho appreso in tanti anni di ricerca e di verifica personale mi sono servito di un linguaggio semplice, comprensibile a chiunque. Non è mia intenzione rivolgermi solo ad una cerchia ristretta di persone quanto, piuttosto, a tutti i genitori ed anche a chi, non avendo ancora procreato, desidera prepararsi all'evento avendo acquisito delle conoscenze. Mi auguro, inoltre, che a questa lettura si avvicinino pure molti giovani (i papà e le mamme di domani) affinché possano rendersi conto di quanto sia importante, per la loro stessa vita, avere un'amorevole relazione col proprio padre e la propria madre.

L'essere umano è sicuramente molto più bello e nobile di quanto possa apparire. Siamo migliori di quel che pensiamo di essere sia come persone che come genitori. Il vero guaio è che siamo cresciuti senza che ci sia stato insegnato, per questo motivo pensiamo di non esserlo! Mi sono ripromesso di aiutarvi a scoprirlo attraverso i numerosi messaggi contenuti in questo testo. Confido sul fatto che quello che ho scritto possa toccare il vostro **cuore** ed agevolare momenti di introspezione e di riflessione, nonché proficui cambiamenti, laddove *sentirete* che sia necessario farlo. Con queste prerogative non sarà difficile compiere un prodigioso viaggio dentro di voi che vi porterà a contattare e a risvegliare quel *bambino* che dimora in ogni essere umano. È lì che risiede la fonte di ogni nostra consapevolezza ed è lì che albergano le nostre più veraci emozioni: *l'amore, l'armonia,* la *pace,* la *gioia* e la *libertà*!

NOTA: Nel corso della trattazione vengono utilizzati i termini *figlio* e *bambino* per indicare sia un maschio che una femmina.

«*Non posso insegnare qualcosa ad un uomo. Posso solo aiutarlo a scoprirla dentro di sé*»

Galileo

«*Nella vita non esistono cose difficili ma, semmai, cose che si ha voglia o non voglia di fare*»

C. Bellecca

Molto più di una introduzione

Questo libro ha origine dal profondo convincimento che la nostra vita può essere molto più soddisfacente dal punto di vista qualitativo e che anche i nostri figli possano vivere più serenamente se, giorno dopo giorno, siamo disposti a migliorarci.

Appartengo a quel genere di persone che credono fermamente che il *caso* e le *coincidenze* non esistono. Sono un convinto assertore del fatto che ogni circostanza ed evento della nostra esistenza costituiscano l'effetto di cause ben definite. Tutte le esperienze che vivo, piacevoli o dolorose che siano, ormai le considero *messaggi* che racchiudono un certo insegnamento ed una precisa *lezione* da apprendere. La vita è simile ad una *scuola* anzi, per la verità, è la più importante di tutte le scuole: ci riserva continui e significativi ammaestramenti!

Una volta conseguita la laurea in Medicina e Chirurgia, volli specializzarmi in Clinica Pediatrica perché l'amore che nutrivo nei confronti dei bambini aveva fatto nascere in me il forte desiderio di occuparmi di loro per dare un mio contributo nell'aiutarli a star bene. A quel tempo, però, ero ignaro che io per primo avevo la necessità di curare il *bambino malato* che mi portavo dentro. Da troppo lo stavo maltrattando e continuavo a farlo, seppure inconsapevolmente, nonostante le innumerevoli sofferenze che mi procuravo. Senza che ne fossi cosciente, mi ritrovavo ad essere "carnefice" ed insieme "vittima" di me stesso. In effetti, fino ad allora i miei atteggiamenti e le mie azioni, ben lungi dall'essere ispirati dalla consapevolezza, sembravano appartenere ad un individuo il quale, immerso nella nebbia, percepisce quello che gli sta attorno in maniera sfocata.

Tutto ciò si verificava perché basavo il mio modo di vivere prevalentemente sulla logica e sul pensare, anziché sull'intuito e sul sentire. Agendo così, non solo mi precludevo la facoltà di esternare le mie emozioni (e quindi mi privavo di qualcosa di essenziale per un essere umano) ma in più non mi rendevo conto che i miei comportamenti e le mie reazioni nei confronti degli altri e di tutto ciò che mi succedeva erano manovrati da due grandi impostori: la **paura** e la **rabbia.**

Un siffatto stile di vita era inevitabile che determinasse in me una penosa sensazione di impotenza simile a quella che avverte una persona reclusa. Nel mio caso le "mura" e le "sbarre", anziché fuori, si trovavano internamente ed imprigionavano la mia *anima*.

Finché giunse il giorno in cui, stanco di soffrire, mi dissi che doveva esserci una maniera diversa di vivere. Quella affermazione costituì il primo concreto segnale che qualcosa in me stava finalmente cambiando dopo aver vissuto per anni secondo rigidi schemi mentali. Per mia fortuna, l'ostinazione e l'orgoglio che mi avevano accompagnato fino a quel momento cominciavano a scemare facendo emergere, a poco a poco, il pressante desiderio di lasciarmi dare una mano (cosa di cui, del resto, avevo un disperato bisogno).

In passato, per dimostrare agli altri che ero forte, avevo fatto sempre tutto di testa mia e da solo, comportandomi da debole. Inoltre, avendo la presunzione di essere costantemente nel giusto, non vedevo gli errori che commettevo e perciò non chiedevo scusa quando sbagliavo. Tutto questo mi relegava a vivere nella frustrazione e nel dolore.

Un'idea, comunque, seguitava a mulinare nella mia testa: non potevo più andare avanti così, dovevo assolutamente liberarmi delle catene del passato e cominciare a vivere una nuova vita. La possibilità che ci fosse una valida alternativa era diventata sempre più pressante, anche se ancora non sapevo quale fosse la strada da imboccare.

Stava per attuarsi la mia *rinascita* e qualcosa nel profondo del mio cuore mi faceva presagire che la soluzione dei miei guai non era lontana.

Come una candela accesa rischiara una stanza buia, così anch'io avevo iniziato a far luce nella mia mente, lasciando che i "fantasmi" in essa racchiusi iniziassero a dileguarsi.

Di solito, allorché si *"depongono le armi"*, il soccorso non tarda ad arrivare. Nel mio caso si presentò, di lì a qualche settimana, sotto forma di un seminario di "leadership" (sviluppo personale) che mi era stato caldamente consigliato da Giuliana, una mia carissima amica. Quando me ne parlò, sentii che dovevo assolutamente parteciparvi e così feci. Fu una esperienza a dir poco illuminante, destinata a segnare l'inizio del cambiamento più radicale di tutta la mia esistenza. Era il novembre del 1984 (avevo appena compiuto 33 anni) e, quando ripenso a quell'evento, commosso benedico in cuor mio chi mi diede il prezioso suggerimento.

VINCIAMO QUANDO CI ARRENDIAMO

È proprio vero che **si "vince" quando ci si "arrende"**. Nel momento in cui mi arresi, lasciandomi aiutare, non solo mi liberai della mia testardaggine e della mia superbia, ma vinsi anche sulle sofferenze, dato che rinunciai a portare avanti quei modi di agire sbagliati dai quali scaturivano le sofferenze stesse.

Quando combattiamo contro qualcosa o qualcuno, rimaniamo coinvolti negativamente perché l'energia utilizzata per lottare finisce col ritorcersi contro di noi, logorandoci. In altre parole, cercare di cambiare per forza una situazione o una persona non fa altro che aumentare resistenze e difficoltà procurandoci soltanto tribolazioni. Ciò per cui vale la pena di darsi da fare suscita in noi entusiasmo e gioia, anche se può essere necessario un serio impegno da parte nostra. Là dove è presente soltanto *sofferenza fine a se stessa* non può esserci vero amore né, tantomeno, è possibile costruire qualcosa di realmente bello e gratificante.

Facciamo un esempio. Se vi accanite in ogni modo nell'ostacolare il fermo proposito di vostro figlio che vuole diventare un artista, mentre voi vorreste vederlo occupare un posto "fisso", non farete altro che creare attriti e dissapori. E se insisterete nel rimanere saldi sulla vostra posizione, è inevitabile che si instauri tra voi e lui una sorta di "braccio di ferro" destinato a procurare solo l'infelicità di entrambe le parti. Se vi comportate in maniera rigida ed intransigente, essendo convinti che questo sia il modo più giusto per dissuaderlo dai suoi intenti, verrete di rimando combattuti. Accumulerete in tal modo amarezze e, per di più, la persona a voi cara non imparerà a migliorarsi e a conseguire degli obiettivi. Questa è la logica insita nelle cose: più intralci e sfide ci sono, più gli eventi acquistano un aspetto negativo che, fatalmente, è destinato a crescere.

Ramakrishna, un maestro spirituale dell'Oriente, era solito dire ai suoi discepoli: «*ci sono due modi per attraversare un fiume. Il primo è salire su una barca e remare. In quel caso dovrai lottare contro la corrente e contro i venti. L'altro è aspettare il momento opportuno, ossia quando i venti spirano nella direzione giusta e il fiume è pronto a portarti. Allora spiegherai le tue vele e i venti e il fiume ti trasporteranno, diventeranno i tuoi remi...*».

Combattere continuamente, comportandoci alla stregua di tanti "Don Chisciotte", non è certamente la maniera ottimale di vivere né tantomeno la migliore da trasmettere ai nostri figli. Se siamo rigidi, intolleranti e violenti, attrarremo soltanto rigidità, intolleranza e violenza poiché la negatività produce sempre altra negatività (*Legge dell'attrazione*). Questa è la ragione per la quale è importante lasciare andare. Lasciare correre non vuol dire essere superficiali o scappare dalle proprie responsabilità. Significa aver compreso dove terminano i nostri compiti e i nostri doveri e dove iniziano quelli degli altri, figli inclusi.

Per "lasciar andare" intendo non aggrapparsi ostinatamente a convinzioni o a opinioni per partito preso o perché è così che ci è stato insegnato, dunque è così che *"si deve fare"*. Ammettiamo, senza per questo sentirci sminuiti come esseri umani, che possa esserci un modo diverso di ragionare e di rapportarci alle persone e ai problemi. Lasciamo andare, quando i fatti dimostrano che le cose non vanno bene, certe errate credenze. Distacchiamoci una volta per tutte dalle falsità (da cui hanno origine i nostri fallimenti) ed abbracciamo quelle idee che, messe in pratica, rendono il nostro vivere più gratificante e sereno.

A molti di voi sarà probabilmente successo di rivedere una persona, che non incontrate da tempo, e di non essere riusciti a rammentarne il nome nonostante i tentativi compiuti nel cercare di riportare alla memoria la sua identità. In casi del genere, l'accanito tentativo produce esattamente l'effetto opposto, cioè il dimenticare. Soltanto se si desiste e si lascia andare, dopo un po', all'improvviso, il nome torna alla mente perché, cessando lo sforzo, si esaurisce il problema.

Voglio farvi un ulteriore esempio. Fino ad alcuni anni fa, quando ero alla guida della mia autovettura e giungevo in corrispondenza di un incrocio senza semaforo, mi mettevo quasi sempre in competizione con qualche altro automobilista per decidere chi dovesse passare per primo. Da quando ho compreso che porsi in contrasto con chicchessia (specie per futili motivi) ci fa sprecare energie e ci danneggia, tutte le volte che devo attraversare un crocevia (non importa se ho la precedenza o meno), lascio passare l'altro guidatore invitandolo a farlo con un gesto amichevole. Forse qualcuno non mi crederà, ma vi assicuro che in queste situazioni ricevo puntualmente un sorriso accompagnato da un affabile saluto e non è raro che il mio comportamento venga apprezzato a tal punto da indurre l'altro conducente a frenare per poi ripartire solo dopo che sono transitato.

Ogni volta che mi ritrovo ad essere protagonista di fatti simili mi pervade un senso di intimo appagamento accompagnato da tanta gratitudine nei confronti di chi mi ha insegnato a vedere le cose da punti di vista totalmente diversi rispetto a quelli che avevo appreso in passato.

Tutte le volte che ho cessato di lottare desistendo, ad esempio, dal voler convincere a tutti i costi qualcuno, parente, amico o paziente, sulla necessità di cambiare, nel suo interesse, certi modi di pensare e di agire, ne ho ricevuto un indubbio beneficio. È inutile e nocivo (perché ci indeboliamo spiritualmente, mentalmente e fisicamente) cercare di gestire la vita altrui (inclusa quella dei nostri figli) anche se indotti dal sincero proposito di fare del bene. Afferma un vecchio proverbio: «*non si può condurre un asino alla fonte ed immergergli la testa nell'acqua per costringerlo a dissetarsi perché, se non vuole, affogherà piuttosto che bere!*».

Pretendere di risolvere i problemi che non ci appartengono è pura utopia e un atto di vera e propria presunzione. Abbiamo comunque sempre la possibilità di offrire con generosità un valido aiuto ai nostri simili purché, e qui sta il punto cruciale della regola, ci venga concesso il permesso di farlo. *Ognuno di noi è padrone esclusivamente di se stesso e della propria vita.* Non c'è persona al mondo che possa rivendicare il diritto di disporre a proprio piacimento di quella altrui: **neppure i genitori possono vantare questa prerogativa sui figli!**

LA FLESSIBILITÀ

Credo che nel corso della propria esistenza ognuno di noi debba sviluppare sempre più una dote di indubbio valore: la **flessibilità.** Essere malleabili e duttili nella maniera di ragionare e di agire e, quindi, nel modo di rapportarci ai figli e agli altri, rende il nostro vivere quotidiano sicuramente più soddisfacente. Ho imparato, attraverso molteplici vicissitudini personali, che se si vuole essere felici ci si deve comportare alla stregua di un *giunco.* Questa pianta, quando viene scossa da una tempesta, non si spezza perché, all'occorrenza, sa piegarsi grazie alla sua innata elasticità. Essere rigidi e duri con noi stessi, con la nostra prole e con il prossimo ci procura soltanto amarezze, dolori e sconfitte. La vita, non dimentichiamolo, è generosa e gratificante soltanto verso chi mostra di essere flessibile e sa adattarsi.

Lao Tzu, il fondatore del Taoismo, così si esprimeva a proposito della necessità di essere flessibili: «*quando l'uomo nasce è tenero e debole; alla sua morte egli è duro e rigido. Quando le cose e le piante sono vive, esse sono morbide e flessibili; quando sono morte, esse sono fragili e secche. Perciò la durezza e la rigidità sono le compagne della morte, mentre la morbidezza e la gentilezza sono le compagne della vita*».

Alcuni anni fa, durante un soggiorno nell'isola di Santo Domingo, ho avuto l'opportunità di constatare quanto sia veritiero questo principio. Mentre effettuavo una escursione, mi è capitato di vedere numerosi alberi di grosso fusto riversi al suolo le cui radici, non più ricoperte dalla terra, erano state essiccate dal sole. Paradossalmente, intorno a quelle piante ormai morte si ergevano, mostrando tutta la loro selvaggia bellezza, numerose palme dal tronco snello. Quando, incredulo, chiesi alla guida cosa fosse accaduto, seppi che alcune settimane prima uno spaventoso uragano aveva colpito quella regione, devastandola. Mi fu spiegato che gli alberi con il tronco più grande e robusto (quindi più rigidi) erano stati divelti dalla furia del vento a causa della resistenza che avevano opposto. Quelli esili e flessuosi, invece, per via del loro ondeggiare erano stati risparmiati.

NIENTE PER CASO

Talvolta l'esistenza può riservarci brutte sorprese. La morte improvvisa di una persona cara, una separazione, la perdita del posto di lavoro, un figlio che si droga... costituiscono solo alcuni esempi di "bufere" che possono abbattersi su di noi. In questi casi quel che più conta, dopo un comprensibile smarrimento iniziale, è saper ammortizzare il colpo ricevuto innanzitutto accettandolo e, nello stesso tempo, non rifiutando la sofferenza che ci arreca. Soltanto in un secondo momento, quando il dolore comincerà a scemare, potremo renderci conto della *trasformazione* che si è attuata in noi e degli indubbi vantaggi che quella esperienza ci ha procurato (*tutti i mali non vengono per nuocere*).

Nella vita non ci sono treni che abbiamo perso quanto, piuttosto, treni che non dovevamo prendere. In altre parole, comprendere che **quello che ci accade non avviene mai per caso** e che riceviamo continui segnali ed importanti insegnamenti, se sappiamo coglierli, ci permette di diventare più consapevoli, temprati e riconoscenti nei confronti dell'esistenza. Quello che si apprende sulla propria pelle è indubbio che lasci un segno. Soltanto se si comincia a mutare il nostro vecchio modo di pensare, secondo il quale tutte le cose che ci fanno soffrire sono negative e di conseguenza ci provocano rabbia, tristezza e frustrazione, facendoci sentire delle vittime, la nostra maniera di vivere ne riceverà un indiscutibile salto di qualità i cui benefici si estenderanno anche ai figli. «*L'esperienza è una cosa che non puoi avere gratis*» (O. Wilde).

NOI CREIAMO LE NOSTRE MALATTIE

Nessuno al mondo desidera essere malato, almeno non consciamente. Eppure il genere umano soffre e la maggior parte delle volte ne ignora le *vere* ragioni. Le *malattie* costituiscono il linguaggio mediante il quale il corpo indica che stiamo "andando fuori strada" e che è necessario apportare dei cambiamenti al nostro modo di ragionare e di comportarci, se vogliamo "rientrare in carreggiata". L'organismo è una specie di spia della qualità dei nostri pensieri e soprattutto delle nostre emozioni più intime. Ogni malattia rappresenta l'espressione corporea di un disagio interiore, emozionale, di cui dobbiamo assolutamente renderci conto e liberarci, se desideriamo star bene. In caso contrario, le sofferenze continuano e si rafforzano sempre più. *«La medicina è in te, e non la usi, la malattia viene da te stesso e non te ne accorgi»* (Hazrat Alì).

Durante il corso della propria vita accade spesso che una persona accusi disturbi e malesseri che, via via, si fanno sempre più intensi sino a dare origine ad un vero e proprio quadro clinico morboso. È a questo punto che di solito viene consultato un dottore affinché riporti in salute l'ammalato. La maggior parte della gente ignora che nessun medico, per quanto abile possa essere, è in grado di guarire qualcuno né possiede la famosa bacchetta magica per farlo. Chi crede in una cosa del genere è soltanto un illuso. Un *vero* terapeuta, infatti, è colui che *aiuta le persone a guarire* (se sono disposte a lasciarsi aiutare) rendendole consapevoli del **perché** si sono ammalate e del **come** è possibile uscire dal circolo vizioso della patologia. Ippocrate, celeberrimo medico dell'antica Grecia, più di duemila anni fa affermava: *«quando qualcuno desidera la salute, occorre chiedergli se è disposto a sopprimere le cause della malattia»*. Non è agendo sui sintomi, difatti, che si può debellare il male!

LA VERITÀ È IN NOI

La causa di ogni nostra sofferenza, è bene ribadirlo, risiede unicamente **dentro di noi.** Purtroppo siamo stati abituati (*condizionamenti ricevuti*) a cercare la soluzione dei nostri problemi e delle nostre pene al di fuori mentre la risposta ad ogni interrogativo è in noi. Carl Gustav Jung soleva dire: *«la vostra visione apparirà più chiara soltanto quando guarderete nel vostro cuore. Chi guarda all'esterno, sogna. Chi guarda all'interno, si sveglia»*.

Questo importante concetto è espresso in chiave allegorica in una vecchia leggenda hindu. Quando la lessi per la prima volta fui colpito dall'insegnamento che racchiude. Per questo motivo ho voluto proporla all'attenzione del lettore:

*"c'era un tempo in cui tutti gli uomini possedevano poteri divini ma, dal momento che ne abusavano, Brahma, capo degli Dei, decise di toglierglieli con l'intenzione di nasconderli dove non l'avrebbero mai trovati. Radunò, pertanto, gli Dei minori per valutare insieme a loro la soluzione del problema e, quando li interrogò in proposito, essi così si espressero: «seppelliremo la divinità dell'uomo in fondo alla terra». Brahma rispose: «no, questo non basterà perché un giorno egli scaverà e la troverà». Gli Dei replicarono: «allora la porremo in fondo all'oceano». Brahma contestò anche questa seconda proposta perché, secondo lui, l'uomo sarebbe arrivato, prima o poi, ad esplorare le profondità dei mari e l'avrebbe scoperta. «La metteremo in cima alla più alta vetta della crosta terrestre» ribadirono gli Dei minori. «No», obiettò ancora una volta impietoso Brahma, «perché l'essere umano arriverà, arrampicandosi, anche fin lassù». A questo punto gli Dei minori, scoraggiati, conclusero dicendo: «rinunciamo a dare ulteriori risposte perché sembra evidente che ogni nascondiglio da noi proposto, sia esso situato sulla terra o nell'acqua, non offra sufficienti garanzie di sicurezza». Brahma, dopo averli ascoltati, rimase qualche istante a riflettere. Ad un tratto il suo volto si illuminò con un sorriso e, certo di aver avuto una buona idea, asserì: «ho deciso cosa ne faremo della divinità dell'uomo, **la nasconderemo dentro di lui, così non penserà mai a cercarla proprio lì**». E da allora (conclude la narrazione) gli uomini hanno continuato a tuffarsi nei mari, a esplorare, a scalare e a scavare, spinti dall'inarrestabile desiderio di trovare qualcosa che essi già possiedono".*

In Oriente, quando due persone si incontrano, si salutano inchinandosi una verso l'altra portando le mani giunte a contatto della fronte. Il messaggio racchiuso in questo rituale è il seguente: «*la Divinità che è in me rende omaggio alla Divinità che è in te*».

Gran parte delle persone trascorre gli anni che ha da vivere cercando la felicità nei posti sbagliati, cioè intorno a sé e nelle cose: per questo non la trova!

Al fine di migliorare la propria esistenza è indispensabile operare una *trasformazione interiore* che conduca nel tempo ad una conoscenza di se stessi sempre più profonda. Non a caso sulla facciata di un tempio, a Delphi, da secoli si può leggere: «**uomo conosci te stesso**». Friedrich Nietzsche diceva a questo proposito: «*conosci te stesso è tutta la scienza. Solo quando avrà finito di conoscere tutte le cose l'uomo potrà conoscere se stesso. Le cose, infatti, sono i limiti dell'uomo*».

SIAMO QUEL CHE PENSIAMO

Conoscersi significa innanzitutto prendere coscienza dei vari aspetti della personalità umana e delle sue potenziali tendenze. In noi c'è il *santo* ma anche l'*assassino*, il *virtuoso* così come il *peccatore*, l'*amico* ed insieme il *nemico*. Il mondo esterno rappresenta lo specchio che riflette fedelmente, nel bene come nel male, l'effetto delle nostre azioni. Quest'ultime, a loro volta, vengono determinate principalmente dai nostri pensieri per cui il genere di esistenza che conduciamo ed il tipo di sentimenti con i quali conviviamo dipendono essenzialmente da quello che elabora la nostra testa: **noi siamo il risultato di ciò che pensiamo!**

Se è vero, come è vero, che siamo il risultato di ciò che pensiamo, questo non vuol dire che ci si debba identificare con le nostre idee né che esse debbano rimanere *definitive*.

È un dato di fatto che ciascuno di noi si comporti a seconda di quello che ritiene giusto. Quando, però, le convinzioni che abbiamo sviluppato non rendono soddisfacente la nostra vita e non appagano i nostri *bisogni emozionali* e quelli dei nostri figli (che cercano in tutti i modi di farcelo comprendere), dovremmo avere l'accortezza di fare serie valutazioni in merito chiedendoci cosa c'è che non va nel nostro modo di vivere e di rapportarci a loro. Rifiutare a priori un'alternativa o combattere accanitamente qualcosa o qualcuno per partito preso non è di alcuna utilità né può renderci felici. Il nostro modo di pensare può essere cambiato in qualsiasi momento. Mutandolo, è possibile trasformare le nostre esperienze: appartiene solo a noi la libera scelta di volerlo fare o no!

Ogni pensiero produce un sentimento o una emozione che a sua volta determina un certo tipo di comportamento. Trasformando il modo di pensare, automaticamente si modifica il sentimento o l'emozione corrispondente e quindi cambia anche il modo di agire di una persona. «*Tutto ciò che siamo è il risultato di ciò che abbiamo pensato*» (Buddha).

Qualsiasi cambiamento avviene innanzitutto a livello mentale. Se, ad esempio, pensate: «*non sono un bravo genitore, non sono all'altezza del mio compito*» o, all'opposto, vi considerate dei *"padreterni"* ovvero genitori che hanno sempre ragione e non devono imparare nulla, ma solo insegnare, inevitabilmente avrete atteggiamenti e modi di fare che produrranno effetti dannosi tanto a voi quanto ai vostri figli. Come potete supporre di condurre una vita ricca di soddisfazioni e in buona salute, avendo queste convinzioni? Che ci si creda o no, un tempo abbiamo scelto noi quelle determinate idee negative (anche se ora non ce lo ricordiamo). In seguito, a furia di pensarle, sono diventate parte di noi. Ciò non significa che non sia possibile disfarcene: basta cominciare a rendersi conto che non ci giovano e che è in nostro potere rifiutarci di continuare ad elaborarle. Per ottenere dei validi risultati non si deve cercare di bloccare o rifiutare i pensieri negativi concentrandoci soltanto su quelli positivi. Non è negando ciò che ci fa soffrire che possiamo liberarcene. Al contrario, prenderne atto (*consapevolezza*) e lasciarlo emergere (magari aiutati da un esperto terapeuta) è un buon sistema per riuscire gradualmente ad affrancarcene.

Dobbiamo diventare coscienti del fatto che i pensieri negativi sono il riflesso di una educazione errata che ci ha fatto credere di non essere degni di essere felici. *Comprendere* (che letteralmente significa "prendere dentro", cioè "fare proprio") come la stragrande maggioranza dei nostri guai derivi dalla scadente considerazione che abbiamo di noi stessi (*scarsa autostima*), dovrebbe spronarci a modificare il nostro scorretto atteggiamento mentale. Attuare un siffatto cambiamento, non solo porta degli indiscutibili benefici alla nostra esistenza, ma impedisce pure che i figli crescano portandosi dentro sentimenti nocivi quali l'*autodisapprovazione* e l'*autodistruzione*.

L'ATTEGGIAMENTO MENTALE

Non occorre essere ricchi né eruditi o tantomeno persone speciali per conseguire degli obiettivi. Ogni volta che desideriamo realizzare qualcosa è necessario innanzitutto pensarla assiduamente, immaginando di averla già concretizzata, nel mentre che, muniti di volontà, pazienza e perseveranza, ci dedichiamo alla sua attuazione. Così facendo prima o poi la vita ci metterà a disposizione situazioni e persone che ci aiuteranno a conseguire i nostri obiettivi. Basandoci su questo principio possiamo ottenere qualunque traguardo perché la mente ha poteri straordinari se la si usa per fini costruttivi e non ci si lascia usare. «*Sii padrone della mente anziché essere padroneggiato dalla mente*» (massima Zen).

Siamo sempre noi i protagonisti della nostra vita! Ciò si verifica sia quando abbiamo voglia di lavorare su noi stessi perché desideriamo imparare, e sia nel caso in cui ci neghiamo questa preziosa possibilità. L'**atteggiamento mentale** è il fulcro del nostro modo di vivere. Tutti possediamo la duplice facoltà di vedere le cose al positivo o al negativo. Numerosi studi in campo psicologico testimoniano come l'ottimista sia meno colpito dalle malattie e viva più a lungo e meglio del pessimista. Inoltre, egli riceve, rispetto a quest'ultimo, consensi e gratificazioni nei rapporti interpersonali e nel lavoro.

Fintanto che buttiamo nel mare ogni sorta di rifiuto come possiamo pretendere che quegli stessi rifiuti non lo inquinino e che, successivamente, non si riversino sulle nostre spiagge? Così, analogamente, fino a che non trasformeremo in meglio il nostro atteggiamento mentale ed il nostro modo di rapportarci agli altri, come possiamo sperare che la vita non ci riversi addosso problemi e sofferenze?

LE DIFFICOLTÀ SONO OPPORTUNITÀ

Mi è stato insegnato da illustri Maestri che, siccome ad *essere pessimisti non ci si guadagna nulla, tanto vale essere ottimisti*. Naturalmente ciò non vuol dire avere una visione falsata della realtà ed essere quindi portati a sottovalutare o a considerare con superficialità i problemi. No, non è questo il senso dell'affermazione. Significa, invece, cercare di cogliere dietro ad ogni difficoltà l'aspetto positivo che vi si nasconde, vale a dire l'arricchimento personale che possiamo trarne. In realtà, gli ostacoli portano con sé un dono che impreziosisce la nostra esistenza: ogni avversità ha un lato positivo! Gli orientali, che conoscono molto bene questo concetto, hanno l'abitudine di dire: «*le difficoltà sono Maestri travestiti*».

È da diverso tempo che, ogni volta che mi trovo ad affrontare una difficoltà, non importa di quale genere sia, sorge in me spontanea questa domanda: «qual è il lato favorevole della situazione che sto vivendo? Qual è l'*opportunità* che mi viene offerta per imparare e per migliorarmi?». In passato mi occorrevano mesi o anni per rendermi conto che stavo sbagliando e che le sofferenze patite erano la conseguenza dei miei errori. Oggi non è più così. Quasi sempre riesco a comprendere cosa la vita sta cercando di insegnarmi. Da quando ho imparato a non focalizzare l'attenzione sulle apparenze riesco a prendere in considerazione anche l'altra faccia della medaglia di una situazione.

Con un po' di pratica non è affatto difficile iniziare a vedere le cose da un punto di vista diverso. All'inizio è normale che si faccia fatica. Poi, gradualmente, si diviene via via più consapevoli dei *meccanismi* che regolano gli eventi.

Sicuramente sarà successo anche a molti di voi di aver ripensato ad una situazione incresciosa del passato e di aver constatato come, grazie agli insegnamenti ricevuti in quella circostanza, ne siano scaturiti in seguito dei vantaggi. Certo, mentre eravate coinvolti nell'esperienza soffrivate, per cui non potevate vederne gli aspetti favorevoli. Poi, però, qualcosa è cambiato dentro di voi ed avete iniziato a modificare (consciamente o inconsciamente) certi vostri modi di pensare e di agire che successivamente vi hanno condotto ad ottenere risultati migliori rispetto al passato.

Ogni evento, ogni fatto, ogni accadimento, per quanto spiacevole possa sembrare mentre lo stiamo vivendo, racchiude in sé un lato positivo perché ci insegna comunque qualcosa. Tutto ciò che normalmente viene considerato un fallimento, in realtà è una occasione per conoscere e per comprendere: un momento di crescita! Essere *in crisi* vuol dire essenzialmente trovarsi di fronte ad un bivio, ad una scelta non sempre agevole, ma comunque necessaria, se si vuole progredire e maturare come esseri umani. In altri termini, la *crisi* ci offre l'opportunità di migliorare la nostra esistenza!

SIAMO SEMPRE AIUTATI

Mi rifiuto di credere che il buon Dio (o comunque lo si voglia chiamare) ci abbia dato la vita, il più prezioso dei doni, al solo scopo di farci soffrire. Non riesco proprio a concepirla una cosa del genere. Secondo me questo tipo di idea non dovrebbe neanche sfiorarci la mente. Sono profondamente convinto del fatto che non veniamo mai abbandonati, neppure per un solo istante. Anche quando stiamo vivendo la penosa sensazione di chi crede che il mondo gli stia crollando addosso, c'è sempre qualcuno che veglia su di noi, che ci guida e ci protegge.

Se si chiede aiuto, in un modo o nell'altro quell'aiuto prima o poi lo riceviamo. «*Chiedi che ti sarà dato*» ha detto **Cristo**. La validità di questa Legge l'ho potuta sperimentare per la prima volta quando accettai, finalmente, di lasciarmi aiutare (riuscendo così a superare la mia cocciutaggine e la mia presunzione). In quella occasione scoprii che possedevo le capacità per cambiare il mio modo di vedere le cose e i miei comportamenti sbagliati.

«*Se fate un passo in avanti, Dio farà cento passi verso di voi: è sempre pronto a venirvi incontro. Ma se non fate un solo passo, allora non c'è modo di aiutarvi*». Con queste parole Osho soleva incoraggiare i suoi discepoli affinché prendessero delle iniziative che avrebbero migliorato la qualità della loro vita.

Credo fermamente che il Padreterno non ci trascuri mai e ci supporti sempre se abbiamo l'umiltà di lasciarci aiutare. Può servirsi di un seminario, di una persona, di un evento o più semplicemente di un libro. Non ha importanza quale strumento usi.

C'è un delizioso brano, scritto da un anonimo brasiliano, che in veste metaforica sottolinea questo fondamentale concetto:

"Questa notte ho sognato che camminavo in riva al mare
accompagnato dal Signore, e rivedevo sullo schermo del cielo
tutti i giorni della mia vita passata.

Per ogni giorno trascorso apparivano sulla sabbia quattro orme: due mie e due Sue.

Ma in alcuni tratti ho notato, con stupore, che c'erano solo due impronte...

Quei punti coincidevano esattamente con i giorni più difficili della mia vita; i giorni di maggior angustia e paura, nonché di profondo dolore...

Allora ho domandato: «Padre, Tu mi avevi promesso che saresti stato con me tutti i giorni della mia vita, per questo ho accettato di vivere con Te. Perché mi hai lasciato solo proprio nei momenti peggiori?».

Ed il Signore così mi ha risposto: «figlio mio, Io ti amo e ti dissi che sarei stato con te durante tutto il cammino e che non ti avrei lasciato solo neppure per un attimo, e così ho fatto...

I giorni in cui hai visto solo due orme sulla spiaggia, sono stati quelli in cui ti ho sollevato e portato in braccio".

Quando stiamo attraversando brutti momenti e siamo alle prese con delle difficoltà, ci accade spesso di negare l'esistenza del Padreterno oppure ci succede di dare a Lui (o a qualcun altro) la colpa delle nostre insoddisfazioni e delle nostre frustrazioni. In queste circostanze quasi mai ammettiamo, ponendo in discussione il nostro operato, che è soltanto nostra la responsabilità di come vanno le cose e che la causa delle nostre miserie risiede unicamente in noi.

CAMBIARE OTTICA

Cominciare ad avere un'ottica diversa è uno dei principali messaggi che cerco di trasmettere a tutti i genitori che vengono a consultarmi. Capita, infatti, che il più delle volte essi siano confusi, depressi e scoraggiati perché non riescono a risolvere le più disparate problematiche che riguardano se stessi e i loro figli. Dopo averli ascoltati e lasciati sfogare

(non raramente lo fanno anche piangendo), per incoraggiarli e per in-
durli a comprendere alcuni aspetti importanti della mente umana, mi
servo frequentemente di questo esempio: «prova ad immaginare (dico a
chi mi sta di fronte) di trovarti nel deserto e di non avere più acqua con
te, tranne un bicchiere mezzo pieno (cioè pieno a metà). Siccome sei pessimista, credi che il bicchiere sia mezzo vuoto per cui non lo utilizzi e ti lasci morire di sete. Se ti rendessi conto che hai ancora a disposizione
dell'acqua, anche se poca (per l'appunto mezzo bicchiere), la utilizzeresti
sino all'ultima goccia. Nel frattempo potrebbe passare di lì qualcuno e
portarti il provvidenziale aiuto». E poi aggiungo: «ti rendi conto che
spesso il nostro modo di vedere le cose è talmente restrittivo che ci precludiamo ogni possibilità, anche la più piccola, di risolvere un problema?».

«Già, è vero, non avevo pensato a considerare la cosa da questo punto di vista» mi confessa la maggior parte dei pazienti, con l'aria meravi-
gliata di chi ha appena scoperto una verità così semplice. Solo una minoranza non mi risponde. La persona rimane qualche attimo in silenzio a
riflettere e poi, di solito, il suo volto si illumina con un sorriso segno
eloquente che il messaggio è giunto a segno.

Tutti i giorni succede che in una maniera o nell'altra abbiamo
l'opportunità di mettere a posto qualcosa che non va nella nostra vita.
La soluzione è proprio lì sotto i nostri occhi e non la vediamo, pur essendo a portata di mano.

Come mai ci accade di comportarci come ciechi, viene spontaneo
domandarsi? Sicuramente i condizionamenti negativi ricevuti nel corso
della nostra infanzia hanno un peso determinante.

Fin da bambini alla maggior parte di noi viene detto che la vita è dolorosa, piena di difficoltà e disgrazie e che dobbiamo aspettarci il peggio.
Ci viene inoltre fatto credere che, pensandola in questo modo, nel momento in cui ci capitano dei guai non rimarremo delusi in quanto già
preparati.

Se ci si aspetta il peggio è inevitabile che prima o poi si avveri il peggio. È il nostro modo di pensare che attrae, come una calamita, persone
e situazioni che avranno su di noi un certo tipo di impatto. Se, ad esempio, ci sottovalutiamo e ci sminuiamo, avremo a che fare con individui
che non ci considereranno per quello che effettivamente valiamo. Ma se

ci amiamo ed abbiamo rispetto per noi stessi avremo a che fare con esseri umani che ci ameranno e ci rispetteranno. Occorre essere molto accorti nello scegliere le cose in cui credere perché la mente funziona proprio in questo modo: **attiriamo esattamente ciò che pensiamo** (*Legge dell'attrazione*).

Diversi anni fa ebbi un incidente stradale piuttosto grave dal quale uscii miracolosamente illeso. Solo la mia autovettura subì ingenti danni dopo essere andata a sbattere contro il guardrail. Avevo perso il controllo del veicolo a causa della eccessiva velocità. Alcune settimane prima mi era passata per la testa, più e più volte, l'idea che avrei avuto un infortunio. Qualche mese dopo lo spiacevole evento appresi che ero stato io ad attirarmi quella esperienza perché dovevo imparare che correre non serve a nulla (se non ad ucciderci) e soprattutto che avrei dovuto amarmi e rispettarmi molto più di quanto avessi fatto fino a quel momento. A farmelo comprendere fu un mio amico psicoterapeuta il quale mi spiegò che tramite gli incidenti le persone tendono, inconsapevolmente, a punirsi per via di un senso di inadeguatezza che hanno sviluppato nel tempo.

Quella drammatica circostanza, oltre a rafforzare notevolmente la mia fede nella Provvidenza per non essere deceduto, mi fece comprendere anche quanto sia bello vivere. In effetti, da allora ho iniziato ad avere molta più fiducia in me stesso e nella vita.

Credo che la vera *fede* (parola che uso in questo contesto senza darle alcun significato religioso) nasca dal profondo del nostro cuore. Quando finalmente la sentiamo prorompere da dentro siamo in grado di creare intorno a noi una sorta di "scudo" mediante il quale riusciamo a mitigare le avversità trasformandone gli effetti in consapevolezza e, spesso, anche in gioia.

CHIEDERE AIUTO

Sicuramente tutti, genitori e non, ci troviamo prima o poi in difficoltà e abbiamo bisogno di aiuto. In questi casi è fondamentale non solo volerlo ricevere ma anche chiederlo. Naturalmente occorre rivolgersi a qualcuno che possieda delle conoscenze ed una esperienza più vaste delle nostre. Una persona, quindi, che sappia consigliarci e guidarci per il meglio.

Una volta che riceviamo la collaborazione sperata e ci viene fatta comprendere la *causa* del problema spetta a noi, e soltanto a noi (*libero arbitrio*), la decisione di effettuare il *cambiamento* necessario affinché si possa giungere alla auspicata soluzione.

Purtroppo solo una minoranza di persone ha il coraggio di chiedere aiuto, così come poche sono quelle inclini al mutamento.

Ciò che accade spesso, invece, è che la gente *decida di non decidere* lasciando che le cose si trascinino e si ingarbuglino sempre più. Quando si crede, stoltamente, che il non prendere una decisione ci porti dei vantaggi, si commette un grave errore. La vita, difatti, col suo dinamismo non permette che si rimanga fermi di fronte ad un ostacolo. Perciò, è sempre meglio *fare*, anche sbagliando, piuttosto che astenersi. Ognuno di noi dovrebbe essere disposto a prendere delle iniziative (assumendosene poi la responsabilità) perché nessun altro può farlo al nostro posto. «*Non ci si libera di una cosa evitandola, ma attraversandola*» (C. Pavese).

L'UMILTÀ

Quando le cose non vanno per il giusto verso (lo ripeto ancora una volta perché è un concetto estremamente importante), è buona regola mettere in dubbio il *nostro* modo di pensare e di agire, non quello degli altri. Soltanto con simili prerogative è possibile comprendere qual è il messaggio che l'esistenza ci sta dando in una particolare circostanza.

L'**umiltà** (dal latino *humus* = terra) è la virtù capace di sostenerci e guidarci lungo l'affascinante percorso della conoscenza. Con questo termine non intendo riferirmi all'essere rassegnati e passivi nei confronti di persone ed eventi quanto, piuttosto, ad una sana voglia di imparare essendo disposti a dubitare di ciò che sappiamo (o che crediamo di sapere) al fine di migliorare, progressivamente, la qualità del nostro vivere. L'umiltà, non a caso, è stata definita *"il timone della vita"*.

Essere umili significa vivere nella consapevolezza che non siamo perfetti e che nulla di ciò che facciamo lo è. Possiamo comunque perfezionarci continuamente, sia come esseri umani che come educatori, purché motivati da un intenso desiderio di farlo. Essere umili vuol dire accettare l'esperienza spiacevole che stiamo vivendo o che abbiamo vissuto anche quando dovesse essere molto dolorosa (come, ad esempio, la morte di una persona cara) non considerandola alla stregua di una punizione divina. Dio non ci punisce mai. Del resto, perché dovrebbe, dal momento che siamo bravissimi a farlo da soli?

LA SCELTA È NOSTRA

Quante volte abbiamo sentito pronunciare o pronunciato noi stessi la frase: «*che cosa ho fatto di male, perché proprio a me doveva capitare questa disgrazia?*». Dobbiamo comprendere che ogni prova, per quanto possa essere dura e per quanto assurda possa apparire alla nostra ragione, costituisce in ogni caso l'occasione in grado di farci comprendere delle verità: in essa è sempre racchiuso uno specifico apprendimento. Per imparare e per evolvere spiritualmente abbiamo a disposizione essenzialmente due modi: l'**amore** e la **gioia** oppure il **non amore** e la **sofferenza.** Dipende unicamente dalla nostra volontaria scelta quale tipo di percorso vogliamo utilizzare. Per questo ci è stato dato il *libero arbitrio*. «*Dio ha creato l'uomo eretto e l'ha lasciato libero di cadere*» ha scritto Milton nel "Paradiso perduto".

Ognuno di noi vorrebbe un'esistenza più bella e più facile. Desidera possedere molto danaro ed avere successo nel lavoro, in famiglia e nel rapporto con gli altri. Ma quanti sono realmente disposti a compiere i passi necessari per dare spazio alle loro aspirazioni? Ci lamentiamo delle cose che non vanno ma, di fatto, facciamo poco o nulla per cambiarle, ovvero non ci mettiamo il dovuto impegno affinché mutino.

Spesso abbiamo bisogno di soffrire molto e di toccare il fondo prima di poter dire: «sono stanco, non ce la faccio più!». Anthony De Mello, un gesuita nato a Bombay, era solito dire: «*solo quando si è stufi di essere stufi, possiamo uscire dal problema nel quale ci troviamo*».

Bisogna saper dire *basta* prima di arrivare a punti di saturazione in cui ci sentiamo svuotati di energie e quindi incapaci di reagire. Che senso ha, vi chiedo, far accumulare i problemi fino al punto di non farcela più per poi lagnarsi di quanto sia disgraziata la nostra esistenza?

Siamo noi a decidere se rimanere ostinatamente attaccati ai nostri punti di vista e alle nostre credenze, oppure se vogliamo metterci in contatto con la nostra parte più intima ed aprirci a prospettive nuove. Abbiamo sempre l'opportunità di trasformare in meglio il nostro stile di vita. Dipende principalmente da noi farlo: **solo nostra è la scelta!**

IL CAMBIAMENTO

L'essere umano è in continua evoluzione e trasformazione. Tutto muta incessantemente e molto velocemente, specie ai nostri giorni. Non vi è nulla di permanente, stabile, fisso. Tutto si modifica incessantemente e anche quando la variazione dovesse essere lenta, il movimento che la determina c'è e non si arresta mai. L'unica certezza che abbiamo, dunque, è il **cambiamento.** «*Panta rei*» è l'aforisma attribuito ad Eraclito che significa "tutto scorre, tutto cambia".

Secondo me, il *vero* mutamento consiste nel cominciare a vedere noi stessi (e poi anche gli altri) con occhi diversi, vale a dire iniziare ad essere più amorevoli e compassionevoli innanzitutto nei nostri confronti. Dentro di noi c'è un potenziale illimitato. Cercare di sfruttarlo al meglio è un nostro preciso dovere, una meta da perseguire.

Soltanto noi possiamo decidere se aprirci o no al cambiamento, all'evoluzione. È bene sapere, comunque, che se non vogliamo cambiare, la nostra esistenza diverrà dapprima scialba e stantia e poi triste e dolorosa. Riconoscere che il cambiamento fa parte integrante della vita e che è bene accettarlo, ci rende ogni cosa più semplice, tutto meno sofferto. Anche il più piccolo sforzo nel voler migliorare viene sempre premiato, siatene certi!

SIAMO NOI A CREARE IL NOSTRO DESTINO

Continuare a dare agli altri la colpa dei nostri mali, presumendo di essere sempre nel giusto, non ci fa approdare a nulla di buono. È indispensabile comprendere che è controproducente continuare ad accusare i nostri genitori delle sofferenze che ci affliggono, pur riconoscendo l'indubbia influenza che ha avuto su di noi il loro modo di educarci. Quante volte si sente affermare, o siamo proprio noi a dichiararlo, che l'origine dei nostri dispiaceri ed insuccessi è da imputarsi unicamente agli errori del padre o della madre o del marito o della moglie o dei figli o, comunque, di un altro essere al di fuori di noi? Anche se è difficile riconoscerlo, **nessun altro, eccetto noi stessi, è responsabile della propria infelicità.**

Quando diverremo coscienti che siamo solo noi la causa dei nostri guai, avremo iniziato a percorrere il sentiero della *consapevolezza.* Allora sì, che avverrà un profondo mutamento. Soltanto se avvertiremo l'esigenza di guardarci dentro per cercare di comprendere chi siamo veramente, avremo compiuto un grande passo in avanti nell'opera di risanamento spirituale necessaria per essere felici. «*Accusare gli altri delle proprie disgrazie è conseguenza della nostra ignoranza. Accusare se stessi significa cominciare a comprendere. Non accusare né se stessi e né gli altri, questa è vera saggezza*» (Epitteto).

Vivere una esistenza di qualità, sia come individui che come genitori, dovrebbe essere la nostra principale aspirazione. Una volta che abbiamo preso coscienza di ciò, buona parte delle nostre insoddisfazioni e frustrazioni scomparirà velocemente, dal momento che verrà a mancare il nostro autocommiserarci. Sicuramente per un po' di tempo ci porteremo appresso vecchie abitudini nocive. Poi, man mano, le lasceremo cadere perché diminuirà la nostra complicità nei loro confronti.

Per lungo tempo anch'io ho creduto che il tipo di vita che si conduce dipenda soprattutto dal fato e dagli influssi degli astri. Poi un bel giorno ho scoperto che, in realtà, siamo noi con le nostre idee ed il nostro comportamento a creare il nostro futuro e siamo sempre noi che lasciamo un segno importante anche sul futuro dei nostri figli. Che i pianeti possano esercitare sull'essere umano una qualche influenza è verosimile, ma non fino al punto di sostituirsi all'autonomia decisionale di cui siamo tutti dotati. «*Ogni persona, ogni avvenimento nella tua vita sono là perché tu ve li hai attratti. Quello che scegli di farne dipende da te*» sono parole di Edward Bach, ideatore della floriterapia.

SBAGLIARE È UMANO

A causa dei condizionamenti ricevuti, sovente le persone sviluppano una cattiva immagine di se stesse che le porta a nutrire una scarsa fiducia nelle proprie capacità (*carente autostima*). Conseguentemente esse soffrono di un *complesso di inferiorità* che le rende suscettibili alle critiche e intolleranti verso chi mette in dubbio le loro convinzioni.

Anche a tanti genitori non garba affatto riconoscere le proprie mancanze nei confronti dei figli, seppure commesse in buona fede. Dover ammettere di aver sbagliato o di avere torto, in molti individui genera un senso di sconforto e di frustrazione, dolorosi da sopportare, perché costoro si identificano coll'errore: **ma noi non siamo l'errore!** Se abbiamo detto o fatto qualcosa di sbagliato, non vuol dire che siamo noi ad essere sbagliati: **lo è solo la nostra azione!** Soltanto riconoscendo e accettando lo sbaglio possiamo alleggerire la nostra esistenza dal peso dell'orgoglio e della presunzione.

A volte fare errori è inevitabile. Il male non sta tanto nello sbagliare, che comunque fa parte della vita, quanto nel ripetere e perpetuare lo sbaglio. Un siffatto modo di comportarsi relega chi lo attua a vivere in un perenne stato di sofferenza, fine a se stesso, che non gli permette di imparare e di crescere. «*Errare umanum est, perseverare stultorum*» ossia sbagliare è umano, perseverare è da stolti, dicevano i latini. In effetti, ciò che risulta essere veramente importante è evitare di commettere ancora lo stesso errore, non di farne altri nuovi!

Quando una cosa spiacevole è accaduta non si può fare nulla, non si può tornare indietro. È controproducente (perché si generano nocivi sensi di colpa) rimuginare e rimpiangere di non essere stati in grado di evitarla («*è inutile piangere sul latte versato*»). In questi casi l'insegnamento consiste nell'aver appreso in quale modo comportarci in futuro in una situazione analoga. Meditare sugli sbagli commessi senza essere rigidi con se stessi è la maniera giusta di porci nei confronti della vita.

Sono completamente d'accordo con chi ha asserito che: «*gli stupidi non sono quelli che sbagliano, ma coloro che considerano stupido chi sbaglia*». Proprio in virtù del fatto che solo una minoranza di persone accetta questa verità, accade che siano pochi coloro i quali, rivolgendosi al proprio coniuge, o al figlio, o all'amico, o ad un qualsiasi altro individuo nei confronti del quale si sono accorti di avere in qualche modo mancato, hanno il coraggio di dire: «*ti chiedo scusa, perché riconosco di avere sbagliato!*».

Le *persone forti* amano il cambiamento e le novità e non hanno alcuna difficoltà nell'ammettere i propri errori perché non temono di essere giudicate male e rifiutate. I *deboli*, invece, prediligono tutto ciò che già conoscono perché il conosciuto li rassicura. Inoltre, avendo paura di quello che gli altri possono pensare e dire sul loro conto, tendono ad evitare le difficoltà per il timore di sbagliare e di non essere accettati. Questa è la ragione fondamentale che li spinge ad incolpare il prossimo delle loro manchevolezze e li induce a giustificarsi continuamente e a mentire.

Sono del parere che ognuno di noi acquisisca delle conoscenze e delle consapevolezze principalmente grazie agli sbagli che compie ed alle esperienze che ne derivano. Chi crede, furbescamente, che non agendo può schivare il pericolo di sbagliare evitando di pagarne le conseguenze, commette *il più grave degli errori*. Pensare di non fare nulla e nello stesso tempo sperare di raggiungere qualcosa di buono, è utopia, è pura illusione. Nessuno può esimersi dall'azione e dall'assumersi le proprie responsabilità. Temere gli errori è un po' come temere la vita stessa dato che sbagliare fa parte integrante della esistenza.

Solo dopo aver superato le difficoltà impariamo a prendere decisioni più sagge e ad essere maggiormente disinvolti nell'affrontare e risolvere i problemi. Quando non vogliamo misurarci con gli ostacoli che si presentano sul nostro cammino, essi si ripropongono incessantemente (spesso con toni più aspri e dolorosi) fintanto che non ne comprendiamo il senso e l'utilità.

LA LEGGE DI CAUSA ED EFFETTO

È essenziale sapere che ogni nostra azione ha ripercussioni intimamente legate alla **legge di causa ed effetto**, che gli orientali chiamano *Karma*. Tutti conoscono il detto: «*si raccoglie ciò che si semina*». Ad ogni nostra iniziativa, sia che la attuiamo consciamente o inconsciamente, fa seguito un risultato che costituisce l'esito della iniziativa stessa. Che ci piaccia o no, tutto quello che ci accade è la conseguenza di scelte attuate precedentemente. Forse ci siamo dimenticati di quando le abbiamo fatte, ciò non toglie, comunque, che ogni cosa torni alla sua sorgente. «*Con i fili della legge di causa ed effetto tessiamo la complicata* *trama della nostra vita. L'individualità ed il libero arbitrio ne tracciano gli innumerevoli disegni»*. Con queste parole Yogananda Paramahansa era solito ricordare ai suoi interlocutori che soltanto noi siamo i protagonisti del nostro destino.

Ognuno è responsabile di quel che gli capita e di quel che ha. È assurdo non voler comprendere che se procuriamo del bene a qualcuno, prima o poi quel bene ci verrà ricambiato (non necessariamente dalla stessa persona) e che, se provochiamo del male, anche senza rendercene conto, ci verrà rimandato in ogni caso quel male. Se facciamo una *carezza*, ci ritornerà la carezza, e se diamo uno *schiaffo*, altrettanto inevitabilmente ci verrà restituito lo schiaffo. *Per ogni azione esiste una reazione uguale e contraria*. Nel bene come nel male si riceve sempre ciò che si dà. Quello che ci accade non dipende dalla buona o cattiva sorte: è la conseguenza delle nostre azioni! Questo importante principio è racchiuso nel proverbio romanesco: «*come me soni così te canto*».

Qualche tempo fa ho letto una storia che mi è piaciuta molto per la semplicità con la quale riesce a far comprendere il significato della *Legge del Karma*. Ho creduto opportuno riportarla qui di seguito perché trovo che sia deliziosa.

Padre e figlio stanno camminando in una valle. Ad un tratto il bambino inciampa e cade. Il forte dolore che ne consegue lo fa gridare: "Ahhh!". Con sua grande sorpresa subito dopo ode una voce proveniente dalla montagna che dice "Ahhh!". Stupefatto urla: «Chi sei?» L'unica risposta che riceve è "chi sei?". Arrabbiato il bambino inveisce dicendo: «sei solo un codardo!» e la voce replica: "sei solo un codardo!". Perplesso il ragazzino guarda il papà e gli chiede cosa sta succedendo. Allora il padre gli risponde: «sta a vedere, figliolo!» e poi urla: «ti voglio bene!» e la voce parimenti: "ti voglio bene!". Poi urla ancora: «sei fantastico!» e la voce risponde: "sei fantastico!". Il fanciullo, attonito, chiede ulteriori chiarimenti per cui il padre aggiunge: «la gente la chiama eco ma, in verità, si tratta della vita stessa. L'esistenza ti ridà sempre ciò che tu le dai: è uno specchio delle tue azioni! Vuoi amore? Dalle amore! Vuoi gentilezza? Dalle gentilezza! Vuoi comprensione ed affetto? Sii tu il primo a darli. Se desideri che gli altri siano pazienti e rispettosi nei tuoi confronti, inizia tu ad essere paziente e rispettoso. Ricorda, figlio mio, questa è l'unica maniera per essere felici!».

Ogni scelta fatta oggi dà origine ad un *domani* ben preciso che è diverso da tutti gli altri possibili. Noi scegliamo, attimo dopo attimo, il nostro futuro e in qualche misura influenziamo anche quello dei nostri figli. Spesso ci capita di prendere talune decisioni e di comportarci in un certo modo, piuttosto che in un altro, *ignari* di cosa, nel nostro profondo, ci spinga a farlo.

I nostri pensieri, le nostre parole e le iniziative che da noi nascono, si comportano come un *boomerang* che, una volta lanciato, torna al punto di partenza. Di qui la necessità, quando stiamo per intraprendere qualche azione, di chiederci quali potranno essere gli effetti che ne deriveranno e soprattutto se la scelta che stiamo operando apporterà benessere a noi stessi, ai nostri figli e agli altri. Se la risposta, filtrata attraverso il *cuore*, è affermativa (cioè ci procura gioia) possiamo procedere, altrimenti no. In fin dei conti non è poi così difficile saper vivere, basta imparare ad operare delle selezioni coscienti guidate da ciò che *sentiamo*, cioè dall'amore, e non da quello che *pensiamo*, ovvero dalla logica e dalla razionalità.

«*Chi non accoglie il Regno di Dio come un bambino, non vi entrerà*»

Gesù

«*Tutti i grandi sono stati bambini una volta, ma solo pochi di essi se ne ricordano*»

Antoine de Saint-Exupéry

«*Tutte le persone che noi chiamiamo geni sono uomini e donne che in qualche modo sono sfuggiti al pericolo di assopire quello strano e meraviglioso bambino che è in loro*»

B. Sher Wishcrast

Il Bambino Interiore

Fino a non molti anni fa mi era pressoché sconosciuto il vero significato del **Bambino Interiore** o, perlomeno, ne avevo solo una vaga conoscenza. Soltanto dopo aver letto sull'argomento un libro che mi era capitato tra le mani, apparentemente per caso, mi tornò alla mente che ai tempi del liceo avevo appreso qualcosa di simile studiando la poetica del *"fanciullino"* di Giovanni Pascoli.

Quando studiavo la letteratura italiana, vuoi perché ero molto giovane e quindi non ancora in grado di apprezzarne i pregi (distratto com'ero dai divertimenti), vuoi perché costretto a farlo se non volevo essere rimandato a settembre, non provavo alcuna contentezza né il minimo coinvolgimento nell'imparare certe nozioni. Comunque ricordo distintamente che, nonostante sentissi una spiccata avversione nei confronti di un metodo di insegnamento non stimolante, avvertii un insolito piacere nel momento in cui ebbi l'opportunità di conoscere le opere letterarie del Pascoli. In quella occasione ciò che istintivamente attirò la mia attenzione fu proprio l'affascinante idea del *"fanciullino"*. Per la prima volta nella mia vita di studente provai una velata sensazione di gradimento mentre apprendevo concetti appartenenti ad una materia che non mi aveva mai appassionato.

Allora, se qualcuno mi avesse detto che un giorno mi sarei dedicato con passione e vivo coinvolgimento alla salvaguardia della salute fisica e psichica dei bambini e che, per amore loro, avrei scritto un libro rivolto ai genitori, avrebbe dovuto fare i conti con il mio scetticismo. Sicuramente avrei risposto che a me una cosa del genere non sarebbe mai potuta accadere. A quel tempo, infatti, lo spiccato prevalere della mia razionalità mi impediva di percepire e di valorizzare i segnali che la mia anima mi inviava affinché potessi comprendere delle *verità*.

Nel momento in cui ci incarniamo (cioè la nostra anima si "infila" in un corpo) ci attendono lezioni che a loro volta fanno parte integrante di quella straordinaria esperienza chiamata vita. Tutti noi, prima o poi, dobbiamo renderci conto che non siamo venuti al mondo per pura combinazione né tantomeno rappresentiamo l'insignificante effetto di un casuale rapporto sessuale. Al contrario, siamo nati per assolvere un compito ben preciso, molto importante: **imparare ad amare!**

Mi sono occorsi anni per comprendere quanto sia essenziale, se si desidera vivere nell'amore, lasciare esprimere il *Bambino Interiore* (che ognuno porta con sé) nella più completa libertà e nella consapevolezza che la vita va vissuta, istante dopo istante, con assoluta schiettezza e semplicità. Credo, inoltre, che sia insita nel nostro percorso esistenziale la funzione, non sempre agevole ma sicuramente gratificante, di renderci utili nei confronti degli altri. Via via che sono cresciuto spiritualmente e che parallelamente ho acquisito una crescente professionalità, si sono notevolmente sviluppate anche le mie capacità di dare una mano a chi è malato. È stupefacente constatare come, durante il processo di guarigione, si risvegli sempre più nelle persone un susseguirsi di sensazioni e di emozioni, rimaste più o meno a lungo sepolte nell'inconscio, il cui emergere lascia finalmente esprimere la loro parte più autentica: il *Bambino Interiore*.

Guarire significa, in definitiva, riappropriarsi di un modo di essere e di vivere conforme alle *Leggi della Natura*. La malattia, mediante il patimento, ci fa divenire coscienti che in noi c'è un "mondo sommerso" (percezioni, intuizioni, emozioni...) che ha un enorme valore.

Durante la mia appassionata ricerca sulle origini storiche del *Bambino Interiore* è successo un fatto che ha destato il mio stupore. Andando a rispolverare alcuni testi di letteratura ho potuto apprendere che Platone, famoso filosofo vissuto in Grecia circa duemilacinquecento anni fa (al quale il Pascoli afferma di essersi ispirato), nel Fedone riferisce che in ognuno di noi è insito un *fanciullo.*

Un argomento antico, quindi, quello del *Bambino Interiore* che ha ispirato nei secoli più di un illustre personaggio. Sicuramente fu **Gesù**, il "Maestro dei Maestri", colui che più di ogni altro seppe trasmetterci con grande semplicità e incondizionato amore profondi insegnamenti. E fu sempre Lui che ci mostrò un sincero ed amorevole trasporto verso i bambini quando disse: «*lasciate che i pargoli vengano a me...*».

In molte occasioni **Cristo** sottolineò l'importanza della semplicità, della purezza e dell'innocenza, insite in ogni bambino, requisiti fondamentali che ognuno di noi deve manifestare se vuole rendere appagante la propria esistenza.

Al mondo esistono circa trecento religioni diverse ciascuna delle quali proclama di essere l'unica detentrice della verità. Nonostante i fanatismi e le rivalità di culto, il 25 Dicembre di ogni anno ovunque si festeggia il *Natale*. In effetti accade che, magari soltanto per un giorno, cessi ogni sorta di conflitto di fede. La spiegazione di questo fenomeno, apparentemente paradossale, risiede nel fatto che la natività del *Bambino Gesù* esprime simbolicamente la nascita (ed anche la rinascita) del *Bambino Divino* presente in ognuno di noi. Ogni essere umano, consapevolmente o meno, si sente coinvolto emotivamente da questo evento che accomuna tutti in una gioiosa sensazione di fratellanza.

Ma cos'è esattamente il *Bambino Interiore*? Come mai viene affrontato questo argomento nel libro? Che cosa ha che fare, si chiederà sicuramente più di un lettore, con il rapporto che i genitori instaurano con i figli e con il tipo di educazione che i genitori stessi impartiscono loro? Nelle pagine seguenti cercherò di rispondere a queste legittime domande.

Comprendere cosa sia effettivamente il *Bambino Interiore* e quali implicazioni comporti avere questo tipo di consapevolezza è, secondo me, di vitale importanza. Per questa ragione gli ho dedicato un intero capitolo. Mentre lo scrivevo pensavo quanto fosse utile aiutare tanti papà e tante mamme nel rendersi conto che c'è, nel profondo di ognuno di noi, un "qualcosa" in grado di farci provare emozioni di straordinaria risonanza. Le incredibili ripercussioni positive che si ottengono nel momento in cui ci lasciamo guidare da questa componente spirituale costituiscono la tangibile riprova della sua esistenza. Se questo aspetto della natura umana non si conosce abbastanza o affatto lo si deve, purtroppo, alla scadente educazione che riceviamo fin da piccoli. Nelle scuole occidentali ancora oggi si insegnano insulse nozioni (che sicuramente non arricchiscono di consapevolezza una persona ma, al contrario, la inaridiscono, intellettualizzandola) piuttosto che rivolgere l'attenzione a tematiche importanti la cui conoscenza aiuterebbe a vivere senz'altro molto meglio.

Quando veniamo al mondo lo facciamo servendoci di un corpo, ben visibile e tangibile, nel quale è racchiusa una energia, non visibile e non tangibile, che è stata chiamata *anima*. Senza questa insostituibile componente è impossibile respirare, camminare, correre, pensare, conoscere, provare emozioni e sentimenti: in una parola *vivere*! Nel momento in cui una persona ha concluso il suo ciclo vitale e muore, l'anima lascia il corpo. Anima, quindi, è sinonimo di vita. Non a caso, ad esempio, vengono chiamati *cartoni animati* quei disegni che tramite espedienti tecnici si muovono, parlano e si comportano proprio come se fossero esseri umani. Perdere il contatto con il nostro *Bambino Interiore* significa spegnersi, diventare dei robot, vuol dire morire prima di essere morti fisicamente.

Il *Bambino Interiore* rappresenta quella innata parte di noi che si esprime con *autenticità*, *naturalezza* e *purezza*. È la *innocenza*, quella con la "i" maiuscola. È la *sincerità*, quella che non ha bisogno di mentire. È l'*apertura* più completa alla vita, quella che non ha alcuna sorta di paura. È la *creatività*, quella che ci rende simili a Dio. È l'*intuito*, quello che rifugge dalla razionalità. È la genuina *gioia di vivere*, quella che non lascia spazio ad autocommiserazioni e recriminazioni. È la *capacità di stupirsi, di entusiasmarsi* e di *non dare mai nulla per scontato*. È la *facoltà di emozionarsi, sognare, avere fiducia in se stessi e negli altri*. È, in breve, la nostra parte divina, ovvero la *Divinità* che vive in ognuno di noi. Non è forse scritto nella Genesi che l'uomo fu creato a "immagine e somiglianza di Dio"? Perché allora stupirci del fatto che siamo tutti *scintille divine*?

Il *Bambino Interiore* è il figlio che ognuno di noi si porta dentro. Quando gli permettiamo di esprimersi, mettendo da parte il nostro raziocinio, ci indirizza verso scelte che ci fanno vivere bene. In effetti, più si dà spazio al sentire, anziché al ragionare, tanto maggiori sono le possibilità di migliorare la qualità della nostra vita perché diveniamo sempre più **consapevoli**.

Il *Bambino Interiore* rappresenta la *Guida* o *Maestro* che alberga in noi. È il più fidato consigliere a nostra disposizione. La sua funzione va ben al di là dei cinque sensi perché ci permette di "vedere" ciò che gli occhi non possono percepire e di comprendere quello che l'intelletto non può capire. In altre parole, è la nostra capacità di **intuire** (dal latino *intueri* = guardare dentro), vale a dire la facoltà di cogliere aspetti della vita spesso contrastanti con le mere apparenze o con quello che ci hanno detto o insegnato (*condizionamenti*). Quante volte mi è capitato, nel corso della mia attività di pediatra, di aver dovuto dare ragione ad una madre che mi diceva con tono preoccupato: «non so cosa abbia mio figlio, ma *sento* che non sta bene...».

Ricordo un episodio che ha cambiato in maniera sostanziale la mia esistenza e che desidero condividere col lettore perché credo che possa essere utile per comprendere meglio l'importanza del *Bambino Interiore*. Era la fine di maggio del 1977. A quel tempo frequentavo la Facoltà di Medicina e Chirurgia, a Roma. A causa delle mie paure ed insicurezze avevo accumulato, rispetto al calendario degli esami previsti dallo statuto, un ritardo considerevole: ero "fuori corso" di oltre tre anni. Quella situazione, per nulla soddisfacente, era ulteriormente aggravata dalla mia esagerata passione per il gioco del biliardo al quale dedicavo quotidianamente ore preziose che sottraevo agli studi.

Un giorno in cui mi sentivo particolarmente giù di corda e facevo una gran fatica a concentrarmi su ciò che stavo studiando, ad un tratto avvertii il bisogno di fermarmi a riflettere. Distolsi lo sguardo dai libri, chiusi gli occhi e mi lasciai andare appoggiando la schiena alla poltrona

sulla quale ero seduto. Dopo qualche istante un turbinìo di pensieri iniziò ad agitarsi nella mia mente simile ad uno stormo di uccelli che si alza
in volo. Uno in particolare prese a poco a poco forma traducendosi in
una inquietante domanda. «Claudio», mi dissi, «cosa hai intenzione di
fare della tua vita? Desideri diventare un famoso giocatore di biliardo o
un eccellente medico?». A quell'interrogativo seguì una pausa di profondo silenzio che mi parve una eternità. Poi, con mio grande stupore,
udii dentro di me una "vocina" che mi diede questa perentoria risposta:
«un bravo medico!». Subito dopo, una sensazione di pace e di serenità
nonché una incontenibile gioia iniziò a pervadermi. Mi sentivo amato e
protetto a tal punto che i miei malumori ed il mio pessimismo svaniro-
no come per incanto.

Ancora oggi mi è difficile spiegare esattamente cosa accadde. Posso
soltanto dire che da quel momento provai una maggiore fiducia in me
stesso ed una determinazione mai provate prima di allora. Il cambiamento che aveva iniziato a germogliare in me si rivelò ben presto straordinariamente proficuo. I risultati li potei toccare con mano all'incirca
un anno dopo quando, il 12 aprile del 1978, mi fu conferita col massimo dei voti la laurea di Dottore in Medicina e Chirurgia. In nove mesi
sostenni e superai brillantemente quattordici esami annullando totalmente il ritardo accumulato. Durante quel periodo studiai moltissimo.
Ogni giorno riuscivo, con grande impegno, a stare sui libri quindici-
sedici ore. Rammento che mi ero trasformato in una specie di computer. Tutto quello che leggevo lo capivo ed assimilavo immediatamente.
Lessi migliaia di pagine incamerando centinaia di termini e di concetti
scientifici. Oggi so che quei ritmi di studio massacranti avrebbero potuto procurarmi dei danni alla salute. Grazie al Cielo ce la feci senza am-
malarmi. Anzi, alla fine di tutto quello stress, il mio carattere migliorò:
ero diventato più affettuoso, più aperto e più comunicativo con gli altri.

Fu per me una enorme vittoria, non solo per la laurea conseguita
(tanto agognata) ma anche perché avevo sconfitto un numero ragguar-
devole di paure. In altre occasioni, dopo quell'evento, ho sentito nuo-
vamente la "vocina". Tutte le volte che le ho prestato attenzione, asse-
condandola, ne ho tratto giovamento, oltre che proficui insegnamenti.

È bello constatare come un senso di appagamento e di gioia ci pervadano nel momento in cui ci sentiamo connessi col nostro *Bambino Interiore*. Tutti dovremmo tornare a sperimentare questo tipo di sensazioni, proprio come succede ad un ragazzino.

Molti di voi avranno potuto constatare che, quando non puntiamo più i piedi e lasciamo andare le nostre resistenze razionali, avviene il miracolo. In questi casi la soluzione del problema, che sembrava non esserci, arriva puntualmente e con estrema naturalezza dal momento che non ci sono più barriere logiche ad impedirlo. Occorre essere fedeli alla nostra *voce interiore* perché può diventare il "faro" della nostra esistenza se le diamo ascolto.

La paura di soffrire è l'ostacolo più grande che si antepone alla nostra crescita. Paradossalmente, più abbiamo paura di patire e combattiamo il cambiamento di cui abbiamo timore, più soffriamo. Facendo resistenza impediamo alla nostra *energia vitale* di scorrere liberamente. In tal modo si vengono a creare quei blocchi da cui hanno origine le frustrazioni e le malattie. Ogni volta che impediamo al nostro *Bambino Interiore* di esprimersi, perché prevale in noi la paura e non ci fidiamo delle nostre sensazioni, di fatto è come se ci malmenassimo. Volendo usare una immagine esasperata, che però rende bene l'idea, è un po' come pretendere di respirare tenendo tappati contemporaneamente il naso e la bocca.

Una volta conseguita la laurea ho giocato ancora a biliardo, ma non più di qualche altra volta. Ho preferito dedicarmi con tutto me stesso, giorno dopo giorno, alla conoscenza del *perché* ci si ammala. Nel 1986 ebbi il coraggio di fare una scelta professionale (guidato anche in quel caso dalla "vocina") che si è rivelò di indubbia importanza. Dopo aver incontrato uno straordinario maestro di medicina naturale, il Dr. Giuseppe Leoni, che amorevolmente mi aiutò a guarire da tutti i miei mali (sinusite, rinite allergica, gastrite, colite, emorroidi...), cambiai completamente la mia ottica di medico tradizionale. Fu allora che compresi chiaramente (avendolo sperimentato su me stesso) quanto sia opportuno curare oltre il *corpo* anche l'*aspetto psichico, emozionale* e *spirituale* delle persone (tutte componenti tra loro intimamente connesse). Ero diventato consapevole che soltanto con questo tipo di approccio avrei potuto dare un valido contributo terapeutico al mio prossimo.

Fu così che decisi di avvalermi di rimedi naturali privi di effetti colla-terali tossici (omeopatia, omotossicologia, fiori di Bach, fitoterapia...) e di metodiche non invasive estremamente efficaci (agopuntura, coppet-toterapia, neuralterapia, cromoterapia). Non mi sono mai pentito della decisione presa. In quanto al fatto se sia divenuto o meno un bravo me-dico, questo lo lascio giudicare ai miei pazienti. Quello che posso dire è che ricevo sincere manifestazioni di affetto e di stima da parte loro. Tut-to questo mi gratifica e dà un senso di pienezza alla professione che eser-cito lasciando cadere nell'oblio le sofferenze patite ed i sacrifici sostenuti.

Ogni sforzo che facciamo ha valore solo quando è finalizzato a mi-gliorarci e a fortificarci sempre più. Se il disagio che proviamo è fine a se stesso, allora vuol dire che siamo affetti da un *senso di autodistruzione* e da *masochismo*. Comportandoci in questo modo non facciamo altro che ledere il nostro *Bambino Interiore* danneggiando, conseguentemente, anche quello dei nostri figli.

Ho voluto raccontare questo frammento della mia vita per comuni-care al lettore che la soluzione di qualsiasi assillo o dilemma esistenziale si trova unicamente *dentro di noi*. La cosa importante è collegarci nuo-vamente con quella parte ricca di saggezza e di innate conoscenze che tutti abbiamo a disposizione, proprio come quando eravamo bambini.

I maltrattamenti che il nostro *Bambino Interiore* riceve fin dall'infanzia provocano delle ferite che inizialmente investono la sfera *psichica* ed *emozionale* per poi espandersi, col passare del tempo, anche alla compromissione dello stato di salute fisico. Se non avviene il cam-biamento di un certo modo di pensare e di agire che non giovano (effet-to delle influenze negative ricevute in passato), prima o poi ci si ammala, è inevitabile.

Talvolta è necessaria una malattia o un grande dispiacere come, ad esempio, la morte di una persona cara, un figlio che si droga, una figlia anoressica, una separazione etc... per destarci dallo stato di *non consape-volezza* nel quale siamo imprigionati a causa del mancato contatto col nostro *Bambino Interiore*. A tal proposito, così scrive John Bradshaw nel suo libro intitolato "Come ritrovarsi": «*all'inizio, potrà sembrare ridicolo che un bambino possa continuare a vivere nel corpo di un adulto. Ma questo è esattamente quello che intendo. Credo che questo Bambino*

Interiore, ignorato e ferito nel passato, sia la maggiore fonte del dolore umano. Fino a quando non ce ne riapproprieremo e non lo difenderemo, questo bambino continuerà ad agire dal nostro inconscio e a influenzare le nostre vite di adulti».

La maggior parte di noi non è assolutamente cosciente di ospitare un *bambino* dentro di sé, indifeso e bisognoso di cure e di attenzioni (proprio come tutti i bambini). Il motivo principale di questa nostra ignoranza risiede nel fatto che siamo stati educati a privilegiare la logica e il pensare, anziché valorizzare le nostre *doti creative* e i *sentimenti*.

Succede pertanto che, invece di vivere in armonia col nostro *Bambino Interiore* (e quindi con gli altri e con la Natura), finiamo col distanziarcene sempre più simili ad una imbarcazione priva di guida che viene sospinta dalle correnti marine alla deriva. È questo ciò che accade ad ogni essere umano quando perde il contatto con il proprio *nucleo interiore*.

Allontanarsi da se stessi vuol dire entrare in confusione, essere disorientati, spaesati, impauriti, ansiosi, inquieti. Equivale a sentirsi sradicati. Significa provare una insicurezza di fondo ed un senso di vuoto che impediscono di percepire il vero valore della vita e di gustarne appieno il sapore. Così facendo si finisce col sopravvivere, spesso aspettando inermi che sopraggiunga la morte, anziché *vivere*. Ci si sente come un bimbo che sia stato sottratto all'amore della mamma: si soffre, si è tristi, si cade in depressione, si è arrabbiati, ci si dispera... In breve, si prova sulla propria pelle cos'è l'inferno.

Ricollegarci al nostro *Bambino Interiore* ci porta, invece, a sentirci al sicuro, protetti, amati, adeguati, radicati, completi, vivi... felici. Tutte sensazioni che ci fanno sentire che il paradiso esiste davvero. Desidero, a questo riguardo, riportare una significativa testimonianza di Osho: «*la ricerca del paradiso è la ricerca del ritorno alla tua infanzia. Naturalmente il tuo corpo non sarà più quello di un bambino, ma la tua coscienza può essere pura come la coscienza di quel bambino. Il segreto della vita è tutto qui: renderti di nuovo un bambino innocente, non inquinato dal sapere, eppure consapevole di tutto ciò che ti circonda, con una profonda meraviglia e un senso di mistero che non può essere demistificato».*

Il *Bambino Interiore* viene anche denominato *Io Emozionale* perché è in relazione con le *emozioni*, le *sensazioni*, gli *stati d'animo*, le *percezioni...* ossia con la dimensione del **sentire**.

Spesso le persone si ritrovano a *pensare*, *pensare* e ancora *pensare* (rischiando di andare fuori di testa) a scapito di ciò che *sentono* e *provano*. Chi è abituato a vivere in questa maniera, nel momento in cui ha a che fare con un figlio è molto probabile che invece di esprimergli con parole e gesti affettuosi il proprio incondizionato amore (anche quando il figlio abbia commesso qualcosa di sbagliato), sia capace solo di rimproverarlo, mortificarlo e farlo sentire un inetto. Giorno dopo giorno, senza rendersene conto, questo tipo di genitore calpesta il *Bambino Interiore* di chi ha messo al mondo (oltre che il proprio) commettendo in tal modo un *crimine*. È da simili comportamenti oltraggiosi, infatti, che trae origine ogni sorta di follia e di scelleratezza umana (suicidi, omicidi, delinquenza, pedofilia, tossicodipendenza, prostituzione, malattie psichiatriche...).

Mi torna alla mente, a proposito del *Bambino Interiore*, un delizioso aneddoto riportato da Gerald Jampolsky in un suo libro. "*Un giorno ad una coppia che aveva un figlio di quattro anni, nacque un secondo bambino. Quando il neonato fu portato a casa, il primogenito chiese ripetutamente di rimanere solo col nuovo arrivato. I genitori, non riuscendo ad opporsi alle assillanti richieste, acconsentirono. Però, preoccupati del fatto che il fratello maggiore potesse fare del male, per gelosia, al piccolino, misero nella stanza di quest'ultimo un apparecchio in grado di fare udire qualsiasi suono. I coniugi erano in attento ascolto già da alcuni minuti allorché, stupefatti, sentirono il figlio maggiore dire al fratellino:* «**ti prego, raccontami di Dio, perché sto cominciando a dimenticare...**»".

Soltanto se sapremo riscoprire e amare il *Bambino* che è in noi, potremo onorare anche quello presente nei nostri figli e in tutti gli altri esseri umani con i quali veniamo a contatto nel corso della vita. Tornare a vivere in armonia col nostro *Bambino Interiore*, così come ci accadeva quando eravamo piccoli, vuol dire avvalersi dell'immenso potenziale che ci portiamo dentro fatto di spontaneità, semplicità, purezza, innocenza, apertura mentale, gioia di vivere e di condividere, creatività, amore. Significa attingere alla fonte miracolosa (ed inesauribile) che cura e guarisce ogni nostro dolore.

Non è infrequente che una infanzia assai difficile conduca un bambino, che ha molto sofferto per le ingiustizie e le carenze d'amore patite, a sviluppare dentro di sé rabbia, paure e rancori talmente forti da indurlo ad intraprendere, da grande, la strada della illegalità e della sopraffazione.

Di solito un delinquente viene visto come un individuo cattivo, pronto in ogni momento a fare del male agli altri dal quale, perciò, è bene tenersi alla larga. Questo è ciò che comunemente la gente crede. Ma, se ci soffermiamo a riflettere e a fare delle considerazioni non superficiali, potremo comprendere come persino il più incallito criminale sia in ogni caso un essere umano che è venuto al mondo per amare e per essere amato. Un tempo egli era come tutti gli altri bambini, cioè una creatura indifesa ed innocente. Poi, crescendo, si è trovato a fare delle scelte sbagliate e a vivere una esistenza violenta e tormentata.

Soltanto quando ad un ragazzino è stato letteralmente massacrato il suo *Bambino Interiore* può accadere che diventi un malfattore. Non voglio giustificare nessuno. A volte, tuttavia, mi chiedo quanti di noi, cosiddette "persone per bene", saremmo diventati come lui se fossimo cresciuti nelle sue stesse condizioni familiari? Non tutti reagiscono alle tribolazioni infantili nella stessa maniera, questo pure è vero. Talvolta i patimenti possono indurre una persona a divenire un benefattore dell'umanità o addirittura un santo. Ciò non toglie, però, che esistano molti individui che reagiscono alla violenza subìta con altrettanta violenza, per cui il loro codice di vita diviene inesorabilmente "occhio per occhio, dente per dente".

Se si chiede ad un delinquente come ha trascorso l'infanzia e come è stato il rapporto con i suoi genitori (soprattutto col papà), è molto probabile che inizi a riferire qualcosa del genere: la madre, avendo messo al mondo diversi figli, non poteva occuparsi solo di lui. Il padre che si ubriacava spesso e viveva di espedienti, quando tornava a casa si adirava per un nonnulla e sfogava la sua collera picchiando brutalmente la moglie e la prole. Lui, come figlio, non ha mai ricevuto un'attenzione, un regalo o una gratificazione. È cresciuto senza avere la più pallida idea di cosa significhi comunicare, confidarsi, poter contare su qualcuno della famiglia. Per non parlare poi del ricevere una carezza, un abbraccio, un bacio o più semplicemente una parola di conforto in caso di bisogno. E mentre vi racconterà tutto questo (ed altro ancora), è possibile che vediate il suo volto cambiare espressione: duro e spavaldo all'inizio della conversazione, si tramuterà nel viso di un bambino sofferente. E, se continuerete ad ascoltarlo con attenzione, potrete anche accorgervi che nel frattempo i suoi occhi si sono bagnati di lacrime.

Alcuni anni fa, ad un seminario, ebbi l'opportunità di fare una esperienza non comune: conobbi un tizio che aveva avuto trascorsi delinquenziali. Per i primi due giorni, durante le pause, ci parlai del più e del meno. Il terzo giorno con mia grande sorpresa accadde che quell'uomo mi rivelò alcuni retroscena malavitosi della sua vita. Evidentemente, l'atmosfera rassicurante che si respirava in quel luogo e il mio modo di fare, schietto ed amichevole, lo indussero ad aprirsi e a confidarsi. La cosa che più mi meravigliò in quella circostanza fu il fatto che, una volta venuto a conoscenza del suo losco passato, non lo allontanai rifiutandolo come persona. Al contrario, provai nei suoi confronti una sincera compassione ed un fraterno senso di solidarietà. A distanza di anni gli sono ancora grato per la benefica lezione che ha lasciato nel mio cuore. Da allora ho imparato a non giudicare più nessuno e a non lasciarmi ingannare dalla facciata. Quel che maggiormente conta di un essere umano è ciò che ha dentro, in profondità, e non quello che cerca di dimostrare, né tantomeno quello che vuole apparire. Al mondo non esistono individui cattivi, ci sono soltanto esseri il cui *Bambino Interiore* è talmente colmo di dolore per quello che hanno subìto, che arrivano a *fare cose cattive*!

Non è un caso che **Gesù** ci abbia mostrato come proprio le prostitute, i ladri e gli assassini siano i più bisognosi di comprensione ed aiuto. Egli visse buona parte della sua intensa esistenza in mezzo a questi reietti ben sapendo che solo se si mostra indulgenza ed amore nei confronti dei nostri simili, le tenebre che avvolgono le loro coscienze possono essere dissipate per far posto alla luce della *consapevolezza*.

La forza attrattiva ed il fascino che emana un bimbo non hanno eguali. Credo sia capitato anche a voi, più di una volta, mentre camminavate per strada, di essere stati spettatori (o protagonisti) di episodi simili a quello descritto qui di seguito. Un lattante, tenuto in braccio dalla madre o sdraiato in una carrozzina, cattura l'attenzione di un passante.

La persona si ferma, gli sorride, magari lo accarezza e gli dice qualche parola affettuosa dopo di che se ne va, con il volto sereno, felice in cuor suo. Quei pochi istanti sono bastati per farle dimenticare ogni tipo di affanno e di preoccupazione e per risvegliare in lei (magari solo per un attimo) il *Bambino* che si porta dentro.

Sono fiero di me quando penso che non mi sono lasciato schiacciare dai diabolici meccanismi di una cultura occidentale che esalta la razionalità e la tecnologia esasperata (imponendo alle persone ritmi di vita infernali) a svantaggio delle nostre origini più schiette e veraci: il *Bambino* che ci portiamo dentro. Nessun *telefonino, computer* o qualsivoglia conquista tecnologica, per quanto fantastica possa apparire, riuscirà mai a sostituirsi alla intensa gioia che si prova nell'accarezzare, abbracciare e baciare un bambino, né potrà in alcun modo supplire la sensazione di *immenso* che riesce a suscitare un suo smagliante sorriso!

Non sono sfavorevole alla tecnologia né alle opportunità che essa offre. Sono contrario a lasciarmi usare. Io uso le cose che il progresso mi mette a disposizione (perché le cose si usano) ma non le amo. Amo invece i bambini e le persone!

Alcuni popoli, reputati primitivi, hanno mantenuto nei secoli una forte devozione sia per il bambino, in quanto essere umano, che per la innocenza e purezza che rappresenta. A questo proposito qualche tempo fa ho letto che a Bali (isola dell'Indonesia), quando nasce un bimbo, si evita di poggiarlo al suolo per i primi cinque mesi di vita. L'usanza ha lo scopo di impedire che i bambini, reputati dai balinesi "Angeli discesi dal cielo", vengano subito a contatto con la realtà materiale rappresentata dalla terra. Trascorso suddetto arco di tempo, si consente all'infante di poggiare i piedi sul terreno. L'evento si svolge durante una solenne cerimonia mediante la quale si prega e si invoca Dio affinché renda prosperosa e serena l'esistenza del bambino.

Credo che la nascita di un figlio susciti una grande felicità, non solo perché costituisce un evento di inestimabile valore, ma anche in quanto dà la possibilità di mettersi in contatto col *Bambino* che dimora in noi, e di curarne le ferite. Non è un caso, difatti, che tante persone, diventate genitori, compiano un prodigioso salto di qualità come esseri umani: divengono gioiose, comprensive ed amorevoli, sia in famiglia che con gli altri.

Per quel che mi riguarda, ci tengo molto a non invecchiare dentro di me. Perciò ogni giorno mi impegno affinché il mio cuore resti eternamente come quello di un fanciullo ovvero sempre propenso a ridere, scherzare, conoscere, entusiasmarsi, meravigliarsi, amare. Celebrare ed onorare con rinnovato slancio quotidiano la *sacralità* della vita che nel *bambino* racchiude la sua massima espressione, credo sia il modo migliore per comprendere che ha un significato profondo essere nati.

Ricordo, come se fosse ora, che alcuni mesi prima di partecipare al mio primo seminario di sviluppo personale avevo iniziato, senza una precisa ragione apparente, a disegnare gabbiani e a scrivere sotto il disegno la frase: «*io sono un gabbiano!*». Tutto ciò accadeva in maniera automatica senza che mi rendessi conto del perché lo facessi. Non molto tempo dopo ne compresi il significato.

Durante i quattro giorni del corso vennero presi in considerazione diversi argomenti. Tutti erano interessanti. Alcuni meritavano, a causa della loro indiscutibile importanza, una maggiore attenzione rispetto agli altri. Il tema della *libertà*, valutato nei suoi vari aspetti, fu uno di quelli sui quali venne posta una maggiore enfasi. «Ogni essere umano (ci fu detto), nasce libero nello spirito, nella mente e nel corpo. È per questo motivo che tutti i bambini si portano dentro un innato ed insopprimibile senso della indipendenza che manifestano in tanti modi diversi...». A quell'epoca facevo il pediatra già da qualche anno, per cui questi concetti mi erano abbastanza familiari. Non nascondo, però, di essere rimasto alquanto sorpreso quando seppi che il *gabbiano* viene considerato il *simbolo della libertà*.

L'essere diventato, negli anni, prigioniero di emozioni negative quali *paura* e *rabbia*, mi aveva condotto a vivere una esistenza colma di ansie, insicurezze e frustrazioni. La spiccata insofferenza che avvertivo, stufo com'ero di tribolare, aveva fatto sì che il mio inconscio (inducendomi a raffigurare gabbiani) cercasse attraverso quelle immagini simboliche di scuotermi dal torpore psichico nel quale i condizionamenti ricevuti mi avevano relegato. Il messaggio era fin troppo chiaro: dovevo liberarmi al più presto di quegli opprimenti stati d'animo per poter ritornare, come quando ero piccolo, a *volare*. Riconquistare la mia primitiva libertà e riabbracciare il mio *Bambino Interiore* erano le cose più importanti e pressanti da fare.

Non molto tempo fa ho provato un senso di piacevole meraviglia nell'apprendere, in seguito ad una delle appassionanti letture nelle quali spesso mi immergo, che **Buddha**, dopo essere arrivato alla completa illuminazione, rispondendo alla persona che gli aveva chiesto cosa avesse conseguito, così si espresse: «*nulla. Tutto ciò che ho raggiunto era già presente dentro di me. C'è sempre stato; fa parte della mia stessa natura. Solo che non me ne rendevo conto. Ho sempre posseduto un tesoro, ma non ne ero al corrente...*»

Tutti possediamo quello stesso tesoro ma il più delle volte non ne siamo consapevoli: in questo consiste la nostra vera ignoranza. Tutti hanno in sé un *Bambino Divino*, un *Buddha* (che vuol dire "risvegliato"), un *Cristo* (che significa "unto" dalla grazia di Dio) ma solo pochi ne sono a conoscenza. Questa è la fondamentale tragedia dell'umanità: la **non consapevolezza**. La **consapevolezza**, invece, ci fa comprendere che vivere nella semplicità, nella schiettezza e nella innocenza, proprio come un bambino, costituisce l'unica via capace di procurarci una esistenza gioiosa ed appagante.

Osservando attentamente i bambini riscopriamo ciò che *siamo veramente*. Provate a concentrare per qualche minuto il vostro interesse su un bambino che gioca. I suoi gesti, i suoi movimenti, le espressioni del suo volto, i suoi sguardi, i suoi sorrisi, le sue grida d'entusiasmo, tutto di lui vi dirà come egli viva pervaso da un profondo senso di libertà e di naturalezza.

Un bambino, si sa, ha bisogno di muoversi in continuazione. Sente la spontanea quanto irresistibile voglia di saltare e di correre senza che ci sia necessariamente una precisa ragione. L'adulto, invece, abituato a fare le cose solo se c'è uno scopo o un fine, quando vede un bimbo correre spesso non può fare a meno di chiedergli: «perché corri? Dove stai andando così di fretta?». Immancabilmente il bambino, con l'aria di chi è molto sorpreso per una simile domanda, gli ribadisce: «corro perché mi diverte, perché mi piace. Non sto andando da nessuna parte...».

Che assurdi interrogativi si pongono i "grandi"! Vogliono dare sempre una spiegazione logica alle cose. Chiedere ad un ragazzino perché corre è come voler sapere da un gabbiano perché vola o da un delfino perché nuota o da una rosa perché è sbocciata. Se il gabbiano, il delfino e la rosa fossero in grado di parlare risponderebbero che volare, nuotare e fiorire fa parte del loro modo di essere, della loro natura, nulla di più.

Un bambino ride anche senza una ragione. Sa gustare e trarre piacere dalla sua prorompente energia. Un ragazzino è istintivo, è naturale, non è cervellotico come gli adulti. Quando ha fame, mangia; quando ha sete, beve; quando ha sonno, dorme. È sempre autentico e in ogni caso se stesso, non è mai contorto né tantomeno complicato. Solamente i grandi sanno benissimo come crearsi difficoltà e problemi a non finire rendendo costantemente macchinosa la loro vita.

La spontaneità e la semplicità vengono giudicate forme di follia. Se sei allegro, spontaneo, dai con facilità del "tu" agli altri, sei aperto e non hai alcuna difficoltà nel baciare ed abbracciare i tuoi simili vieni visto come un esaltato, come un "extraterrestre". Se, all'opposto, sei sempre compìto, ben educato, formale, non dici mai una parola fuori posto, insomma sei finto ed ipocrita perché non hai il coraggio di esprimere ciò che senti e provi, allora sei accettato dalla società e ritenuto una persona equilibrata che ha ricevuto una buona educazione.

La vera pazzia consiste proprio in questo: chiedersi perché un bambino corre ed è sorridente, e non interrogarsi invece sul perché tanta gente (magari includendo anche se stessi) ha rinunciato ad essere autentica e a vivere pienamente la propria esistenza essendo *morta* già molto tempo prima che gli accada di morire.

I bambini sorridono a tutti, non fanno distinzione tra ricchi e poveri, colti ed ignoranti, belli e brutti. Non hanno idee preconcette, né sono prevenuti. Sanno esprimere con semplicità ed autenticità le loro emozioni. Lasciano da parte la mente raziocinante e fanno istintivamente dell'amore e della immediatezza i principali attributi del loro modo di essere. Si comportano come gli animali e la Natura, cioè seguendo una invisibile quanto sapiente forza energetica interiore (che tutto pervade ed anima) agendo così, senza sforzo, nell'accordo e nella gioia.

Vi è mai capitato di constatare che una gatta o una cagna o una leonessa, tanto per citare alcuni esempi di mamme a quattro zampe, abbia dei dubbi o delle perplessità riguardo alla necessità di mostrare o meno ai propri cuccioli affetto e premure, o debba riflettere sulla opportunità di mettersi a giocare con loro? Siete mai venuti a sapere che il sole o la pioggia talvolta non abbiano illuminato o bagnato qualcuno perché non si era comportato in maniera corretta? Conoscete per caso qualche fiore che abbia trattenuto per sé gli inebrianti profumi, di cui è custode, anziché emanarli con generosità? La Natura e i bambini non usano la logica né giudicano mai. Non fanno distinzione tra bene e male, buoni e cattivi, giusto o sbagliato: solo l'uomo si arroga questo diritto infrangendo continuamente l'armonia del Creato.

A proposito di armonia: come sta il vostro *Bambino Interiore*? È gioioso, sereno e aperto alle novità? Gioca e si diverte? Ha dei sogni che vuole realizzare e perciò fa progetti per il futuro, oppure è triste, inquieto, chiuso, insoddisfatto e rassegnato, avendo smesso di sognare?

A questo punto vorrei che ciascuno di voi smetta di leggere e, stando seduto, chiuda gli occhi immaginando di avere il proprio *Bambino Interiore* davanti a sé. Potete visualizzarlo mentre sorride o, al contrario, mentre piange e si dispera. In ogni caso, prendetelo sulle vostre ginocchia e iniziate a parlargli con dolcezza. Confortatelo e raccontategli una bella fiaba. Ascoltate ciò che ha da dirvi e cercate di scoprire cosa lo preoccupa e lo angustia. Aiutatelo a comprendere, accarezzatelo, stringetelo forte a voi, baciatelo e, poi, mettetevi a giocare con lui.

All'inizio questo esercizio potrà apparire banale, per alcuni, o sembrare difficile da attuarsi, per altri. Poi, se verrà praticato più volte nel tempo si rivelerà, nella sua semplicità, un autentico toccasana.

Se non facciamo sbocciare la divinità che è in noi, saremo sempre scontenti ed infelici. Inoltre, comportandoci in questo modo, finiremo inevitabilmente col riversare sui figli tutte le nostre angustie e le nostre frustrazioni generando altro male.

Ciascuno di noi, in qualche maniera, si è costruito una specie di corazza dietro la quale si è rifugiato per proteggersi dalle sofferenze. Così è accaduto che tutti, chi più chi meno, ci siamo "prostituiti" in tanti modi diversi. *Lo abbiamo fatto* ogni volta che non siamo riusciti ad esprimere apertamente il nostro punto di vista ed i nostri sentimenti dicendo, ad esempio, "sì", mentre avremmo voluto dire "no". *Lo abbiamo fatto* quando ci siamo lasciati andare mendicando l'amore e l'approvazione degli altri. *Lo abbiamo fatto* quando ci è mancato il coraggio di lasciare un lavoro che non ci piaceva perché temevamo di non trovarne un altro migliore che valorizzasse i nostri talenti. *Lo abbiamo fatto* nei momenti in cui ci siamo rifiutati ostinatamente di comunicare con gli altri, perché avevamo preso delle fregature in passato. *Lo abbiamo fatto* allorché abbiamo permesso a qualcuno di farci del male, senza reagire, lamentandoci poi, magari per anni, delle offese e dei torti ricevuti. *Lo abbiamo fatto...*

In tutto questo tempo il *Bambino* che è in noi, pur essendo stato *calpestato* tante volte, è in ogni caso sopravvissuto a tutte le tribolazioni e, nonostante abbia riportato numerose ferite, non è morto ma si è soltanto chiuso, proprio come fa un bruco nel suo bozzolo.

Recuperare la nostra innocenza, la spontaneità e l'entusiasmo di un tempo guarisce ogni male. Conseguire questo obiettivo non è poi così difficile. Basta desiderarlo intensamente e tornare a giocare, sorridere e godere, con naturalezza e sincera convinzione delle piccole-grandi cose della vita esattamente come quando eravamo piccoli. Il segreto è tutto qui, credetemi. I nostri figli possono aiutarci moltissimo in questo stimolante compito ma solo se, iniziando a vederli con occhi diversi, glielo consentiremo. I bambini sanno vivere meglio di noi perché non sono ancora inquinati dai tanti veleni dei condizionamenti. Per questo se li osserviamo e li ascoltiamo attentamente possiamo trarne grandi benefici e proficui insegnamenti.

Desidero concludere il capitolo invitandoti, caro genitore, a riflettere e a meditare per alcuni minuti su quanto hai letto sin qui, prima di proseguire con le pagine successive. Credo che il messaggio contenuto in questa frase di Osho costituisca un ulteriore sprone a farlo: «*ogni bambino nasce felice, innocente, colmo di meraviglia. Poi accade qualcosa, e tutti quei bambini meravigliosi si perdono: la loro innocenza viene distrutta. E tutta la loro felicità si trasforma in disperazione. Osserva un bambino che raccoglie conchiglie e pietre colorate sulla spiaggia: è più felice dell'uomo più ricco del mondo. Qual è il suo segreto?...*».

«*Vi sono volte in cui esamino le varie componenti del mio carattere con perplessità. Riconosco che sono composto di varie persone e che la
persona, che in un determinato momento pre-
domina, cederà inevitabilmente il posto ad
un'altra. Ma qual è quella vera? Tutte
o nessuna?*»

Somerset Maugham

Genitore - Adulto - Bambino (G.A.B.)

Ho ritenuto opportuno inserire nella stesura del libro l'argomento
trattato in questo capitolo perché credo sia interessante conoscere come
siamo strutturati da un punto di vista psichico.

Spetta a Eric Berne, uno psicoterapeuta di origine canadese, il merito
di aver intuito, intorno al 1960, che in ogni essere umano esistono tre
fondamentali aspetti della personalità o *stati dell'io* o *stati dell'ego*, de-
nominati rispettivamente **Genitore**, **Adulto** e **Bambino** (di qui la sigla
G.A.B.).

Berne poté osservare, su un numero considerevole di pazienti, che
ogni individuo modifica il proprio modo di agire in seguito agli stimoli
che riceve (parole, suoni, rumori...). Il comportamento che ne consegue
può estrinsecarsi sulla maniera di parlare e sul timbro della voce, sulla
espressione del volto, sulle movenze del corpo, sui gesti etc...

In ognuno di noi esistono tre diversi "personaggi" ciascuno dei quali
assume un ruolo ben preciso a seconda delle situazioni che di volta in
volta si vengono a creare. Determinante, in tal senso, è il tipo di educazione ricevuta e gli stati d'animo e le emozioni che proviamo.

La interazione fra due o più persone è stata definita da Berne *transazione*. L'*Analisi Transazionale* (A. T.) è il metodo mediante il quale si
esamina come avviene la transazione stessa. Se, ad esempio, qualcuno mi

insulta (stimolo transazionale), come mai reagisco in *quella* certa maniera (reazione transazionale) e non in un'altra?

La conoscenza delle *leggi* che governano i nostri atteggiamenti ed il
nostro modo di porci nei confronti dei nostri simili può esserci di grande aiuto nel migliorare il tipo di approccio e la *qualità* delle nostre relazioni, sia in famiglia che al di fuori del nucleo familiare. Si eviterà, così,
di crearci dei problemi (cattiva comunicazione, aggressività, malumori,
ripicche, competizioni, rancori...) che prima o poi finiscono con
l'ammorbare la nostra esistenza come pure quella di chi ci sta a cuore.

I tre stati dell'io costituiscono altrettanti aspetti psichici (o realtà psicologiche) presenti normalmente in ogni persona. Essi si traducono in
modi di essere e in *comportamenti* distinti tra loro, seppure interconnessi. Ossia è possibile passare, più o meno agevolmente, da uno stato
dell'io all'altro a seconda di come reagiamo alle situazioni che caratterizzano la nostra vita di ogni giorno. C'è chi questo passaggio lo attua con
rapidità e disinvoltura e chi lo compie più lentamente e con difficoltà.
In ogni caso è necessario che i confini tra i tre stati dell'ego siano sempre
permeabili per far sì che l'energia psichica possa circolare liberamente da
uno stato dell'io all'altro.

Affinché il concetto della *permeabilità psichica* sia maggiormente
chiaro sono ricorso ad un esempio. Si immagini una situazione di questo
genere: un primogenito redarguisce aspramente il fratello minore perché
ha indossato, senza chiedergli il permesso, la sua maglietta nuova. Nel
momento in cui avviene il rimbrotto, chi rimprovera assume il ruolo del
Genitore. Se però, ad un certo punto della discussione, interviene il padre dei due ragazzi ad imporre che anche l'altro figlio usufruisca
dell'indumento, la situazione cambia. Il figlio maggiore, dovendo ubbidire al papà, passa dallo *stato di Genitore* a quello di *Bambino* assumendo la posizione di chi, come quando era piccolo, deve assecondare il volere dei grandi per non inimicarseli.

Analizziamo più attentamente, uno per uno, questi tre stati psichici e
le modalità comportamentali ad essi correlate.

1) LO STATO DELL'IO GENITORE

Ciascuno di noi è venuto al mondo per mezzo dei propri genitori i quali, affrontando difficoltà di vario genere, hanno cercato di fare il possibile affinché potessimo crescere nel migliore dei modi. Anche chi ha avuto la disgrazia di perderne precocemente uno o, caso ancor più sciagurato, entrambi, ha comunque ricevuto da parte di qualche altra persona, che può essere stata un parente (fratelli maggiori, zii, nonni), un genitore adottivo o le stesse istituzioni (orfanotrofi, collegi), la possibilità di vivere e di diventare adulto. Tutti, dunque, abbiamo un qualche modello educativo genitoriale a cui fare riferimento.

C'è anche da dire, a tal riguardo, che ci sono situazioni meno frequenti, tutt'altro che rare, in cui un padre è assente da casa perché lavora in un luogo molto distante da quello dove risiede la famiglia. Si pensi, ad esempio, agli uomini che sono costretti ad emigrare per potersi guadagnare da vivere. Costoro possono vedere i figli e starci assieme soltanto sporadicamente. O, ancora, ci si metta nei panni di chi da bambino è stato abbandonato da un genitore (che di solito è il padre) ed è cresciuto senza che un'altra figura genitoriale sostitutiva, dello stesso sesso, abbia preso il posto di quella mancante. Anche in questo caso il piccolo crescerà con un vuoto affettivo (*ferita emozionale*) a cui farà seguito un disagio psicologico tutt'altro che trascurabile. In evenienze come quelle citate lo *stato dell'io Genitore* risulta essere carente per cui, l'individuo che si porta dentro una simile lacuna, andrà incontro a delle sofferenze. Difatti, non sentendosi adeguato nei confronti di se stesso e degli altri, costui eviterà di prendersi responsabilità e rinuncerà ad avere sani progetti. Inoltre, è verosimile che questa persona possa essere attratta dall'uso di sostanze stupefacenti o dall'abuso di alcol o essere cronicamente depressa oppure accontentarsi di lavorare presso un datore di lavoro prepotente e sfruttatore o, ancora, che possa provare uno spiccato senso di inadeguatezza nel fare il marito ed il padre (o la moglie e la madre) e così via.

Lo *stato dell'io Genitore* ha origine e si sviluppa in rapporto a quella sorta di **plagio inconscio** che ogni bambino subisce vivendo principalmente a contatto con i propri genitori. Anche chi si sostituisce a quest'ultimi per diverse ore al giorno, come nel caso in cui un figlio venga affidato ad una baby-sitter o ai nonni, si rende responsabile in qualche misura dello *stato dell'io Genitore* di quel bambino. In definitiva, tutte le persone (oltre ai genitori) che ricoprono un ruolo affettivamente importante nei confronti di un ragazzino sono in grado di trasmettergli un certo tipo di messaggio genitoriale, la cui eco può farsi sentire anche a distanza di molti anni.

A partire dal secondo anno di vita in ogni bimbo inizia a formarsi e a definirsi sempre più lo *stato dell'io Genitore*. Ciò accade in rapporto a tutto quello che egli ode e vede fare da parte di suo padre e di sua madre. Senza eccezione alcuna, tutti ci portiamo dentro, anche se con modalità diverse, le parole, gli atteggiamenti e i comportamenti dei nostri genitori (o delle figure che ne hanno vicariato la funzione). Nel bene come nel male ciascuno di noi ha assorbito i messaggi che ci sono pervenuti e che si sono incisi nel nostro *inconscio* proprio come avviene con un nastro magnetico.

Accade, ad esempio, che nel momento in cui dobbiamo attraversare una strada, è possibile che risuoni ancora nella nostra testa la frase di nostro padre che ci esortava a guardare attentamente a destra e a sinistra, prima di farlo. Oppure può capitare di esagerare col numero di indumenti che facciamo indossare a nostro figlio perché riecheggia in noi l'assillante esortazione di nostra madre che diceva: «quando fa freddo bisogna coprirsi molto bene, altrimenti ci si ammala».

I primi sei-sette anni di vita sono quelli più significativi per un bambino nell'incamerare le influenze (positive o negative) che gli giungono da parte di chi lo educa. Naturalmente anche in seguito ne riceve, tuttavia si può dire che il "marchio di fabbrica" è stato impresso dopo il settimo anno. Quando il ragazzino andrà a scuola, pure gli insegnanti avranno il loro peso nell'educarlo e nel formarlo, ma il contributo non sarà così determinante come quello dell'ambiente familiare in cui è vissuto.

Ogni individuo si porta dentro un particolare e specifico *Genitore*, unico nel suo genere, che gli deriva dalla registrazione continua e dalla elaborazione psichica di tutti gli eventi che hanno caratterizzato la sua infanzia. Tali avvenimenti sono necessariamente diversi da quelli degli altri bambini anche nel caso in cui i bambini in questione siano fratelli o sorelle.

Nel *Genitore* sono racchiusi tanto i rimproveri, le proibizioni e le rigide regole impartite, quanto i vezzeggiamenti, le carezze e gli apprezzamenti positivi ricevuti. Sia gli uni che gli altri entrano a far parte di quell'enorme calderone di messaggi che vanno ad imprimersi nella *mente inconscia* pronti a riemergere successivamente per essere rivissuti emotivamente (sotto forma di appagamento e di gioia o di paure, rabbia, sensi di colpa e rancori) in qualsiasi istante della vita, magari quando meno ce lo aspettiamo. Così, ad esempio, ad una ragazza che sta vivendo la sua prima storia d'amore può succedere di essere turbata e di provare timore nel portare avanti il rapporto o addirittura nell'iniziarlo, perché le torna in mente una frase che sua madre ripeteva spesso quando era bambina: «*ricordati che non ti devi fidare degli uomini perché sono tutti dei porci, vogliono solo una cosa...*».

Nei primi anni della sua esistenza un bambino non è in grado di capire il significato delle parole a lui indirizzate né tantomeno può comprendere le motivazioni che spingono un papà o una mamma a comportarsi con lui in una certa maniera. Un messaggio comunque lo avverte sicuramente, vale a dire il *tipo di energia* (positiva o negativa) che gli giunge da parte dei suoi genitori. Le sensazioni e le emozioni che prova possono essere rassicuranti e gradevoli o, al contrario, inquietanti e spiacevoli: la cosa dipende unicamente da *come* si comunica con lui e da *come* egli viene trattato. Nel primo caso sono prevalsi sicuramente l'amore e la comprensione, nel secondo è fuori dubbio che il rimprovero e la non flessibilità abbiano avuto il sopravvento.

Tutto viene introiettato nella psiche di un ragazzino in maniera diretta ed immediata. Gli influssi esterni che di volta in volta gli arrivano entrano in lui senza essere filtrati e concorrono, così come gli vengono inviati, a formare il suo *stato dell'io Genitore*. Anche la qualità del rapporto esistente tra i suoi genitori riveste un ruolo fondamentale. Per cui se c'è stata competizione e litigiosità tra i due coniugi, il segnale che perviene al bambino è quello del conflitto e del malessere. In caso contrario, sarà l'armonia e la serenità a influenzarlo positivamente.

Un bimbo non ha alcuna difesa nei confronti delle azioni e degli stati d'animo degli adulti. Si comporta come una "spugna" ossia subisce sempre e comunque, nel bene come nel male. Non sa distinguere il buono e il cattivo, il giusto e lo sbagliato, il vero ed il falso, almeno non consciamente. Non ha ancora imparato a farsi rispettare e ad impedire che sia lui a subire le conseguenze degli errori degli altri.

Questo importante aspetto pedagogico dovrebbe far riflettere molto seriamente su quanto sia vitale che ogni parola ed ogni gesto rivolti ad un figlio abbiano sempre origine da sentimenti di vero amore e da un profondo rispetto nei suoi riguardi (anche quando si è arrabbiati) se non si vuole "sporcare" in maniera indelebile la sua sensibilità e la sua dignità di essere umano.

Ci sono papà e mamme affettuosi, premurosi, disponibili e fin troppo protettivi, perché così agivano i loro genitori. Ci sono, invece, padri e madri freddi e distaccati, pronti a giudicare, a rimproverare e a punire, essendo colmi di rabbia e di pregiudizi, perché questo è stato l'esempio che hanno ricevuto. Naturalmente, tra queste due posizioni opposte, ne esistono tante altre intermedie.

È opportuno precisare che si tende quasi sempre a riproporre gli stessi insegnamenti ricevuti (pure nel caso in cui non ci hanno procurato dei benefici) perché le influenze dei nostri genitori sono stampate nella nostra mente inconscia. Anche senza accorgercene pensiamo, ci comportiamo e assumiamo le loro stesse movenze e compiamo i loro stessi gesti. Quante volte mi capita di starnutire o di stropicciarmi gli occhi o di gesticolare mentre parlo e poi accorgermi di farlo esattamente come mio padre!

Comprendere a fondo quali sono le caratteristiche peculiari del nostro *Genitore* vuol dire anche avere la possibilità di mutare quegli aspetti negativi della educazione impartitaci che ci hanno fatto e ci fanno ancora soffrire. Se non abbiamo il coraggio di attuare questa necessaria trasformazione, rischiamo di fare del male anche ai nostri figli perpetuando indefinitamente la catena della frustrazione e del dolore.

2) LO STATO DELL'IO BAMBINO

Lo *stato dell'io Bambino* rappresenta l'atteggiamento psichico opposto a quello dell'*io Genitore*. Mentre nello *stato dell'io Genitore* sono registrati gli avvenimenti *esterni* (modo di pensare, di reagire, parlare etc. dei genitori), nello *stato dell'io Bambino* sono impressi invece i *sentimenti* con i quali il bambino ha vissuto gli avvenimenti stessi. Dentro di noi conserviamo non soltanto il ricordo di *cosa* abbiamo provato quando siamo stati rimproverati e puniti da nostro padre o da nostra madre, ma anche le appaganti sensazioni suscitate dai sorrisi e dalle approvazioni che essi hanno saputo esternarci. Nella mente di un bambino è suggellato tanto il senso di abbandono che lo ha pervaso quando è venuta a mancare una persona a lui cara (ad esempio un nonno) quanto la gioia provata nel momento in cui ha ricevuto un giocattolo che tanto aveva desiderato. Ogni stimolo esterno, ogni evento è in grado di evocare in lui stupore, divertimento e felicità o, viceversa, delusione, contrarietà e sofferenza.

Lo *stato dell'io Bambino* comprende l'intera girandola degli stati d'animo e delle emozioni di cui, nel piacere come nel dispiacere, è costellata l'infanzia di una persona. Tutto viene registrato. Ogni cellula del nostro organismo, specie quelle nervose, mantengono la *memoria* di quanto ci è accaduto. Così sono stati memorizzati sia il momento in cui abbiamo iniziato a camminare, sentendoci per la prima volta nella vita liberi ed autonomi e sia le cadute ed il dolore fisico che tali eventi, come altri spiacevoli, hanno prodotto. In noi sono scolpiti tanto i momenti gradevoli in cui ci hanno cullato o preso in braccio ed accarezzati teneramente, quanto il senso di stizza e di disappunto provati per i rifiuti o le botte ricevute. Mille e mille sono le esperienze emotive che da bambini abbiamo vissuto. Tutte hanno contribuito a creare la nostra storia personale. Nello *stato dell'io Bambino* possiamo distinguere due comportamenti essenziali: il *Bambino Naturale* e il *Bambino Adattato* (per dirla alla maniera di Eric Berne). Passiamo ad esaminare separatamente questi due diversi aspetti.

a)   Il Bambino Naturale

Il *Bambino Naturale* (ampiamente descritto nel capitolo precedente) rappresenta quella parte di noi che si comporta secondo "natura", almeno fin quando non venga messo a tacere dai condizionamenti che riceve. Simboleggia, come abbiamo visto, il nostro lato istintivo nonché la capacità di esprimerci con spontaneità, schiettezza e semplicità. Personifica anche l'innato egocentrismo che ci spinge ad essere impulsivi e perfino collerici ogni volta che qualcuno ci impedisce di fare una cosa che ci piace e che soddisfa i nostri desideri.

Il *Bambino Naturale* non si pone il problema di come apparire perché non teme il giudizio degli altri: per questa ragione è sempre e genuinamente se stesso. Non è peregrino affermare che il suo modo di essere è affine al comportamento che assume chi ha bevuto un bicchiere di troppo. Cercherò di essere più chiaro. Tutti sappiamo che, quando qualcuno alza un po' il gomito, diviene allegro ed euforico. Si lascia andare e dice ciò che ha dentro, infischiandosene di quello che possono pensare i suoi simili. *"In vino veritas"* asserivano i latini, cioè quando una persona beve del vino dice la verità. Nello stato di ebbrezza si diviene loquaci, sinceri, aperti e gioviali. Si scherza e si ride di gusto per un nonnulla perché, proprio come fa un bambino, si riesce a cogliere l'aspetto ironico che c'è nelle cose. L'alcol, ormai è risaputo, inibendo i centri dell'autocritica e dell'autocontrollo (situati nei lobi frontali dell'encefalo) fa cadere, almeno finché dura l'effetto, quella maschera di rigidità e severità che, negli anni, tanti individui finiscono col mettere. Volendo usare una espressione consona al tema di questo capitolo, si può affermare che l'alcol neutralizza momentaneamente il *Genitore* che è in noi. Mette a tacere, cioè, quella voce che ci dice in continuazione *cosa* dobbiamo o non dobbiamo fare o *come* bisogna comportarsi in ogni circostanza e in ogni occasione. L'alcol libera, anche se solo momentaneamente, dai condizionamenti ricevuti in passato facendo sì che la persona si esprima liberamente.

In realtà non c'è alcun bisogno di ubriacarsi o di drogarsi per poter assaporare con entusiasmo le gioie della vita. Basta semplicemente essere se stessi, vale a dire lasciar esprimere il nostro *Bambino Naturale* senza avere la continua paura di essere feriti, giudicati o rifiutati. Sicuramente è bello e piacevole avere a che fare con una persona che, a prescindere dall'età, abbia conservato la capacità di essere affettuosa, leale ed immediata; che non tema di esternare i sentimenti che prova; che sia in grado di entusiasmarsi, di sorridere e di divertirsi con poco; che sia estrosa e piena di inventiva; che abbia conservato la capacità di stupirsi; che, in breve, sappia realmente vivere.

Il *Bambino Naturale* rappresenta la nostra *parte intuitiva* come pure quella dose di *saggezza* che tutti abbiamo dentro e che dovremmo essere in grado di utilizzare al momento opportuno. Molto spesso, però, succede che siano soprattutto i bambini a mostrare di possedere queste qualità. Basti pensare alle loro risposte capaci di lasciare di stucco un interlocutore, perché pregne di buon senso e di sagacia, per avere un'idea del candore disarmante con cui vengono espresse e anche di quanto siano, a ben rifletterci, indiscutibilmente sensate e giuste.

Contrariamente a quanto possono pensare molti individui, un bambino riesce benissimo in ogni momento a "sentire" qual è l'umore di un adulto. Egli sa perfettamente quando è il caso e fino a che punto può insistere con un genitore per ottenere qualcosa o come fare per raggiungere il suo scopo e averla comunque vinta. Un ragazzino ben conosce la maniera per sedurre un papà o una mamma essendo consapevole che essi non riescono a resistere al fascino del suo accattivante modo di fare, fresco e diretto. Si può affermare, pertanto, che il bambino sia il migliore "venditore" esistente al mondo.

Quando incontra per la prima volta qualcuno, un bimbo avverte immediatamente se la persona è serena o inquieta, se è aperta e disponibile o chiusa e diffidente, se ama i bambini oppure non li sopporta. Sovente gli basta uno sguardo o un semplice gesto da parte di chi gli sta di fronte per comprendere in un attimo la vera indole dell'altro. Certo, non è capace di spiegare a parole le sensazioni e le percezioni che prova, tuttavia è indubbio che le senta ed è altrettanto innegabile che sappia andare ben al di là del comune linguaggio verbale e delle mere apparenze.

b)   Il Bambino Adattato

Sicuramente una delle maggiori doti dell'uomo consiste nel sapersi adattare all'ambiente esterno. Del resto, se così non fosse, la specie umana si sarebbe estinta già da lungo tempo in quanto avrebbe avuto la peggio nei confronti degli altri animali che popolano questo pianeta e dei molteplici fenomeni metereologici (caldo, freddo, alluvioni, siccità...) con cui la Natura spesso impietosamente si esprime.

Prima di nascere un bambino si adegua alle leggi biologiche, le sole in grado di farlo accrescere e sviluppare correttamente. Una volta nato il bimbo è in completa balìa di persone che, col loro modo di pensare e di comportarsi, hanno il potere di influire non poco sulla qualità della sua esistenza. Nel capitolo riguardante i *condizionamenti* vedremo che in realtà le influenze (positive o negative che siano) iniziano ad agire su di noi già quando ci troviamo nella pancia di nostra madre.

All'infuori del pianto, il neonato non ha altro mezzo per manifestare la sua necessità di alimentarsi o per far capire che le sue condizioni di salute non sono affatto ottimali. Poi, man mano che passano i giorni, le settimane e i mesi, oltre al pianto può avvalersi anche dei sorrisi e di una mimica facciale sempre più varia ed espressiva mediante la quale comunica agli altri i suoi stati d'animo. Nel frattempo i movimenti del corpo, divenuti via via più sicuri ed armoniosi, gli consentono di afferrare saldamente gli oggetti e di portarli alla bocca. A sei mesi un bambino riesce a stare seduto da solo e a otto-nove si muove gattonando. All'incirca ad un anno pronuncia con chiarezza le prime parole (mamma, papà, acqua...) ed inizia a stare dritto sulle proprie gambe e a deambulare.

Di solito, ma non sempre purtroppo è così che vanno le cose, durante questo periodo iniziale della sua vita viene sfamato, accudito, cullato, preso in braccio, accarezzato e vezzeggiato. In altre parole, riceve molto amore da parte dei suoi genitori e degli altri familiari i quali sono tutti a sua completa disposizione affinché possa vivere ed accrescersi il meglio che sia possibile. Una volta acquisita la sicurezza e la padronanza della deambulazione, il bambino comincia a sentirsi sempre più forte perché ha la possibilità di andare incontro agli altri e la facoltà di toccare e prendere in mano le cose che lo interessano. Questo è il suo modo per esplorare il mondo che lo circonda e per imparare a conoscere le proprie potenzialità. Ciò che più lo attrae, sono i suoni, le luci e tutto quello che è intensamente colorato.

Per soddisfare le sue naturali curiosità un bimbo non indietreggia di fronte agli ostacoli. Ben presto impara a salire su sedie e sgabelli o a servirsi di ogni appiglio per arrampicarsi e raggiungere i suoi obiettivi. È in questa fase che iniziano ad esserci potenziali pericoli (prese di corrente senza protezione, scatole di detersivi o di medicinali poste a portata di mano, pietanze lasciate a cuocere sui fornelli) perciò è del tutto legittimo che i genitori, o chi per loro, siano molto guardinghi e seguano con attenzione ogni suo movimento. Giunto a questo punto della sua vita per un bambino cominciano anche i fastidi e le contrarietà. Infatti, proprio nel momento in cui può muoversi a suo piacimento, sollecitato da una istintiva e prorompente necessità di osservare, curiosare, manipolare, sperimentare, giocare e apprendere, comincia a ricevere un numero crescente di "no" e di rimproveri da parte degli adulti. Per certi versi è necessario che una cosa del genere avvenga, essendo il bimbo sprovvisto della cognizione del pericolo. È quindi vitale che qualcuno lo guidi, lo educhi e i genitori, come è noto, sono preposti a questo compito. Molte volte succede, però, che essi esagerino (coinvolti come sono dalle paure e dalle insicurezze che hanno) con le proibizioni o le sgridate per cui il bambino è costretto, gioco forza, ad adattarsi al loro modo di pensare e di agire.

I bambini imparano soprattutto per mezzo dell'*approvazione* o della *punizione*. Siccome vogliono piacere ed accontentare i loro genitori (dai quali sanno per istinto di essere totalmente dipendenti), cercano continuamente il loro consenso. Nell'assecondare questa intima esigenza accade spesso che si conformino ai voleri del padre o della madre pur non volendo. In tal modo sacrificano le loro aspirazioni e i loro desideri. È da tali presupposti che nasce e si sviluppa il *Bambino Adattato* il quale, proprio per evitare la sofferenza ed il senso di frustrazione, insiti nella *paura di essere rifiutato* (se non fa quello che i grandi vogliono), trova più facile uniformarsi alla volontà dei suoi cari. Così facendo a poco a poco reprime le sensazioni e le emozioni che prova; diventa a lungo andare un "robottino", vale a dire una persona che privilegia la parte logica e razionale (costituita soprattutto da rigide regole e da comportamenti stereotipati) a scapito di quella istintiva ed irrazionale che rappresenta l'aspetto intuitivo e creativo di un individuo.

Mentre il *Bambino Naturale* dà sfogo alle sue idee e alle sue fantasticherie, ribellandosi apertamente alle imposizioni, il *Bambino Adattato*, al contrario, subisce continuamente e si reprime fino al punto di ritrovarsi ad essere scontento e imbronciato o taciturno e chiuso in se stesso.

Avere un figlio che è sempre accondiscendente, non dice mai una parola fuori luogo e non si lascia andare a qualche sfogo emozionale (essendo animato da un perbenismo esasperato), non vuol dire che si è fatto un buon lavoro come genitori, tutt'altro. Contenersi ed autocontrollarsi costantemente porta a sviluppare stati d'animo negativi ed autodistruttivi quali *paure, rabbia* e *rancori* che finiscono per danneggiare sia la vita di un bambino che il suo futuro di adulto e di genitore.

3)   LO STATO DELL'IO ADULTO

Di solito un individuo viene considerato adulto in virtù dell'età che ha raggiunto anche se magari nella realtà di tutti i giorni ha difficoltà nel prendere decisioni o è pressoché incapace di assumersi responsabilità in caso di bisogno. Accade, quindi, che costui risulti essere adulto solo da un punto di vista anagrafico dal momento che difetta di quella maturità che gli consente di avere comportamenti coerenti ed equilibrati, frutto di assennate valutazioni.

Nel precedente paragrafo è stato evidenziato che intorno all'anno di vita un bambino inizia a camminare e a divenire in qualche maniera autonomo. A questa età egli passa, nel giro di poche settimane, da una situazione *passiva* in cui erano esclusivamente gli altri ad avvicinarsi a lui per nutrirlo, accudirlo e coccolarlo ad una *attiva* nella quale è lo stesso bimbo che va incontro alle persone, si porta il cibo alla bocca, si dirige verso le cose per toccarle e per rendersi conto dell'uso che è possibile farne e dell'eventuale divertimento che se ne può trarre. Con la fase della indipendenza motoria nasce e comincia a svilupparsi lo *stato dell'io Adulto*. I dati provenienti dal mondo esterno che il piccolo inizia ad incamerare e ad elaborare, facendolo sentire per la prima volta protagonista, costituiscono il nesso attraverso cui egli può espandere e potenziare sempre più la sua autonomia e le sue conoscenze.

Come molto acutamente fa osservare Thomas A. Harris, nel suo libro intitolato *"Io sono ok tu sei ok"*, l'attività motoria costituisce non solo un indispensabile mezzo che ci consente di fare le cose e di agire, ma anche un elemento di aiuto quando si ha qualche preoccupazione. È nota, infatti, l'azione terapeutica che una passeggiata o una corsa o il praticare uno sport determinano nello scaricarci dalle tensioni e dagli assilli mentali accumulati. Ciò si verifica perché il movimento, oltre a favorire lo scorrere dell'*energia vitale* (una sorta di "corrente elettrica" naturale che fluisce incessantemente in tutto il nostro corpo lungo "rotaie" che la medicina cinese definisce *meridiani*), ci riporta, anche se inconsciamente, all'epoca in cui abbiamo iniziato a camminare e ci siamo sentiti liberi di muoverci e di spostarci a nostro piacimento. Succede che, proprio questa sensazione di libertà, ci consenta di vedere il problema sotto un'ottica diversa e perciò risulti più agevole trovare una soluzione che sia ottimale.

Ciò spiega come mai chi è pigro e conduce una vita sedentaria tenda, più facilmente di un'altra persona propensa a muoversi e ad agire, a cadere in depressione quando non riesce ad affrontare e a superare le difficoltà che gli si presentano.

Naturalmente nei primi anni di vita lo *stato dell'io Adulto* è immaturo, dunque non adeguato alla sua funzione. Poi, col passare del tempo, si forma e si fortifica grazie all'incameramento e alla elaborazione delle informazioni provenienti da tre fonti diverse: *io Genitore*, *io Bambino* e le esperienze con le quali un fanciullo si misura quotidianamente. Così un bambino impara a riconoscere la differenza che c'è tra gli insegnamenti e i dettami ricevuti (*io Genitore*), gli ideali e i sogni che si porta dentro (*io Bambino*) e le realtà che giorno dopo giorno scopre operando in prima persona (*io Adulto*).

Il continuo processo di verifica e di discernimento tra ciò che è vero e tutto quello che riguarda il puro fantasticare (*io Bambino*) o gli incalliti pregiudizi (*io Genitore*) costituisce la principale funzione dell'*io Adulto*. Tale proprietà consente ad un individuo di comprendere, ad esempio, quando è giunto il momento di cambiare un comportamento che non gli sta dando i risultati che si aspettava di ottenere. L'*io Adulto* è la componente psichica che ci consente di fare delle scelte consapevoli e anche di migliorarci e di crescere come esseri umani, eliminando sempre più dalla nostra vita tutto ciò che ci danneggia e ci rende infelici. Ne consegue che, quando ci accaniamo nel portare avanti in maniera reiterata un modo di agire che ci procura insoddisfazioni e fallimenti, non ci stiamo sicuramente comportando da adulti ma soltanto da persone ostinate ed immature (*io Bambino*).

L'*io Adulto* ci aiuta, man mano che ne facciamo un uso sempre più appropriato (cioè gli permettiamo di fare da moderatore e da mediatore tra gli altri due stati dell'ego), a prendere decisioni autonome ed equilibrate. Questo non significa che non si sbaglia più. Vuol dire semplicemente che si fanno meno errori via via che ci si arricchisce di conoscenze, esperienze di vita e consapevolezze. Perché ciò accada occorre porci nei confronti di noi stessi e degli altri con l'atteggiamento di chi ha voglia di chiedere, ascoltare ed imparare e di chi non ha difficoltà nel mettere in discussione quello che ha appreso in passato quando si rende conto che non coincide con la verità. Rispettare l'opinione altrui, dare il nostro contributo personale nel momento in cui ci viene richiesto senza cercare di prevalere sugli altri e mostrare di accettare e di apprezzare i consigli, i suggerimenti e l'aiuto che il nostro prossimo è disposto a darci (anche se poi siamo noi a decidere e a prendere in mano le sorti della nostra esistenza) costituiscono i principali aspetti di un modo di vivere sicuramente più bilanciato e soddisfacente, un modo di vivere che è da vero **adulto.**

In conclusione. L'*Adulto* costituisce, dunque, il punto di unione, la "cerniera" tra il *Genitore* e il *Bambino*. Rappresenta la componente psichica che ci aiuta a vivere le esperienze quotidiane con equilibrio e buon senso. L'*Adulto* accetta totalmente se stesso essendo consapevole sia delle proprie capacità che dei propri limiti. Quando si trova di fronte degli ostacoli sa bene che fanno parte della vita, per cui non si spaventa (o quantomeno non scappa) né si scoraggia. Sa assumersi le proprie responsabilità e sa risolvere le controversie.

Se il *Bambino* si trova in difficoltà è l'*Adulto* che deve correre in suo soccorso aiutandolo, attraverso indicazioni e gratificazioni, a superarle.

Ed è sempre l'*Adulto* che, prendendosi cura e proteggendo il *Bambino*, lo fa star bene permettendogli di esprimersi attraverso la creatività e le potenzialità di cui è dotato.

L'*Adulto* agisce anche sul *Genitore* impedendogli di essere arrogante e presuntuoso nei confronti del *Bambino*. Infatti, soltanto se i consigli e i suggerimenti del *Genitore* vengono dati con pacatezza, risolutezza ed amore (anziché con protervia ed aggressività o con distacco e senso di superiorità), sortiranno effetti benefici.

Man mano che si impara ad usufruire nel modo più giusto del *Genitore*, dell'*Adulto* e del *Bambino* che sono in noi, vale a dire utilizzandone, a seconda dei momenti e delle circostanze la rispettiva e specifica funzione, si può anche avere la piacevole opportunità di gustare sempre più e meglio la propria vita, sentendosi animati da sensazioni di serenità e soddisfazione piuttosto che da inquietudini ed angustie.

In altre parole, *"io sono O.K. e vedo tutti gli altri O.K."*, è l'unico modo veramente sensato di vivere, il solo che ci consenta di constatare, con gioia, come la nostra esistenza assuma un profondo significato soltanto quando ci si ama e ci si rispetta reciprocamente.

«Il modo in cui siamo stati trattati da piccoli è il modo in cui trattiamo noi stessi per il resto della vita»

A. Miller

«La vita prenatale è un periodo fondamentale per lo sviluppo fisico e psichico del bambino. Durante questo periodo egli stabilisce le basi della sua esistenza e del suo comportamento futuro...»

M. A. Bertin

«Come il baco da seta avete costruito un bozzolo attorno a voi. Chi vi salverà? Rompete il vostro bozzolo e uscite come una magnifica farfalla, come un'anima libera. Solo allora vedrete la verità».

Vivekananda

«Siamo venuti al mondo per lasciare un segno d'amore, non per rimanere segnati dal dolore».

C. Vagni

I condizionamenti iniziano nell'utero materno

I **condizionamenti** che l'essere umano riceve fin dal momento in cui avviene il suo concepimento hanno effetti positivi o negativi sulla sua vita futura (quasi sempre senza che ne sia cosciente). Questo capitolo ha lo scopo di mettere il lettore al corrente di ciò.

CENNI STORICI

Risale ai primi anni del Novecento l'esperimento mediante il quale il fisiologo russo Ivan Pavlov dimostrò che se ad un cane viene offerto del cibo e contemporaneamente si fa suonare un campanello, dopo alcuni giorni, durante i quali si ripete più volte lo stesso stratagemma, l'animale saliverà (cioè avrà l'acquolina in bocca) anche nel caso in cui, pur non ricevendo alcunché da mangiare, udrà lo scampanellìo (*memorizzazione*).

Grazie a quello storico test il mondo scientifico poté apprendere che esiste un meccanismo fisiologico (mediato dagli organi di senso e dal sistema nervoso) per mezzo del quale gli animali e, attraverso modalità più complesse anche l'uomo, rispondono agli stimoli esterni e agli insegnamenti che ricevono mettendo in atto un certo tipo di comportamento. Tale meccanismo è ormai conosciuto come *riflesso condizionato*.

Cercherò di rendere più chiaro il concetto mediante qualche esempio. In India, per addomesticare gli elefanti, si ricorre al seguente espediente. Quando sono ancora cuccioli viene applicata ad una delle zampe posteriori una corda per mezzo della quale li si lega ad un albero. Così facendo, ogni volta che l'elefantino si muoverà, avvertirà di poterlo fare solo entro certi limiti. Sentendosi trattenuto, l'animale inizialmente cercherà di divincolarsi per liberarsi dalla fune. In seguito, però, dato che i suoi reiterati tentativi non ottengono alcun effetto, finirà gradualmente per abituarsi e per adattarsi a quella situazione di schiavitù. Crescendo sotto l'influsso delle suddette restrizioni anche da adulto il pachiderma ne subirà gli effetti limitativi. Infatti, sarà sufficiente una semplice cordicella (che potrebbe spezzare facilmente data la mole raggiunta) per tenerlo prigioniero e per costringerlo ad eseguire gli ordini che gli vengono impartiti senza che, da parte sua, si manifesti la benché minima resistenza o ribellione: ormai è convinto che la forza che lo trattiene è superiore a quella dei suoi muscoli.

Altro esempio. Se un leone o una tigre (o un qualsiasi altro animale feroce) lo si ammansisce quando è piccolo, intimorendolo mediante l'uso di un bastone o di uno scudiscio, una volta cresciuto non sarà consapevole di quanto effettivamente è diventato forte per cui basterà la vista di una frusta (o l'udire il suo schioccare) per renderlo docile e per obbligarlo a fare certe cose. Si spiega così come mai un domatore di circo sia in grado di rimanere chiuso in una gabbia insieme a diverse fiere e riesca, avendole sapientemente addomesticate, a far compiere loro quegli esercizi spettacolari che tanto sbalordiscono e divertono il pubblico.

Terzo esempio. Una volta nei circhi si usava addestrare le pulci rinchiudendole in un contenitore dove le si lasciava per un po' di tempo. Così facendo, quando esse saltavano (che è la loro peculiarità) e picchiavano contro il coperchio, succedeva che ridimensionassero i loro balzi per evitare l'urto. Successivamente, se si toglieva il tappo, le pulci non schizzavano fuori perché erano ormai abituate a saltare solo fino ad una certa altezza.

Gli esempi riportati evidenziano come sia possibile interferire sulle abitudini degli animali inducendoli a fare cose che esulano dai loro normali comportamenti.

Anche l'esistenza di un essere umano risente degli influssi che egli riceve fin dalla più tenera età innanzitutto da parte dei genitori e poi, crescendo, da una moltitudine di persone, di circostanze e di eventi che ne caratterizzano via via il percorso di vita. Col termine **condizionamento** si intende tutto ciò che in qualche misura si ripercuote (positivamente o, più spesso, negativamente) sull'aspetto *mentale, emozionale* e *fisico* di un individuo fino ad incidere favorevolmente o meno sul suo stato di salute e perfino sul suo destino.

Conosco persone anziane le quali, avendo molto sofferto la fame durante la Seconda guerra mondiale, hanno sempre il frigorifero ricolmo di cibo perché nella loro mente è ancora impresso il drammatico ricordo della miseria e degli stenti patiti molti anni addietro. Anche mio padre aveva questo tipo di comportamento!

Esiste un delizioso proverbio cinese che sottolinea con garbata ironia, tipica degli orientali, quanto le esperienze del passato continuino ad influire sul presente senza che una persona si renda conto dell'inganno di cui è vittima (*automatismo*). Il detto così si esprime: «*chi si è scottato la lingua con la minestra calda, soffia pure sull'insalata*».

Se non si mette in atto un personale processo di *discernimento* (consapevolezza) molto spesso si entra a far parte del classico circolo vizioso del *"problema del problema del problema"*... Questa è una delle fondamentali trappole che relegano tanti esseri umani a vivere nella infelicità perché non riescono a trovare la soluzione alle loro problematiche, di qualsiasi genere siano (salute, famiglia, lavoro...).

Sicuramente il bambino è colui che più di ogni altro viene condizionato da parte di chi gli vive accanto (genitori) e di chi viene a contatto con lui man mano che cresce (nonni, parenti, amici, insegnanti...). In altre parole, costituisce l'ignaro bersaglio degli adulti che gli trasmettono, nel bene come nel male, il loro modo di pensare, di agire e di sentire.

Già a partire dal grembo materno riceviamo degli influssi, da parte dei nostri familiari, che avranno rilevanti ripercussioni sulla vita futura. Il prossimo paragrafo si occupa di questo importante argomento.

IL PERIODO PRE-NATALE

Che tutto l'arco di tempo della gestazione (dal concepimento al parto) abbia notevole rilevanza sulla esistenza del bambino è una conoscenza ampiamente consolidata presso i popoli orientali. Una lampante testimonianza ce la dà, tra l'altro, la loro inveterata consuetudine di considerare il neonato un essere avente un anno di età allorché viene alla luce (perché ha già vissuto nove mesi).

In Oriente, dove molto più che in Occidente si presta attenzione all'aspetto spirituale dell'uomo, conoscono da secoli quanto sia vitale che la futura mamma stia bene psicologicamente ed emotivamente e quanto sia significativo che intorno a lei si crei un clima di serenità, gioia e amore. Con questi presupposti il bambino che porta in grembo si accresce e matura nel migliore dei modi perché percepisce di essere desiderato ed amato. Quando verrà al mondo, pertanto, lo farà sentendosi accettato e benvoluto.

Un'esistenza che comincia con siffatte premesse (*condizionamento positivo*) offre indubbi vantaggi rispetto a quella di chi invece inizia a vivere portandosi dentro il disagio della carenza affettiva o addirittura il lacerante dolore del rifiuto (*condizionamento negativo*).

Sono ormai trascorsi alcuni decenni da quando esordì ufficialmente la cosiddetta "Psicologia prenatale" il cui obiettivo è quello di scoprire quali sensazioni prova il feto durante il periodo di tempo che prelude alla sua nascita. Ebbene, numerose ricerche hanno dimostrato che un bimbo nella pancia della madre prova emozioni e stati d'animo del tutto sovrapponibili a quelli di qualsiasi essere umano. La *Coscienza*, intesa come espressione della sua natura divina, è già presente in lui; l'*autocoscienza* ovvero la consapevolezza di se stesso in quanto individuo, invece non si è ancora delineata.

Il bambino che deve nascere non è dotato solamente di un *corpo* ma anche di un'*anima*. È un essere senziente che percepisce, apprende e ricorda (memoria) tutto ciò che attraverso la mediazione materna giunge a lui dall'ambiente circostante.

A queste conclusioni si è giunti anche grazie ad una tecnologia avanzata che ha consentito di visualizzare il feto per mezzo di strumenti ad ultrasuoni (*ecografia*) e di filmati realizzati tramite piccole sonde provviste di fibre ottiche introdotte nell'utero. Da tali indagini è emersa una serie di dati molto suggestivi di cui riporterò nelle prossime pagine gli aspetti più salienti affinché il lettore possa rendersi conto di quanto sia precoce e molto spesso ignorata l'origine dei condizionamenti umani (che nel tempo possono portare all'insorgere di malattie).

È accertato che il nascituro ha capacità percettive che gli derivano dal sistema nervoso e dagli organi di senso il cui sviluppo anatomico raggiunge uno stadio avanzato già dopo i primi tre mesi di gestazione (*periodo embrionario*). Infatti, a partire dal quarto mese di gravidanza (cioè da quando inizia il *periodo fetale*) il prodotto del concepimento è in grado, man mano che le funzioni degli organi si perfezionano e si affinano, di sentire i *sapori* (quelli dell'alimentazione materna che giungono alla sua bocca attraverso il liquido amniotico), percepire gli *odori* (provenienti dal cibo cucinato o dai profumi e dalle essenze che la mamma applica sulla propria pelle...), *vedere* (se si appoggia una fonte di luce intensa sull'addome della donna gravida il feto reagisce contraendo le pupille e girando la testa da un'altra parte), avere una *sensibilità tattile* (se, ad esempio, si tocca la pianta del piede del bambino, questi allargherà le dita a ventaglio e nello stesso tempo fletterà la gamba ritraendola), *udire* (sia i suoni che hanno origine dal corpo materno quali il battito del cuore, i borbottii dello stomaco, il pulsare arterioso, che la voce della madre e del padre nonché tutto ciò che di sonoro gli arriva dal mondo esterno).

Non vi è dubbio che l'udito costituisca, tra tutti i sensi, quello che maggiormente influisce sulla formazione psichica del feto perché, come recenti studi evidenziano, contribuisce in maniera sostanziale allo sviluppo del sistema nervoso e del cervello. Questo importante aspetto della vita prenatale ci fa comprendere che il bambino avverte tutto quello che accade attorno a lui e che gliene derivino sensazioni ed emozioni che possono essere piacevoli e confortanti o, all'opposto, dolorose ed angoscianti.

È ormai noto che il concepito reagisce ai rumori esterni (musica rock, strombazzare di clacson, urla) con una accelerazione delle pulsazioni del muscolo cardiaco, con movimenti convulsi di tutto il corpo e addirittura con grida accompagnate da smorfie del volto. Nel caso in cui, invece, gli pervengano degli stimoli sonori rasserenanti quali, ad esempio, quelli provenienti dall'ascolto di musica classica o dalla voce della mamma che gli parla con tono pacato e rassicurante, il battito del cuore è regolare ed il corpo si muove compiendo degli spostamenti lenti ed armoniosi.

È anche cosa certa che i bambini vissuti durante la fase gestazionale in un ambiente familiare affatto tranquillo in cui sono prevalsi i litigi e le incomprensioni, dopo la nascita siano spesso irritabili e piagnucolosi, dormano poco e si alimentino con difficoltà. Viceversa, i bimbi nati in famiglie dove regna l'accordo e l'amore (le cui madri durante la gravidanza avevano costantemente nei loro confronti pensieri e parole affettuosi, gli leggevano o gli raccontavano fiabe oppure gli facevano ascoltare brani musicali melodiosi) risultano essere lattanti gioiosi e sereni che mangiano e dormono con ritmi fisiologici.

Attraverso la madre, che lo accoglie nell'utero per circa 39 settimane, il nascituro è in grado di nutrirsi, accrescersi e svilupparsi fisicamente fino a raggiungere quei valori ponderali (3-3,5 Kg di peso) e staturali (48-52 cm di lunghezza) che costituiscono la norma per un nato a termine. Nel medesimo tempo tra mamma e figlio si viene a creare un collegamento di natura spirituale che va ben oltre il rapporto puramente fisico. Questo legame, così intimo e profondo, determina tra i due esseri una vera e propria simbiosi. Tale interdipendenza fa sì che tutto quello che la donna prova e sente (gioia, piacere, soddisfazione, serenità, tristezza, dolore, paura, rabbia, inquietudine) venga recepito ed incamerato dal feto senza che esista un meccanismo selettivo (una sorta di filtro) atto a proteggerlo da ciò che potrebbe danneggiarlo. Osho così si esprime a tal proposito: «*se la madre è triste, il bambino è triste; se la madre è arrabbiata, il bambino è arrabbiato. Se la madre soffre, è angosciata, questa angoscia penetrerà anche nel bambino, perché il bambino non è ancora separato. Tutto ciò che vibra nel corpo della madre, vibra anche nel bambino: esiste una sincronicità!»*.

Il feto, dunque, si comporta come una specie di spugna, vale a dire assorbe ed immagazzina, sotto forma di sensazioni (piacevoli o meno), ogni sorta di influsso proveniente dall'esterno. Tra madre e figlio, perciò, esiste un continuo scambio di sensazioni, emozioni e stati d'animo (positivi o negativi) che giocano un ruolo determinante sul futuro psichico dello stesso figlio e sulla sua vita dopo la nascita.

Tra tutte le percezioni dolorose che un feto può avvertire, il **rifiuto** (detto *primario*) sicuramente costituisce la sensazione più penosa. Se, ad esempio, una donna accorgendosi di essere incinta si fa prendere dall'angoscia e, anziché gioire, come sarebbe naturale che sia, manifesta l'intenzione di abortire ("non voglio questo figlio") la creatura che porta in grembo si sentirà ricusata e proverà un senso di abbandono e di solitudine profondi. Se l'aborto non verrà praticato, l'essere che nascerà si porterà dentro una sorta di buco affettivo, un **lutto** che ne condizionerà sfavorevolmente la vita sotto forma di complesso di inferiorità, sfiducia nelle proprie capacità, pessimismo, cattivo rapporto con gli altri, autodistruzione.

Una situazione di sofferenza simile a quella appena descritta (*rifiuto primario*) viene a determinarsi, ad esempio, anche nel caso in cui un padre, che desiderava ardentemente avere un figlio maschio, si trova invece alle prese con una femminuccia nei confronti della quale inizia a nutrire un intenso sentimento di non accettazione e di ostilità.

In evenienze del genere, se i genitori di questi bambini non inizieranno a ravvedersi, accettandoli ed amandoli, ovvero riservando loro quelle coccole, quelle premure e quella affettuosa considerazione di cui necessitano per trascorrere l'infanzia nel migliore dei modi, non verrà assolutamente cancellato il trauma del rifiuto che rimarrà impresso per tutta l'esistenza come un marchio infamante, condizionandoli negativamente.

Esiste una correlazione tra lo stress prenatale al quale viene sottoposto in molti casi il feto (rifiuto della gravidanza, continui litigi e cattivo rapporto di coppia, donna abbandonata dopo essere stata ingravidata,

gestante tossicodipendente o alcolista...) e le conseguenze negative che si
ripercuotono sul bambino dopo che è nato. Eccone alcuni esempi:
- *basso peso alla nascita*
- *rifiuto del seno materno*
- *maggiore vulnerabilità alle infezioni e ad ammalarsi*
- *tic e disturbi comportamentali* (iperattività, insonnia, timidezza, piagnucolosità, aggressività, paure di vario genere, etc...)
- *scarso rendimento scolastico*
- *ritardo mentale*

È anche molto probabile (per non dire certo) che i traumi prenatali
possano avere ripercussioni ancor più drammatiche, rispetto a quelle
sopra menzionate, sulla vita di un essere umano. Ne riporto qui sotto le
principali manifestazioni (secondo quanto affermano autorevoli ricerca-
tori del settore):
- *comportamenti antisociali e criminali*
- *schizofrenia*
- *suicidio*

Se tutto ciò che il nascituro subisce di spiacevole a livello emozionale
non riceve una *integrazione* dopo la nascita, vale a dire non viene annul-
lato il danno procuratogli, mediante tanto affetto e dedizione,
l'individuo è destinato a soffrire (procurando anche agli altri sofferenze)
fintanto che non riuscirà a liberarsi del suo doloroso fardello. Infatti,
ogni patimento subìto continua a vivere dentro di noi (quasi sempre
senza esserne coscienti) e può manifestarsi in qualsiasi momento della
nostra vita sotto forma di *paure, angosce, fobie,* comportamenti aggressivi, *depressioni, incubi notturni* (caratterizzati da sogni di cantine, di torri
ove si è prigionieri, di caverne, di seppellimenti) etc...

Soprattutto attraverso tanto, tanto amore, trasmesso al bimbo principalmente dal padre e dalla madre, è possibile annullare la ferita emozionale che si è prodotta durante il periodo gestazionale. Affinché ciò si
realizzi occorre che i genitori siano aiutati a comprendere (*consapevolezza*) quale immenso valore abbia un comportamento amorevole, con cui
accompagnare la crescita del bambino, basato essenzialmente sulle carezze, i baci, gli abbracci, la flessibilità, la comprensione ed una buona
comunicazione.

La mia esperienza di pediatra-omeopata mi induce ad affermare, sulla scorta di svariati casi trattati personalmente (ed in base anche all'esperienza di altri omeopati), che la **cura eugenetica** (attuata con rimedi omeopatici somministrati alla gestante durante la gravidanza) aiuta a partorire in maniera naturale riducendo drasticamente il rischio che alla nascita si verifichino situazioni anomale e che si debba ricorrere a metodi invasivi (parto cesareo, uso di forcipe o di ventosa) che possono provocare dei guai al nascituro.

L'*Omeopatia* (che costituisce il solo trattamento medico esente da effetti collaterali), i *Fiori di Bach*, un valido *supporto psico-terapeutico*, una *sana dieta* ed un'*attività ginnica mirata* costituiscono per la futura mamma quanto di meglio si possa mettere a sua disposizione affinché la gestazione fluisca serena e gioiosa ed il parto si svolga senza incidenti e traumi (almeno non tali da rivelarsi, in seguito, causa di patologie).

A questo proposito desidero sottolineare come i farmaci, dispensati in gravidanza ancora con troppa leggerezza, siano responsabili di tanti danni (intossicazione) sia nei confronti della madre che del figlio (al quale pervengono attraverso la placenta). A tal riguardo vale ricordare i numerosi casi di *focomelia*, cioè di bimbi nati con gli arti mozzi, verificatisi negli anni Sessanta del secolo scorso a causa della talidomide (una sostanza utilizzata per combattere il vomito della gestante).

Se ogni donna, fin dal momento in cui sa di essere incinta facesse ricorso alle *terapie naturali* o, ancor meglio, le utilizzasse già da prima, si eviterebbero (prevenzione) tutti quei disturbi e quelle malattie che sovente affliggono la gestante (nausea, vomito, anemia, minacce d'aborto, ipertensione, turbe circolatorie, aumento eccessivo di peso, stati influenzali, depressioni...). È bene che si sappia, inoltre, che se una (o più) delle suddette affezioni dovesse manifestarsi, è possibile guarirle ricorrendo ad un trattamento omeopatico ed omotossicologico che sono esenti da effetti secondari indesiderati. La tossicità di tutti i medicinali di sintesi (cioè fabbricati artificialmente in laboratorio) è ormai cosa certa. Così come indubbie sono le disastrose conseguenze (verificate anche dal sottoscritto nel corso di tanti anni di professione) che tali sostanze chimiche determinano su un essere che si appresta a nascere. Ecco alcuni significativi esempi di danni provocati dall'uso di farmaci in gravidanza:

- *basso peso alla nascita*
- *rachitismo* (ossia carente calcificazione delle ossa con conseguenti anomalie scheletriche)
- *deficit dell'accrescimento e dello sviluppo psico-fisico*
- *carenze immunitarie* (che rendono il bambino suscettibile alle allergie e ad ammalarsi spesso)
- *coliche gassose* (che danno adito a crisi di pianto disperato), *irritabilità, insonnia, dermatiti*, etc...

LA NASCITA

Si può senz'altro affermare che la fase intrauterina non costituisce l'unico periodo a rischio (e quindi condizionante) per quel che riguarda la vita di un bambino: anche la nascita, di fatto, non è esente da pericoli. Nascere, è bene sottolinearlo, non va considerato "il momento in cui all'improvviso si comincia a vivere e a esistere" come ironicamente fa osservare la psicoterapeuta Helga Blazy. Venire al mondo è da reputare, piuttosto, un evento critico della vita di un essere umano che consente di passare da un ambiente circoscritto e riparato, dove il rapporto con la propria madre è pressoché esclusivo, ad uno ben più ampio e ricco di stimoli nel quale il numero delle persone con le quali il bambino avrà a che fare è decisamente più elevato (padre, familiari, amici, etc...).

Spetta a Otto Rank (uno psichiatra viennese alunno di Freud dal quale in seguito si dissociò) il merito di aver scritto un libro, originalissimo per quell'epoca (è trascorso da allora più di un secolo), intitolato *"Il trauma della nascita"*. In questa opera l'autore sostiene, ispirato dalle sue molteplici osservazioni, che pure in condizioni normali, vale a dire quando il parto non presenta difficoltà, venire al mondo è già di per sé un avvenimento che comporta inconvenienti o che può rivelarsi traumatico (come hanno confermato le numerose ricerche realizzate negli ultimi decenni).

Uno dei motivi principali che rende la nascita non esente da rischi risiede nel fatto che il bacino femminile (pelvi) è generalmente più stretto di quel che occorrerebbe per far passare agevolmente il feto. Studi comparativi con le scimmie mostrano che questi mammiferi partoriscono con più facilità rispetto alle donne in quanto la loro pelvi è, in proporzione, più ampia.

Stando così le cose non c'è da stupirsi se un bimbo per nascere è costretto a compiere delle peripezie ossia deve effettuare delle manovre (non sempre agevoli) quali, ad esempio, il capovolgimento. Tale cambiamento di posizione, che avviene quando la gestazione volge al termine, consiste nel mettersi a testa in giù e, successivamente, nell'introdurre la testa stessa nel cosiddetto *"canale del parto"* (una sorta di tunnel alquanto angusto costituito dalla muscolatura dell'utero, dalle ossa pelviche circostanti e dal condotto vaginale). Poiché le dimensioni del cranio del nascituro sono superiori al diametro del suddetto canale, occorrono delle energiche contrazioni (doglie) da parte delle fibre muscolari uterine e vaginali affinché il bimbo riceva l'aiuto necessario per poter percorrere l'intero tragitto ed essere espulso al di fuori del corpo materno. Durante questo passaggio il bambino subisce, soffrendone, delle vigorose sollecitazioni su tutto il corpo. In particolare, le riceve sul viso e sul capo le cui ossa ancora cedevoli vengono schiacciate e deformate. Succede sovente, perciò, che il volto di un neonato nelle prime ore di vita assomigli a quello di un pugile che sia stato malmenato.

Alla luce di quanto appena riferito si spiega come mai molti individui, anche a distanza di parecchi anni dalla nascita, soffrano di claustrofobia (paura dei luoghi chiusi) o abbiano timore del buio oppure rifiutino di indossare un maglione col collo alto perché, nel momento in cui lo mettono, si scatena in loro un penoso senso di soffocamento. Il ricordo traumatico (impresso nell'inconscio) dei patimenti vissuti per nascere costituisce la causa, molto spesso misconosciuta, dei disturbi sopra menzionati, come di diversi altri.

Anch'io fino all'età di 14-15 anni evitavo di indossare indumenti troppo aderenti alla gola perché nel farlo avvertivo una fastidiosa sensazione di oppressione. Non è un caso che sia nato con tre giri di cordone ombelicale intorno al collo!

Espressioni verbali quali: «non so dove sbattere la testa», «*nessuno mi aiuta*», «*non vedo via di uscita*», «*devo fare sempre tutto da solo*», «*la vita è un combattimento continuo*»... costituiscono solo alcuni esempi di modi di dire con i quali tante persone manifestano il proprio stato d'animo, fondamentalmente pessimistico, ignare del fatto che all'origine del loro carattere disfattista ci sono le difficoltà sostenute durante i travagliati momenti che hanno preceduto la fuoriuscita dal grembo materno.

Sono essenzialmente questi momenti scabrosi, vissuti alla nascita, a rimanere *incisi nella nostra mente inconscia* e nelle *cellule del corpo* (memoria) che ci rendono più vulnerabili nei confronti della vita. La *paura del cambiamento* non è altro che l'effetto dello shock (trauma) provato quando nasciamo passando da un luogo conosciuto, confortevole e sicuro (l'*utero*), ad un altro che ci è ignoto e che molto spesso si presenta insicuro e perfino inquietante (il *mondo esterno*).

Non capita raramente che l'evento della nascita sia ostacolato da una complicazione. Ciò accade, ad esempio, nel caso in cui le contrazioni uterine sono scarse o insufficienti oppure quando il feto, non essendo riuscito a posizionarsi a testa in giù, si presenta di "sedere" o, ancora, nella situazione in cui uno o più giri di cordone ombelicale si siano attorcigliati intorno al suo collo. Per far nascere il bambino, in queste non fauste condizioni, si ricorre di solito al *parto cesareo*, a causa del quale il nascituro viene inevitabilmente intossicato dai farmaci dell'anestesia, oppure si utilizza il *forcipe* o la *ventosa*. Tali strumenti ginecologici il cui uso, per fortuna, è allo stato attuale molto più limitato rispetto ad un tempo, sono frequentemente responsabili oltre che dello sconvolgimento dei normali rapporti anatomici esistenti tra le varie ossa del cranio, anche di *emorragie cerebrali* (più o meno estese) e di paralisi conseguenti alla compressione del cervello e allo schiacciamento dei nervi che da esso originano.

La presenza nella società di tanti bambini *paralitici*, epilettici, *idrocefali* e *cerebrolesi* è da imputarsi principalmente ai traumi sul sistema nervoso che hanno ricevuto nascendo. Questi danni potrebbero essere evitati se negli ospedali e nelle cliniche ci fosse meno ignoranza, meno superficialità e se, soprattutto, ci fosse più amore e considerazione per la vita altrui. Chi, come i medici e le ostetriche, svolge la delicata mansione di assistere una donna al parto dovrebbe avere, oltre ad una specifica competenza professionale, pure la necessaria sensibilità affinché la partoriente si senta amata e rispettata come essere umano e anche come meraviglioso "strumento" di perpetuazione della specie (cosa che spesso malauguratamente non si verifica).

Sono un sostenitore della tesi secondo la quale se ad una donna fosse consentito di partorire stando all'impiedi oppure accovacciata (come è in uso ancora oggi presso certe popolazioni a torto definite "primitive") la fuoriuscita del feto sarebbe agevolata dalla forza di gravità e le complicanze post-partum risulterebbero notevolmente ridotte.

La nascita, che già di per sé costituisce per un bimbo un evento scioccante, va vista come una fase estremamente delicata. Far nascere una creatura nel migliore dei modi è un compito straordinariamente importante che merita la massima attenzione, essendo un atto sacro. Avere accortezze ed amorevolezza affinché un essere umano possa iniziare a vivere la propria vita senza portarsi addosso condizionamenti che sono talvolta molto pesanti (sia per il bambino che per la famiglia) dovrebbe essere un preciso obiettivo, quindi un dovere, per tutti coloro i quali operano nei reparti di maternità sia pubblici che privati. Di qui la necessità che tale evento si esplichi secondo modalità naturali ed incruente e che l'infante e la madre ricevano un'assistenza colma di premure e di affetto.

Fu di un ginecologo francese, divenuto ormai celebre, l'idea che si potesse nascere in "maniera dolce". Frédérick Leboyer, questo era il suo nome, intorno al 1970 concepì un metodo diverso (rispetto a quello impiegato normalmente nelle sale parto) per far venire alla luce un bambino. Egli si rese conto, in tanti anni di intensa attività professionale, che, dopo essere fuoriuscito dal canale vaginale e dopo che gli è stato reciso il cordone ombelicale, un neonato si trova all'improvviso separato dalla madre in un posto completamente diverso rispetto a quello nel quale si trovava fino a qualche minuto prima, un luogo dove sente freddo, è disturbato dai rumori e dalle luci e dove viene afferrato per i piedi, messo a testa in giù e sculacciato per provocarne il pianto e costringerlo a respirare (cosa che farebbe in maniera autonoma e spontanea senza essere traumatizzato).

Leboyer arrivò alla conclusione che un trattamento del genere sicuramente non costituisce il massimo del comfort e della buona accoglienza per una creatura. Di qui l'idea di creare un ambiente rassicurante e rilassante (ben riscaldato, silenzioso e in semioscurità) nel quale il bambino possa nascere trovandosi subito a contatto di pelle con la mamma (sdraiato su di lei in posizione prona) e con il cordone ombelicale non ancora reciso. In questo modo gli si dà il tempo necessario per assimilare gradualmente (servendosi anche di carezze e di delicati massaggi) il non facile passaggio dalla vita intrauterina a quella extrauterina. Dopo che il bimbo avrà iniziato a respirare spontaneamente acquisendo la sicurezza di poter vivere da solo, si può recidere il cordone senza che tale ritardo gli procuri alcun danno, anzi è così che si dovrebbe agire.

Grazie alla sensibilità di questo straordinario medico (morto nel 2017 all'età di quasi cento anni), il criterio per nascere da lui concepito è stato successivamente divulgato e reso noto sia mediante simposi che attraverso un suo libro intitolato *"Pour une naissance sans violence"* (per una nascita senza violenza).

Al giorno d'oggi in tante cliniche è possibile far partorire una donna evitando sia a lei che al figlio di subire traumi che lasciano un duraturo e doloroso segno. Un bimbo che viene al mondo col metodo di Leboyer sicuramente è avvantaggiato rispetto a chi nasce nella maniera tradizionale. Iniziare a vivere senza timori ed angosce, sentendosi amati e rispettati, non è cosa di poco conto se si considera il fatto che l'origine di tante nostre paure può essere ricondotta essenzialmente al momento in cui dobbiamo fare il grande salto dal *conosciuto* (l'utero) allo *sconosciuto* (la vita extrauterina).

Spetta ai governanti istituzionalizzare questo metodo (del quale purtroppo non tutti possono usufruire per via dei costi) affinché in ogni struttura sanitaria pubblica sia possibile giovarsene.

Credo fermamente che se ogni essere umano venga messo nella condizione di nascere dignitosamente ovvero in un contesto dove prevalgono l'armonia e l'amore e gli sia data la possibilità di sentirsi da subito a "casa propria", si potrebbero evitare a lui, ai suoi genitori ed alla società un mucchio di dispiaceri e di guai. Non solo, così facendo la qualità della vita dell'uomo ne risulterebbe impreziosita.

Ogni neonato, già alcune ore dopo la nascita o nei giorni e settimane successivi, dovrebbe essere sottoposto al *massaggio cranio-sacrale*, una tecnica manuale mediante la quale si possono "rimodellare" le ossa del cranio che, per via del parto, hanno ricevuto sollecitazioni e compressioni. Una mia cara amica siciliana, Maria Allìa, esperta di questo metodo, non si stanca mai di ripetere che se il massaggio cranio-sacrale fosse praticato a tutti i neonati, si otterrebbe una drastica riduzione di patologie quali *strabismo, difettosa occlusione dentaria,* ritardo nel parlare, *disturbi dell'apprendimento, idrocefalo,* epilessia, *deficit psico-motorio* etc... legate all'atto di nascere.

LA SCELTA DEI GENITORI

Ogni essere umano vede la luce in una qualche parte del globo terrestre. Può venire al mondo in uno sperduto villaggio, in un ridente paese, in una grande città o in una convulsa metropoli. A seconda di dove è ubicato il luogo di nascita varieranno la razza, la *nazione di appartenenza,* la *lingua,* la *posizione geografica,* il *clima,* la storia, le usanze, i *costumi, l'ambiente* e, soprattutto, la *mentalità* della gente con la quale avrà a che fare.

Tutti gli elementi citati sicuramente hanno la loro influenza, tutt'altro che trascurabile, sull'esistenza di un individuo. I genitori, tuttavia, rappresentano coloro che maggiormente fungono da "stampo" di quello che sarà il futuro stile di vita di un figlio.

Per molti lettori venire a sapere che quando la nostra anima decide di incarnarsi, lo fa scegliendo il posto dove nascere, lo stato sociale, il sesso, ed anche i genitori dai quali farsi guidare, può darsi che susciti perplessità. Plotino (205-270 d.C.), il più rappresentativo filosofo del neoplatonismo, nelle *Enneadi* (una sua famosa opera) sottolinea proprio questa prerogativa dell'essere umano.

Anche se lo abbiamo dimenticato, in realtà siamo stati noi ad aver scelto "quel" tipo di padre e di madre e "quei" presupposti ambientali, sociali e culturali che costituiscono la premessa per le nostre condizioni di vita e per le innumerevoli e non casuali esperienze attraverso cui viene attuato un certo percorso esistenziale, invece di un altro.

LA EREDITARIETÀ

È fuori dubbio che, tra tutti gli influssi esterni che giocano un ruolo significativo, la famiglia nella quale si nasce costituisca l'elemento *cardine* per quel che concerne gli insegnamenti e i condizionamenti che un figlio riceve.

Nello scrivere famiglia non intendo alludere ai soli genitori i quali, come è noto, costituiscono i principali responsabili del modo di allevare un bambino. Mi riferisco anche ai nonni e ai bisnonni del bambino stesso.

Di solito un papà ed una mamma tendono a fare proprio (quasi sempre senza esserne coscienti) ciò che hanno appreso dai genitori i quali, d'altro canto, lo hanno assimilato dai rispettivi genitori e così via, di generazione in generazione, andando a ritroso nei secoli. Essendo perlopiù questa la maniera mediante la quale normalmente si viene educati, non è difficile comprendere che il modo di fare di un individuo dipenda essenzialmente dal criterio con cui è stato allevato (che a sua volta risente della qualità degli insegnamenti trasmessi dagli avi).

Così se, ad esempio, un papà urla e rimprovera aspramente il figlio tutte le volte che questi non gli obbedisce, esattamente come faceva suo padre (il nonno del bambino) quando lui da piccolo non ne assecondava i voleri, perpetuerà un malsano modo di comunicare e di educare.

A tal proposito va sottolineato che le persone, quando diventano genitori, sono portate a trasmettere in maniera **automatica** quanto hanno ricevuto come insegnamento. Solo raramente si chiedono se l'atteggiamento assunto nei confronti di un figlio è corretto oppure necessita di essere riveduto e migliorato. Osho, a questo proposito così si pronuncia: «*ogni generazione passa le sue malattie alla generazione successiva e, naturalmente, la nuova generazione è sempre più oppressa. Siete gli eredi di tutti i concetti repressivi dell'intera Storia...*».

Purtroppo, la maggior parte dei padri e delle madri non mettono in atto quella sana *autocritica* indispensabile affinché non si ripetano gli errori commessi in precedenza. Diviene inevitabile, perciò, che un simile comportamento, privo di consapevolezza, alimenti l'infame carosello di patimenti (tramandati di padre in figlio) che relegano un essere umano a vivere in una condizione di costante infelicità. «*Le colpe dei padri rica-dono sui figli*» (Antico Testamento).

La ricca esperienza clinica accumulata in tanti anni di professione mi ha fatto comprendere che esiste, accanto ad una ereditarietà somatica (colore degli occhi e dei capelli, tipo di pelle e di corporatura, forma del-la bocca, del naso, etc...) un'altra modalità (a mio avviso ben più in-fluente e significativa) che è la **ereditarietà psico-emozionale.** Con questo termine intendo riferirmi al fatto che ogni modo di agire umano, così sfaccettato e multiforme, costituisce l'effetto delle *credenze*, dei *pre-giudizi*, dei *comportamenti*, dei *sentimenti*, delle *emozioni* con cui un individuo è cresciuto, bersagliato da tutto ciò che ha udito e visto fare specialmente dal padre e dalla madre.

I bambini, soprattutto nei primi sette anni di vita, sono delle vere e proprie *spugne* ossia assorbono tutto principalmente dall'ambiente in cui vivono. I genitori esercitano su un bambino una sorta di **plagio in-conscio,** cioè senza che il figlio ne sia cosciente lo "plasmano" a seconda del loro modo di essere e lo programmano a tal punto che gli effetti (po-sitivi o negativi) possono protrarsi anche per tutta la vita.

Per rendere più comprensibile questo importante concetto desidero avvalermi di un esempio che mi coinvolge in prima persona, anche se potrei menzionare numerosi altri casi clinici.

Per un certo periodo della sua esistenza mio padre soffrì di gastrite e di ulcera gastro-duodenale. Anch'io ebbi la stessa patologia fino all'età di trentatré anni. Secondo la medicina ufficiale papà mi aveva trasmesso i geni della gastrite e dell'ulcera per cui era prevedibile che soffrissi della medesima affezione. Stando a questa teoria, sia in lui che in me era pre-sente una sorta di marchio indelebile (i geni per l'appunto) che condan-nava entrambi a penare e a fare uso per un periodo illimitato di farmaci antiacidi ed antispastici.

Se quanto va promulgando la medicina allopatica fosse vero, come mai un bel giorno guarii completamente e per di più senza l'ausilio di alcun medicinale? La guarigione avvenne grazie all'aiuto che ricevetti quando frequentai il mio primo seminario di crescita e di sviluppo per-sonale. In quel contesto mi fu insegnata una grande verità: **ogni essere**

umano ha l'insopprimibile necessità di aprirsi e di esprimere quello che sente e prova. Se non lo fa, si ammala!

Supportato da quello che avevo appreso iniziai, superando la vergogna che per molteplici anni mi aveva tenuto prigioniero delle mie stesse emozioni, ad esternare i miei sentimenti senza il timore di essere giudicato non benevolmente dagli altri. Man mano che lo facevo sentivo diminuire sempre più quell'odioso senso di oppressione che da molto tempo avvertivo in corrispondenza del *plesso solare* (cioè della "bocca dello stomaco").

Tornando a casa, dopo quella straordinaria esperienza (alla quale ne seguirono altre), provai l'irresistibile impulso di abbracciare i miei genitori. Ricordo che lo feci con grande trasporto e che subito dopo proruppi in un accorato pianto liberatorio. Quando cessai di piangere mi sentii permeato da una intensa gioia e da un senso di leggerezza incredibilmente confortante. Ero riuscito finalmente a tirare fuori ciò che da molto avrei voluto manifestare. In quella circostanza ebbi, una volta per tutte, il coraggio di lasciarmi andare ammettendo apertamente quanto amavo mio padre e mia madre.

Le cose tra me e i miei andarono migliorando progressivamente. Il nostro modo di comunicare, che fino ad allora era basato più che altro sulle esteriorità e sulle convenzioni assunse, col trascorrere delle settimane e dei mesi, connotati sempre più confidenziali ed intimi: coinvolgerci emotivamente non ci turbava più o, quantomeno, non ci procurava i disagi del passato.

Il "miracolo tra i miracoli", comunque, si verificò soprattutto con papà il quale, essendo stato condizionato più di mamma dalla educazione ricevuta, secondo la quale un maschio non deve manifestare i sentimenti, non mi aveva mai espresso verbalmente l'amore che nutriva per me. Fui io, col mio radicale cambiamento, che gli insegnai a farlo dopo che qualcun altro lo aveva insegnato a me. Gli feci comprendere, essendo diventato più espansivo ed aperto, quanto sia incredibilmente importante per un padre ed un figlio scambiarsi effusioni e comunicarsi l'amore che l'uno prova per l'altro. Da allora iniziò tra noi un rapporto più maturo e per certi versi nuovo, contrassegnato da un parlare meno superficiale, un ascoltare più attento, una maggiore comprensione e flessibilità e soprattutto caratterizzato da frequenti e teneri abbracci. Ricordo ancora con commozione il giorno in cui papà per la prima volta nella mia vita mi disse esplicitamente "ti amo". Quello fu un episodio davvero importante, un momento di pura magia che tanto il bambino racchiuso in me aveva desiderato.

Nel giro di poco meno di un anno i disturbi di stomaco di mio padre scomparvero definitivamente senza ricorrere ad alcuna terapia farmacologica. Il fatto, sicuramente rilevante, fu che lui gradualmente iniziò ad aprirsi e a mostrare con minore impaccio rispetto a prima quello che sentiva dentro di sé. Papà, dunque, col suo modo di essere mi aveva trasmesso (naturalmente senza alcuna volontà di nuocermi, dal momento che non ne era assolutamente cosciente) le sue paure e le sue preoccupazioni (lo stomaco si ammala quando ci si preoccupa eccessivamente) per cui anch'io avevo sviluppato la sua stessa affezione essendo diventato, a mia volta, un individuo estremamente apprensivo. È l'ambiente (primi tra tutti i genitori) che condiziona la nostra vita e modella i nostri geni, e non viceversa (come ha ormai dimostrato ampiamente l'illustre biologo Bruce H. Lipton).

Facciamo un esempio. Attraverso la storia familiare (anamnesi) di una persona affetta da diabete si viene a sapere che anche il nonno ne soffriva. Tale persona, però, non ha mai conosciuto il suo avo per cui non ne ha assimilato direttamente il tipo di *mentalità* e le *emozioni*. Allora, come mai ha la stessa malattia? Perché nei suoi geni è impressa la visione pessimistica della vita e la mancanza di stima verso se stesso che aveva il nonno. In altri termini, è l'*emozione negativa* che viene trasmessa per mezzo dei geni.

Cambiando stile di vita, ossia modo di pensare, di sentire e di agire, possiamo neutralizzare questa perversa spirale ereditaria rendendo la nostra esistenza e quella dei nostri figli maggiormente degna di essere vissuta.

L'ORIGINE DELLA DIPENDENZA

Il neonato non è autosufficiente per cui è normale che debba essere nutrito, vestito ed accudito dalla mamma della quale diviene totalmente dipendente. Se costei è amorevole e premurosa, il figlio si sentirà bene, sarà soddisfatto e felice. Se invece lo trascura, non lo coccola, non gli sorride, il bambino proverà un senso di sconforto e di tristezza che lo ferirà intimamente.

All'inizio della sua vita, dunque, il punto di riferimento più importante è la madre. Successivamente, pur continuando ad avere con lei uno stretto legame, il bimbo viene via via a contatto anche con altre persone (padre, familiari, insegnanti...) dalle quali riceverà ulteriori influssi (e perciò condizionamenti). A seconda della mentalità e del modo di fare appartenenti a coloro che sono preposti alla sua educazione, il bambino inizierà a manifestare, man mano che cresce, un certo tipo di comportamento (gioioso, aperto, irascibile, timido) che in qualche maniera funge da parametro di come ci si rapporta a lui.

Gli adulti di solito educano un figlio (perché questo è il metodo che è stato adottato con loro) dicendogli che se non farà il "buono" non riceverà affetto e sarà punito (correndo anche il rischio di venire picchiato). «Se non fai il bravo mamma (o papà) non ti vuole più bene e non ti compra...». Simili assurde frasi, purtroppo ricorrenti sulla bocca di tanti genitori, hanno il potere di intimorire un ragazzino a tal punto da indurlo a crescere oltre che sottoposto ad un persistente ricatto morale (che è quanto di più scorretto si possa attuare in campo pedagogico) anche facendolo vivere in un estenuante stato di insicurezza che gli procura malesseri psichici. In altre parole, nel suo inconscio vengono messi dei *programmi negativi* che in futuro determineranno l'insorgenza di *malattie*.

Quando la mente di un bambino è assillata da inquietanti pensieri del tipo: «se sono buono e bravo papà e mamma mi vogliono bene, ma se faccio il cattivo e disubbidisco loro non mi amano più» egli diviene sempre più vulnerabile alle critiche e ai rimproveri ed è anche facilmente manipolabile (perché difetta di fiducia in se stesso). In questi casi per poter sopravvivere, ossia per **non sentire dolore**, cerca a tutti i costi di accattivarsi il consenso e le simpatie dei suoi cari cominciando sin dalla più tenera età a sperimentare modi diversi di esprimersi e di comportarsi. Così, ad esempio, può scoprire che i migliori risultati si ottengono seducendo con il sorriso e le moine oppure piangendo e facendosi compatire o, ancora, può riscontrare che allorché si ammala, tutti si occupano (e si preoccupano) di lui. Molteplici sono gli espedienti che un figlio mette in atto al fine di "comprarsi" la benevolenza di chi lo ha messo al mondo. È in questo modo che l'essere umano inizia a prostituirsi moralmente e a perpetuare, spesso per tutta la vita, comportamenti e modi di essere che nulla hanno a che fare con la *dignità*, la *libertà* e l'*amor proprio*.

Un bambino arriva ad essere capriccioso, turbolento e disubbidiente o finisce perfino col combinare dei guai pur di monopolizzare su di sé l'interesse del papà e della mamma. È meglio essere puniti o picchiati e ricevere in qualche maniera attenzione, anziché vivere nella indifferenza. Questa è la fallace idea che si sviluppa nella mente di un ragazzino allorché non si sente considerato ed amato come accade, ad esempio, nella evenienza in cui nasce un fratellino o una sorellina. In questi casi, infatti, molto spesso i genitori rivolgono le loro attenzioni quasi esclusivamente all'ultimo nato (o nata) trascurandolo e inducendolo perciò a divenire geloso. La gelosia genera inevitabilmente *sofferenza* e *rabbia*.

La noncuranza ed il disinteresse hanno la capacità di produrre stati d'animo angoscianti ai quali in qualche modo un bambino cerca inconsciamente di porre rimedio ricorrendo istintivamente alla *iperattività* che costituisce un sistema per scaricare, attraverso il movimento corporeo, le tensioni ed il senso di insicurezza derivanti dalla paura del rifiuto e dell'abbandono. Essendo a conoscenza di questi meccanismi, consiglio sempre ai genitori che possiedono più figli di essere affettuosi e premurosi con tutti indistintamente, a prescindere dall'età. Quando si bacia ed abbraccia un figlio, o lo si prende in braccio, è bene comportarsi allo stesso modo anche con l'altro (o con gli altri). Così facendo, si permette a fratelli e sorelle di crescere senza gelosia, dando spazio ad un amore vero che si manifesterà con atti di solidarietà per tutta la vita (aiutarsi vicendevolmente, poter contare sempre sull'altro etc...).

Allorché si conduce un'esistenza che sia il *riflesso* di ciò che pensano gli altri e si adatta passivamente il proprio stile di vita alle loro idee e al giudizio (benevolo o avverso) che essi esprimono nei nostri riguardi, significa essere fragili perché lasciamo ad altre persone il potere di influenzare, in un senso o nell'altro, la nostra vita. Senza rendercene conto, perciò, diventiamo degli **schiavi!**

Purtroppo, gli insegnamenti impartiti ad un bambino, improntati essenzialmente sul senso del possesso (*"questo è mio"*), su intransigenti regole comportamentali, sulla repressione degli impulsi naturali e sul soffocamento delle emozioni e delle sensazioni, nonché sul "dover fare ciò che gli altri si aspettano da lui", convogliano sempre più la sua attenzione verso l'esterno impedendogli di rimanere in contatto con la sua *anima*. Per **Buddha** lo *stolto* è colui che segue ed imita meccanicamente gli altri diventando l'ombra di qualcun altro. Il *saggio*, per contro, è chi si lascia guidare dal *cuore* vivendo alla luce della consapevolezza.

Sentirsi impotenti e disperati, proprio come naufraghi che attendono trepidanti l'agognato soccorso, è la sgradevole quanto frustrante sensazione che provano milioni di persone cresciute con la convinzione di non possedere le capacità necessarie per vivere in maniera autonoma e decorosa senza dover necessariamente dipendere da qualcuno (genitori, figli, moglie, marito, capoufficio, preti, politici) e da qualcosa (droga, alcol, fumo, farmaci, alimentazione sprocedata, cose materiali, mass media...).

LA SCUOLA

Dopo l'ambiente familiare, che sicuramente costituisce il luogo dove iniziano i condizionamenti di un essere umano, c'è la *scuola* che pure gioca un ruolo importantissimo nell'esercitare delle influenze limitanti sui bambini e sui giovani (che un giorno saranno degli adulti e dei genitori condizionati).

È utile conoscere che il cervello umano è composto da due metà, la destra e la sinistra, denominate *emisferi*. Gli emisferi cerebrali sono uniti tra loro per mezzo del *corpo calloso* una struttura nervosa costituita di fasci di fibre, che si intrecciano, provenienti dalle rispettive due parti.

L'*emisfero sinistro* presiede a funzioni quali la razionalità, il ragionamento, la matematica, il calcolo, la scrittura, il linguaggio, la memoria, l'ordine, la disciplina. L'*emisfero destro* è la sede della creatività, dell'immaginazione, del simbolismo, dell'intuito, dell'irrazionalità, dell'arte. In altre parole, il cervello sinistro conta ed usa la logica mentre quello destro canta, danza, dipinge, scrive poesie, racconta le favole, si commuove: insomma si esprime con il linguaggio del cuore. Ambedue gli emisferi hanno la loro ragione di esistere a patto che se ne faccia un uso equilibrato ovvero si utilizzi l'uno o l'altro a seconda delle situazioni. Solo così facendo, infatti, si può vivere in maniera bilanciata.

Nasciamo "cervelli destri" e rimaniamo tali per i primi 7 anni di vita. Ciò spiega come mai, fin quando non raggiungono la suddetta età, i bambini non comprendono i discorsi logici e non capiscono il concetto di spazio e di tempo. Lo apprenderanno crescendo quando cominceranno a fare uso del cervello sinistro (ossia dopo il settimo anno).

Malauguratamente l'educazione che riceviamo esalta le proprietà dell'emisfero sinistro penalizzando, di conseguenza, il destro. Questo errato modo di venire allevati genera infelicità perché nessun essere umano può vivere una vita gioiosa se non esprime la propria parte irrazionale, la propria fantasia, la propria creatività, i propri sentimenti e le proprie emozioni.

In qualsiasi posto del pianeta nasca, un bambino è per sua natura fantasioso e creativo avendo in sé tutte le capacità per esserlo. Pochi, tuttavia, sono i ragazzini fortunati i cui genitori permettono loro di manifestare pienamente ciò che essi sentono e desiderano esprimere e fare. La maggior parte dei bambini, fin dalla più tenera età, viene repressa nelle proprie naturali manifestazioni (pianto, riso, entusiasmo, allegria, spirito di iniziativa, curiosità...) da padri e madri che a loro volta sono stati repressi da genitori repressi.

Comunemente si ritiene che educare un bambino significhi rimpinzarlo di regole, concetti, buone maniere e informazioni perché si pensa che sia simile ad un recipiente vuoto che è bene riempire con cose reputate utili. In verità, così facendo, il suo emisfero destro viene sempre più inibito a tutto vantaggio di quello sinistro.

A scuola gli studenti sono letteralmente bombardati con nozioni di storia, geografia, matematica, scienze... essendo costretti ad imparare e a ripetere come pappagalli una infinità di cose inutili (che personalmente non esito un solo istante nel definire pattume) di cui non potranno giovarsi in alcun modo per affrontare la vita, quella reale. Antony De Mello era solito dire una frase, che condivido pienamente, con la quale sottolineava il danno e la inutilità di ciò che abitualmente ci viene insegnato: *«passiamo metà della nostra esistenza ad imparare stronzate e l'altra metà a cercare di dimenticarle».*

L'intelletto, l'obbedienza, le regole prestabilite e tutto ciò che è previsto dal programma ministeriale vengono sostenuti e favoriti a detrimento della intelligenza, della sensibilità, della improvvisazione, della creatività. Chi è intelligente, chi non ha paraocchi, chi è curioso, chi ha voglia di conoscere (e non di sapere), chi si pone dei quesiti, chi mette in discussione (nel senso costruttivo della espressione) ciò che gli viene detto, così come chi ama scoprire e sperimentare personalmente le cose, non piace alla istituzione scolastica perché ne fa vacillare la credibilità ed il potere. Per contro le "pecore", i "secchioni" e tutti coloro che si adeguano, nella disciplina e nell'inquadramento, a certi dettami sono benvoluti e premiati perché non creano scompiglio e non danno preoccupazioni di alcun genere.

Succede sovente che il termine *intelligenza* venga confuso con *intelletto*. Credo sia opportuno chiarire qual è la differenza: **l'intelligenza appartiene al cuore, l'intelletto alla testa.**

Essere intelligenti significa aver conservato la spontaneità, la semplicità, la facoltà di sapersi meravigliare, la voglia di conoscere (proprio come un bambino) avendo il coraggio di avventurarsi in ciò che ci è ancora ignoto. La persona intelligente è creativa, flessibile, amorevole, comprensiva, intuitiva. In breve, sa vedere al di là delle apparenze in quanto *comprende*.

L'intellettuale, per contro, coltiva la razionalità, l'erudizione, il sapere. Accumula nella mente quante più nozioni ed informazioni gli è possibile (per far vedere agli altri quanto è bravo) parla usando un linguaggio ricercato e non lascia trapelare le proprie emozioni e i propri stati d'animo essendo formale e controllato. In altre parole, è un individuo pauroso che "non sa vedere al di là del proprio naso" perché si limita a cercare di *capire. Tutto questo non può essere definito intelligenza!*

Per vivere bene bisogna essere intelligenti (che tra l'altro vuol dire infischiarsene del giudizio altrui) e non istruiti e colti. Così come occorre comprendere e non sforzarsi di capire. Malauguratamente ci viene insegnato a sviluppare l'intelletto che è qualcosa di artificiale e che perciò non ci appartiene, a scapito della intelligenza che invece è una dote innata. Tutti i bambini nascono sensibili ed intelligenti. L'educazione che normalmente ricevono, però, li rende col passare degli anni persone che hanno conservato poco o nulla della loro originaria naturalezza, gaiezza e percettività.

Forse non tutti sono a conoscenza del fatto che Albert Einstein venne respinto all'esame di ammissione all'università. La cosa può destare stupore, ma non più di tanto se si pensa che per un genio (un *vero* genio), per un individuo tanto intelligente ed intuitivo come lui, era un insulto dover imparare tutte quelle corbellerie. Einstein fu bocciato in quanto la sua intelligenza non si conformò alle banalità di un ordinamento che egli rifiutava.

La scuola, dalle elementari all'università, propina per lo più nozioni, erudizione e logica. Insegna a parlare in modo forbito, allena ad essere efficienti e concorrenziali spingendo i giovani a diventare ambiziosi, egoisti, cinici e propensi a mettersi in competizione con gli altri pur di raggiungere il successo. Ciò che sono indotti a credere, insomma, è che l'esistenza sia una lotta per la sopravvivenza ed un continuo cercare di fregare il prossimo per trarne dei vantaggi personali e per emergere.

Questa maniera di essere istruiti non è altro che **diseducazione.** È distruggere l'acume innato dei bambini, la loro sensibilità, la loro innocenza. È calpestare la loro dignità, la loro individualità, il loro diritto di esprimersi liberamente. È renderli degli schiavi, delle macchine, dei calcolatori, dei computer, ossia dei nevrotici che diverranno degli adulti ottusi e perciò facilmente manipolabili da parte del potere istituzionale (politici, preti).

Nel corso della mia attività pediatrica mi capita frequentemente di incontrare padri intellettuali che, in quanto a proprietà di linguaggio e a scioltezza nel parlare, titolo di studio e razionalità, sono autentici "campioni". Come esseri umani e in qualità di educatori, invece, si comportano in maniera disastrosa essendo estremamente irritabili e permalosi, non propensi ad ascoltare nonché colmi di paure, apprensioni e indecisioni che emergono puntualmente quando si presenta la minima difficoltà di ordine pratico come, ad esempio, pulire il naso al figlio o accompagnarlo a fare pipì oppure aiutarlo a svestirsi perché deve essere visitato.

Tali padri, che in apparenza sembrano *sapere* molte cose, in realtà *non conoscono* cosa significhi essere affettuosi, espansivi, comprensivi, elastici, giocosi e comunicativi con i figli. Accade pertanto che quest'ultimi, risentendo enormemente della rigidità e della freddezza con cui vengono trattati, crescano insicuri, arrabbiati e rancorosi.

«A cosa mi è utile (chiedo sovente con tono provocatorio ai genitori che vengono a consultarmi) sapere a memoria la Divina Commedia, quanto è lungo il Po e quanti affluenti ha, quando è nato e morto quel tale o quel talaltro personaggio, che cos'è una ellisse o una iperbole, qual è la differenza tra un acido e una base, come funziona un computer etc... se poi come essere umano ignoro quali sono i miei *reali* bisogni e come genitore non ho la più pallida idea di quali siano le *vere* necessità di mio figlio?».

«A cosa mi serve (aggiungo) l'istruzione, una laurea, parlare da saccente, essere ben educato e sempre impeccabile, se poi conduco una vita di merda (facendola fare anche a chi ho generato) dal momento che do valore ed importanza alla forma, alla esteriorità, alle cose, alla logica e a ciò che pensano e dicono gli altri sul mio conto?».

«A cosa vale (insisto) essere cattedratici, eminenti scienziati, grandi esperti di elettronica, manager di successo, noti personaggi politici o dello spettacolo... se poi i nostri figli neanche ci guardano in faccia e ci salutano, quando facciamo ritorno a casa, oppure se nostra figlia è anoressica o nostro figlio è tossicodipendente o, ancor peggio, non c'è più perché si è suicidato?».

«*L'intellettuale è una persona che nasconde la propria stupidità dietro parole, informazioni e nozioni. L 'intellettuale è cieco ed anche stupido. Lo stupido è colui che crede di sapere ma, in realtà, non conosce niente: perciò non è mai pronto a liberarsi della propria stupidità!*» afferma Osho. In effetti a cosa giova sapere tante cose se poi non si conosce nulla di quello che conta veramente, non essendo in grado di vivere nell'amore e nella condivisione?

Il sapere, che è quello che ci viene propinato a scuola, non può, né potrà mai soddisfare alcuna delle esigenze spirituali dell'uomo. Solo la *conoscenza* (che riguarda tutto ciò che concerne le *Leggi* e i *Princìpi* del Creato) è in grado di dare una risposta ai quesiti che l'esistenza inevitabilmente ci pone di fronte specie quando siamo diventati genitori ossia esseri che hanno la responsabilità di "preparare il terreno" in maniera amorevole ad altri esseri.

Per "preparare il terreno" intendo riferirmi alle qualità morali di un individuo e non a quelle intellettuali. Nessun genitore pensi stupidamente (perché questo è ciò che gli è stato fatto credere) che consentire ad un figlio di studiare, arrivando alla laurea, sia quanto di meglio gli si possa offrire.

Oggi ci sono molti giovani che sanno tante cose ma, non essendo stati educati in merito a quello che conta realmente, non hanno alcun rispetto del prossimo specialmente del padre e della madre che trattano come esseri inferiori (perché magari non hanno studiato) umiliandoli e contrastandoli continuamente. Quando si verificano simili fatti, allora sì che questi genitori si rendono conto di quanto hanno speso male i loro soldi e soprattutto quanto sia sciocca l'idea che lo studio porti necessariamente alla comprensione dei veri valori che caratterizzano una vita sana.

Averroè, famoso medico e filosofo arabo vissuto nel XII secolo, era solito dire: «*un asino carico di libri è pur sempre un asino*» volendo intendere con questa metafora che lo studio e la cultura non sono sufficienti, di per sé, nel rendere qualcuno migliore di quello che per sua natura è. Sono ben altre le cose che ci fanno maturare ed evolvere.

Conosco ed ho conosciuto molte persone affatto istruite eppure pregne di buon senso, semplicità, bontà e umanità che molto hanno da insegnare. Per me è sempre un autentico piacere parlare con loro e starci assieme. Preferisco di gran lunga frequentare questa gente piuttosto che individui eruditi e cervellotici che hanno poco di umano da trasmettere tranne le loro nevrosi e la loro infelicità.

La scuola, così come è concepita ed organizzata, costituisce un vero e proprio fallimento istituzionale essendo un luogo in cui *non si educa*, si istruisce soltanto. Anziché affiancarsi ai genitori aiutandoli a crescere i figli come individui autonomi (pronti un domani ad affrontare con positività e determinazione le prove della vita) con il suo nozionismo, il suo memorizzare, il suo inquadrare, il suo esasperato ragionare, il suo giudicare (buono-cattivo, bravo-somaro, intelligente- stupido), insomma con il suo dare valore alla *testa* anziché al *cuore* non solo serve a ben poco ma è anche nociva dal momento che sforna persone rigide e calcolatrici le quali, pur sapendo molte cose, ignorano ciò che è veramente essenziale: ovvero sono all'oscuro di possedere un'*anima*.

La scuola oggi più che mai è contrassegnata dalla competizione, dall'arrivare ad essere i primi e dal lottare con gli altri per prevalere ed eccellere. Tutto ciò porta soltanto a vivere nella disarmonia, nella nevrosi e nella infelicità. *«Quando arrivi ad essere il presidente o il primo ministro di uno Stato, hai attraversato un'infelicità tale per cui ora l'infelicità è la tua seconda natura. Adesso non conosci un altro modo di esistere. La tensione è ormai connaturata al tuo essere, l'ansia è diventata il tuo stile di vita e, anche se sei il primo, rimani pur sempre un miserabile»* sono parole di Osho.

La rincorsa al danaro, al potere e al prestigio rende l'uomo astuto, calcolatore e cinico privandolo della innocenza del bambino. E quando l'essere umano perde l'innocenza ha perso tutto! *«Se vuoi entrare nel regno dei cieli come un bambino devi essere»* ci ha insegnato **Gesù Cristo.**

A scuola si dovrebbe imparare oltre che a leggere, scrivere, parlare correttamente la propria lingua, avere conoscenze di matematica, fisica e geometria etc... soprattutto a comunicare le proprie opinioni e ad esprimere i propri sentimenti, a collaborare, ad aiutarsi vicendevolmente, a condividere, ad essere solidali e compassionevoli, a scambiarsi baci e abbracci, a danzare, a cantare, a coltivare l'intuito e la creatività, a fare le cose e a godere nel farle senza pensare al risultato né a paragonare se stessi agli altri. Inoltre, andrebbero introdotte pratiche orientali quali *tecniche di respirazione, yoga* e *meditazione* (i cui giovamenti sull'equilibrio psico-emozionale sono straordinari) ed impartite lezioni riguardanti i *chakras,* l'*aura* (ossia il campo magnetico che circonda l'essere umano), l'*energia vitale* etc... la cui conoscenza sicuramente favorisce un approccio alla vita molto più costruttivo di quello che si verifica con una insulsa istruzione. In altre parole, è la scuola che deve adattarsi alle esigenze dell'uomo e non l'uomo (nella fattispecie il bambino ed il giovane) obbligato a conformarsi a stupidi regolamenti e costretto ad imparare cose inutili ed insignificanti facenti parte di demenziali "programmi ministeriali".

La scuola dovrebbe insegnare l'*arte di vivere* e non istruire su come sopravvivere. Per conseguire un obiettivo del genere è però necessario che chi insegna non sciupi le proprie risorse trasferendo agli alunni futilità (nozioni, date, nomi, formule) ma si prodighi nel mettere a loro disposizione il proprio bagaglio di conoscenze (basato su effettive consapevolezze) e la propria esperienza al fine di aiutarli ad avere una visione della esistenza tutt'altro che limitata. Sarebbe bene, inoltre, che l'insegnante incoraggi i propri allievi ad assecondare le inclinazioni che mostrano di avere e ciò che amano fare facendosi portavoce di autentici valori quali la dedizione, la sincerità, la cordialità, la tolleranza, la flessibilità, l'autostima, la gioia di vivere, l'ottimismo. Un docente, per di più, non dovrebbe avere alcuna difficoltà nell'ammettere i propri errori e nello scusarsi quando si accorge di averne commesso uno. Così facendo mostrerà la sua integrità morale e pure che nessuno è perfetto e, soprattutto, che nessuno è superiore o inferiore a qualcun altro in quanto a dignità e rispetto.

Un *vero* maestro dovrebbe essere se stesso ovvero manifestare i propri stati d'animo e le proprie emozioni commuovendosi o ridendo a seconda di quello che prova. Oltre a ciò, dovrebbe essere gentile ed amorevole, ma anche deciso e fermo quando le circostanze lo richiedono. Un autentico educatore (così come un bravo genitore) dovrebbe, in breve, costituire un pregevole esempio di pazienza, di coerenza, di sensibilità, di dignità, di compassione, di amorevolezza, vale a dire un supporto di umanità per tutti i bambini e i ragazzi con i quali viene a contatto fungendo (a seconda del sesso a cui appartiene) da papà o mamma supplementare.

Chi ha visto il bellissimo film intitolato *"L'attimo fuggente"* può comprendere ancor meglio il senso delle mie affermazioni. Purtroppo, sono veramente pochi gli insegnanti dalle vedute così ampie. Ciò accade non tanto perché manchino in questa categoria la intelligenza e la sensibilità quanto, piuttosto, perché la maggior parte dei docenti si lascia schiavizzare da idioti regolamenti ed imprigionare da modi di pensare e di intendere l'educazione che poco o nulla hanno a che vedere con il *buon senso*, con il *sentire* e con la *consapevolezza* ossia con quelle doti spirituali che così tanto giovano all'anima.

Nella nostra società esistono scuole di ogni genere. C'è quella per apprendere le lingue, per imparare ad usare il computer, per divenire musicisti, cantanti, attori, per affinare ogni tipo di competenze e di ruoli. Manca, a mio avviso, la più importante di tutte: una **scuola per genitori.** Ossia un luogo ove si possa imparare qual è la via migliore per far crescere i propri figli ovvero apprendere, facendo pratica, quanto siano importanti espressioni d'amore e modi di comunicare quali i baci, gli abbracci, le carezze, le gratificazioni e tutto ciò che fa sentire bene interiormente i bambini, cioè i papà e le mamme di domani.

Tra i miei sogni c'è anche quello di realizzare una simile struttura. Chissà che un giorno con l'aiuto di altre persone (oltre che della Provvidenza) non riesca nel mio intento.

LA RAZIONALITÀ

Il nostro modo di pensare occidentale esasperatamente scientifico, intellettuale e pragmatico risente fortemente della razionale visione della vita lasciataci in eredità da René Descartes (1596-1650) detto Cartesio. La frase: «*cogito, ergo sum*» ("penso, dunque sono") costituì la sintesi del credo filosofico di cui egli fu un accanito promulgatore.

Invero, il suo modo di pensare risentì molto della ferita, mai sanata, conseguente sia alla prematura scomparsa della madre che al comportamento distaccato attuato dal padre nei suoi riguardi. Infatti, l'amore che venne a mancargli fin da piccolo lo segnò molto profondamente tanto da indurlo a privilegiare la logica e l'intelletto nella illusoria speranza di compensare il dolore, l'insicurezza ed il vuoto affettivo che si portava dentro e che lo accompagnarono, rendendolo un infelice, per tutta l'esistenza. Cartesio morì di polmonite. Il polmone, come vedremo più avanti, è l'organo che si ammala quando una persona è profondamente triste.

Il cambiamento spirituale in atto nel periodo storico che stiamo vivendo sta operando nelle persone una trasformazione di grande valore che riguarda essenzialmente il passaggio dal *capire* al **comprendere**, dal *pensare* al **sentire**, dal *ragionare* all'**intuire**, dall'*avere* all'**essere**... dall'*odiare* all'**amare.** Questa è la vera "rivoluzione" che l'uomo di oggi è chiamato a compiere, bypassando Cartesio. In altre parole, è arrivato il momento di mettere da parte la *testa*, per riappropriarci del cuore.

«*Sii più nel cuore e meno nella testa. La testa è solo una parte di te, il cuore è tutto il tuo essere. Il cuore rappresenta la tua totalità. Quindi ogni volta che sei totale in qualcosa, significa che stai operando attraverso le tue sensazioni; quando sei parziale nelle cose funzioni con la testa*» ha detto Osho.

Un recentissimo studio realizzato all'Università di Pisa in collaborazione con l'Università di Padova e con la University of California Irvine (pubblicato sulla rivista "Proceedings of the National Academy of Science of the Usa") ha dimostrato che nel *cuore* si trova la radice delle emozioni, e non nel *cervello*!

Quando, in seguito alla educazione che riceve, il bambino viene abituato a ricacciare all'interno di sé ciò che sente, cominciano di fatto i *veri guai* di un essere umano. Se ad un ragazzino si impedisce di esprimersi come vorrebbe, gli viene anche preclusa l'essenziale opportunità di esercitarsi con le proprie emozioni. Perciò non impara a viverle compiutamente e a comunicarle, come invece è bene che si impratichisca a fare man mano che cresce.

A partire dalla più tenera età ci è stato insegnato a diffidare delle nostre percezioni e a non esprimerci con sincerità e lealtà. Siamo stati avvezzi a soffocare e a disconoscere la nostra primaria componente, l'*Io Emozionale*, che nulla ha a che vedere con l'*Io Razionale* con il quale ci hanno indotto a identificarci.

La razionalità, che pure ha la sua utilità, può risolvere un problema di matematica o può tornare utile nel pianificare un lavoro o nel fare conti oppure serve per pagare una bolletta o a compilare un bonifico bancario. Essendo inquadrati e logici, non è possibile provare intense emozioni, comunicare sentimenti o trasmettere sensazioni cioè vivere dando un vero sapore a tutto quello che facciamo. Reprimendo, anziché esprimendo, ciò che di buono o di meno buono si animava in noi da piccoli (contentezza, voglia di fare, ottimismo, altruismo, paura, rabbia, disappunto, gelosia) siamo cresciuti pensando che ci si debba difendere e controllare continuamente e che le lacrime vadano in ogni caso evitate. Queste assurde convinzioni ci hanno portato a respingere internamente sia le contrarietà e i dolori come pure gli entusiasmi e i piaceri. Quanti bocconi amari abbiamo dovuto mandare giù, nostro malgrado, da bambini!

Spesso quando due persone conversano e parlano di cose che riguardano la loro vita, usano espressioni del tipo: «*non so se hai capito*» oppure «*mi capisci?*» o ancora «*come ti capisco*» etc... Quasi sempre, ci si faccia caso, si utilizza il verbo *capire* penalizzando il verbo *comprendere* al quale invece si ricorre solo raramente. Tra "capire" e "comprendere" esiste di fatto una differenza sostanziale: non vogliono dire la stessa cosa. Mentre il primo ha una valenza logica, mentale, il secondo ne ha una rivolta più che altro al sentire e alle sensazioni. In altre parole, chi comprende è coinvolto emozionalmente, chi capisce lo è solo intellettualmente. Chi comprende, ha anche capito. Chi capisce, per contro, non necessariamente ha compreso.

Una espressione algebrica, ad esempio, si capisce o non si capisce. Diversamente, la gioia o il dolore di un nostro simile si comprende o non si comprende. Dipende dal tipo di esperienze vissute in passato e dal grado di sensibilità che abbiamo sviluppato poterci immedesimare o meno con i sentimenti degli altri e provare compassione. È l'esperienza, l'aver provato, ciò che ci consente di comprendere: non c'è altra via che porti alla comprensione. In altri termini, bisogna "mettersi nei panni dell'altro" o, per dirla alla maniera dei Pellerossa: «*occorre camminare per tre lune nei suoi mocassini*».

Con l'intelletto possiamo *capire*, ma non potremo mai comprendere (dal latino *cum-prehèndere* = prendere con sé, fare proprio). Tutto ciò che è importante e conta davvero deve necessariamente venire filtrato dalle emozioni e dai sentimenti per poter essere compreso (cioè assimilato profondamente) non può passare attraverso i ragionamenti ed il pensare.

Con la testa si capisce, con il cuore, invece, si comprende. La testa deve seguire il cuore, essere a sua disposizione (e non viceversa) perché è dal cuore che si sviluppa ogni conoscenza ed ogni consapevolezza. Guardare attraverso gli "occhi" del cuore ci rende gioiosi, saggi, amorevoli e compassionevoli. Questo è il principio su cui si basa una esistenza equilibrata ed appagante. Questo è, a mio parere, il vero segreto per vivere una vita che abbia un valore talmente profondo da non farci rimpiangere in alcun modo di essere nati, neanche quando stiamo vivendo momenti di sofferenza.

Se si usa prevalentemente o esclusivamente la mente razionale ci precludiamo anche la stupefacente possibilità di cogliere il *divino* che emana il sorriso di un bambino o di godere intimamente della bellezza di un fiore, di un tramonto, di un'alba o di un cielo stellato. Né, tantomeno, possiamo assaporare fino in fondo il messaggio artistico racchiuso in un quadro, in una poesia, in una scultura o in una melodia.

Essere razionali e "programmati" ci relega a vivere in una condizione di infelicità perché ci impedisce di essere giocosi e creativi. La **creatività** è una dote umana che può esprimersi solo quando si bandiscono gli schemi, le regole e la logica. La *creatività* è sinonimo di novità, libertà, irrazionalità, giovialità, passione, intuizione e amore. Essere creativi ci rende *divini* cioè simili a Dio (che è il Creatore per eccellenza) perché è Lui che si esprime attraverso noi: questo è il motivo per cui quando siamo alle prese con qualcosa di creativo ci sentiamo felici. «*Ogni bambino è un creativo. La vera sfida della vita è rimanere tale crescendo*» diceva Pablo Picasso.

Essere sempre controllati e calcolatori non giova affatto, credetemi, specie quando si è genitori. Tentate, ad esempio, di calmare un bimbo che piange sconsolato con discorsi logici o intellettuali, e vedrete se smetterà. Provate, al contrario, ad abbracciarlo e a stringerlo al vostro cuore con sincero trasporto, magari sussurrandogli all'orecchio parole affettuose e rassicuranti e potrete constatare come egli cesserà quasi all'istante di disperarsi.

MASCHERA – PERSONALITÀ

L'emozione, dunque, ha un suo spessore, una sua profondità, un suo fascino. La razionalità, all'opposto, è banale, scontata ed insignificante. «*L'emozione*, come afferma Osho, *è il padrone, l'intelletto è il suo servitore*».

Anche se in misura diversa, tutti abbiamo represso molte cose non permettendoci di piangere e di ridere quando ne abbiamo sentito la necessità. Con tali presupposti risulta inevitabile che si cresca insicuri e fragili da un punto di vista psicologico. Chiudendoci in noi stessi per la paura di essere rifiutati e feriti, non abbiamo fatto altro che collocarci in una sorta di gabbia divenendo, in pratica, i nostri stessi carcerieri. La stragrande maggioranza degli individui non è abituata a mostrare ciò che sente e quindi non è avvezza ad essere se stessa. Le persone, per mancanza di autenticità e di sincerità, a poco a poco finiscono col celarsi dietro una **maschera** assumendo ora le sembianze di chi non deve far trapelare nulla di ciò che prova, ora di chi vuole apparire comunque forte e inattaccabile, ora di chi fa sempre finta che le cose gli scivolino addosso senza coinvolgerlo minimamente.

Un siffatto modo di comportarsi, reiterato negli anni, relega la gente a vivere come *esseri senz'anima*. L'uomo cosiddetto civilizzato non sa cosa voglia dire ridere di cuore fino a "sentirsi male". Così come ignora quanto giovi abbandonarsi ad un pianto liberatorio né tantomeno è cosciente di quale incredibile opportunità, per evolvere spiritualmente, si lascia sfuggire allorché evita di danzare, correre, giocare e soprattutto abbracciare e baciare con amorevole slancio i propri figli. La sofferenza umana trae origine proprio dal non essere stati educati a lasciarsi andare a tutto ciò che nella semplicità e nella spontaneità procura benessere. «*L'uomo moderno è il tipo di uomo più artificiale che sia mai esistito*» (Osho).

Tutta l'artificiosità della nostra esistenza risiede nel fatto che cerchiamo sempre di essere qualcosa di diverso da quello che effettivamente siamo: per questo motivo portiamo delle *maschere*. Esse non sono affatto i nostri veri volti quanto, piuttosto, una sorta di paravento, ovvero un modo per mimetizzare ciò che pensiamo e sentiamo realmente e che non esterniamo per la paura di non venire accettati dagli altri.

L'uomo moderno vive perlopiù nella ipocrisia difettando di immediatezza e di schiettezza. È diventato rigido, controllato, formale. Si è chiuso in una specie di bozzolo che nel tempo ha assunto i connotati di una vera e propria corazza. Questo involucro innaturale, conosciuto come **personalità**, lo imprigiona, lo svilisce, ne mortifica la dignità, lo soffoca e lentamente lo uccide (se non viene messo in moto un processo di trasformazione interiore che ne modifichi in meglio lo stile di vita). «*Come il baco da seta avete costruito un bozzolo attorno a voi. Chi vi salverà? Rompete il vostro bozzolo e uscite come una magnifica farfalla, come un'anima libera. Solo allora vedrete la verità*» (Vivekananda).

È probabile che non a tutti sia noto che il termine personalità proviene dalla parola "persona" che significa *maschera*. Nell'antica Grecia gli attori drammatici non comparivano al cospetto del pubblico a volto scoperto. Prima di entrare in scena se lo coprivano con una maschera che fu chiamata persona (*per* = attraverso; *sona* = suono).

Quante volte vi è capitato di dire o di averla sentita da qualcun altro questa frase: «*quell'individuo è dotato di una forte personalità*». Una espressione del genere di solito viene utilizzata per indicare qualcuno che mostra di essere indipendente, sicuro di sé, che sa quello che vuole, che ha ascendente (carisma) sugli altri. Spesso però, è bene sottolinearlo, si ricorre impropriamente al termine *personalità* (sinonimo di artificiosità e falsità) sostituendolo ad *individualità* (il cui significato verrà spiegato nelle prossime pagine).

Questa precisazione, lungi dal voler essere una "lezione di lessico" per il lettore, nasce invece dall'intento di far comprendere come i due vocaboli esprimano sostanzialmente concetti diversi. Le incisive parole di Osho, più delle mie, serviranno a fare chiarezza in merito: «*la personalità è una farsa, è ciò che ti viene dato dalla società. Ti viene imposta dall'esterno, è una maschera. La individualità è il tuo vero essere. La individualità è ciò che porti nel mondo, la individualità è un dono di Dio. La personalità è brutta perché è falsa e, più forte è la personalità, meno possibilità di crescere ha la individualità. La personalità deve essere abbandonata, in modo che la individualità possa manifestarsi. La individualità ti dà padronanza, ti rende profondamente autentico, con i piedi per terra, radicato. Ti dà sostanza, solidità. Ti rende consapevole della bellezza della esistenza, ti rende consapevole della bellezza di tutto...*».

Parlando di maschera, non si può fare a meno di menzionare il grande drammaturgo siciliano Luigi Pirandello, il quale fu un maestro nel descrivere il malessere esistenziale di una società contaminata dalla menzogna e dalla ipocrisia. Ciascuno di noi è allo stesso tempo *"Uno, nessuno e centomila"* perché, essendo avvezzo a reprimersi e a nascondere continuamente ciò che sente, ignora chi sia realmente e quale compito è venuto a svolgere su questo pianeta.

Per parecchia gente la vita assume i connotati di una continua *recita* oppure di una *farsa* o, ancora, di una squallida quanto patetica *carnevalata*. Pochi sono coloro che vivono all'insegna della *autenticità*, ossia hanno il coraggio di esprimere quello che effettivamente pensano e provano essendo **se stessi.** Del resto, basta guardarsi attorno o assistere ad un programma televisivo, per rendersi conto di quanto l'essere umano brami stare sempre al centro dell'attenzione e sia disposto a fare di tutto

pur di attirare su di sé l'interesse del prossimo e di ingraziarsene la benevolenza (*trappola della dipendenza*).

Oggi, più che mai, quel che conta maggiormente sembra essere una
esasperata ricerca della forma e della esteriorità. Ossia si vuole a tutti i
costi fare colpo sugli altri dando una *immagine* di se stessi che sia accattivante e faccia presa. Tanti, soprattutto tra i giovani, non sanno più cosa inventare pur di far vedere che sono al mondo ed esistono. Costoro
vivono dipendendo completamente dal giudizio altrui inconsapevoli del
fatto che non si può essere felici se si vive una vita che non è la propria.
«*Non puoi accontentare tutti. Se tenti di farlo perdi te stesso!*» ammoniva
Esopo.

Pur di richiamare su di sé un minimo di attenzione e di ricevere una
parvenza di amore, qualsiasi artificio sembra essere valido per raggiungere lo scopo. Ne consegue che le persone, abituate come sono fin
dall'infanzia ad indossare maschere di ogni genere, continuino a fingere,
a mentire e ad essere ipocrite finendo per identificarsi con il loro modo
di pensare e di comportarsi tutt'altro che genuino.

Quando ad un bambino non si permette di essere gioioso, entusiasta
e se stesso, è pressoché ineluttabile che un giorno diverrà un individuo
malato. Essere felici e sani è naturale, invece essere tristi e malati va contro Natura, è una vera e propria aberrazione! Così Osho si esprime a
questo riguardo: «*fin dalla più tenera infanzia non ti è stato permesso di
essere felice, di essere estatico, di essere gioioso. Sei stato costretto ad essere
serio e la serietà chiama in causa la tristezza. Sei stato costretto a fare cose
che non hai mai voluto fare. Tu eri impotente, debole, dipendente dalle
altre persone e perciò hai dovuto fare ciò che ti dicevano. Hai fatto tutte
quelle cose recalcitrando, mugugnando, opponendo una strenua resistenza. Contro la tua volontà sei stato forzato a fare così tante cose che, con il
tempo, hai acquisito questa certezza: tutto ciò che è contro di te è giusto, e
tutto ciò che non va contro di te sarà inevitabilmente sbagliato. E, costantemente, questa intera educazione ti ha riempito di tristezza, di rabbia e
di frustrazione*».

INDIVIDUALITÀ

A causa dei vuoti affettivi che si portano dentro, derivanti da una educazione che di solito non insegna loro ad amarsi e ad avere una sana considerazione di se stessi, gli esseri umani sono quasi sempre sopraffatti dalla paura di venire rifiutati, non accettati e non riconosciuti.

La sensazione di solitudine, vergogna e inadeguatezza che ne deriva spinge la maggior parte di essi a seguire, spesso ciecamente, mode, credi religiosi e ideologie politiche indotti a fare ciò dalla esigenza di appartenere ad un *gruppo* (o *branco*) e di sentirsi, in tal modo, forti e sicuri. Diventa fatale, perciò, che si perda il contatto con la propria **individualità** ossia con la essenza spirituale insita in ognuno di noi (che lo Zen chiama il *volto originale*) e ci si lasci usare da chi, avvertendo le fragilità altrui, è pronto ad approfittarsene perché pensa che è da furbi sfruttare i propri simili.

La nostra *individualità* viene soffocata sempre più, man mano che cresciamo, da una moltitudine di persone (genitori, familiari, insegnanti, amici, preti, politici) che tendono, volutamente o meno, a limitarci e ad impedirci di essere quel che vogliamo essere. Spetta a noi il compito di riappropriarci di quella primitiva ricchezza senza la quale è inevitabile che la nostra esistenza assuma l'amaro sapore della frustrazione e della schiavitù. Trasformarsi in tanti mendicanti che elemosinano perennemente considerazione, sostegno ed affetto è ciò che accade a tantissime persone che non sono state educate ad avere amore per se stesse.

Essere inconsapevoli di tutto ciò non solo dà adito a comportamenti ingannevoli che inducono a vivere artificialmente, ma alimentano anche il potere di una società strutturata in maniera tale da inquadrare la gente entro schemi e regole che quasi sempre nulla hanno a che fare con i precetti dell'amore e della fratellanza predicati da **Gesù Cristo.**

Alla società non interessa l'*individuo* inteso come essere umano capace di pensare con la propria testa e in grado di seguire ciò che il cuore gli suggerisce di fare. Alle istituzioni non è gradito chi non china servilmente il capo e non si adegua, proprio come una pecora, alle regole del gioco che fanno comodo a chi detiene il potere. **Il sistema premia il conformismo e punisce l'individualità.**

Il *ribelle* non viene visto con simpatia e benevolenza. Al contrario, è inviso e combattuto perché, essendo sincero e schietto, ossia uno *spirito libero* che ama essere sempre e comunque **se stesso**, non può venire sfruttato né tantomeno oppresso o irreggimentato. Chi si ribella è cosciente di avere una *dignità* da salvaguardare e perciò non è affatto propenso a farsi calpestare. Per questo rifiuta di riporre le redini della propria vita nelle mani di chicchessia assecondandone passivamente i voleri e lasciandosi di conseguenza gestire. Il ribelle è un individuo curioso, creativo ed intelligente perché si pone domande ed usa al meglio le proprie percezioni ed il proprio intuito. In altre parole, sa farsi guidare dal **cuore** e non dalla testa!

«*Un ribelle non vuole né comandare né essere comandato. Un ribelle non vuole alcun governo nel mondo. Un ribelle è anarchico, ha fiducia nella Natura, non nelle strutture create dall'uomo. È sicuro che se la Natura fosse lasciata in pace, a se stessa, ogni cosa andrebbe splendidamente. Ed è vero! Un Universo così vasto funziona a meraviglia senza un governo. Perché l'uomo ha bisogno di un governo?*» Queste parole di Osho dovrebbero far riflettere molto.

Ad un padre e ad una madre non è gradito un figlio ribelle. Un insegnante è preoccupato e disorientato quando in classe c'è un ribelle. La Chiesa non ama chi si ribella ai dogmi e a tutto ciò che da secoli viene spacciato per verità col solo intento di sottomettere e sfruttare le persone. I politici non vedono di buon occhio chi non la pensa come loro e si ribella al loro modo di governare, specie quando non è ispirato da criteri di vera giustizia e di autentica democrazia che, purtroppo, è quanto accade normalmente. «*Come è misera la vita negli abusi di potere*» (Franco Battiato).

Il *ribelle* viene visto come un pericolo perché vivendo al di fuori della mischia e degli stereotipi societari, pur nel rispetto del prossimo, mette in crisi (fungendo da scomodo specchio) quanti ripongono le proprie sicurezze in false convinzioni e in sistemi di vita che esaltano i beni materiali, dando valore alle cose, a scapito di tutto ciò che favorisce il benessere psicologico e la crescita spirituale di un essere umano (amore, solidarietà, sincerità, condivisione, rispetto).

La Storia, del resto, è ricca di illustri esempi (da Gesù, il ribelle per antonomasia, fino ad arrivare a Nelson Mandela diventato presidente del Sud Africa dopo aver trascorso, da dissidente, parecchi anni in prigione) che testimoniano quanto la *ribellione* (non armata) verso sistemi vessatori sia indispensabile affinché l'uomo possa riappropriarsi della propria dignità come essere umano.

L'EGO

L'**ego** (termine latino che significa "io") rappresenta l'aspetto psichico preposto alla tutela della nostra sopravvivenza. In altre parole, l'ego ci è utile per salvaguardare la nostra vita (*istinto di conservazione*). Avere un sano ego, ovvero possedere una equilibrata stima di se stessi (*autostima*), è un requisito fondamentale per poter vivere serenamente senza entrare in contrasto con gli altri.

È noto che i genitori hanno il "coltello dalla parte del manico" per quel che concerne la facoltà di soddisfare le esigenze affettive e materiali dei figli. Un padre ed una madre, pur cercando di fare del loro meglio, spesso non riescono ad essere protagonisti di una educazione amorevole. Ne consegue che un figlio cresca sviluppando un *ego distorto* e che da ciò ne scaturiscano modi di pensare e di agire che daranno origine ad infelicità.

Infatti, se l'*ego* non svolge la sua funzione in maniera equilibrata, si tramuta nel nostro peggiore nemico perché diviene la componente mentale che pensa e razionalizza continuamente, giudica, condanna, disprezza, non tollera. Quando prevale l'*ego*, piuttosto che il *cuore*, succede che l'essere umano divenga cieco e che questa sua cecità lo induca ad identificarsi ora con l'*orgoglio*, l'*arroganza* e la *presunzione*, ora con l'*avidità*, la *brama del potere* ed il *cinismo*, ora con il *sentirsi superiore* ed il *voler primeggiare*, ora con la *suscettibilità alle critiche* e alla *mancanza di approvazione*, ora con il *narcisismo*, l'*indifferenza* e l'*egoismo*...

L'*ego*, insabbiando la coscienza dell'uomo, lo rende inconsapevole della sua **natura divina** e della necessità che egli ha di sentire, *commuoversi, condividere, abbracciare i suoi simili, provare compassione, gioire, amare*. «*L'ego è l'inferno nel quale ci siamo cacciati, è il cancro dell'anima!*» ha detto Osho.

L'*ego* chiede un costante riconoscimento attraverso l'attenzione, gli elogi, lo stare sempre dalla parte della ragione, nell'essere il migliore etc... L'*ego*, in breve, costituisce la trappola della dipendenza dal giudizio altrui, ovvero si è succubi di ciò che gli altri pensano e dicono sul nostro conto. Quando non ci si compiace dei complimenti che ci vengono fatti, né ci si arrabbia se veniamo disapprovati, l'*ego* perde ogni presa su di noi e finalmente diventiamo esseri liberi.

Un *ego* malsano, dunque, costituisce l'effetto dei condizionamenti e degli insegnamenti erronei ricevuti. In quanto creazione della mente raziocinante, l'*ego* risulta essere una entità fittizia e priva di consistenza. La sua artificiosità appare chiara soprattutto allorché un individuo *entra nella dimensione dell'anima*. Ciò accade, ad esempio, durante l'amplesso amoroso oppure quando si ride di cuore o si rimane estasiati di fronte ad una bellezza naturale o, anche, mentre si danza, si gioca e ci si diverte o, ancora, allorquando si abbraccia con amorevole slancio una persona e tutte le volte che si stringe a sé un bambino e si prova una tenerezza infinita.

Lasciate che questi momenti di autentico valore si moltiplichino e divengano sempre più il vostro modo di vivere. Soltanto così l'*ego* avrà minore presa su di voi consentendo alla vostra vita e a quella di chi vi sta a cuore di assumere connotati totalmente diversi rispetto a quelli della falsità, dell'assillo mentale, dell'ansia e della sofferenza. Solo quando le cose che facciamo fanno bene a noi e agli altri, l'*ego* si dissolve perché prevale l'*amore*.

COMPLESSO DI INFERIORITÀ
E
COMPLESSO DI SUPERIORITÀ

Una persona, quando a livello psicologico non è sorretta da una *sana autostima* (essendo propensa a sottovalutarsi oppure, al contrario, ad enfatizzare se stessa), si ritrova necessariamente a convivere con un **complesso di inferiorità** o con un **complesso di superiorità** (quest'ultimo non è altro che un complesso di inferiorità mascherato).

Non è superfluo ricordare che, quando si è piccoli, è normale avere un *complesso di inferiorità* dal momento che, a causa della ridotta statura, si è costretti a guardare gli adulti dal basso verso l'alto, adulti che appaiono come dei veri e propri giganti.

Sia il *complesso di inferiorità* che quello di *superiorità* sono solo in apparenza differenti ed antitetici. In realtà costituiscono le due facce della stessa medaglia dato che entrambi esprimono, pur con modalità opposte, un comune disagio esistenziale che è l'effetto delle amarezze, delle mortificazioni e delle sofferenze patite da bambini. Le *ferite emozionali* che fatalmente nascono dalla scarsezza di attenzioni, premure ed affetto o, peggio ancora, dal dispotismo e dall'aggressività genitoriali, provocano in un bambino l'insorgere di sentimenti negativi, spesso distruttivi, quali paure, rabbia, sensi di colpa, rancori, astio... Tali sentimenti finiscono col condizionare in un verso (*complesso di inferiorità*) o nell'altro (*complesso di superiorità*) la sua vita allorché egli sarà diventato adulto.

Chi è ambizioso in maniera smodata, chi insegue continuamente le ricchezze ed il potere (politico, ecclesiastico o di altro genere) è un individuo che si porta dentro un dolore ed un grande vuoto spirituale. Proprio da questa sofferenza ha origine quel *senso di inferiorità* che indurrà la persona a cercare di compensare, con le cose materiali e con il controllo e la sottomissione dei suoi simili, il profondo disagio che prova.

VITTIMA – CARNEFICE

«*Chi pecora si fa, il lupo se la mangia*» asserisce un noto proverbio. In effetti le persone che si reputano "inferiori" tendono a subire e a farsi soggiogare finendo prima o poi col calarsi nel ruolo di **vittima** (pecora) perché permettono a chi è cresciuto credendosi "superiore" di mettersi la veste del **carnefice** (lupo) e di approfittarsi delle altrui debolezze. Fintanto che la vittima darà a qualcun altro la colpa della propria infelicità, non assumendosene la responsabilità, non risolverà mai il problema di fondo che si porta dentro ovvero la *cattiva immagine che ha di se stessa*. D'altro canto, c'è anche da dire che pure il carnefice non ha una buona considerazione di se stesso altrimenti non avrebbe l'esigenza di dominare gli altri per sentirsi forte. Dunque, anche lui è afflitto da un complesso di inferiorità e da un senso di profonda inadeguatezza che non vuole ammettere e che cerca di nascondere dietro una maschera di superiorità perché, il solo pensiero che gli altri se ne possano accorgere, gli genera vergogna e dolore.

Hitler, da bambino, fu percosso selvaggiamente ed umiliato innumerevoli volte da un padre sadico (figlio illegittimo di un albergatore ebreo) il quale era stato a sua volta maltrattato duramente da ragazzino. L'odio e gli intensi rancori che Hitler maturò nel corso degli anni nei riguardi del crudele genitore (e del nonno) generarono in lui una ambizione sfrenata che lo portò al vertice del comando di cui si servì per soggiogare una moltitudine di uomini (*complesso di superiorità che nascondeva un complesso di inferiorità*). Smisurato, infatti, era il suo godimento (*ego*) nel vedere gli altri ossequiarlo ed osannarlo, essendo disposti ad eseguire senza discutere tutti i suoi ordini. La sete di vendetta ed il perenne desiderio di rivalsa per le angherie ricevute da piccolo lo spinsero, inoltre, ad ordire lo sterminio di milioni di innocenti ebrei che avevano il solo torto di essere connazionali dell'uomo che era responsabile della sua infanzia traumatica: il nonno!

Quando un bambino, essendo impotente, patisce *violenze psichiche, fisiche* o *sessuali* è ineluttabile che si creino in lui profonde lacerazioni e che molto spesso, da adulto, si ritrovi ad essere un violento ed un distruttivo. È un dato di fatto, ad esempio, che la stragrande maggioranza dei pedofili (oltre il 90-95%) abbia ricevuto durante l'infanzia degli abusi sessuali. Nel molestare un bambino il pedofilo è sollecitato dall'inconscio desiderio di volersi rivalere su qualcun altro dei maltrattamenti ricevuti restituendo, e quindi in qualche modo esorcizzando, quello che lui un tempo dovette subire. In questi casi, come in altri simili, succede che la *vittima* si trasformi in *carnefice*.

Il dolore provato da un bambino violentato è molto penoso da sopportare. Pertanto, per non soccombere (e per non impazzire), egli perde il senso della propria identità e se ne dissocia indossando i panni di chi gli ha procurato il male. Questo processo psichico che avviene in maniera automatica e tende a salvaguardarlo, è noto come *identificazione con l'offensore* (espressione coniata dal pediatra Bruno Bettleim).

CONVINZIONI – CARATTERE

Nel corso della vita mi è capitato sovente di udire frasi del tipo: «questo è il mio carattere, non posso cambiarlo» oppure «sono fatto (o fatta) così cosa posso farci, è il mio carattere» etc... Affermazioni del genere evidenziano non solo quanto siano diffuse e radicate certe **convinzioni** ma anche come la gente sia condizionata, spesso senza esserne consapevole, dai luoghi comuni e dalle espressioni verbali che ha sentito ripetere in famiglia oppure in ambiti estranei a quello familiare.

Noi crediamo di essere liberi nelle nostre scelte, nelle nostre idee e nelle nostre valutazioni non rendendoci conto che i nostri pensieri, le nostre emozioni e le azioni che compiamo molto spesso non hanno origine dalla nostra sorgente interiore (ovvero dalla nostra *individualità*) ma sono il frutto dei condizionamenti e delle abitudini che l'ambiente nel quale siamo vissuti ci ha fatto assorbire passivamente. In altre parole, agiamo non secondo la nostra *vera natura*, ma conformandoci al volere degli altri perché abbiamo paura di essere rifiutati.

Riferendoci al **carattere** di un individuo possiamo descriverlo come "gioioso" o "triste", "estroverso" o "introverso", "docile" o "aggressivo", "forte" o "debole". Ciascuna definizione dà risalto a quell'aspetto del temperamento umano che più spicca quando una persona ha a che fare con un suo simile. Ciò non significa che chi, ad esempio, è tendenzialmente gioioso, non abbia momenti di tristezza e di incertezza. Così come non possa capitare a chi di solito è triste e preoccupato di sorridere o di divertirsi. Il sempiterno gioco degli opposti è presente in ognuno di noi.

Il *carattere* costituisce la componente psicologica, più o meno sfaccettata, risultante dalla qualità della educazione ricevuta (la quale a sua volta dipende dall'indole e dal grado di evoluzione spirituale appartenenti a chi ci ha concepito). Succede pertanto che, se un figlio è allevato da genitori prevalentemente estroversi, allegri ed ottimisti, per forza di cose assorbirà gaiezza e positività. Mentre avviene l'esatto contrario nel caso in cui un padre ed una madre abbiano una visione della vita pessimistica ed un modo di comportarsi tutt'altro che aperto e propenso a vedere il buono ed il bello che c'è in ogni essere umano e nella vita.

Senza rendercene conto, fin da piccoli veniamo plasmati (*plagio inconscio*) da tutto quello che riceviamo sotto forma di parole, gesti, sguardi, atteggiamenti, comportamenti, sentimenti, emozioni. Ciò che ci ha maggiormente impressionato ed ha influito di più sulla formazione del nostro *carattere* sono stati innanzitutto i *sentimenti* e gli *stati d'animo* con i quali papà e mamma si sono rapportati a noi via via che crescevamo. Il *carattere*, pertanto, rappresenta sia l'effetto di *quanto* siamo stati amati, che il risultato di *come* abbiamo ricevuto l'amore.

Il *carattere* è la risultante dei *programmi* che sono stati inseriti nella nostra mente (software) anche al di fuori dell'ambiente familiare (scuola, religione, TV, pubblicità etc...) soprattutto nei primi 7 anni di vita, ossia quando ancora non era sviluppato in noi il *senso del discernimento* (vero-falso, buono-cattivo, giusto-sbagliato).

Una volta diventati adulti il *carattere* si è in qualche maniera forgiato. Ciò non vuol dire, tuttavia, che non possiamo smussare quei lati del nostro modo di pensare e di agire che non ci aiutano ad instaurare amorevoli rapporti con gli altri.

Un tempo anch'io, a causa del mio *carattere* tendenzialmente ostinato e presuntuoso, rifiutavo i consigli che mi venivano dati e scansavo a priori tutto ciò che era nuovo o si discostava dai miei modi di vedere e dai parametri secondo i quali ero stato abituato a valutare le cose e le persone (*credenze*). Le numerose esperienze dolorose e gli "schiaffi" che la vita mi ha riservato in passato mi hanno indotto a divenire umile, ovvero più malleabile ed incline ad ascoltare, riflettere e imparare.

L'esistenza è una nostra alleata ed amica sincera. Ci propone la *verità* facendocela comprendere in ogni maniera: nella serenità e nell'amore o, se necessario, nella infelicità e nella tribolazione (*malattia*).

È vero che la libera scelta spetta in ogni caso a noi, ma è altrettanto certo che nessuno può permettersi il lusso, senza patirne prima o poi le conseguenze, di continuare ad essere testardo e fermo sulle proprie posizioni anche quando i fatti dimostrano che è pressante l'esigenza di *cambiare* se si vuole che, ad esempio, in famiglia o in ambito lavorativo cessino i conflitti.

Ritenere che il *carattere* non si possa correggere rappresenta una delle innumerevoli convinzioni acquisite a causa di quello che ci hanno fatto credere essere vero.

Il carattere può essere modificato, non vi è dubbio. Ciò è realizzabile quando, variando i punti di vista, ci si comporta in maniera diversa rispetto a prima e si ottengono quindi risultati differenti. Così facendo si impara, si migliora e soprattutto si cresce spiritualmente essendo sempre più consapevoli di come vanno affrontate e risolte le problematiche della vita. Osho si esprime in questo modo a tal riguardo: «*se tu realizzi qualcosa, il tuo carattere cambia immediatamente. Il tuo carattere è l'ombra della tua consapevolezza. Una volta sorta una nuova consapevolezza, l'intero carattere diventa nuovo. Se sei consapevole, ti sarà impossibile andare in collera, non potrai essere avido, non potrai essere geloso, non potrai essere ambizioso. Il lavoro reale consiste nel cambiare la tua consapevolezza, nel diventare cosciente, non nel cercare di cambiare il tuo carattere*».

Se, ad esempio, da bambini ci è stato detto che eravamo degli stupidi e dei buoni a nulla siamo cresciuti, oltre che colmi di paure, insicurezze, rabbia e risentimenti, anche con una scarsa stima di noi stessi e con il convincimento che gli altri valgono molto di più (*complesso di inferiorità*). La cattiva immagine di sé, che ne deriva, si manifesta sotto forma di voce ipercritica nei propri confronti. Si tratta di una sorta di *giudice interno* che ci rinfaccia continuamente gli errori commessi, sottolinea la nostra presunta incapacità nell'affrontare e risolvere i problemi, esalta attraverso paragoni a noi sfavorevoli l'abilità altrui e così via.

Le nostre *convinzioni* risultano determinanti per quel che concerne la qualità della nostra vita e lo stato di salute. Il modo di vivere che conduciamo dipende essenzialmente dal nostro atteggiamento mentale. Se siamo convinti che *la vita è meravigliosa e valga la pena viverla al meglio*, quest'idea influirà vantaggiosamente sui nostri sentimenti e sulle nostre azioni producendo in noi una energia benefica che, fluendo liberamente in tutto il corpo, ci aiuterà a vivere con fervore ed allegria nonostante le difficoltà che possono presentarsi sul nostro cammino. Se, invece, siamo persuasi che *la vita sia dura e dolorosa e che siamo nati solo per soffrire*, si svilupperanno in noi blocchi energetici le cui ripercussioni sul nostro fisico produrranno effetti dannosi o persino distruttivi, potendo generare malattie gravi come il cancro.

Quello in cui crediamo diventa inevitabilmente reale per noi. È così che funziona la mente. A seconda della "scheda" (*convinzione*) che abbiamo in testa, otterremo un "programma" (*comportamento*) che è consequenziale al tipo di scheda inserita. In altre parole, ciò che pensiamo determina degli effetti che rispecchiano totalmente la qualità del nostro modo di pensare. «*Semina un pensiero raccogli un'azione, semina un'azione raccogli un'abitudine, semina un'abitudine raccogli un carattere, semina un carattere raccogli un destino*». Così un proverbio cinese sottolinea la connessione esistente tra il pensare, l'agire, il modo di comportarsi, il carattere e lo specifico destino che ci creiamo.

Ogni idea negativa si basa sui ricordi (consci o inconsci) di eventi sfavorevoli trascorsi. Tali ricordi, tuttavia, non rappresentano una verità assoluta ma, semmai, *relativa* alle circostanze e ai fatti verificatisi in una determinata occasione. Se un bimbo, ad esempio, viene morso da un cane, è probabile che in seguito a quel fatto sviluppi la paura dei cani e che sia portato a considerarli animali pericolosi dai quali è meglio stare alla larga. Questa è la *sua* credenza, quindi la *sua* realtà, dato che non rispecchia necessariamente una verità generale. Al mondo, difatti, esistono milioni di persone che hanno a che fare con i cani e che non sono state mai morsicate.

La tendenza a *generalizzare* è molto diffusa tra gli esseri umani. Questo modo di vedere la vita, assolutistico, dà origine ad opinioni che sovente sono false e perciò non sostengono positivamente nel quotidiano. Solo la capacità di *discernere* si rivela proficua perché, impedendoci di fare di "tutta l'erba un fascio", ci consente di valutare le cose, le persone e gli eventi per quello che effettivamente sono e non per come li vediamo a causa dei pregiudizi sviluppatisi nella nostra mente. Noi guardiamo il mondo attraverso le *credenze* acquisite in base a ciò che ci è stato trasmesso. Il nostro modo di agire attuale si basa sia su quelle stesse *credenze* che sulle *esperienze* passate.

Così come una certa *convinzione*, riguardante tanto noi stessi che gli altri, genera un certo comportamento e una conseguente esperienza, similmente da una taluna esperienza si produce una particolare *convin-*

zione. Una condiziona l'altra in un intreccio che via via si fa sempre più complicato. Facciamo un esempio. Se sono convinto che non bisogna mai fidarsi di nessuno e che le fregature è meglio darle anziché riceverle (*convinzione*), verosimilmente la mia condotta sarà quella di chi cerca in ogni modo di approfittarsi del prossimo (prima che quest'ultimo lo faccia con me). Dato che un atteggiamento del genere mi procurerà contrasti con gli altri e inevitabili inimicizie, si potenzierà il mio convincimento secondo il quale la vita è una lotta continua e occorre attaccare per primi se non si vuole soccombere (*rinforzo della convinzione*).

Le nostre *convinzioni* possono essere prevalentemente positive o, all'opposto, pessimistiche. Nel secondo caso è fondamentale comprendere da *dove* provengono e come si sono sviluppati certi pensieri che ci limitano e ci causano problemi. Questo è il primo passo (*consapevolezza*) che occorre fare per poter svolgere un lavoro proficuo su tutto ciò che non ci rende felici. Iniziare a modificare le nostre *convinzioni* e, di conseguenza, il nostro *carattere*, è il segreto per vivere bene. In realtà, **la radice di tutti i nostri mali risiede in noi stessi così come, dentro di noi, esiste la soluzione per risolvere ogni problema!**

IL LUTTO

È opportuno precisare che il termine **lutto** non definisce soltanto il dolore che si prova per la scomparsa di una persona cara, comprende anche tutte quelle situazioni che generano un *senso di privazione* come accade, ad esempio, in seguito ad una separazione, ad un licenziamento, ad uno sfratto, ad una bocciatura, alla partenza di un amico che va ad abitare lontano, al soggiorno per anni in collegio etc... In altre parole, *essere in lutto* significa provare un senso di perdita ossia sentirsi privati di qualcosa che ci apparteneva e che ad un certo punto ci è venuta a mancare.

Nel mio studio vengono a consultarmi persone di tutte le età. Tra di esse ve ne sono molte, appartenenti soprattutto al sesso femminile, che hanno l'abitudine di portare indumenti neri. Quando chiedo loro come mai indossano abiti di quel colore, mi sento rispondere frasi del tipo: «il nero è bello perché è elegante» oppure «il nero serve per apparire più snella» o ancora «il nero lo metto perché va di moda». Nessuna, almeno inizialmente, fa riferimento al *lutto* che si porta dentro né è consapevole del nesso esistente tra quest'ultimo ed il vestirsi di scuro.

La persona comincia a rendersene conto in seguito quando, venutasi a creare una comunicazione più confidenziale, dal colloquio emerge che in passato c'è stato un episodio doloroso che l'ha fatta molto soffrire (la morte di un familiare, un divorzio, una delusione amorosa, un licenziamento, una violenza sessuale, un aborto).

Per aiutare queste donne a liberarsi del *lutto* che condiziona negativamente la loro vita (il colore nero ne è un evidente simbolo) ricorro all'uso di rimedi omeopatici di grande efficacia i quali, unitamente ai fiori di Bach, all'agopuntura, ad un trattamento psicoterapeutico ed altro ancora (*terapia olistica*) mi consente di agire sulla problematica di fondo. In effetti, trascorsi alcuni mesi dall'inizio delle cure queste pazienti mostrano di vedere le cose non più dominate dallo scoraggiamento e dal pessimismo, bensì animate da una ritrovata fiducia in se stesse e dall'ottimismo. Ne costituisce una riprova il fatto che esse comincino ad indossare capi d'abbigliamento colorati nei confronti dei quali precedentemente nutrivano una spiccata avversione.

Non vi è dubbio che la morte precoce di un genitore o, ancor peggio, di entrambi, rappresenti per un bambino un forte trauma da cui prendono origine stati d'animo devastanti (senso di solitudine e di abbandono, insicurezza, ansia, tristezza) i cui riflessi sfavorevoli possono condizionarne l'intera esistenza.

Quando ad un ragazzino viene a mancare il padre o la madre, egli avverte la straziante sensazione che una parte di sé, nel profondo, sia morta. Pertanto, se non avrà la fortuna che qualcuno dello stesso sesso del genitore scomparso si prenda cura di lui, svilupperà un tale senso di vuoto interiore e di sconforto da indurlo in futuro a farsi del male (*autodistruzione*) ricorrendo, ad esempio, all'uso di droga, alcol o psicofarmaci oppure si ingozzerà di cibo o, ancora, si cimenterà in sport pericolosi...

Un *lutto* che non viene elaborato e sciolto attraverso la esternazione del dolore e che non trova, specie se si verifica in tenera età, un amorevole supporto esterno che ne controbilanci i turbamenti emozionali ad esso legati, è destinato a provocare guai e sofferenze a non finire sia alla persona che lo prova e sia a chi le sta accanto.

Desidero sottolineare, a questo proposito, che anche l'assenza di un genitore non dovuta a decesso bensì a trascuratezza e a mancanza del senso di responsabilità o secondaria ad eccessiva dedizione al lavoro etc... provoca in un figlio effetti deleteri simili a quelli determinati dal *lutto* vero e proprio.

INCONSCIO e CONDIZIONAMENTI

Credo che prima di concludere questo articolato capitolo dedicato ai condizionamenti sia utile conoscere, seppure per sommi capi, qual è il ruolo che riveste l'**inconscio** nell'influenzare la nostra vita. È doveroso ricordare che la scoperta dell'inconscio si deve alla geniale perspicacia di Sigmund Freud (1856-1939).

Come suggerisce lo stesso termine, si definisce *inconscio* quella componente della mente (*opposta al conscio*) della quale non ci rendiamo conto, ma che pure esiste e da cui dipende in larga misura la vita psichica, emozionale e di relazione delle persone. Si può dire che l'inconscio sia il "regista" che dirige i comportamenti umani stando costantemente "dietro le quinte".

La mente è stata paragonata ad un iceberg. La parte emergente, il *conscio*, costituisce solo un decimo del tutto, mentre la porzione sommersa, l'*inconscio*, ne rappresenta i nove decimi. Detto diversamente: siamo consapevoli solo al 10% (se non di meno) del nostro modo di agire e del perché ci comportiamo in una determinata maniera. Nel 90% dei casi, invece, non abbiamo la minima cognizione né alcuna consapevolezza in merito.

È ormai noto che in stato di ipnosi è possibile accedere all'*inconscio* e si possono far riemergere i ricordi appartenenti, ad esempio, al periodo in cui eravamo ospiti dell'utero materno o risalenti addirittura a vite precedenti (regressione). Ciò è attuabile in quanto tutto quello che concerne la nostra vita (pensieri, parole, suoni, visioni, odori, sapori, sensazioni, emozioni, accadimenti) viene memorizzato e poi accatastato in quella sorta di deposito della psiche che è appunto l'*inconscio*.

Si spiega così come mai *eventi dolorosi e traumatici* (fisici e/o psichici) accaduti anche molti anni addietro possano toccarci ancora con penetrante incisività come se fossero successi ieri. L'*inconscio*, non essendo soggetto alla legge dello spazio e del tempo, mantiene inalterata in un eterno presente qualsiasi esperienza abbiamo assorbito in precedenza (essendo irrilevante quando è accaduto il fatto specifico).

Per comprendere meglio questo importante concetto occorre sapere che tutte le cellule del nostro organismo, in particolare quelle appartenenti al sistema nervoso, sono dotate di **memoria.** Pertanto, qualsiasi episodio concernente il nostro vissuto, piacevole o spiacevole che sia, rimane inciso a mo' di "marchio" nel corpo e nella psiche. A tal proposito vale sottolineare che per mezzo di appropriate terapie e tecniche olistiche quali *omeopatia, agopuntura, fiori di Bach, N.E.I.* (integrazione neuro-emozionale), *ipnosi, massaggio cranio-sacrale, regressione, yoga, meditazione...* si possono sciogliere i nodi emozionali che tutti ci portiamo dentro, spesso senza saperlo. La maggior parte di noi, infatti, è stata traumatizzata da avvenimenti (di cui non ha coscienza o ai quali non è stata data importanza) accaduti soprattutto mentre eravamo nell'utero materno o alla nascita oppure durante l'infanzia. Tali avvenimenti costituiscono la causa di frequenti disturbi (insonnia, stati d'ansia, depressione etc...) in quanto continuano ad operare dentro di noi a nostra insaputa.

In sostanza, sono le *emozioni negative* (paura, rabbia, sensi di colpa, rancori, vergogna, astio) collegate ad episodi spiacevoli del passato l'elemento che continua ad affliggerci e a tenerci prigionieri, condizionandoci nel modo di pensare, nell'umore e in tutto ciò che concerne la nostra maniera di agire. Se un ragazzino, ad esempio, viene educato a suon di ceffoni, urla e rimbrotti, conserverà nell'*inconscio* la memoria (tattile, visiva, uditiva) legata alle sensazioni dolorose connesse a quelle scioccanti circostanze. Quando diverrà grande può succedere che se qualcuno gli si avvicina, magari per fargli una carezza o per dargli una pacca sulla spalla oppure per abbracciarlo, egli istintivamente si ritragga perché quel movimento compiuto verso di lui lo spaventa facendogli riaffiorare, in maniera del tutto automatica, il ricordo delle botte ricevute (essendo la paura ancora impressa nelle cellule del suo corpo).

Senza saperlo siamo manovrati da quel lato oscuro della mente (*inconscio*) che, scavalcando la coscienza ordinaria e sfuggendo al nostro controllo razionale, ci fa comportare in un certo modo, magari totalmente diverso da quello che vorremmo avere, o ci fa compiere delle scelte dettate non già dal buon senso e dall'amore, ma condizionate soprattutto dalle esperienze negative del passato e dalle convinzioni ad esse correlate.

La Natura ha predisposto le cose in maniera tale che è permesso di venire alla superficie solo ai ricordi che la mente può sopportare (come avviene, ad esempio, nei sogni). Gli altri vengono tenuti nascosti nell'*inconscio* (rimozione) perché, se dovessero emergere tutti in una volta, si correrebbe il rischio di impazzire a causa della intensa angoscia che scatenerebbero. L'*inconscio* si comporta come una specie di "magazzino" nel quale vengono chiuse le cose che non ci servono più o che ci sono sgradite e non ci piace ricordare.

Nell'*inconscio* si riversano anche tutti quei messaggi quotidiani (sembra che se ne possano assorbire centinaia al giorno) derivanti dai mass media. Giornali, telegiornali e pubblicità esercitano un grande potere sulle menti delle persone e dei bambini tanto da condizionarne i pensieri, l'umore e i comportamenti. Gli spots pubblicitari, in particolare, sono veri e propri ipnotizzatori. Sono manipolatori occulti capaci di far acquistare alla gente porcherie di ogni genere: bibite ed alimenti (specie quelli destinati all'infanzia) contenenti coloranti e conservanti molto nocivi per l'organismo spacciati per salutari e rigeneranti; bevande alcoliche ed aperitivi il cui consumo, si fa credere, rende degli irresistibili seduttori; farmaci miracolosi che guariscono da ogni tipo di affezione (mentre, invece, l'unico miracolo che compiono è quello di far arricchire in maniera vergognosa chi li produce); detersivi, saponi, bagnoschiuma pregni di additivi chimici che inquinano irreparabilmente fiumi e mari, oltre che l'organismo delle persone etc...

L'essere umano spesso non si rende conto di quante cose sbagliate e dannose possa compiere in seguito ai mendaci messaggi che gli vengono inviati a sua insaputa. Per tale ragione è basilare fare attenzione a tutto ciò che riceviamo dall'esterno e che viene filtrato dal nostro *inconscio*, specialmente da quello dei nostri figli (film e cartoni animati violenti, litigi tra coniugi, espressioni offensive, parolacce, urla...).

L'*inconscio* è al nostro servizio, non vi è dubbio, ma dato che accetta tutto quello che gli arriva facendoci agire di conseguenza, si rivela un'arma a doppio taglio. Così, se riceve notizie negative o addirittura catastrofiche (come quelle che propinano continuamente giornali e tele-giornali), nell'individuo si svilupperanno, suo malgrado, idee e pensieri pessimistici che daranno origine a modi di fare disfattisti i quali, a loro volta, evocando ulteriori paure, innescheranno uno scellerato circolo vizioso.

Una funzione molto importante dell'*inconscio* è quella che ha a che vedere con il *processo di apprendimento*. Se, ad esempio, voglio imparare a guidare l'automobile, all'inizio occorrerà che badi a molte cose: a come manovrare il volante, ai pedali della frizione, del freno e dell'acceleratore, alle frecce direzionali, allo specchietto retrovisore, ai pedoni che attraversano la strada, ai semafori, alle altre autovetture. Da principio è normale che sia impacciato, nervoso ed insicuro. Poi, con la pratica, si verificherà un miglioramento progressivo finché arriverà il giorno in cui non dovrò più pensare dove sta il tale o il talaltro comando e, nonostante ciò, guiderò con disinvoltura. Cosa è successo? Quello che ho appreso è stato trasferito nella mia *mente inconscia* e registrato (automatismo).

Una volta che abbiamo preso confidenza con qualcosa, quel qualcosa non riguarda più la *mente conscia*, passa nell'*inconscio* divenendo parte di noi. Successivamente possiamo apprendere qualcos'altro ed incamerarlo e, poi, imparare ancora dell'altro e così via fin quando viviamo.

L'*inconscio* ci permette, per mezzo degli automatismi, di svolgere molte azioni (parlare, muoversi, mangiare, bere, dormire). Inoltre, consente ad alcune funzioni vitali del nostro organismo (battito cardiaco, respirazione, circolazione sanguigna e linfatica, digestione, crescita) di espletarsi autonomamente escludendo l'ausilio della nostra volontà.

Comunemente agiamo senza accorgerci di quello che facciamo ovvero ci comportiamo in maniera del tutto automatica. Di tanto in tanto la nostra *anima* ci invia dei segnali sotto forma di intuizione (la "vocina" dentro di noi che ci dice di fare o non fare una determinata cosa). Oppure si serve del *dolore* sia fisico che emozionale per farci comprendere che abbiamo imboccato una strada sbagliata (incidenti, malattie, perdite di danaro etc..). Se non prestiamo attenzione ai suoi avvertimenti e non modifichiamo ciò che non va, la nostra vita corre il rischio di impelagarsi in stati di sofferenza dai quali è sempre più difficile uscire.

L'essere umano di solito non è in grado di correlare una determinata azione con un certo risultato perché non è capace di vedere il nesso esistente tra la *causa* e l'*effetto*. Può capitare perciò che una persona, all'improvviso, si senta triste e sconsolata senza che ci sia un motivo apparente che giustifichi la sua mestizia: non ha litigato con nessuno, non ha ricevuto alcuna notizia allarmante, non è in difficoltà economiche. Allora perché è giù di corda? Da dove proviene questa sua infelicità?

La ragione dei nostri malesseri spesso non è ricollegabile ad un avvenimento recente. Può risalire a fatti accaduti mesi o anni addietro oppure che interessano il periodo intrauterino e la nascita (se non addirittura riguardanti una vita pregressa). Ciò che ci è capitato in passato ha sicuramente condizionato le nostre decisioni dalle quali, a loro volta, sono scaturiti effetti che hanno dato origine ad altre scelte e così via. Nel compiere un'azione la maggior parte di noi si comporta *meccanicamente* senza pensare a ciò che si appresta a fare e soprattutto senza riflettere sulle conseguenze che possono derivarne. Ogni nostro comportamento non sempre produce esiti visibili a breve scadenza (specialmente quando ci relazioniamo con i figli). Il risultato, comunque, prima o poi si paleserà. I patimenti di oggi sono il frutto sia di ciò che abbiamo ricevuto ieri ma anche il prodotto di quello che noi stessi abbiamo fatto in precedenza, a prescindere da quanto sia lontana dal presente la nostra azione.

Gli automatismi ci inducono a rimanere *incoscienti*, cioè ci impediscono di renderci conto del perché ci accadono certe cose e come mai si ripresentano costantemente nella nostra vita situazioni che ci procurano affanni. Ripetere gli stessi errori, anche se commessi inconsapevolmente, ci porta necessariamente a soffrire. Solo la *consapevolezza* ed il *mutamento* possono sottrarci al giogo dei condizionamenti dandoci l'incredibile facoltà di vivere una vita diversa, sicuramente più serena. Portare le cose dall'*inconscio* al *conscio* è estremamente positivo ed enormemente liberatorio (*decondizionamento*). «*L'inconscio è una sorta di cantina in cui continui a riporre cose, reprimendole, rimuovendole. Cose che non vuoi vedere, cose che non vuoi sentire, cose che non vuoi accettare... tutte parti di te che rifiuti: lascia che affiorino. Qualsiasi cosa dimori nell'inconscio, portata alla luce della coscienza scompare, perde qualsiasi significato. Conservare qualcosa nelle tenebre dell'inconscio è un errore.*

Portarla alla luce della coscienza ne trasforma totalmente le caratteristi-che... scompare» (Osho).

La *mente* è stata comparata ad un *bio-computer* anche se, in verità, i computers, per quanto sofisticati ed avanzati tecnologicamente possano essere, sono semplici gingilli se paragonati alla mente umana. La *mente* è un dispositivo di vasta potenza e di incredibile versatilità (di cui ancora si conosce poco) creata per servire l'uomo purché la si usi per scopi benefici. In caso contrario, i suoi effetti si riveleranno nocivi (arma a doppio taglio).

Tutto ciò che proviene dall'esterno, specie quello che abbiamo appreso in famiglia, va ad imprimersi nell'*inconscio* dando il via, di rimando, a *idee*, *convinzioni*, *abitudini*, *atteggiamenti* e *comportamenti* che incideranno notevolmente sul nostro *stile di vita*.

Senza rendercene conto spesso agiamo con i figli, e non solo con loro, esattamente come hanno fatto i nostri genitori con noi, anche nel caso in cui l'atteggiamento di nostro padre o di nostra madre ci abbia ferito. Se non si diventa coscienti dell'inganno e non si effettua un cambiamento tendente a modificare quegli aspetti della nostra mentalità che non ci procurano gioia, non si spezzerà mai la catena delle tribolazioni.

La cura per sanare i nostri mali consiste nell'attuare un processo di *deprogrammazione* (decondizionamento) di ciò che il nostro inconscio ha incamerato sotto forma di *schede mentali negative*. Mutando convinzioni, abitudini ed automatismi nocivi, possiamo liberarci a poco a poco dei traumi e delle ferite emozionali che ci portiamo dentro per non aver ricevuto quell'amore incondizionato e quella comprensione che l'essere umano, specie quando è bambino, desidera più di ogni altra cosa. Liberarci dalla *trappola* dei condizionamenti (e delle maschere che ne derivano) per quanto arduo possa apparire, è sempre attuabile a patto che ci sia la volontà di cambiare.

Soltanto *rieducandoci* abbiamo l'opportunità di divenire individui consapevoli ed affettuosi, dunque esseri felici. Occorre, però, metterci del nostro per modificare le situazioni che non ci piacciono e per mutare i comportamenti che ci nuocciono: nessun altro può farlo in vece nostra! Ricordatevi che ci vuole un serio impegno quotidiano (*autodisciplina*) e del tempo affinché ciò accada. I risultati importanti non si ottengono dall'oggi al domani specialmente nel caso in cui da molti anni si convive con idee erronee. Dovete essere disposti a provare e riprovare, commettendo anche altri errori se necessario, pur di migliorare il vostro modo di vivere. Nel fare ciò non lasciatevi scoraggiare da temporanei insuccessi proprio come fa un bambino il quale, dopo essere caduto, si rialza prontamente e prosegue il suo cammino per nulla demoralizzato da quanto gli è capitato.

Fin dall'infanzia i condizionamenti, simili alle spire di un serpente, si stringono attorno al *Bambino* che c'è in noi imprigionandolo in una stretta che cresce di intensità col passare degli anni. In altre parole, le influenze sfavorevoli, non di rado ricevute già prima di nascere, si *stratificano* (un po' come le membrane concentriche di una cipolla) intorno alla nostra *Essenza Divina* impedendole di comunicare alla nostra coscienza (*consapevolezza*) quali talenti ed illimitate potenzialità sono in nostro possesso.

Fintanto che non si comprende che il *vero* problema risiede **dentro di noi** e che occorre modificare tutto ciò che non ci procura benessere, rischiamo, per una sorta di malefica forza d'inerzia, di *ripetere sempre gli stessi sbagli* (coazione a ripetere).

La stragrande maggioranza degli esseri umani si ritrova a vivere chiusa in una *gabbia* le cui *sbarre* rappresentano, da un punto di vista simbolico, tutto ciò che li ha limitati e ha impedito loro di essere se stessi. *Una sbarra*, ad esempio, può personificare un padre autoritario che incute soggezione oppure una madre troppo apprensiva e castrante; *una seconda sbarra* può simboleggiare un insegnante rigido e severo o un prete estremamente moralista; *una terza sbarra* può raffigurare il timore di quello che dice e pensa la gente su di noi e così via...

A proposito di gabbia, mi viene in mente un fatto molto significativo, realmente accaduto, che conferma come sovente i condizionamenti negativi costituiscano un vero e proprio flagello. Quando verso la fine della Seconda guerra mondiale gli alleati giunsero in Germania ed andarono a liberare le persone detenute nei campi di concentramento nazisti, successe che molti di questi infelici, allorché fu spalancata la porta della cella nella quale erano segregati da anni (sopravvivendo a stenti e a torture di ogni genere), fecero alcuni passi fuori delle carceri e poi vi ritornarono quasi subito. Erano così assuefatti a vivere come bestie e a non vedere mai la luce del sole che, nel momento in cui furono liberi di muoversi a proprio piacimento, paradossalmente si sentirono confusi e spaventati da quella situazione nuova a loro favorevole.

L'essere umano molto spesso si comporta proprio come una pulce ammaestrata ossia è talmente prigioniero di quanto in precedenza lo ha influenzato negativamente che finisce col legarsi a tutto quello che gli è noto anche quando ciò a cui è abituato lo limita e lo rende un infelice.

C'è una frase che trovo estremamente veritiera perché esprime con ironia quanto le persone siano vittime dei condizionamenti e degli automatismi. La frase è la seguente: «*la follia è fare sempre le stesse cose sperando che cambi il risultato*».

Osservate la vostra vita (sia come esseri umani che come genitori) con i suoi successi e le sue gioie oppure con le sue sconfitte e le sue frustrazioni. Esaminate il tipo di relazioni che sapete tessere con gli altri e qual è il vostro modo di comunicare. Analizzate le vostre reazioni e i vostri comportamenti di fronte alle difficoltà e ai problemi. Rimanete in ascolto, di tanto in tanto, delle vostre emozioni e dei vostri sentimenti: quali sono prevalenti?

Ciò che voi siete oggi rispecchia il vostro ieri così come il vostro oggi, a sua volta, funge da seme per i frutti del vostro domani. Spetta solo a voi il compito di modificare quegli atteggiamenti mentali che non rendono soddisfacente la vostra vita. Nessun altro può farlo al vostro posto. Chiedete aiuto e lo riceverete. Desiderate il cambiamento e vi verrà data l'opportunità di attuarlo. In ognuno di noi c'è una forza immensa, l'*Amore*, che attende solo di essere utilizzata a nostro vantaggio e a beneficio degli altri: primi fra tutti i nostri figli!

Desidero concludere questo capitolo proponendo al lettore una storia scritta da James Aggrey la quale, sotto forma di metafora, esprime un concetto estremamente importante: molte persone, per via degli influssi negativi ricevuti, vivono una esistenza miserabile essendo convinte di valere poco (o nulla) e di non meritare di star bene e di essere felici. Se ognuno di noi riconoscesse la propria *vera natura* (siamo *esseri divini* che hanno assunto sembianze umane) e valorizzasse le straordinarie doti ed i talenti che tutti possediamo, non si affannerebbe più nell'inseguire false verità percorrendo sentieri illusori che conducono solo alla sofferenza e ad ammalarsi.

"Un giorno un uomo, mentre stava attraversando una foresta, trovò un aquilotto. Contento, lo prese e lo portò nel pollaio situato nelle adiacenze della sua abitazione. Stando insieme alle galline, il giovane pennuto imparò ben presto a beccare il mangime e a comportarsi proprio come una di loro. Dopo qualche tempo passò di lì un naturalista il quale, incuriosito dalla inusuale scena, chiese all'uomo come mai un'aquila, la regina degli uccelli, si fosse ridotta a vivere alla stregua di un animale da cortile. «L'ho nutrita con il becchime e le ho insegnato ad essere una gallina, per questo motivo non ha mai imparato a volare. Ormai non è più un'aquila ma, piuttosto, una pollastra!» rispose l'uomo. «Tuttavia (replicò il naturalista), questo uccello possiede il cuore di un aquila e, perciò, credo che possa ancora apprendere come alzarsi in volo». I due disquisirono per un po' sull'argomento. Poi, di comune accordo, decisero di scoprire se l'aquila avesse conservato o meno la capacità di librarsi nell'aria. Per verificarlo il naturalista la prese tra le braccia e le sussurrò: «tu appartieni al cielo, non alla terra. Apri, dunque, le tue ali e vola!». L'aquila, però, anziché spiccare il volo, si lasciò cadere al suolo e, subito dopo, si unì alle altre galline. Il giorno seguente, per nulla scoraggiato, il naturalista tornò alla carica. Prese di nuovo in braccio l'aquila e, condottala sul tetto della casa, la incitò amorevolmente ad alzarsi in volo dicendole: «tu sei un'aquila, non puoi averlo dimenticato, perciò deciditi a dischiudere le ali e vola!». Anche questa volta l'animale, impaurito e confuso, preferì tornare assieme a quelli che credeva essere i suoi simili. Il terzo giorno il naturalista si svegliò di buonora e, dopo aver prelevato dalla stia il volatile, lo portò con sé sulla cima di una montagna. Raggiunta la sommità, lo prese tra le mani e lo sollevò in alto più che poté, dopo di che gli disse con rinnovato calore: «sei un'aquila, il tuo regno è il cielo. Cosa aspetti ad aprire le tue vigorose ali per iniziare a volare?» L'uccello si guardò attorno: giù in basso, nella vallata, vide il pollaio, sopra la sua testa scorse l'azzurro cielo. Ancora una volta, però, la paura s'impadronì di lui impedendogli di muoversi. Il naturalista, allora, sempre tenendolo sollevato, lo rivolse verso il sole. A questo punto l'aquila, tremando, iniziò pian piano ad aprire le ali e, dopo averle schiuse completamente, con un energico battito si lanciò nel vuoto.

Quasi nello stesso istante uno stridulo grido di trionfo fuoriuscì dal suo becco: ce l'aveva fatta, finalmente! Può darsi che l'aquila ricordi ancora, con nostalgia, le galline. Può darsi che, di tanto in tanto, torni a far visita al pollaio. Per quanto si sa, comunque, non ha più condotto la vita di un pollo. Dopo tutto era un'aquila, sebbene fosse stata nutrita ed allevata come una gallina!"

Noi siamo "aquile" e non "galline". Diventare coscienti di questa verità ci consente di *riappropriarci della nostra dignità di esseri umani.* L'**infelicità dell'uomo** è dovuta ai suoi *errori*, i quali sono causati dalla *mancanza di consapevolezza* la quale, a sua volta, è legata ai *condizionamenti ricevuti.* Il maggior condizionamento è quello di **non essere stati educati ad amarci e ad essere se stessi!**

Gli *automatismi*, ripetuti per anni, sono incisi nel nostro inconscio e ci condizionano a nostra insaputa. Per rendere inefficace tutto ciò che corrode la nostra salute è indispensabile attuare dei sostanziali cambiamenti (*decondizionamento*) a livello emozionale, mentale e comportamentale. A tal fine occorre tirare fuori il coraggio e la determinazione, ma ci vuole anche l'umiltà per chiedere aiuto.

«*Dio mi liberi dalla saggezza che non piange,
dalla filosofia che non ride, dall'orgoglio che
non si inchina davanti ad un bambino*»

K. Gibran

«*La verità appare in questo mondo con due
facce. Una è triste di dolore e l'altra ride; ma è
la stessa faccia sia che rida o che pianga*»

Alce Nero

«*È meglio essere un pazzo felice piuttosto che
un normale infelice*»

Anonimo

Le emozioni

Ho voluto dedicare alle **emozioni** un capitolo a sé stante perché le ritengo il fulcro della vita degli esseri umani. Esse giocano un ruolo fondamentale anche nel rapporto genitori-figli. In effetti, un bambino riceve quotidianamente da chi lo ha generato una miriade di *stimoli subliminali* (ossia che agiscono pure se non si è coscienti) attraverso le *parole*, gli *sguardi*, i *comportamenti*, i *sentimenti* e le *emozioni* che egli incamera e registra a livello inconscio. Man mano che un ragazzino cresce sottoposto, nel bene e nel male, ai suddetti influssi, si va delineando in lui un certo carattere e un certo modo di agire che costituiscono le fondamenta del suo futuro stile di vita.

Chi più, chi meno, tutti siamo cresciuti provando una spiccata ritrosia nel manifestare le nostre *emozioni*. Taluni individui sono stati talmente condizionati negativamente dagli insegnamenti ricevuti che, anche se volessero esprimere ciò che provano, non saprebbero neppure da quale parte iniziare. La società in cui viviamo ha orrore della *dimensione emozionale* e al tempo stesso giudica falso tutto ciò che non si può toccare con mano o spiegare secondo canoni rigorosamente scientifici. Le

persone sono state educate a credere che se si lasciano andare ai sentimenti perdono, oltre alla dignità, il controllo di se stesse divenendo vulnerabili (mentre, invece, è vero l'esatto contrario).

Siamo talmente avvezzi a vergognarci del nostro sentire che se, ad
esempio, assistiamo ad un film toccante e ci commuoviamo, cerchiamo
non solo di nascondere il turbamento provato, ma ci prodighiamo anche per minimizzare e per ridicolizzare quanto stiamo vedendo, assumendo l'atteggiamento ipocrita di chi è superiore a certe cose. Così come, se ci capita di vedere qualcuno piangere, colti da un intenso imbarazzo gli porgiamo prontamente un fazzoletto e ci adoperiamo per farlo
smettere al più presto anziché stargli vicino ed incoraggiarlo a sfogarsi
completamente affinché possa liberarsi delle pene che lo affliggono, magari commuovendoci anche noi se la cosa ci tocca.

Per quale ragione, dovremmo domandarci, le *lacrime* ci angosciano
tanto? Come mai la *commozione* ha su di noi un impatto così inquietante? Perché le *emozioni* ci sconcertano e ci fanno tanta paura? La risposta
a questi interrogativi è da ricercare essenzialmente nel *come* abbiamo vissuto la nostra infanzia e la nostra fanciullezza ovvero va esaminata la
maniera mediante la quale siamo stati allevati e la qualità del rapporto
avuto con i nostri genitori.

Succede frequentemente che quando per un qualsiasi motivo un
bambino piange, puntualmente c'è qualcuno che lo riprende dicendogli
che solo le femminucce lo fanno e che un maschietto non deve assolutamente lasciarsi andare a simili debolezze. «*Un uomo non piange mai*»
oppure «*dai, non piangere, fai l'ometto...*» costituiscono le tipiche frasi
con le quali abitualmente si cerca di zittirlo in queste occasioni. Non è
raro inoltre che, nel caso in cui un adolescente senta il desiderio di abbracciare un amico e si lasci andare a quell'innocente quanto istintivo
gesto, si scateni la reazione di un adulto (che può essere il padre, un parente o un insegnante) il quale gli lancia un'occhiataccia oppure cerca di
distoglierlo con una scusa qualsiasi o lo redarguisce perché è convinto
che se due maschi si abbracciano, molto probabilmente finiscono col
diventare gay. Allorquando un giovane prova (come è naturale che sia)
una certa simpatia o una particolare attrazione per una ragazza e lo con-
fida ad un compagno, è praticamente inevitabile che la notizia si diffon-

da velocemente e che il ragazzo divenga il bersaglio delle ironiche risa e dei commenti beffardi dei suoi amici.

Per un maschio, dunque, non è facile esprimere ciò che sente ed essere se stesso. Senza che se ne renda conto, egli cresce *castrato da un punto di vista emozionale* perché indotto a credere che se piange o si commuove, si comporta come una femmina; se si abbraccia un amico significa che ha tendenze omosessuali; e se manifesta l'amore che prova, viene considerato un debole.

D'altro canto, alla femmina le cose non è che vadano molto meglio per quel che concerne i condizionamenti. Sin da piccola, infatti, le si instilla nella mente l'idea quasi ossessiva di salvaguardare la verginità oppure la si mette in guardia dicendole che occorre stare alla larga dagli uomini perché sono dei "maiali" che aspirano solo a fare sesso o, ancora, la si persuade che essere nata con attributi femminili la pone necessariamente in una condizione di inferiorità (e quindi di sudditanza) nei confronti del maschio.

Con tali premesse educative appare evidente come, pur ricevendo entrambi i sessi delle marcate limitazioni, quello maschile risulti essere maggiormente penalizzato per quel che riguarda la *possibilità di esternare stati d'animo e sentimenti*. Una bambina in effetti ha, rispetto ad un bambino, il notevole vantaggio di potersi esprimere se ne sente l'esigenza. Quando, ad esempio, è dispiaciuta per qualcosa di increscioso che le è capitato, il suo disappunto può manifestarlo anche piangendo (perché le femminucce è normale che piangano). Se poi avverte il bisogno di abbracciare un'amica, nessuno avrà niente da ridire e se, essendo diventata una ragazza le piace un coetaneo, ha la facoltà di condividere questo sentimento con la mamma oppure con le amiche le quali, ben lungi dal deriderla, diverranno sue complici spronandola a dare un seguito a quello che prova.

Nonostante tutte le buone intenzioni e gli sforzi che generalmente un genitore mette in atto nel cercare di dare il meglio di sé ad un figlio, risulta inevitabile che un bambino sperimenti *emozioni dolorose*. Ad esempio, può provare un senso di abbandono tutte le volte che viene lasciato in asilo, oppure può sentirsi trascurato allorché non si gioca abbastanza con lui o non gli si presta la dovuta attenzione nel momento in cui vuole comunicare qualcosa etc...

Da bambini erano presenti in noi molte sensazioni forti che avevano bisogno di essere esternate. Quando eravamo impauriti, arrabbiati o tristi avremmo tanto desiderato che nostro padre e nostra madre ci fossero stati accanto e che, dopo aver assistito ai nostri sfoghi, sotto forma di pianto, grida o parole, ci avessero rincuorati facendoci sentire il loro sostegno per quanto stavamo vivendo nonché il loro incondizionato amore nei nostri confronti. Invece, il più delle volte abbiamo *dovuto nascondere i nostri veri sentimenti* imparando così a mentire, per non urtare la loro suscettibilità e per guadagnarci la loro accettazione.

Un bambino ha la necessità di sapere che i suoi stati d'animo possono essere manifestati liberamente senza che gli altri (genitori, familiari, insegnanti) glielo vietino perché educati a credere che non è da "persone civili" palesarli. Un ragazzino ha il sacrosanto diritto di esprimere ciò che sente e di essere ascoltato.

Contrariamente a quanto di solito si è portati a pensare, non esistono *emozioni buone* o *cattive*, giuste o i quindi esprimibili oppure censurabili. A prescindere dalla loro natura e dal tipo di sensazione che ciascuna di esse suscita in noi (*tristezza, rabbia, paura, vergogna, gioia, entusiasmo, amore, felicità*) tutte, senza eccezione alcuna, devono emergere ed essere manifestate. Nella sofferenza come nel piacere le *emozioni* vanno vissute totalmente, essendo questa l'unica maniera per dare alla propria esistenza una impronta di consapevolezza e di appagamento. In altre parole, aggrapparsi alle *emozioni* tenendole dentro, non fa altro che chiuderci in una *prigione emotiva* che ci terrà bloccati impedendoci di amare e di essere felici.

Le persone che non esprimono ciò che provano e sentono, molto spesso si rifugiano nel mangiare o nel bere alcol o si mettono a fumare e a consumare quantità elevate di caffè oppure si buttano a capofitto nel lavoro o, ancora, fanno uso di psicofarmaci o assumono droghe di vario genere. Qualunque sia l'appiglio a cui tentano di aggrapparsi, finiranno solo per aggiungere altre sofferenze a quelle che si portano dentro, innescando in tal modo un malefico circolo vizioso.

Le *emozioni* (dal latino *e-movere* = muoversi da, far uscire) aiutano la nostra *energia vitale* (una sorta di corrente elettrica che percorre incessantemente ogni parte del corpo) a procedere più agevolmente facendo così funzionare in maniera ottimale il nostro organismo. Reprimerle risulta estremamente deleterio perché ci procura soltanto un travaglio interiore. Frenarle o, peggio ancora soffocarle, comportandoci come se niente fosse, ci causa solo danni. Le *emozioni* sono la valvola di sfogo sia delle nostre contentezze e delle nostre soddisfazioni come dei nostri dispiaceri e delle nostre delusioni.

Dominare i sentimenti si ripercuote svantaggiosamente su noi stessi. Ci causa disagi psicologici persistenti nel tempo (malumore, *pessimismo, ansia, apatia, insoddisfazione, frustrazione*...) che ci cagionano, a lungo andare, danni organici i quali a loro volta si estrinsecano attraverso malesseri fisici di vario genere fino ad assumere i connotati di stati morbosi conclamati (cefalea, asma, ulcera gastrica, colite, insonnia, depressione...).

È noto che gli uomini vivano in media alcuni anni in meno rispetto alle donne, essendo più inclini ad ammalarsi (cancro, infarto, trombosi cerebrale). Come mai ci sono molte più vedove che vedovi? Secondo quanto ho potuto verificare nella mia pratica professionale è verosimile che la causa della minore longevità da parte del maschio sia riconducibile proprio alla maggiore difficoltà incontrata, rispetto alla femmina, nell'esprimere i propri *sentimenti* e le proprie *emozioni*.

Vi siete chiesti qualche volta come mai, man mano che avanza di età, la maggior parte delle persone, specie quelle appartenenti al sesso maschile, sviluppa una pancia sempre più globosa e prominente? Sicuramente la qualità e la quantità del cibo e delle bevande di cui si fa uso giocano un ruolo importante. In più c'è da dire che, a causa delle *emozioni* tenute compresse, il centro d'energia ad esse corrispondente (situato in quella zona del corpo conosciuta come "bocca dello stomaco" o *plesso solare*) negli anni va via via riducendo la sua attività fino a bloccarsi. Tale centro, denominato *chakra* (che in sanscrito significa "ruota"), è una sorta di turbina naturale che col suo movimento rotatorio a vortice favorisce lo scorrimento dell'energia nell'organismo (vedere figura 1).

Volendo riassumere con una equazione quanto evidenziato sopra, si può dire:

Emozioni represse = *blocco energetico* = **malattia**

Emozioni esternate = *fluire dell'energia* = **stato di salute**
(sia psichico che fisico)

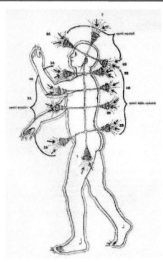

Figura 1: i sette chakra maggiori nel loro aspetto anteriore e posteriore

Nel momento in cui si è disposti ad esternare le proprie *emozioni* (specie quelle negative quali tristezza, dolore, rabbia, paura, disperazione...) l'energia trattenuta in precedenza può finalmente scorrere similmente all'acqua ristagnante in un lavandino che inizia a defluire dopo che il tubo di scarico è stato disostruito. Così facendo la persona si libera dalle sensazioni spiacevoli (legate alle *emozioni* stesse) che la tenevano bloccata. Spesso la vera sofferenza è costituita dalla nostra *resistenza* a lasciare andare tutto ciò che ci fa stare male, piuttosto che il dolore che stiamo provando.

Una *emozione* non espressa tenderà a ripresentarsi tutte le volte che si verifica una certa situazione. Se, ad esempio, il vostro datore di lavoro quando si rivolge a voi lo fa usando un tono arrogante ed irriguardoso e voi per paura di irritarlo e di inimicarvelo, glielo permettete, la rabbia che inevitabilmente proverete tenderà a logorarvi e a nuocervi sempre più. Se un problema non viene risolto, è inevitabile che tenda ad ingigantirsi e a perpetuarsi. Le *emozioni non esternate* rientrano in questa regola di vita. Quante *emozioni negative* continuano ad assillarvi solo perché non avete saputo esprimerle correttamente, liberandovene?

Se per via della *paura di soffrire* nascondiamo i pensieri e i sentimenti spiacevoli che albergano in noi, non vivendo consapevolmente le sensazioni e gli stati d'animo che da essi dipendono, comunicandoli verbalmente o urlando o piangendo oppure, perché no, sfogandoci fracassando un oggetto, pregiudicheremo non poco la qualità della nostra esistenza. Infatti, oltre a tenere intrappolata nel nostro organismo un'energia nociva che se non viene liberata prima o poi finisce col farci ammalare, ci precludiamo anche la preziosa opportunità di apprendere due cose fondamentali riguardanti la nostra natura di esseri umani. La prima è che ogni *emozione negativa*, per quanto dolorosa da sopportare, lo è solo temporaneamente se la accettiamo vivendola pienamente, comprendendone il significato e l'utilità. In caso contrario, la sofferenza può accompagnarci anche per tutta la vita. L'esistenza si avvale di *Leggi* concepite per rendere sereno il nostro vivere e non per farci provare angustie fini a se stesse.

Crescere significa anche soffrire: è inutile negarlo! Il patimento migliora un individuo inducendolo a maturare e rendendolo sempre più consapevole. Il dolore talvolta è indispensabile perché ci aiuta a risvegliarci da quel *torpore dell'anima* nel quale siamo precipitati per via dei condizionamenti ricevuti. Certo, sarebbe molto meglio se potessimo evolvere senza tribolare. Questo però non è attuabile fintantoché l'uomo non aprirà completamente il suo cuore all'amore e alla comprensione dicendo addio una volta per tutte alla sua arroganza, alla sua presunzione nonché al suo egoismo e ai suoi interessi personali (che sono tutte espressioni delle paure e della scarsa consapevolezza con le quali è cresciuto).

La seconda cosa riguarda il fatto che, ogni volta che tratteniamo le nostre *emozioni* (anche quelle positive), è fatale che ci succeda di allontanarci progressivamente dal nostro *Bambino Interiore* e che perciò ci si senta "orfani di se stessi" venendoci a mancare quel supporto spirituale indispensabile per farci provare quanto sia confortante essere collegati nell'amore e nella fratellanza con i nostri simili e con il Creato.

«*Sono troppo sensibile, se lo fossi di meno non soffrirei...*». Quante volte, ascoltando le confidenze dei miei pazienti, ho udito questo tipo di affermazione. La maggior parte delle persone crede ingenuamente che, se si diventa insensibili, ci si sottrae al rischio di patire. Questa mendace convinzione trae origine (come spesso accade) da episodi dell'infanzia che ci hanno lasciato un segno. Quando si è bambini, infatti, i desideri concernenti soprattutto il bisogno di ricevere coccole, comprensione e gratificazioni, vengono sovente disattesi. Le carenze affettive che ne derivano generano nel bambino dolore, senso di frustrazione e risentimento, talmente insostenibili da indurlo a chiudersi in se stesso nell'inutile quanto vano tentativo di evitare la sofferenza. Questo comportamento fa sì che le tribolazioni si accrescano man mano che trascorrono gli anni.

Uno degli atteggiamenti più frustranti che possiamo avere nei nostri confronti è quello di *fare finta di niente* o, come suol dirsi, "fare buon viso a cattivo gioco" quando qualcuno, che può essere la moglie, il marito, un figlio, un genitore, il capoufficio, un amico o un estraneo ci infastidisce col suo contegno irriguardoso. Manifestare apertamente ciò che ci disturba, cercando a nostra volta di non essere offensivi, è la cosa migliore da attuarsi in questi casi. Così facendo, riusciamo a rapportarci agli altri con educazione e sincerità, ma anche con quella sana determinazione che è bene mettere in atto in certe occasioni. Imparare ad esprimere le proprie *emozioni*, via via che le avvertiamo, è dunque salutare.

Per contro le *emozioni inespresse* avvelenano la nostra esistenza dato che agiscono su di noi in maniera erosiva. Ciò si verifica soprattutto quando, a furia di negarle, esse si annidano ancor più profondamente fino al punto di renderci addirittura inconsapevoli di possederle. Se quello che proviamo non viene a galla e non lo comunichiamo, diventeremo via via duri con noi stessi e con gli altri. Con il passare del tempo accadrà che la nostra *capacità di sentire* si affievolirà sempre più lasciando che si insinui in noi un crescente senso di solitudine che ci deprimerà, impoverendoci di energie, e ci impedirà di sperimentare la vita tanto con i suoi momenti di gioia quanto con quelli di dolore: perché è così che va vissuta!

Ho un caro ricordo del Prof. Aldo Spirito che fu mio insegnante di biologia all'Università. Oltre ad essere un docente che conosceva come pochi la sua materia, era anche una persona dotata di grande sensibilità e di un delizioso senso dell'ironia. Le sue lezioni sembravano durare solo pochi minuti tanto era il piacere che si provava nell'ascoltarlo. Sovente ci raccontava vicissitudini della sua vita e lo faceva sempre col sorriso pure quando narrava episodi dolorosi. Un giorno, quando uno di noi gli chiese come potesse essere sempre di buon umore e disponibile verso gli altri, egli così rispose: «*amo la vita in tutti i suoi aspetti e, anche se dicono che questa è una valle di lacrime, io rispondo che ci piango tanto bene*». Quanta saggezza, quanta umanità e quante emozioni sapeva trasmettere quello straordinario uomo!

Le *emozioni* provocano fenomeni bizzarri. Possono farci arrossire, tremare, impallidire, ridere, piangere, gioire... A volte ci fanno provare la sgradevole sensazione di trovarci alle prese con un terremoto o, comunque, con qualcosa che ci imprigiona e ci opprime. In altri casi evocano in noi sentimenti di amore, di amicizia e di tenerezza che ci fanno vivere momenti di esaltante bellezza.

Un minuto può sembrare un'eternità se stiamo soffrendo, così come un giorno può durare un lampo quando siamo felici. Persino il tempo ha su di noi un impatto diverso, assumendo connotati mutevoli, a seconda di quel che sentiamo e proviamo.

Le *emozioni* ci aiutano a sentirci vivi perché ci fanno vibrare, ci scuotono e non di rado ci inducono a riflettere su quanto stiamo facendo e su come ci comportiamo. Le *emozioni* sono nostre amiche e nostre alleate purché si abbia il coraggio di accettarle ed esternarle.

Piangi se senti di piangere, e ridi se hai voglia di ridere. Il pianto e la risata sono espressioni del *Divino* che c'è in te: accettali entrambi. Non frenarli e non bloccarli. Al contrario, manifestali e vivili come una vera e propria *Benedizione del Cielo*. Lascia che le tue lacrime bagnino i tuoi occhi e scorrano lungo il tuo viso senza che tu faccia nulla per arrestarle o per nasconderle agli altri. E, al tempo stesso, consenti al *Bambino* che vive in te di sorridere e di ridere, permettigli di entusiasmarsi, meravigliarsi ed estasiarsi di fronte alle bellezze della Natura: lascialo godere di tutto ciò che la vita ti offre!

Un vecchio proverbio afferma: «*per ogni lacrima che versi viene aggiunto un giorno alla tua vita*» proprio per indicare come l'esternazione delle sensazioni che proviamo attraverso il pianto sia in grado di farci vivere più a lungo (oltre che molto meglio). In India, da tempo immemorabile, esiste l'abitudine di aiutare chi non riesce a piangere spontaneamente in seguito, ad esempio, ad un lutto. In tali circostanze i parenti della persona ricorrono alla cipolla oppure al fumo negli occhi o arrivano persino a picchiarla pur di farla sbloccare emotivamente, tramite le lacrime, perché sono consapevoli di quanto sia dannoso reprimere il dolore.

Ad onor del vero va detto che si può piangere non soltanto perché si è addolorati ma anche per altre due ragioni. Sono tre, in effetti, i sentimenti che possono indurre alla commozione:

1) l'*autocommiserazione*
2) la *gioia*
3) il *dolore*

Osservando da quale parte dell'occhio di una persona fuoriescono le lacrime, è possibile riconoscere il sentimento che le ha generate. Le *lacrime di autocommiserazione* ("piangersi addosso") sgorgano dalla parte interna, le *lacrime di gioia* dalla parte centrale e le *lacrime di dolore* dalla parte esterna (vedere figura 2).

Le uniche lacrime che non si dovrebbero mai versare, perché originano da uno stato di debolezza, sono quelle di autocommiserazione che sottendono sensazioni del tipo: «povero me, come sono sfortunato, capitano tutte a me!» o «che cosa ho fatto di male per meritarmelo...» oppure «è inutile che ci provi, tanto non ce la farò mai...» etc...

Esprimere gioia e felicità o sofferenza e dolore attraverso il pianto è molto salutare perché, oltre a permetterci di manifestare ciò che sentiamo e proviamo (prendendone coscienza), ci consente anche di sperimentare la straordinaria sensazione che si avverte quando, escludendo seppure momentaneamente la razionalità e la logica, si entra in contatto con la nostra anima.

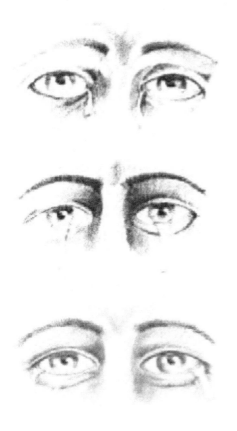

Figura a: *lacrime di autocommiserazione*

Figura b: *lacrime di gioia*

Figura c: *lacrime di dolore*

Figura 2: tipologie di lacrime

«*Non ci rendiamo conto che ad un individuo incapace di piangere manca qualcosa di vitale e di fondamentale. Una parte della sua esistenza è bloccata per sempre e quella parte graverà su di lui come un macigno*». Così si esprime Osho in merito alla necessità dell'essere umano di dare libero sfogo alle *emozioni* per mezzo del pianto.

Non possiamo conoscere intimamente noi stessi se non ci lasciamo andare alle nostre *esperienze emozionali*. Perché ciò accada occorre innanzitutto accettare quello che sentiamo manifestandolo apertamente. Soltanto in questo modo ci è consentito imparare gradualmente ad amare sia noi stessi che il nostro prossimo. Tanto più sviluppiamo questa capacità, prerogativa esclusiva dell'essere umano, tanto meglio possiamo affrontare le prove che costellano il nostro percorso esistenziale.

«Quando si ha un dolore dentro, si deve piangere tutte le lacrime del mondo senza pudore. Un pianto da bambino, senza freni. Un pianto liberatorio, non soffocato. Un pianto che trascini fuori la rabbia, la delusione, l'umiliazione, lo scontento. Un pianto che dia acqua al dolore. Non è perdente chi piange, levatevelo dalla testa. Piangono i coraggiosi, quelli che non hanno paura delle loro emozioni. I sorrisi più veri, immensi, spontanei, nascono da chi ha pianto. Non è un'arma sorridere sempre, è farsi del male. E' tradire se stessi. Che gli altri possano vedere il vostro dolore allora sì che potrete sorridere davvero!» (L. Cherubino).

«Entra dentro il dolore, non c'è altro modo per liberarsene. Non fuggire da quel dolore, toccalo, guardalo, vivilo, urlalo, arrabbiati con lui, odialo se necessario, ma buttalo fuori, perché non è trattenendolo che lo risolverai. Il dolore è figlio tuo, non puoi rifiutarlo, rinnegarlo, dimenticarlo, nasconderlo troppo a lungo. Il dolore è un figlio, un figlio che parla di te, un figlio nato non perfetto, ma che comunque va amato...» Brano tratto dal libro "Tu sei" scritto da Carla Pettinelli ed Eugenio Grieco.

Avere un buon rapporto con le proprie emozioni significa pure valorizzare quella dote, così spesso vilipesa, chiamata **intuito** (o *sesto senso*) che ci mette in contatto con la nostra parte più intima e profonda: l'*anima*!

Fidarsi del proprio *intuito* significa prestare attenzione a quella *vocina* interiore che si fa sentire suggerendoci cosa fare, quali decisioni prendere in certe occasioni, quali scelte attuare. Purtroppo, succede frequentemente che quando si manifesta in noi una certa sensazione, abituati come siamo a dare importanza alla razionalità, la respingiamo dicendoci: *«no, non credo che funzionerà...»* oppure *«che stupide idee mi vengono in mente...»* o ancora *«non ho mai visto nessuno fare una cosa del genere...»* etc... *«La silenziosa voce dell'intuizione vi indicherà la via d'uscita da qualsiasi problema e sarà molto diverso dal continuare a preoccuparsi di tutto senza risolvere nulla»* affermava Yogananda Paramahansa.

L'*intuito* (dal latino *intus-ire* = andare dentro) rappresenta una eccezionale fonte di informazioni, una vera e propria guida, se gli si dà ascolto. Seguirlo ci consente di migliorare notevolmente il flusso energetico che permea il nostro corpo la cui azione rivitalizzante, esercitata sulle cellule dell'organismo, si può apprezzare sotto forma di benessere a tutti i livelli: spirituale, mentale, emozionale e fisico. «*La mente intuitiva è un dono sacro e la mente razionale è un fedele servo. Noi abbiamo creato una società che onora il servo ed ha dimenticato il dono*» ha detto Albert Einstein.

Desidero far presente, inoltre, che l'*intuito* non è affatto una dote appannaggio del sesso femminile (come comunemente si crede): anche un individuo di sesso maschile ne è dotato. Di solito non ne è cosciente perché non è abituato ad avere dimestichezza con i propri *sentimenti* e con le proprie *emozioni* essendo stato educato a considerarli come qualcosa che non si deve assolutamente mostrare.

È bene sapere che qualsiasi evento davvero significativo dal punto di vista della crescita personale avviene attraverso l'emozione ed il *sentimento*, e non tramite l'intelletto. Basti pensare, ad esempio, alla gioia che si prova quando siamo innamorati o quando ammiriamo un tramonto, un'alba o un fiore oppure alla felicità che ci inonda allorché ci nasce un figlio o, anche, al dolore e al senso di perdita che avvertiamo nel caso in cui muoia una persona a noi cara, per comprendere come quello che conta *veramente* riguardi tutto ciò che ci fa emozionare.

Perfino le più grandi scoperte scientifiche effettuate dall'uomo fino ad oggi (da Archimede a Leonardo per arrivare ad Einstein) sono state realizzate grazie a geniali intuizioni (la classica "lampadina" che si accende) e non per mezzo di sterili ragionamenti logici. Leonardo da Vinci era solito dire: «*ogni vera conoscenza nasce dal cuore*».

PAURA e IGNORANZA

In tanti anni di attività professionale ho avuto modo di constatare come la **paura** e l'**ignoranza** costituiscano le principali cause delle insoddisfazioni, frustrazioni e miserie umane. La paura, definita da qualcuno il "demone che alberga in ognuno di noi", è senza dubbio l'emozione più ancestrale, quella che più di ogni altra è in grado di ostacolare la nostra crescita spirituale costringendoci a vivere un'esistenza limitata e ristagnante. Ma cosa, in effetti, temiamo? Tutto ciò che non conosciamo o che in qualche modo ignoriamo. Tutto quello che è *di-*

verso e si discosta dal nostro abituale modo di pensare e di agire provoca in noi una sorta di inconscia avversione. L'imponderabile scatena inevitabilmente preoccupazioni e timori. *«Paura significa una cosa soltanto, abbandonare il conosciuto ed entrare nello sconosciuto»* soleva dire Osho.

Molti di noi tendono a focalizzare la propria attenzione su ciò che si conosce e su quanto si è abituati a fare da tempo. Il "vecchio" è familiare, rassicurante e sotto il controllo della mente raziocinante. Il "nuovo", invece, è sconosciuto ed imprevedibile. Inoltre, dal momento che non può essere gestito con la razionalità, provoca insicurezza e perfino angoscia. **La non conoscenza genera paura mentre la conoscenza ci libera dalla paura infondendoci coraggio.**

La maggior parte degli individui odia le novità specialmente quando potrebbero sconvolgere situazioni preesistenti nelle quali spesso ci si adagia pur non essendo appaganti. Le innovazioni disturbano anche nel caso in cui si constata di avere sbagliato nel rifiutarle a priori. *«Un uomo non dovrebbe mai vergognarsi di confessare di avere avuto torto che poi è come dire, in altre parole, che oggi è più saggio di quanto non fosse ieri»* (J. Swift).

Liberarsi delle proprie corazze, cessare di difendersi e giustificarsi continuamente (in quanto si dipende dal giudizio degli altri), esprimersi attraverso il cuore (e non tramite la testa) costituiscono straordinarie conquiste che è possibile conseguire soltanto se si accantona ciò che ci è noto (regole impartite, pregiudizi, modi di fare stereotipati...) e ci si tuffa nell'ignoto, ovvero nella *dimensione del sentire*.

Un'alta percentuale di persone non ha il coraggio di farlo perché è molto radicata in loro la *paura del cambiamento*. È per tale motivo che si evita, ad esempio, di visitare luoghi sconosciuti o si teme di iniziare un'amicizia nuova o ci si accontenta della solita routine lavorativa senza mai prendere in considerazione la possibilità di effettuare qualche innovazione. È il timore di quello che non si conosce che ci frena e ci fa pronunciare, quando ci si trova di fronte a qualcosa di diverso dal solito, frasi come queste: *«non è importante, posso farne a meno»* oppure *«non è il caso»* o ancora *«non vale la pena farlo»* etc...

Eppure, non dovremmo osteggiare il cambiamento ma, semmai, favorirlo perché esso è sinonimo di crescita. Se si rimane confinati entro certi limiti abituali, come possiamo imparare cose nuove, rinnovarci continuamente ed evolvere come esseri umani?

Crescere interiormente, maturare, implica necessariamente assumersi delle responsabilità. Vuol dire accettare le sfide che la vita ci propone affrontando i problemi che di volta in volta si presentano sul nostro cammino. Non è certo scappando che possiamo pensare di ottenere risultati favorevoli. Nessuno può permettersi un comportamento del genere senza pagarne pesanti conseguenze!

Dietro la paura del cambiamento si nasconde, più o meno inconsapevolmente, la **paura di essere feriti**, vale a dire il timore di soffrire e di provare dolore: la **paura della morte** ne costituisce l'aspetto estremo. A questo proposito ricordo un episodio accaduto circa venticinque anni fa. Mentre insieme ad una dozzina di amici mi trovavo a fare la pratica della capanna sudatoria (o capanna della purificazione), ad un tratto, stando in quello spazio limitato pieno di vapore (come quando si fa la sauna) e al buio, fui colto da una crisi di claustrofobia. Stavo per catapultarmi fuori quando un pensiero mi balenò nella mente: «*più che morire, che mi può succedere?*». Come per magia, istantaneamente mi calmai, il mio ritmo cardiaco si normalizzò e provai un intenso piacere nel prolungare fino alla fine quella straordinaria esperienza. Quando si "prende il toro per le corna" il coraggio che tiriamo fuori dissolve ogni difficoltà!

Paradossalmente molte persone preferiscono rimanere in situazioni di profondo disagio piuttosto che cercare di effettuare quei mutamenti (iniziare a comunicare, lasciarsi andare, sfogarsi, ammettere le proprie difficoltà, agire diversamente...) che le condurrebbero ad uscire dalle sofferenze. Ogni individuo che rimanga rigidamente fermo sulle proprie posizioni e non voglia cambiare i modi di fare che non gli procurano benefici è destinato, ineluttabilmente, a diventare il **vero ed unico nemico di se stesso**.

La stragrande maggioranza di noi è convinta che esistano *paure* di ogni genere. In realtà, quelle fondamentali (sulle quali si deve lavorare per cercare di liberarcene, essendo il retaggio dei condizionamenti ricevuti) sono essenzialmente *tre*. Infatti, oltre alla *paura di essere feriti* (e di *morire*) esiste la **paura di essere abbandonati**, cioè di rimanere soli e la

paura di essere rifiutati, ossia la paura del "no" ovvero il timore di essere giudicati negativamente e perciò non approvati e non accettati dagli altri (vedere schema).

Paure primarie

di essere feriti (emozionalmente e/o fisicamente) e di morire

Paura → di essere abbandonati (rimanere soli)

di essere rifiutati (non approvati, non accettati)

Queste *paure*, che potremmo definire *primarie* e che sono presenti in ciascuno di noi in misura diversa, danno origine ad una moltitudine di altre *paure* (secondarie) che condizionano sfavorevolmente la nostra vita. Eccone alcuni esempi:

Paure secondarie

delle malattie

della povertà

di essere derubati

di essere licenziati

Paura → del capufficio

di separarsi

delle responsabilità

di diventare genitori

di avere paura

È interessante constatare come tutti gli atteggiamenti ed i comportamenti umani negativi abbiano origine da almeno una delle tre principali paure. Così, ad esempio, si è *insicuri* se prevale in noi la *paura di sbagliare* e temiamo di essere giudicati male. Si è *timidi* quando ci spaventa l'idea di un possibile rifiuto. Si è *gelosi* e *possessivi* nel momento in cui si teme di essere abbandonati e di rimanere soli. Si è aggressivi e *arroganti* per il timore di essere aggrediti (cioè feriti). Si è pignoli e *perfezionisti* perché si vive in preda all'ansia di dover dimostrare a tutti i costi di essere bravi (avendo paura di non essere approvati ed accettati) etc... Di esempi se ne potrebbero fare molti altri. Quelli riportati credo siano sufficientemente esplicativi.

La *paura*, per parecchi di noi, costituisce un fattore mentale così radicato da non poter essere facilmente gestito o eliminato. Taluni individui sono talmente terrorizzati dall'idea di dover affrontare i problemi della vita, che arrivano persino ad *avere paura di avere paura*. Del resto, come potrebbe essere altrimenti, se ogni nostro timore e preoccupazione ha origine dal tipo di educazione e dai condizionamenti negativi che abbiamo ricevuto? In effetti, ciascuno di noi è cresciuto con una insicurezza affettiva di fondo, la quale ha determinato, a sua volta, una insufficiente valorizzazione delle nostre qualità e delle nostre potenzialità come esseri umani, penalizzandoci non poco. Non c'è da meravigliarsi, dunque, che le *paure* trovino su un simile terreno, carente d'amore, facile presa e motivo di perpetuamento.

Nel corso della nostra esistenza ci siamo trovati, quasi sempre, ad accettare supinamente gli insegnamenti ricevuti senza metterne in discussione la effettiva validità. In altre parole, ci siamo conformati al parere degli altri (per la paura di essere feriti, abbandonati o rifiutati) e ci siamo uniformati a quello che ci hanno propinato le istituzioni (insegnanti, preti, politici).

È la *conoscenza* ciò che conta nella vita. Infatti, si possono sapere molte cose, possedere una o più lauree, ma non conoscere nulla dei *Princìpi* e delle *Leggi* che governano l'esistenza: **questa è la vera ignoranza!**

Nel momento in cui si diventa consapevoli di qualcosa, la paura non ha più ragione di esistere. Ogni timore svanisce se viene a mancargli il principale nutrimento e supporto: *l'ignoranza*.

La **non conoscenza** genera **paura** mentre la **conoscenza** ci affranca dalla paura infondendoci **coraggio**. La *conoscenza*, inoltre, ci dà la possibilità di liberarci dalla *schiavitù dei condizionamenti* ricevuti perché ci fa diventare **consapevoli**, ossia capaci di comprendere dove sta la *verità*, il *buono* ed il *giusto*, salvaguardandoci così dalla menzogna, dalla manipolazione e dalla sofferenza.

Quando nasciamo di solito non abbiamo *paure* tranne quella di *cadere nel vuoto*. Per questo motivo il neonato si aggrappa tenacemente alle vesti della ostetrica: in lui è già presente, innato, l'*istinto di conservazione*. È proprio questa naturale tendenza che in seguito ci aiuta ad evitare quelle situazioni che potrebbero mettere a repentaglio la nostra vita.

Che ne sarebbe di noi se, ad esempio, attraversassimo la strada senza aver prima guardato l'eventuale sopraggiungere di un autoveicolo o se continuassimo a camminare fin oltre il ciglio di un dirupo o, ancora, se non scappassimo di fronte alla minaccia di un animale feroce? Davanti ad un effettivo pericolo ogni aspetto della esistenza (mangiare, dormire, lavorare, divertirsi, fare l'amore...) perde, in un attimo, importanza dato che la sopravvivenza assume una priorità assoluta.

In queste situazioni, come in altre similari, è evidente che l'individuo debba pensare esclusivamente alla propria incolumità e che la *paura*, pertanto, diventi una alleata, una amica. La maggior parte delle volte, però, le nostre ansie, le nostre preoccupazioni e le nostre angosce sono del tutto irrazionali e prive di fondamento non essendoci alla base un motivo concreto che le giustifichi. Esse rappresentano, piuttosto, l'espressione tangibile delle *paure* e delle insicurezze accumulate strada facendo, amaro frutto delle limitazioni e delle frustrazioni patite fin da bambini.

Le persone più paurose sono quelle che hanno avuto genitori molto ansiosi i quali, incapaci essi stessi di far fronte ai problemi, loro malgrado hanno trasmesso ai figli le proprie apprensioni condizionandoli negativamente.

Se, idealmente, una persona conservasse tutto il *candore* e l'*innocenza* del bimbo appena nato non risentendo, a livello emozionale, delle influenze svantaggiose ricevute (*condizionamenti*), potrebbe condurre una esistenza all'insegna dell'audacia, dell'entusiasmo, della salute e della felicità. Sta di fatto, però, che ognuno di noi è stato danneggiato, chi in misura più evidente chi meno, dal tipo di educazione ricevuta, per cui quella primitiva purezza è stata inquinata. Da adulti, perciò, ci ritroviamo ad avere paure che rappresentano il risultato di un modo di vivere che si è via via allontanato dalla genuinità e dall'amore.

Cosa fare, allora, per porre rimedio a questo stato di cose certamente non appagante? È necessario ricorrere al *coraggio*, la sola dote capace di dissipare la *paura*. Sono consapevole che questa risposta può sembrare banale oltre che scontata ma, a ben rifletterci, non lo è. Se ci rendessimo conto che tutti quanti noi, senza eccezione, possediamo una buona dose di coraggio, perché fa parte della nostra natura averla, vivremmo in maniera diversa, sicuramente migliore, in quanto non ci faremmo dominare dai tanti momenti di ansia che costellano le nostre giornate.

Purtroppo, non ci è stato insegnato che l'*ardimento* è il migliore antidoto per contrastare la *paura*, l'unico capace di annullarla. Proprio questo concetto vuole sottolineare una sagace metafora che così si esprime: «*un giorno la paura bussò alla porta, il coraggio andò ad aprire e non trovò nessuno*». La paura si dissolve accettandola e prendendone consapevolezza, non rifiutandola ed ignorandola.

«*Coraggio non è assenza di paura. In realtà è la totale presenza della paura con il coraggio di affrontarla. All'inizio non c'è molta differenza tra un uomo coraggioso e uno codardo. L'unica differenza è che il codardo ascolta le proprie paure e le asseconda, mentre l'uomo coraggioso mette da parte le proprie paure e va avanti. L'uomo coraggioso entra nell'ignoto malgrado le proprie paure...*» questo è ciò che asserisce Osho in merito alla *paura* e al *coraggio*.

É un dato di fatto che siano molti coloro i quali ignorano che il coraggio è una nostra prerogativa essenziale e che, all'occorrenza, è sempre possibile tirarlo fuori proprio come il coniglio che esce dal cilindro dell'abile mago. La vita è la più sorprendente di tutte le magie purché si affrontino con determinazione le sfide (grandi o piccole che siano) che essa ci propone continuamente.

Spesso trovarsi con le spalle al muro costituisce l'unica molla capace di far scattare in noi doti insospettate di risolutezza. Sovente occorre una *paura* più grande di quella che abbiamo per riuscire a superare un ostacolo. Così succede, ad esempio, che uno studente che ha il forte timore di presentarsi a sostenere un esame, affronti la prova solo dopo che suo padre lo ha minacciato di requisirgli il motorino che tanto gli è caro. Oppure c'è chi smette di fumare soltanto in seguito ad una visita medica attraverso la quale gli viene comunicato che è incombente il rischio di ammalarsi gravemente. O, ancora, c'è chi ha bisogno di vedere i propri denti frantumarsi uno dopo l'altro sotto l'azione incalzante delle carie, prima di trovare la forza di recarsi dal dentista per farsi curare.

Se fossimo stati abituati a dare la giusta attenzione alle difficoltà, cercando di risolverle al loro primo insorgere, spesso non dovremmo penare tanto per vivere. Molte persone, per la *paura* di soffrire, quando hanno a che fare con qualche intralcio si rifiutano di vederlo o ne rinviano la soluzione oppure, ancor peggio, demandano ad altri il compito di occuparsene.

Nel momento in cui non facciamo fronte ad un problema, qualunque sia la sua entità e la sua natura, e cerchiamo di eluderlo, è fatale che ci si ritrovi successivamente alle prese con il *problema del problema*. Se, in seguito, non siamo ancora disposti a fronteggiarlo e temporeggiamo, procrastinando ulteriormente, è fuori dubbio che in futuro avremo a che fare con il *problema del problema del problema* e così via sempre più impelagati in un perverso circolo vizioso che, se non viene interrotto, spesso si protrae anche per tutta la vita rendendola un vero e proprio calvario. «*Non esitare a risolvere un problema oggi, perché così facendo puoi evitare di incontrarne cento domani*» (Proverbio cinese).

Voltare le spalle a ciò che si deve affrontare non fa altro che accrescere le nostre pene. Questa è la ragione per la quale è estremamente importante assegnare la giusta considerazione, possibilmente sul nascere, ad ogni ostacolo che si presenta sul nostro cammino. Di fronte ad una difficoltà, è sciocco far finta di niente ed attendere che l'intoppo assuma dimensioni sempre più difficili da gestire e da sanare. Invece, se si supera la resistenza iniziale e si comincia ad agire cercando di fare del proprio meglio, la soluzione non tarderà a manifestarsi. La realizzazione di qualcosa costituisce *sempre* la conseguenza della solerzia e della buona volontà impiegate.

Prendere una decisione ed agire porta necessariamente a conseguire un certo obiettivo. É il *non prenderla* che ci impedisce di ottenere dei risultati negandoci la possibilità di maturare. Esistono molte persone le quali *decidono di non decidere*, che comunque è una decisione. Se costoro *decidessero di decidere*, prima o poi ne trarrebbero indiscutibili vantaggi.

Anche se l'uomo sembra essere afflitto da tanti problemi, in realtà questi problemi non sono altro che la manifestazione, nel tempo, di un disagio originario che non è stato mai affrontato o risolto. Credo che questo primitivo male vada identificato con la paura e la **non conoscenza.**

Una visione pessimistica della vita, intrisa di paure e di *preoccupazioni*, non giova a nessuno tanto meno ai figli i quali, se vengono allevati nel timore, nel pregiudizio e nelle continue limitazioni, cresceranno insicuri, arrabbiati e pieni di rancori. In casi simili non è difficile immaginare le ripercussioni negative che la loro esistenza subirà.

In Oriente, dove per tradizione millenaria viene dato molto risalto all'aspetto spirituale dell'uomo, vige la filosofia del *sano distacco* secondo la quale è assolutamente controproducente coinvolgersi più di tanto in una qualsivoglia situazione. Quando una persona lo fa, diventa ineluttabile che si generino in lei stati d'animo negativi.

Cercherò di spiegarmi meglio con un esempio. Se mi trovo di fronte a qualcosa che mi fa arrabbiare o ingelosire o mi intimorisce, ed io mi lascio prendere la mano da un punto di vista emozionale finirò, giocoforza, con l'identificarmi rispettivamente con la *rabbia*, con la *gelosia* oppure con la *paura*. Così facendo mi annullo come individuo e pertanto verrà a mancarmi la facoltà di essere obiettivo e di individuare qual è il problema (ammesso che ci sia un effettivo problema). Tutto questo non farà altro che complicarmi ulteriormente la vita.

Quando non si riesce a trascendere, cioè non si va al di là del fatto in sé e per sé, risulta praticamente impossibile sottrarsi alle sofferenze. Se non si è in grado di comprendere il *vero* significato di ciò che ci sta capitando ed il *perché* un certo evento provoca in noi emozioni tanto forti, non se ne potranno trarre degli insegnamenti proficui né si potrà evolvere.

Senza accorgercene spesso ci troviamo impelagati in sistemi di vita davvero avvilenti: è il *timore* il male che più ci condiziona. Non esiste al mondo danno, qualunque esso sia (malattie, miseria, separazione, delinquenza, guerre...) che non possa essere ricondotto ad un iniziale sentimento di *paura*. La possibilità del cambiamento, comunque, esiste *sempre*. Perché allora non utilizzarla iniziando proprio da se stessi? Perché, come si usa dire, non prendere il coraggio a due mani ed adoperarlo per trasformare le nostre incertezze e frustrazioni in una piacevole sensazione di sicurezza e soddisfazione?

Dobbiamo affrontare ciò che temiamo, se non vogliamo rimanere prigionieri delle nostre stesse *paure*. Solo smettendo di fuggire, riconoscendole ed accogliendole, esse perdono importanza e potere su di noi. Se tratteniamo nella nostra mente ciò che ci spaventa, inevitabilmente lo attrarremo. Così se, ad esempio, viviamo in un continuo stato di apprensione perché pensiamo di ammalarci o di venire derubati o di avere un incidente o di essere traditi o che succeda qualcosa di male ai nostri figli, prima o poi ci accadrà. *Il simile attira sempre il simile*: questo principio prende il nome di **Legge dell'attrazione.**

A volte può non essere facile dire di no ad un figlio o addio ad una persona o esprimere a parole sentimenti che vorremmo nascondere o ammettere di avere debolezze o telefonare a qualcuno che preferiremmo non sentire... Quando si rende necessario, però, occorre farlo, altrimenti ne va di mezzo il nostro decoro. Stare bene con se stessi significa avere il coraggio di non mentirci e di non scappare di fronte agli ostacoli. **Una persona veramente libera è colei che dice la verità innanzitutto a se stessa!**

Per ottenere risultati sempre più incoraggianti, nel personale processo di trasformazione interiore, oltre a tanta buona volontà, occorre comprendere che il percorso da fare è quello dell'**amore**, perché l'amore guarisce ogni cosa. «*La salvezza dell'uomo, avviene solo attraverso l'amore e nell'amore*» afferma Viktor E. Frankl.

Come non è possibile che la luce ed il buio coesistano, così è altamente improbabile che una persona possa provare allo stesso tempo *amore* e *paura*: l'uno esclude necessariamente l'altra. Abituandoci pian piano a scegliere sempre più di amare, anziché chiuderci, scoraggiarci, biasimare o arrabbiarci, possiamo mutare profondamente il tipo di rapporto con noi stessi, con i figli e con il prossimo.

Soltanto con un paziente esercizio quotidiano, che richiede volontà, perseveranza ed autodisciplina, possiamo ottenere risultati eccellenti. Spesso basta compiere piccole azioni, lievi modifiche al nostro modo di pensare e di agire per conseguire cambiamenti radicali. «*Ci vuole poco per fare molto*». Con questa frase anni addietro un mio carissimo amico, Claudio Vagni, mi fece comprendere come tante volte basti un sorriso o una parola incoraggiante detta al momento giusto o una carezza o una pacca sulla spalla o una telefonata... per aiutare una persona. É da semplici cose che nascono risultati considerevoli. I grandi palazzi non sono forse formati da tanti piccoli mattoni?

Se mettiamo in atto queste elementari regole gli effetti saranno estremamente gratificanti e non impiegheranno molto tempo a manifestarsi. Posso testimoniarlo in prima persona dal momento che ero un individuo estremamente pauroso. Basti solo pensare al fatto che fino all'età di venti anni, quando mi sottoponevo ad un prelievo di sangue per effettuare normali controlli clinici, cominciavo a diventare pallido e a sudare freddo, poi sentivo la testa girare e da ultimo mi accasciavo, privo di sensi, sul lettino del laboratorio di analisi. Malgrado ciò sono diventato medico ed oggi i miei pazienti dicono di me che sono un professionista che trasmette fiducia e sicurezza. É possibile, dunque, compiere cambiamenti che hanno dell'incredibile se solo si ha il bruciante desiderio di trasformare in meglio tutto quello che non ci soddisfa.

Può darsi che, a questo punto, qualche lettore si chieda: «cosa sta cercando di farci credere? Forse che lui non ha più alcuna paura?». Se affermassi una cosa del genere, è ovvio che non sarei sincero. Non è questo il messaggio che intendo trasmettere. Quello che invece desidero far comprendere è che, grazie al lavoro che compio quotidianamente su me stesso (e all'aiuto che chiedo e ricevo puntualmente) le mie ansie e le mie insicurezze sono di gran lunga diminuite. Adesso, ogni volta che provo disagio perché ho a che fare con una difficoltà, mi armo di coraggio e l'affronto, superandola sempre. Non attuo più il *comportamento dello struzzo* che nasconde la testa sotto la sabbia per non vedere e per non essere visto.

Oggi mi rendo conto che nel momento in cui si diviene più consapevoli aumenta proporzionalmente il coraggio e la fiducia in se stessi e nella vita. Pertanto, i timori che ci portiamo addosso tendono gradualmente a perdere importanza e a scomparire. In altre parole, le nostre *paure* non vanno combattute o negate. Al contrario, bisogna accettarle, se vogliamo liberarcene. Desidero concludere questo paragrafo riportando un brano di Nelson Mandela che trovo straordinario per la semplicità e al tempo stesso la profondità con cui egli si è espresso a proposito della *paura*:

«La nostra paura più profonda non è di essere incapaci. La nostra paura, la più profonda, è di essere potenti oltre ogni misura. È la nostra luce, non la nostra ombra che ci spaventa di più. Noi ci domandiamo: «chi sono io per essere brillante, magnifico, pieno di talenti e favoloso?». Infatti, chi siete voi per non esserlo? Voi siete figli di Dio. Mantenere un basso profilo non rende un servizio al mondo. Non c'è niente di saggio nel

ritirarsi dalla propria sorte perché gli altri non si sentano in pericolo a causa vostra. Noi siamo nati per rendere manifesta la gloria di Dio che è dentro di noi. Essa è in ognuno di noi. E se lasciamo la nostra luce brillare, noi doniamo di conseguenza agli altri il permesso di fare lo stesso. Nel momento in cui noi ci siamo liberati dalle nostre paure, la nostra presenza libera automaticamente gli altri».

Oltre alla *paura*, autentica "regina" del tormentato modo di vivere umano, esistono altri tre stati d'animo (ad essa collegati) ugualmente nocivi. Mi riferisco ai *sensi di colpa*, alla *rabbia*, e ai *risentimenti* (o rancori) dei quali sono descritte le peculiarità nelle prossime pagine.

SENSI DI COLPA

In misura diversa la maggior parte di noi soffre di **sensi di colpa** (nonché di odio verso se stessi). Il *senso di colpa* è un sentimento altamente dannoso che logora chi lo prova perché, essendo duraturo nel tempo, sottrae molte energie. Esso scaturisce dal disagio emozionale che si avverte dopo avere compiuto qualcosa che pensiamo essere indegna. Ne consegue che la persona viva costantemente una opprimente sensazione di *auto-disapprovazione* e di *autocondanna* che la condiziona negativamente nelle azioni e nelle scelte.

Il *senso di colpa* è una delle creazioni più diaboliche dell'uomo: è stato ideato per sottomettere gli altri. Da secoli viene inculcato l'infido concetto del *peccato* per cui è sufficiente che qualcuno dica ad un altro: «*sei un peccatore, vergognati!*» ed il gioco è fatto. Senza accorgersene le persone diventano schiave di chi riesce ad instillare nella loro mente il dubbio di essere in difetto e quindi di avere la *"coscienza sporca"*. È risaputo che chi ha la coscienza sporca è facilmente suggestionabile e manipolabile.

In virtù di questa deprecabile mentalità si continua, ad esempio, a chiamare svergognata la ragazza che rimane incinta senza essere coniugata e *figlio della colpa* il bambino che porta in grembo. Invece, a chi si sposa regolarmente in chiesa, pur essendo gravida, non è riservata alcuna critica quando rivela che presto diverrà mamma. Anzi, riceve le congratulazioni e gli auguri di tutti. Sorge allora spontanea una domanda: «che cosa rende differenti tra loro le due donne fino al punto di considerare immorale la prima gravidanza e, al contrario, meritevole di approvazione la seconda? Con quale diritto si giudicano diversi i due nascituri? Non sono forse entrambi esseri umani così come le loro madri?».

Tutti hanno pari dignità e meritano rispetto qualunque sia la natura delle idee e delle convinzioni che esprimono. Nella fattispecie, ognuno ha la libertà di procreare e di assumersene poi la responsabilità senza che qualcun altro possa arrogarsi il diritto di approvare o meno. Le Sacre Scritture, del resto, lo dicono chiaramente: «*unitevi e moltiplicatevi*». Non esprimono disapprovazione né alcuna condizione all'unione, ma solo un'amorevole esortazione. Il Padreterno, infatti, ci ama tutti indistintamente ed incondizionatamente. Egli non giudica e non condanna nessuno. Il falso concetto del "Dio punitore" è stato inventato dal clero con l'intento di sottomettere la gente.

Papa Giovanni XXIII (il "Papa buono"), contrariamente a quanto ci era stato fatto credere in precedenza, nel 1962 ebbe il coraggio di affermare: «*per secoli vi abbiamo detto che Dio punisce. Non è vero! Dio è buono e misericordioso. L'uomo è colui che punisce sia gli altri, che se stesso*».

Dare la colpa a se stessi o al prossimo è un modo assolutamente sbagliato di porsi nei confronti della vita. Ma anche negare che ognuno di noi abbia il potere di prendere in mano le redini della propria esistenza è altrettanto errato. Perciò, sia chi lascia ingiustamente ricadere su qualcun altro le proprie responsabilità, come pure chi si addossa quelle che non gli competono, compie un errore. Agendo in questa maniera si diviene sempre più incapaci sia di comportarsi correttamente che di apportare delle giovevoli correzioni a quei modi di fare non producenti effetti benefici.

Molti di noi hanno assimilato, facendoli propri, i *sensi di colpa* che ci sono stati trasmessi dai genitori, dalla scuola, dall'ambiente lavorativo, da relazioni di amicizia o amorose e da falsi indottrinamenti religiosi e politici. Fino a che non ci si rende conto della trappola in cui ci si trova invischiati, *si continua a soffrire*!

Comprendere in quale tipo di inghippo viviamo ci consente anche di poterne uscire. Per farlo occorre innanzitutto sostituire il termine colpa con *responsabilità* e, così facendo, la questione cambia totalmente aspetto. Infatti, la parola responsabilità (che non va confusa né con sensi di colpa né con un esasperato senso del dovere) è composta da due parti, *responso* e *abilità*, che indicano la capacità di rispondere, cioè di saper far fronte ad una difficoltà o ad un problema. Più si diventa responsabili, maggiore è la consapevolezza. E, analogamente, più si è consapevoli, tanto più si cresce attraverso le responsabilità.

La **responsabilità** e la **consapevolezza** sono doti che vanno di pari passo. Basta assumersi la responsabilità delle proprie affermazioni e delle proprie azioni per renderci conto quanto la realtà che stiamo vivendo rispecchi le nostre idee e le nostre autonome decisioni o quanto, invece, sia l'effetto dei *sensi di colpa* che ci sono stati inculcati. In definitiva, essere responsabili significa che, anche quando sbagliamo, siamo in grado di dire a noi stessi: «pazienza, farò meglio la prossima volta...» e ce ne facciamo una ragione. Essere preda dei *sensi di colpa*, per contro, fa sì che ci si senta costantemente dalla parte del torto o di chi ha qualcosa da rimproverarsi sempre e comunque.

Il *senso di colpa* fa sentire debole un individuo, lo sminuisce e gli crea solo frustrazioni. *Essere responsabili* invece rende forti, determinati e soddisfatti di se stessi.

Il *senso di colpa* pone l'essere umano in una condizione di *inferiorità*. Crea i presupposti affinché si determini in lui il tipico stato d'animo di chi pensa di non meritare nulla di buono dalla vita perché *non ne è degno*. Con simili convinzioni è facile divenire preda di individui portati a manipolare il prossimo. Quando si è psicologicamente deboli, ed il *senso di colpa* è un sentimento che rende estremamente vulnerabili, si diviene immancabilmente dipendenti da qualcosa (alcol, fumo, cibo, psicofarmaci...) o da qualcuno (moglie, marito, capoufficio, clero...).

Nel tempo il *senso di colpa* si è sparso a macchia d'olio divenendo sempre più radicato negli animi delle persone. Molti individui, vittime inconsapevoli di questo ingannevole atteggiamento mentale, lo trasmettono alla prole perpetuando così, di padre in figlio, il nefasto concetto della *colpa*.

È noto che i bambini dipendono da qualcun altro per crescere, per cui cercano continuamente di accattivarsi l'approvazione di chi li educa. Alcuni genitori, agendo su questa fisiologica debolezza, legano a sé chi hanno procreato creando una forte dipendenza psicologica. Questo tipo di comportamento tutt'altro che raro fa sì che, ad esempio, un figlio da adulto rimanga accanto alla mamma (evento questo molto più frequente di quello in cui è il padre a tenerlo vincolato), rinunciando ad avere una vita affettiva propria ed una famiglia indipendente. Accade, infatti, che se si prospetta la possibilità di un eventuale fidanzamento o di un matrimonio, la madre sia colta da depressione (o da qualche altra malattia) per cui il figlio, sopraffatto da un profondo *senso di colpa*, torna sui suoi passi desistendo dal realizzare i propri desideri.

Quante volte succede che l'esistenza di un essere umano venga sacrificata, e perciò resa infelice, dall'amore egoistico che si nasconde sotto le melliflue sembianze di un rapporto apparentemente ricco di premure?

Uno degli aspetti più affascinanti della mia professione è la ricerca del movente che ha determinato il tipo di affezione con la quale una persona giunge alla mia osservazione. Non è infrequente che arrivino da me ragazze o donne sofferenti di una *"sindrome ansioso-depressiva"*, vale a dire una patologia in cui si alternano momenti di agitazione e di ansia (fino all'insonnia), con momenti di apatia e di completo disinteresse nei confronti di cose e persone. L'esperienza acquisita mi ha insegnato che dietro a questi disturbi si nasconde sovente un forte *senso di colpa* che spinge, chi se lo porta dentro, alla continua ricerca di una punizione (perché si è convinti, nel profondo, di non meritare una vita serena e gioiosa). Un'attenta quanto rispettosa anamnesi (cioè una indagine che riguarda il passato della paziente) spesso mi rivela che c'è stato un aborto (o più di uno) e che la persona non si è mai perdonata per l'atto compiuto.

Ricordo che una volta visitai una quarantacinquenne (che dimostrava almeno dieci-quindici anni in più della sua età), madre di otto figli, che si era sottoposta nel corso della sua vita a circa venti interruzioni di gravidanza. Suo marito, definito da lei stessa una bestia, non aveva mai voluto saperne di usare il profilattico. Non potrò mai dimenticare quel volto segnato da numerose rughe (conseguenti al dolore provato) né quello sguardo profondamente triste frutto uno sconforto mai sanato. L'episodio mi ha lasciato un profondo insegnamento, sia come medico che come uomo.

In una donna che ha abortito la sofferenza non dipende tanto dall'aborto, che già di per sé è molto penoso, quanto dal *senso di colpa* per il *peccato* commesso e dalla sensazione di vergogna e di auto-deprecazione che l'accompagnano. Mi è capitato molte volte di vedere donne erompere in un pianto accorato perché, mentre mi parlavano delle vicissitudini passate, rievocavano lo scottante ricordo di una gestazione che non avevano voluto o potuto portare a termine. Quanto avrebbero desiderato, nel momento in cui me ne parlavano, avere lì, con loro, quel figlio (al quale non avevano permesso di nascere) per poterlo baciare e stringere amorevolmente a sé. Nessuna donna, anche la più sciagurata, vorrebbe privarsi della creatura che porta in grembo. Quando lo fa vuol dire che non le è stato possibile o non ha saputo prendere, in quella circostanza, una decisione diversa.

È increscioso dover constatare come proprio alcuni esponenti della Chiesa, che per primi dovrebbero mostrare, con l'esempio, comprensione ed amore verso gli altri (**Gesù Cristo**, infatti, ci ha insegnato ad essere compassionevoli e a non giudicare), condannino chi ha abortito aggiungendo ulteriori sofferenze a quelle preesistenti.

È tempo che le persone siano consapevoli degli enormi danni (fisici, morali e psichici) che sono stati perpetuati nel corso dei secoli a scapito delle comunità da parte di chi col pretesto di aiutare la gente a redimersi e ad essere più buona, ha fatto credere nell'esistenza di un *Dio che si vendica*, instillando subdolamente il *senso di colpa* nelle coscienze. Una certa categoria di preti si è servita del ricatto e della repressione per esercitare il potere e sfruttare il prossimo. La Storia, maestra di vita, ce ne dà una chiara testimonianza quando ci racconta delle uccisioni, decise dai tribunali della "santa inquisizione", di illustri personaggi quali Giovanna D'Arco, Giordano Bruno, Girolamo Savonarola e di tanti altri meno noti, che non vollero piegarsi al sopruso, per rendersi conto delle efferatezze compiute in nome di falsi ideali religiosi.

Uno spartano domandò ad un sacerdote che voleva confessarlo: «*a chi devo confessare i miei peccati, a Dio o agli uomini?*». «*A Dio*» rispose il prete. «*Allora ritirati uomo*» disse lo spartano (da un racconto di Plutarco).

Il *senso di colpa* è un sentimento assolutamente deprecabile dal momento che, non soltanto non è in grado di modificare alcuna situazione spiacevole dopo che si è verificata, ma addirittura ne aggrava e ne protrae negli anni le incresciose conseguenze. Perciò, incolparci o *far sentire in colpa* i nostri figli non sortisce altro effetto se non quello di angustiarci la vita rendendo un autentico tormento anche la loro.

Come è noto, soltanto attraverso l'accoppiamento può nascere un altro essere. Eppure, ci è sempre stato detto che il sesso è male, è una cosa sporca. Per via del *senso di colpa* inculcatoci accade che tanta gente, pur essendo attratta da un proprio simile, si astenga dall'unirsi o non riesca a godere pienamente del rapporto sessuale perché mentalmente assillata dalla parola *peccato*. Per contro c'è anche da dire che se oggi si fa un uso smodato del sesso, lo si deve al senso di ribellione attuato nei confronti di un soffocamento morale subìto per secoli.

L'atto sessuale è un evento talmente naturale e coinvolgente che tutti ne avvertono l'irresistibile fascino. La sessualità non può essere repressa perché rappresenta un impulso insopprimibile. Semmai se ne dovrebbe fare un uso saggio che concili l'esigenza fisica con quella spirituale così da vivere il tutto in un completo appagamento d'amore. *Amore* e *sesso* non devono essere visti come due cose separate ma, al contrario, come due aspetti dei rapporti umani strettamente collegati. L'amore senza il sesso spesso diviene frustrante e insoddisfacente: è un po' come realizzare delle solide fondamenta senza poi costruirci sopra una casa. Del resto, anche il sesso senza l'amore si riduce ad una squallida funzione biologica, ripetitiva e meccanica, che finisce col lasciare l'amaro in bocca.

Reputare *peccaminoso* il sesso vuol dire vilipendere l'essere umano in quanto tale, ed offendere Dio che ne è il Creatore. Significa pure considerare la nascita di un bambino, cioè ciò che c'è di più sacro, come un evento immorale dato che, come tutti sanno, si verifica in seguito all'unione carnale tra due persone. Sono sufficienti queste semplici considerazioni perché chi ha in sé un po' di buon senso comprenda quanto stupide ed assurde siano le idee che ci sono state inculcate e come esse, attraverso i sensi di colpa, siano responsabili di tanti dolori che opprimono l'umanità. «*Il peccato più grande è credersi peccatori*» affermava Paramahansa Yogananda.

È estremamente utile, invece, essere consapevoli della importanza che assume in ogni frangente della nostra esistenza l'**intenzione**, vale a dire la *qualità* del sentimento che ci anima nel compiere un'azione. Se si tiene presente questo principio non è difficile rendersi conto del perché fare sesso fine a stesso dia, nel tempo, una sensazione di vuoto interiore e di insoddisfazione. Ogni volta che si *usa* una persona (anche senza esserne coscienti) si accumula inevitabilmente un senso di frustrazione. Se in un rapporto sessuale non c'è partecipazione e coinvolgimento affettivo e si vuole soddisfare soltanto un egoistico bisogno di piacere fisico, escludendo di dare all'unione quel significato di "sacralità" che le appartiene, ci si preclude la possibilità di provare la felicità che si avverte solo quando ci doniamo a qualcun altro con autentico trasporto e con vero amore.

Ho una mia definizione di peccato ed è la seguente: «*peccare significa fare le cose senza metterci amore!*». Tutto ciò che si fa prescindendo dall'entusiasmo, dalla gioia e dalla dedizione o che si compie al di fuori della volontà di donare, di condividere e di apportare beneficio anche agli altri, dal mio punto di vista è peccaminoso perché si agisce andando contro il fondamentale presupposto della vita: **il principio dell'amore!**

Vengo spesso contattato, in qualità di pediatra e di psicosomatista, da genitori che desiderano essere aiutati nel comprendere cosa fare per migliorare il loro modo di interagire con i figli. La pressante insoddisfazione per come vanno le cose in famiglia (malumore, disaccordi, cattiva comunicazione...) li spinge a ricercare nuove possibilità ed efficaci alternative.

Quando, però, la sofferenza di questi padri e madri raggiunge livelli molto elevati come accade, ad esempio, nel caso di una figlia anoressica o di un figlio tossicodipendente oppure, ancor peggio, nella tragica eventualità che il figlio sia morto in un incidente stradale o si sia tolto la vita, sicuramente risulta più difficile dare loro un aiuto che sia risolutivo del problema. In situazioni del genere, difatti, i genitori vivono in un perenne stato di malessere interiore, non solo dovuto al dolore che provano ma anche legato al lacerante *senso di colpa* che li attanaglia e che trasforma la loro esistenza in un vero e proprio inferno.

Far comprendere a costoro che ogni padre e madre si comporta in base a ciò che conosce e che pensa sia giusto, è un mio preciso compito di medico e di uomo che prova compassione per le altrui sofferenze. «Chi è (dico a queste persone) che deliberatamente vuole procurare dei danni ad un figlio? La *colpa*, se di colpa si può parlare, è solo ed esclusivamente della nostra ignoranza e della scarsa consapevolezza che di solito ci accompagna quando mettiamo al mondo una creatura. Nessuno ci ha insegnato come allevare (nel senso più verace del termine) un bambino. Ognuno di noi fa del proprio meglio in base a quello che ha appreso dai propri genitori i quali, a loro volta, l'hanno imparato dai rispettivi genitori e così via da millenni...».

Esigere da un padre e da una madre di fare delle scelte e di prendere delle decisioni che vadano al di là di ciò che essi conoscono, è una pretesa del tutto irragionevole. Per questo motivo ritengo che non sia giusto parlare di *colpa* ma, semmai, di *non conoscenza*. Così come non si dovrebbe usare la parola errore trattandosi in effetti di un processo di apprendimento che si attua tramite *esperienze* che purtroppo sovente sono segnate dalla sofferenza.

Non vi è dubbio che alcune volte si debba imparare provando un profondo disagio interiore, ossia pagando un prezzo molto alto. Ecco perché, quando durante una visita pediatrica ravviso in un bambino un atteggiamento di chiusura o un comportamento di irrequietezza eccessiva oppure avverto in lui un malessere emozionale, mi adopero per far comprendere ai genitori qual è il problema di fondo e come è possibile risolverlo prima che assuma, in futuro, proporzioni tali da procurare lezioni di vita molto penose da sopportare.

LA RABBIA

Spesso basta uscire di casa, salire sulla propria autovettura ed infilarsi nel traffico urbano, per divenire testimoni in prima persona di quanto malessere ci sia in giro. Per rendersene conto è sufficiente, ad esempio, distrarsi un attimo e non ripartire prontamente quando il semaforo si fa verde, perché si scateni dietro le nostre spalle un infernale strombazzare di clacson. Se poi istintivamente ci si volta per cercare di capire cosa sta succedendo, si rimane sconcertati nello scorgere facce incollerite e gesti non certo piacevoli rivolti verso di noi. Perché la gente si comporta in questo modo, viene spontaneo chiedersi in simili frangenti?

Purtroppo, è diventato normale assistere a scene di questo genere, specie nelle grandi città. Si tratta di uno dei tanti modi attraverso i quali le persone esprimono un disagio emozionale conosciuto come **rabbia.** Ma che cos'è la *rabbia* e perché siamo, anche se in misura diversa, così irascibili? E, soprattutto, qual è la molla che fa scattare in noi certe reazioni che ci inducono a prendercela con gli altri anche se non ci hanno fatto nulla di male? Perché, dovremmo domandarci, ci succede di maltrattare nostro malgrado chi ci è più caro e chi è più indifeso e vulnerabile di noi, vale a dire un figlio?

«Non hai mai osservato che, quando sei in collera, fai cose che normalmente non faresti? Dici cose di cui poi ti penti amaramente? E in seguito non riesci a credere di aver detto simili stupidaggini, di aver potuto pronunciare tali idiozie... Cosa succede quando sei arrabbiato? Sei in uno stato di ubriachezza. Osserva di più, e in te ci sarà meno rabbia...» è quanto fa notare Osho a proposito della rabbia.

Anch'io, fino a diversi anni fa, ero un individuo alquanto irritabile che celava la propria aggressività dietro una maschera di perbenismo con la quale ero cresciuto. Questo modo di comportarmi, che mi induceva a non dire mai "no", scaturiva essenzialmente dall'aver trascorso la mia adolescenza e la mia giovinezza nella quasi totale incapacità di esprimere le mie emozioni e i miei sentimenti più intimi. Non essendo stato educato a farlo, nei momenti in cui sentivo l'impellente necessità di sfogarmi mi trattenevo perché avevo paura che gli altri mi disapprovassero e mi rifiutassero.

Reprimere continuamente i miei stati d'animo non solo aveva peggiorato le mie ansie ma aveva pure generato in me una profonda *rabbia* inespressa. Del resto, i vari malanni (gastrite, colite, sinusite, rinite allergica...) da cui ero afflitto altro non erano se non il risultato di un malessere spirituale che si esprimeva attraverso il mio corpo. Infatti, quando non si è se stessi e si vive compressi (prevalendo in noi la razionalità e la rigidità), inevitabilmente si finisce per ammalarsi.

Dopo la laurea, forse per una certa sicurezza che avvertivo per via del tanto sospirato traguardo raggiunto, ho iniziato ad aprirmi e a comunicare con gli altri. Ovviamente, non essendo abituato a farlo, avevo non poche difficoltà quando dovevo confrontarmi con qualcuno. Bastava un nonnulla per farmi arrossire, mettermi a disagio e far mutare il mio umore facendomi provare un senso di inadeguatezza che a sua volta mi mandava in *collera*. Una *collera* rivolta essenzialmente verso me stesso (anche se allora non ne ero cosciente) e verso quel mio sentirmi impotente ed inferiore nei confronti degli altri.

La *rabbia* che provavo riuscivo a smaltirla solo in minima parte (anche perché se ne accumulava continuamente dell'altra) e quasi mai lo facevo con chi aveva tradito la mia fiducia o mi aveva fatto un torto. A farne le spese erano soprattutto i miei genitori, vale a dire chi mi amava di più e mi era più vicino, i quali sopportavano con pazienza i miei scatti d'*ira* e le mie intemperanze. Sono andato avanti in questa maniera per anni fino a che mi è capitato di partecipare ad un corso di sviluppo e crescita personale che è stato per me una vera e propria manna caduta dal cielo. Da allora il mio stile di vita è cambiato notevolmente tanto che oggi sono una persona serena, allegra e comunicativa.

Con questo non intendo affermare o far credere al lettore di essere diventato un santo e che il mio comportamento sia sempre impeccabile. Sicuramente non è così. Ad onor del vero posso asserire, con estrema schiettezza, che mi capita raramente di perdere la pazienza e di arrabbiarmi. Quelle pochissime volte che accade dura solo qualche minuto e non lascia mai nel mio animo alcuna sorta di odio verso qualcuno. A differenza di un tempo, riesco a ritrovare velocemente il mio abituale equilibrio e buonumore cosciente, come sono, delle *cause* che mi inducono talvolta a spingermi oltre certi limiti. È su queste cause che svolgo opera di consapevole e paziente risanamento.

Non vi è dubbio che la *rabbia* sia uno dei sentimenti più limitanti e distruttivi. Essa consiste in una sgradevole sensazione d'impotenza verso situazioni e persone che fa sentire inferiori e inadeguati rispetto agli altri. Ne consegue che un individuo arrabbiato provi dentro di sé una gran voglia di spaccare tutto e di farla pagare a qualcuno. Se non lo fa, quella energia repressa gli si ritorce contro (*auto-aggressività*) fino a sfociare, negli anni, nell'apatia e nella depressione.

Se, al contrario, la esterna con violenza e indiscriminazione (come spesso avviene negli stadi, nelle discoteche o in occasione di pubbliche manifestazioni), arrecherà danni e sofferenze al suo prossimo, oltre che a se stesso.

La soluzione, come sempre, è situata tra i due estremi. Nel caso specifico trova la sua legittima espressione in quella che viene definita la *sana rabbia*. Farci valere, rispettando l'altrui dignità, ci permette di imparare e di *progredire* (dal latino *progredior* che significa "andare avanti") senza che la nostra vita si trasformi in una guerra continua.

La cultura a cui apparteniamo noi occidentali considera spregevole manifestare la propria *rabbia*. Fin da piccoli ci viene detto che "non sta bene" o che "non è da persone educate" arrabbiarsi, per cui impariamo a *reprimere*, anziché *esprimere* ciò che sentiamo. È importantissimo invece sapere che, quando un bambino è arrabbiato perché contrariato da qualcosa che non è riuscito ad ottenere, i genitori dovrebbero lasciarlo sfogare. Soltanto dopo che ha manifestato urlando o lanciando un oggetto o sbattendo i piedi e buttandosi a terra, la frustrazione che si agita in lui per il diniego ricevuto, gli si può andare vicino, abbracciarlo ed iniziare a parlargli con dolcezza affinché impari delle cose.

Sicuramente un simile comportamento da parte di un padre e di una madre impedirà che si accumulino tensioni e mortificazioni nel ragazzino inducendolo anche a rasserenarsi velocemente. Sarà fondamentale, inoltre, fargli comprendere il *motivo* del rifiuto e che il rifiuto stesso non è rivolto a lui, ma nei confronti della richiesta fatta. Questo corretto modo di educarlo farà sì che il bambino cresca sentendosi accettato ed amato pure nel caso in cui gli si negherà qualcosa. Si eviterà così di farlo diventare un adulto insicuro, il quale tutte le volte che si troverà di fronte ad una difficoltà non saprà come affrontarla perché pervaso da un senso di inadeguatezza e da tanta *rabbia* repressa.

Esprimere una legittima *rabbia* come risposta a qualcosa che non ci aggrada o a qualcuno che ci ha ferito, talvolta è necessario perché tirarla fuori ci libera dal turbamento emotivo che si prova.

D'altro canto, anche **Gesù** ci ha insegnato, coll'esempio, che esiste un sano sdegno e che è bene in certe occasioni esprimerlo. Emblematico in tal senso è l'episodio riportato dal Vangelo riguardante la cacciata dal Tempio di alcuni mercanti che vi si erano insediati non per pregare ma per vendere la loro mercanzia. Nel vedere quella scena **Cristo** si adirò a tal punto che mandò all'aria tutta la merce esposta sulle bancarelle e buttò fuori a spintoni quegli uomini redarguendoli con queste parole: «*la mia casa sarà chiamata casa di preghiera ma voi ne fate una spelonca di ladri*».

Diventare consapevoli del *perché* siamo irosi soprattutto con talune persone o ci indigniamo in certe situazioni, ci permette di conseguire un allettante obiettivo: vivere serenamente e in pace con noi stessi e col prossimo. Inoltre, se si impara a comunicare agli altri, con sincerità ed educazione, quello che ci disturba, è molto probabile che non dovremo più arrabbiarci.

Una persona che è facilmente irritabile ed ha frequenti accessi d'ira prima o poi accuserà disturbi epatici perché il fegato è l'organo sul quale si riversa la collera. Non solo, siccome spreca molta energia, andrà perduta anche buona parte delle risorse necessarie per essere creativa. In altre parole, essere costantemente arrabbiati, oltre a rendere frustrante e misera la propria vita, ci preclude pure la possibilità di realizzare i nostri sogni.

L'esperienza acquisita su un gran numero di pazienti mi ha permesso di constatare come in realtà ciascuno di noi sia arrabbiato, prima che con gli altri, *essenzialmente con se stesso*. In fondo in fondo tutti sappiamo che potremmo comportarci diversamente (evitando così di incorrere in un mucchio di guai). Ciononostante, facciamo poco o nulla per cambiare le cose che non ci apportano benefici. Accusare le circostanze ed il nostro prossimo di essere la causa degli affanni che ci affliggono, è semplicemente una scusa, un alibi per non dover mettere in discussione le nostre azioni assumendocene per intero la responsabilità. Quando ci arrabbiamo con qualcuno di solito accusiamo l'altro di avere torto senza renderci conto che la *rabbia* è una emozione che ci portiamo dentro, che ci appartiene. L'altra persona l'ha attivata fungendo da "detonatore", ma non ne è la causa!

La *rabbia* che proviamo affonda le radici nella nostra infanzia. Questo sentimento, difatti, ha origine da tutte quelle situazioni in cui abbiamo dovuto subire imposizioni e torti che, oltre a mortificarci, hanno provocato in noi un senso di impotenza, ovvero **dolore.** L'essere stati maltrattati da un genitore o da un insegnante oppure essere stati esclusi dai giochi degli altri o, ancora, il non aver sentito la considerazione e l'amore di un padre o di una madre nei momenti in cui se ne aveva più bisogno lasciano, molto più di quanto si possa immaginare, un *segno duraturo* in un bambino.

Se ogni genitore imparasse ad esprimere la propria indignazione in maniera appropriata, ossia senza eccedere e senza offendere, la qualità della sua vita ne riceverebbe un arricchimento che si rifletterebbe positivamente pure sui figli. Inoltre, essere più amorevoli e perciò meno collerici, porta ad avere a che fare soprattutto con persone educate e rispettose, perché "il simile attira il simile".

Fintantoché continueremo a non riconoscere o a rifiutare le emozioni che ci fanno soffrire, come la *collera*, ne saremo perseguitati fino al punto da causarci continui patimenti. Una volta che avremo accettato di essere arrabbiati ed inizieremo un processo di autoguarigione (magari aiutati da qualcuno in grado di farlo), la nostra esistenza sicuramente migliorerà. Da quel momento saremo veramente *liberi* di fare scelte diverse e di rivolgere la nostra attenzione verso alternative molto più valide rispetto a quelle sperimentate in passato perché finalmente *consapevoli*. Se si è consapevoli e compassionevoli svanisce per sempre anche questo grande impostore: la *rabbia*.

«*La prossima volta che ti senti in collera va' e corri intorno a casa tua per sette volte, poi siediti sotto un albero e osserva: dov'è andata la tua rabbia? Non l'hai repressa, non l'hai controllata, non l'hai gettata su qualcun altro. Non riversare la tua rabbia su nessuno perché se la scarichi su qualcuno si crea una catena in quanto l'altro a sua volta riverserà su di te una rabbia maggiore e finirete per diventare acerrimi nemici*» questo è quanto Osho invita a sperimentare quando siamo arrabbiati.

RANCORE o RISENTIMENTO

Dopo aver descritto la *paura*, i *sensi di colpa* e la *rabbia*, è giunto il momento di occuparci di un altro nemico spirituale dell'uomo: il **rancore** o **risentimento**.

Ho conosciuto e conosco molte persone che non appena chiedi loro perché sono ansiose, depresse o angustiate, ti rispondono che la loro infelicità è provocata da qualcun altro.

Purtroppo, è molto diffusa l'insensata convinzione secondo la quale c'è *sempre* una causa esterna per quel che riguarda i propri mali. Tanti individui sono bravissimi nel dare la colpa delle loro pene alle circostanze e al prossimo. Sembra, anzi, che questa sia la loro principale occupazione.

Con la professione che svolgo è frequente per me constatare come si tenda a focalizzare l'attenzione sempre sugli altri, per quel che concerne l'origine delle proprie scontentezze e frustrazioni. Infatti, vengono a consultarmi mogli che si lamentano continuamente dei mariti e mariti che si lagnano delle mogli. Genitori stanchi di un certo comportamento dei figli e figli crucciati per l'atteggiamento poco affettuoso che padri e madri hanno nei loro confronti. Sembra essere una giostra senza fine quella alla quale assisto quotidianamente ormai da tanti anni.

Non vi pare strano che la maggior parte di noi biasimi un suo simile senza mai fare il minimo accenno alle proprie responsabilità o ai propri errori? Come si può pensare, in maniera ostinata, di essere *perfetti* mentre tutti gli altri sono colmi di difetti e di colpe? C'è sicuramente qualcosa che non quadra in tutto questo, non credete? «*Accusare gli altri delle proprie disgrazie è conseguenza della nostra ignoranza; accusare se stessi significa cominciare a comprendere; non accusare né se stessi, né gli altri, questa è vera saggezza*» affermava Epitteto, filosofo dell'antica Grecia.

All'essere umano sono stati dati poteri talmente grandi che, nella maggior parte dei casi, non sa neppure di averli per cui neanche li usa. Non sono pochi gli individui che si indispettiscono quando gli si fa notare che anche loro hanno la possibilità di gestire positivamente la propria vita. La ragione dell'irritazione è fin troppo chiara. Se si ammette di avere questo potere, si deve necessariamente riconoscere di essere responsabili delle proprie azioni, come anche delle non azioni e dei *fallimenti*. Per tanti tutto questo non è tollerabile perché viene considerato troppo doloroso da sostenere. Preferiscono assumere il ruolo di *vittima*.

La vittima si lamenta incessantemente del mondo che definisce orribile e degli altri che considera tutti cattivi e crudeli. La vittima si autocommisera («nessuno mi capisce, nessuno mi ama») e mendica continuamente affetto ed approvazione (proprio come fa un bambino) perché pensa di non valere gran che. Essere vittime è facile, perché non bisogna fare nulla. È molto più difficile rimboccarsi le maniche e cercare *dentro di noi* la risposta ai problemi che si presentano nella nostra vita.

Non è arduo comprendere come, tra il sentirsi vittime e covare in animo un sentimento di *rancore* verso qualcuno, il passo sia estremamente breve. Vivere rimuginando su fatti spiacevoli che ci sono capitati in passato o lamentarsi condannando chi ci ha fatto dei torti, non porta alcun lenimento alle nostre tribolazioni, anzi le accentua e le perpetua. Sicuramente non è questa la via più giusta da seguire se si vuole dare una svolta positiva alla propria esistenza. Certo, dato che anch'io ho ricevuto del male, so che non è facile dimenticare soprattutto quando il sopruso subìto si è verificato ad una età che non ci consentiva di difenderci, cioè da bambini.

Ora che siamo adulti, però, le cose sono completamente diverse dal momento che abbiamo la facoltà di non lasciarci danneggiare. È inutile continuare a rodersi dentro sviluppando odio per chi ci ferisce perché, in realtà, siamo noi a permetterglielo. Nessuno, infatti, può farci del male se non ci mettiamo nella condizione di subire. Nella vita succede che **ognuno riceva esattamente ciò che si merita**.

Tutto quello che ci capita non accade mai per caso in quanto cela sempre un preciso *perché*. La lezione principale che dobbiamo apprendere è **imparare ad amare innanzitutto noi stessi** che sostanzialmente vuol dire lavorare sui propri difetti al fine di eliminarli e, allo stesso tempo, impedire a chiunque di procurarci sofferenze. La stima di se stessi e l'amor proprio sono priorità assolute. Soltanto in un secondo momento è lecito occuparsi amorevolmente dei nostri simili.

Il *risentimento* danneggia soltanto chi se lo porta dentro. È come una "palla al piede" che ostacola il nostro sviluppo e la nostra crescita personale perché ci fa vivere avendo come punto di riferimento il *passato*, anziché il *presente*. Si comporta alla stregua dei sacchetti di sabbia che appesantiscono, trattenendola al suolo, una mongolfiera. Fa da scomoda zavorra all'anima e carica la nostra vita di amarezze ed afflizioni.

Quando proviamo astio per qualcuno nel nostro organismo si creano sostanze altamente venefiche. Ci sono molte persone che fanno del *rancore* il nutrimento del loro modo di vivere non rendendosi conto che prima o poi il risentimento provato finirà per logorarle e per dare origine ad un cancro.

Di recente è scomparsa una mia cara amica, poco più che quarantenne, consunta da un tumore alla mammella curato vanamente con la chemioterapia. Ricordo che fino agli ultimi giorni di vita, pur provando orribili sofferenze, ebbe la capacità di rievocare fatti del passato, distanti nel tempo, che ancora le suscitavano una profonda acredine nei confronti dei genitori e dell'ex marito. Questo caso, come altri che ho avuto modo di osservare, testimonia come ogni malattia (ed il cancro non fa eccezione alla regola) abbia la propria matrice negli stati d'animo negativi che un essere umano si porta dentro, spesso inconsapevolmente.

Secondo me è ora di smetterla di delegare a terapie chimiche, caratterizzate da risultati rovinosi, il compito di cambiare il destino di qualcuno. Il corpo si ammala perché è l'anima a soffrire ed è proprio quest'ultima che va curata, con amore e compassione, se si vuole risolvere alla radice la causa di ogni patimento umano. Occorre dare una mano alla gente che soffre nel lasciar andare *paure, sensi di colpa, collere* e *rancori*. Per fare ciò bisogna servirsi di metodi naturali, non aggressivi, che siano in grado di sciogliere i *traumi* e le *ferite emozionali* da cui dipende principalmente ogni tipo di dolore spirituale e di malattia. Gli strumenti per farlo esistono. Un contributo rilevante, in tal senso, può darcelo la *medicina olistica* (omeopatia, omotossicologia, agopuntura, fiori di Bach, coppettoterapia, neuralterapia, cromoterapia...) che agisce, sciogliendoli, sui blocchi energetici che stanno all'origine di ogni male (fisico, mentale ed emozionale) fino ad arrivare alla guarigione.

> «*Educare se stessi, per educare bene i propri figli*»

Socrate

> «*Nessuno ha diritto di dare consigli agli altri sino a quando egli stesso non mette in pratica ciò che predica*»

Sai Baba

> «*Accusare gli altri della propria sfortuna è segno di un bisogno di educazione. Accusare se stessi significa che la propria educazione è cominciata. Non accusare, né se stessi, né gli altri, vuol dire che la propria educazione è completata*»

Epitteto

Educare se stessi, per educare bene i propri figli

Nel corso dei quarantacinque anni di attività pediatrica che ho al mio attivo, l'appassionato contatto con un numero elevato di bambini, papà e mamme mi ha consentito di imparare molto. Tra quanto ho appreso un dettame, in particolare, si è rivelato estremamente importante: **per educare bene un figlio, occorre innanzitutto educare se stessi!**

Come si può aiutare qualcuno, in primo luogo la propria prole, se non si è in grado di essere d'aiuto innanzitutto per sé? È come se *un cieco, prendendo per mano un altro cieco, lo volesse condurre da qualche parte!*

Ogni genitore che abbia *veramente* a cuore le sorti di chi ha messo al mondo dovrebbe tenere presente questa *regola d'oro* se vuole ottenere risultati che lo soddisfino sia come essere umano che come educatore. Un tale incontrovertibile principio sottolinea la necessità di correggere le proprie debolezze e i propri difetti, essendo disposti a riconoscerli, ed implica l'esigenza di cambiare quelle convinzioni e quelle abitudini che non sortiscono effetti soddisfacenti specialmente quando si è alle prese con la prole. Uno degli aspetti più contraddittori e deleteri dell'educazione, appartenente alla maggior parte dei genitori, consiste nel pretendere di guidare i propri figli sul giusto cammino senza che gli stessi genitori siano inclini, per primi, a percorrerlo.

Sono un indefesso sostenitore del presupposto secondo il quale, affinché il rapporto con chi si è generato divenga il più giovevole possibile, sia indispensabile crescere ed evolvere come individui e poi anche come padri e madri. In effetti, man mano che si compiono sostanziali risanamenti nel nostro personale stile di vita e si modificano in meglio le nostre vedute, ci si accorge che fare il genitore diventa sempre più facile perché, perdendo a poco a poco consistenza il peso degli insegnamenti restrittivi ricevuti (*condizionamenti*), si riesce ad essere più comprensivi, più assennati e più affettuosi, dunque più disponibili ad apprendere (e a mettere in pratica) cosa è utile e vantaggioso per i nostri figli (oltre che per noi stessi).

Per quel che mi riguarda posso asserire che negli ultimi anni mi sono impegnato molto nel cercare di ampliare le mie conoscenze e nel provare a migliorarmi sotto il profilo umano, professionale e genitoriale. Mutare quegli aspetti della mia mentalità che un tempo mi limitavano e mi condizionavano negativamente è stato possibile grazie ad un tenace e persistente lavoro compiuto su me stesso che mi ha riservato fino ad oggi sforzi e fatiche, ma anche gioie e soddisfazioni.

Fondamentalmente sono state due le ragioni che mi hanno indotto a cambiare. La prima è scaturita dal desiderio di vivere una vita diversa, più consapevole ed appagante, essendo stufo di patire. La seconda riguarda la mia ferma volontà di evitare che mio figlio debba soffrire a causa dei miei comportamenti sbagliati.

La catena di scarse consapevolezze e di tribolazioni che in passato ha tenuto prigionieri i miei ascendenti, l'ho voluta spezzare. Grazie all'aiuto che ho ricevuto da parte di persone più evolute di me e all'impegno che ho messo nel volermi liberare da quello che un tempo mi nuoceva e mi faceva vivere male, sono diventato consapevole del fatto che soltanto quando iniziamo ad amarci realmente, ovvero cominciamo a fare delle cose che ci procurano benefici, possiamo compiere un balzo evolutivo comprendendo quanto sia semplice e piacevole amare i nostri figli e quanto sia rilevante saperglielo trasmettere. La *consapevolezza* ci fa vedere chiaramente cosa giova alla loro anima e cosa, invece, ne ostacola lo sviluppo rendendoli infelici.

Far partecipi tantissimi genitori del fatto che il modo per scrollarci di dosso i retaggi educativi che non ci procurano benessere esiste davvero, è quanto si prefigge questo libro conscio che per favorire una buona crescita soprattutto spirituale dei bambini occorre dare una mano ai loro papà e alle loro mamme (sempre che siano disposti a lasciarsela dare) nel divenire coscienti di quali siano i *veri presupposti* di una benefica educazione.

Una moglie e madre felice non trascorre la giornata brontolando, sbuffando e prendendosela con il marito e con i figli. Un marito e padre felice, non è dedito all'alcol e non picchia la consorte e la prole quando torna a casa. La felicità dà origine alla felicità così come la infelicità genera infelicità: entrambe scaturiscono dal tipo di educazione ricevuta e dal genere di condizionamenti subìti.

Soltanto se ci si rende conto di quello che ha fatto male a noi, si è in grado di evitare che anche i nostri figli ne paghino le conseguenze. Comprendere *cosa* va cambiato del modo di pensare e di agire che ci portiamo appresso (effetto di tutto quello che ci è stato inculcato), sostituendolo con punti di vista ed atteggiamenti diversi, più validi, è a dir poco cruciale se si vuole interrompere una volta per tutte la giostra di sofferenze che da millenni vengono perpetuate di generazione in generazione.

E come EDUCAZIONE

Credo che per un genitore educare un bambino sia, oltre che un grande privilegio, anche una straordinaria opportunità per crescere ed evolvere spiritualmente purché il figlio lo si accetti e lo si ami incondizionatamente come essere umano. Dedicarsi a lui con pazienza, coerenza ed umiltà significa essere disposti a comprendere e ad imparare prima ancora di farsi ubbidire e di insegnargli delle cose.

Il vocabolo **educazione** deriva dal latino *"ex-ducere"* che significa condurre qualcuno fuori dalla ignoranza ossia accompagnarlo dalla oscurità alla luce. In altre parole, educare vuol dire aiutare un individuo a fuoriuscire dal buio e dal torpore della incoscienza al fine di renderlo consapevole delle sue potenzialità.

L'uomo può maturare e trasformarsi continuamente. Queste sue potenziali capacità vanno coltivate per tutta la vita se si vuole condurre una esistenza appagante. Quando ciò non si verifica egli va incontro inevitabilmente alla sofferenza e alla malattia.

Socrate paragonava il metodo da lui usato, per educare, a quello della levatrice. *Maieutica* fu il termine che egli adottò per definire tale metodo. In greco *maieutikè* vuol dire "arte di far nascere i bambini". A suo parere l'educatore, similmente ad una ostetrica che si prodiga per far venire alla luce un bimbo, ha il compito di aiutare i giovani nel tirare fuori tutto il bello ed il divino che essi hanno dentro. Così facendo si valorizzano i talenti che ognuno possiede.

L'educazione, quando risponde pienamente al suo significato etimologico, si propone di fare da collegamento tra le potenzialità, che sono innumerevoli in ogni individuo, e la loro concretizzazione.

Se, ad esempio, metto a disposizione di mio figlio, fin da quando è piccolo, matite colorate e fogli di carta lasciandolo libero di esprimersi attraverso il disegno e poi, man mano che si fa sempre più grande, gli regalo colori, tele e libri che illustrano tecniche di pittura (avendo constatato che la cosa lo appassiona) e, successivamente, gli offro la possibilità di frequentare una scuola d'arte perché questo è ciò che lui desidera, è probabile che dipingere si riveli la sua professione futura e che un giorno diventi un pittore quotato. Nel caso in cui, strada facendo, dovesse cambiare idea e avesse voglia di occuparsi di qualcos'altro, il problema non si pone perché essendo cresciuto nella libertà, nella giocosità e nel rispetto dei suoi desideri e delle sue inclinazioni, qualunque mestiere o professione dovesse scegliere in alternativa vi si dedicherà con passione e dedizione, riportandone soddisfazioni.

Educare bene un bambino implica, sostanzialmente, lasciargli manifestare la propria creatività e ciò per cui è più portato permettendogli di esternare i talenti che egli possiede. Favorendo la creatività dei figli permettiamo loro di essere in grado da adulti di concretizzare le loro idee e di realizzare i loro desideri. Lasciare che un bambino si esprima compiutamente senza che necessariamente debba assomigliare a qualcuno o che, crescendo, si senta in dovere di calcare le orme di un familiare (divenendone una copia) è quanto di meglio gli si possa offrire se vogliamo, tra l'altro, che impari ad essere se stesso.

Dal momento che **ciascuno di noi è unico ed irripetibile**, è necessario aiutare i nostri figli senza imporre modelli precostituiti né forzandoli a seguire ciò che ci piace. Si dovrebbe, pertanto, creare attorno a loro un ambiente familiare che li appoggi con mezzi economici sufficienti e che trasmetta amore, comprensione, approvazione, gratificazione e sostegno morale. Così facendo gli si consentirà di crescere con una sana autostima e con una profonda fiducia nella vita e nel prossimo.

Invece, cosa succede frequentemente? Che tanti genitori decidono loro quello che i figli dovranno fare da grandi in base a ciò che essi hanno realizzato o avrebbero voluto realizzare. In altre parole, proiettano sulla prole le loro speranze, le loro ambizioni e i loro sogni, spesso non attuati, perché pensano che così facendo stanno rendendo un servigio a chi hanno procreato.

Vi è un'altra convinzione molto diffusa (pure questa a mio avviso non corretta) che è quella di credere che se un giorno il proprio figlio diverrà un medico, o un avvocato, o un ingegnere, o un professore, oppure un imprenditore, cioè una persona che occupa una posizione sociale di prestigio, questo basti a renderlo felice. Ma la realtà spesso non collima con questo convincimento. Difatti, se la società è stracolma di individui scontenti e inappagati che vivono una vita frustrante e incolore, lo si deve al fatto che essi non hanno concretizzato le loro aspirazioni spinti dai genitori a fare tutt'altra cosa rispetto a quello che avrebbero voluto. In altri termini, non sono stati educati a credere nelle proprie possibilità e a valorizzarle adeguatamente.

Trovo che non sia assolutamente giusto, né corretto, che un figlio debba accettare e condividere in ogni caso il nostro punto di vista o assecondare le nostre aspettative. È invece opportuno e ragionevole dare a chi si è messo al mondo lo spunto da cui possa partire per attuare un individuale percorso di vita. È in nostro potere consigliarlo ed indirizzarlo a seconda dei desideri e delle inclinazioni che mostrerà di avere crescendo. Possiamo suggerirgli come affrontare e risolvere un problema ma poi, alla fine dei conti, spetta a lui scegliere come agire e cosa desidera fare.

I figli non sono venuti al mondo per accontentare i nostri desideri e per soddisfare ciò che a noi è gradito. Essi non sono un qualcosa di cui possiamo disporre a nostro piacimento (anche se la motivazione che spinge un genitore a comportarsi in una certa maniera è finalizzata a procurare loro del bene) e, meno che mai, sono una nostra proprietà.

I figli sono nati per vivere la loro vita come meglio credono e per seguire le loro aspirazioni. Noi genitori dovremmo mettere da parte il nostro egoismo ed il nostro egocentrismo avendo come scopo principale quello di impegnarci, con gioia, nell'aiutarli a realizzare i *loro* sogni e non i nostri, e nel sostenerli affettivamente ed economicamente affinché in futuro facciano quello che amano. Soltanto quando si ama intensamente ciò che si fa ci si sente realizzati e soddisfatti. In caso contrario, anche se si guadagna molto denaro, l'esistenza perde sapore e non ci offre alcuna attrattiva perché viene a mancare l'*amore*.

Un bambino nasce dall'incontro di un ovulo con uno spermatozoo, ma la sua anima esiste già prima che quel corpo cominci a formarsi. I genitori, tramite l'unione sessuale, favoriscono la nascita di un essere umano sebbene non ne siano i creatori (né, tantomeno, lo sono della sua anima). Tutti i padri e le madri costituiscono un *mezzo*, ma non sono gli artefici di una vita: solo Dio lo è! Pertanto, considerare i figli un nostro patrimonio è un atto di presunzione, un vero e proprio arbitrio. Il grande poeta libanese Kahlil Gibran è l'autore di una poesia riguardante i figli (rivolta a tutti i genitori) nella quale mette in risalto il concetto appena espresso, ossia che i figli non ci appartengono e che perciò essi hanno il diritto di decidere autonomamente cosa fare della propria esistenza e come viverla:

> *"I vostri figli non sono figli vostri: sono i figli e le figlie della*
> *forza stessa della vita.*
> *Nascono per mezzo di voi ma non da voi.*
> *Dimorano con voi tuttavia non vi appartengono.*
> *Potete dar loro il vostro amore ma non le vostre idee.*

*Potete dare una casa al loro corpo ma non alla loro anima,
perché la loro anima abita la casa dell'avvenire che voi non
potete visitare nemmeno nei vostri sogni.*
*Potete sforzarvi di tenere il loro passo ma non pretendere di
renderli simili a voi, perché la vita non torna indietro né
può fermarsi a ieri.*
*Voi siete l'arco dal quale, come frecce vive, i vostri figli sono
lanciati in avanti.*
*L'Arciere mira al bersaglio sul sentiero dell'infinito e vi tie-
ne tesi con tutto il suo vigore affinché le sue frecce possano
andare lontano.*
*Lasciatevi tendere con gioia nelle mani dell'Arciere poiché
egli ama in egual misura, e le frecce che volano, e l'arco che
rimane saldo".*

Tutto ciò che dovremmo fare in qualità di educatori è dare alla nostra prole oltre che cibo, indumenti con cui coprirsi e una dimora, soprattutto amore, supporto morale, incoraggiamento, comprensione, accettazione nonché protezione da tutti coloro i quali possono condizio-
narla sfavorevolmente con le parole e con il loro modo di fare. Non lasciate che i vostri figli frequentino persone che hanno pensieri e comportamenti negativi anche nel caso in cui si tratti di familiari prossimi
come gli zii o i nonni perché, quando si è piccoli, tutto ciò che si vede e
si ode rimane impresso nella mente inconscia ed influenza la vita futura.

A mio figlio comunico spesso che l'essere umano non ha limiti di alcun genere tranne quelli che egli stesso si pone o che si fa mettere dagli
altri. «*Tutto è possibile e tutto è realizzabile*» gli dico. Ogni nostro sogno, anche quello che sembra inattuabile, può concretizzarsi quando,
credendo in noi stessi e nella Provvidenza, siamo animati dalla buona
volontà e da tanto entusiasmo.

Non nascondo che più di una volta, in passato, sono stato tentato di
instillare nella testa di Michele l'idea di diventare un medico. Tuttavia,
non sono caduto nell'errore di influenzarlo con quello che a me piace.

Un buon genitore deve avere, via via che chi si è procreato cresce, la
sensibilità ed il coraggio di *non interferire* con le sue decisioni anche se

non le approva. Un padre ed una madre veramente in gamba spronano il proprio figlio a conoscere, tentare, sperimentare, ricercare e, se occorre, gli consentono di sbagliare perché quella esperienza comunque gli gioverà lasciandogli un insegnamento: non c'è, infatti, lezione più fruttuosa di quella che si apprende sulla propria pelle!

Se, ad esempio, nostro figlio desidera fare il pittore o il musicista o l'attore e ciò non collima con quelli che sono i nostri gusti e i nostri desideri, dovremmo in ogni caso accettare la sua scelta e dirgli: «*quello che tu vuoi fare non lo condivido, però rispetto il tuo volere e le tue preferenze perché ti amo. Sappi comunque che hai tutto il mio appoggio e la mia benedizione. Và, figlio mio, percorri la tua strada e fa quello che senti, io sono con te...*».

Benedici tuo figlio quando vuole iniziare a fare qualcosa. Non ostacolarlo con i tuoi dubbi, i tuoi preconcetti, le tue insicurezze, le tue paure. Sostienilo ed amalo per quello che è, sempre e comunque, e non per quello che a tuo parere dovrebbe essere. Inoltre, non tentare di cambiarlo. Ci penserà la vita a forgiarlo man mano che si renderà necessario. Nel frattempo stagli vicino in maniera amorevole e cerca, semmai, di correggere o di cambiare quello che non va di te...

E' opportuno che i genitori siano i principali complici e sostenitori dei propri figli e non i maggiori avversari ed oppositori (anche se non è detto che debbano dire sempre "si", come vedremo più avanti). I bambini necessitano di sapere che noi siamo dalla loro parte. Essi hanno bisogno di ricevere calore umano, considerazione e rispetto perché solo in questo modo cresceranno amandosi e amando il prossimo.

Quando si ha fiducia nella propria persona, la si ripone anche nella gente e nella esistenza. L'essere umano che ha fiducia in se stesso è un individuo indipendente e libero che cercherà di attuare quello che a lui piace ed aggrada e non ciò che piace ed aggrada gli altri.

Se calpesti la fiducia di un bambino avrai distrutto il suo essere, lo avrai castrato, annichilito, gli avrai tolto il suo personale potere rendendolo un impotente che avrà costantemente bisogno di qualcuno che lo domini e che gli dica cosa deve o non deve fare.

La società disapprova chi nutre considerazione e rispetto nei propri confronti adducendo come pretesto che è da egoisti amarsi. Il potere istituzionale (laico o ecclesiastico che sia) vuole che le persone siano arrendevoli e servili cosicché possano essere facilmente manipolate ed usate. In realtà, l'amore verso se stessi è l'unico punto da cui partire per arrivare a tutti gli altri amori. «**Ama te stesso ed ama il prossimo tuo come te stesso**» ci ha insegnato **Gesù Cristo**.

Ogni nostro sforzo di genitori dovrebbe avere come fine ultimo quello di far sì che i nostri figli diventino individui *gioiosi, affettuosi, leali, spontanei, generosi, comunicativi, ottimisti, cooperativi, creativi* e, soprattutto, *esseri liberi* di esteriorizzare con sincerità il proprio pensiero e capaci di manifestare i propri sentimenti e le proprie emozioni (nella gioia come nel dolore) senza che alcun giudizio esterno possa fare da freno o in qualche maniera condizionarli.

D come DISEDUCAZIONE

È utile conoscere che il cervello umano è composto da due metà, la destra e la sinistra, denominate *emisferi*. Gli emisferi cerebrali sono uniti tra loro per mezzo del *corpo calloso* una struttura nervosa costituita di fasci di fibre, che si intrecciano, provenienti dalle rispettive due parti.

L'emisfero sinistro presiede a funzioni quali la razionalità, il ragionamento, la matematica, il calcolo, la scrittura, il linguaggio, la memoria, l'ordine, la disciplina. L'*emisfero destro* è la sede della creatività, dell'immaginazione, del simbolismo, dell'intuito, dell'irrazionalità, dell'arte. In altre parole, il cervello sinistro conta ed usa la logica mentre quello destro canta, danza, dipinge, scrive poesie, racconta le favole, si commuove: insomma si esprime con il linguaggio del cuore. Ambedue gli emisferi hanno la loro ragione di esistere a patto che se ne faccia un uso equilibrato ovvero si utilizzi l'uno o l'altro a seconda delle situazioni. Solo così facendo, infatti, si può vivere in maniera bilanciata.

Nasciamo "cervelli destri" e rimaniamo tali per i primi 7 anni di vita. Ciò spiega come mai, fin quando non raggiungono la suddetta età, i bambini non comprendono i discorsi logici e non capiscono il concetto di spazio e di tempo. Lo apprenderanno crescendo quando cominceranno a fare uso del cervello sinistro (ossia dopo il settimo anno).

Malauguratamente l'educazione che riceviamo esalta le proprietà dell'emisfero sinistro penalizzando, di conseguenza, il destro. Questo errato modo di venire allevati genera infelicità perché nessun essere umano può vivere una vita gioiosa se non esprime la propria parte irrazionale, la propria fantasia, la propria creatività, i propri sentimenti e le proprie emozioni. In qualsiasi posto del pianeta nasca, un bambino è per sua natura fantasioso e creativo avendo in sé tutte le capacità per esserlo. Pochi, tuttavia, sono i ragazzini fortunati i cui genitori permettono loro di manifestare pienamente ciò che essi sentono e desiderano esprimere e fare. La maggior parte dei bambini, fin dalla più tenera età, viene repressa nelle proprie naturali manifestazioni (pianto, riso, entusiasmo, allegria, spirito di iniziativa, curiosità...) da padri e madri che a loro volta sono stati repressi da genitori repressi.

Comunemente si ritiene che educare un bambino significhi rimpinzarlo di regole, concetti, buone maniere e informazioni perché si pensa che sia simile ad un recipiente vuoto che è bene riempire con cose reputate utili. In verità, così facendo, il suo emisfero destro viene sempre più inibito a tutto vantaggio di quello sinistro.

A scuola gli studenti sono letteralmente bombardati con nozioni di storia, geografia, matematica, scienze... essendo costretti ad imparare e a ripetere come pappagalli una infinità di cose inutili (che personalmente non esito un solo istante nel definire pattume) di cui non potranno giovarsi in alcun modo per affrontare la vita, quella reale. Antony De Mello era solito dire una frase, che condivido pienamente, con la quale sottolineava il danno e la inutilità di ciò che abitualmente ci viene insegnato: «*passiamo metà della nostra esistenza ad imparare stronzate e l'altra metà a cercare di dimenticarle*».

L'intelletto, l'obbedienza, le regole prestabilite e tutto ciò che è previsto dal programma ministeriale vengono sostenuti e favoriti a detrimento della intelligenza, della sensibilità, della improvvisazione, della creatività. Chi è intelligente, chi non ha paraocchi, chi è curioso, chi ha voglia di conoscere (e non di sapere), chi si pone dei quesiti, chi mette in discussione (nel senso costruttivo della espressione) ciò che gli viene detto, così come chi ama scoprire e sperimentare personalmente le cose, non piace alla istituzione scolastica perché ne fa vacillare la credibilità ed il

potere. Per contro le "pecore", i "secchioni" e tutti coloro che si adeguano, nella disciplina e nell'inquadramento, a certi dettami sono benvoluti e premiati perché non creano scompiglio e non danno preoccupazioni di alcun genere.

Succede sovente che il termine *intelligenza* venga confuso con *intelletto*. Credo sia opportuno chiarire qual è la differenza: **l'intelligenza
appartiene al cuore, l'intelletto alla testa.**

Essere intelligenti significa aver conservato la spontaneità, la semplicità, la facoltà di sapersi meravigliare, la voglia di conoscere (proprio
come un bambino) avendo il coraggio di avventurarsi in ciò che ci è ancora ignoto. La persona intelligente è creativa, flessibile, amorevole,
comprensiva, intuitiva. In breve, sa vedere al di là delle apparenze in
quanto *comprende*.

L'intellettuale, per contro, coltiva la razionalità, la erudizione, il sapere. Accumula nella mente quante più nozioni ed informazioni gli è possibile (per far vedere agli altri quanto è bravo) parla usando un linguaggio ricercato e non lascia trapelare le proprie emozioni e i propri stati
d'animo essendo formale e controllato. In altre parole, è un individuo
pauroso che "non sa vedere al di là del proprio naso" perché si limita a
cercare di *capire. Tutto questo non può essere definito intelligenza!*

Per vivere bene bisogna essere intelligenti (che tra l'altro vuol dire infischiarsene del giudizio altrui) e non istruiti e colti. Così come occorre
comprendere e non sforzarsi di capire. Malauguratamente ci viene insegnato a sviluppare l'intelletto che è qualcosa di artificiale e che perciò
non ci appartiene, a scapito della intelligenza che invece è una dote innata. Tutti i bambini nascono sensibili ed intelligenti. L'educazione che
normalmente ricevono, però, li rende col passare degli anni persone che
hanno conservato poco o nulla della loro originaria naturalezza, gaiezza
e percettività.

Forse non tutti sono a conoscenza del fatto che Albert Einstein venne respinto all'esame di ammissione all'università. La cosa può destare
stupore, ma non più di tanto se si pensa che per un genio (un *vero* genio), per un individuo tanto intelligente ed intuitivo come lui, era un
insulto dover imparare tutte quelle corbellerie. Einstein fu bocciato in

quanto la sua intelligenza non si conformò alle banalità di un ordinamento che egli rifiutava.

La scuola, dalle elementari all'università, propina per lo più nozioni, erudizione e logica. Insegna a parlare in modo forbito, allena ad essere efficienti e concorrenziali spingendo i giovani a diventare ambiziosi, egoisti, cinici e propensi a mettersi in competizione con gli altri pur di raggiungere il successo. Ciò che sono indotti a credere, insomma, è che l'esistenza sia una lotta per la sopravvivenza ed un continuo cercare di fregare il prossimo per trarne dei vantaggi personali e per emergere.

Questa maniera di essere istruiti non è altro che **diseducazione.** È distruggere l'acume innato dei bambini, la loro sensibilità, la loro innocenza. È calpestare la loro dignità, la loro individualità, il loro diritto di esprimersi liberamente. È renderli degli schiavi, delle macchine, dei calcolatori, dei computer, ossia dei nevrotici che diverranno degli adulti ottusi e perciò facilmente manipolabili da parte del potere istituzionale (politici, preti).

Nel corso della mia attività pediatrica mi capita frequentemente di incontrare padri intellettuali che, in quanto a proprietà di linguaggio e a scioltezza nel parlare, titolo di studio e razionalità, sono autentici "campioni". Come esseri umani e in qualità di educatori, invece, si comportano in maniera disastrosa essendo estremamente irritabili e permalosi, non propensi ad ascoltare nonché colmi di paure, apprensioni e indecisioni che emergono puntualmente quando si presenta la minima difficoltà di ordine pratico come, ad esempio, pulire il naso al figlio o accompagnarlo a fare pipì oppure aiutarlo a svestirsi perché deve essere visitato.

Tali padri, che in apparenza sembrano *sapere* molte cose, in realtà *non conoscono* cosa significhi essere affettuosi, espansivi, comprensivi, elastici, giocosi e comunicativi con i figli. Accade pertanto che quest'ultimi, risentendo enormemente della rigidità e della freddezza con cui vengono trattati, crescano insicuri, arrabbiati e rancorosi.

«A cosa mi è utile (chiedo sovente con tono provocatorio ai genitori che vengono a consultarmi) sapere a memoria la Divina Commedia, quanto è lungo il Po e quanti affluenti ha, quando è nato e morto quel tale o quel talaltro personaggio, che cos'è una ellisse o una iperbole, qual è la differenza tra un acido e una base, come funziona un computer etc...

se poi come essere umano ignoro quali sono i miei *reali* bisogni e come genitore non ho la più pallida idea di quali siano le *vere* necessità di mio figlio?».

«A cosa mi serve (aggiungo) l'istruzione, una laurea, parlare da saccente, essere ben educato e sempre impeccabile, se poi conduco una vita di merda (facendola fare anche a chi ho generato) dal momento che do valore ed importanza alla forma, alla esteriorità, alle cose, alla logica e a ciò che pensano e dicono gli altri sul mio conto?».

«A cosa vale (insisto) essere cattedratici, eminenti scienziati, grandi esperti di elettronica, manager di successo, noti personaggi politici o dello spettacolo... se poi i nostri figli neanche ci guardano in faccia e ci salutano, quando facciamo ritorno a casa, oppure se nostra figlia è anoressica o nostro figlio è tossicodipendente o, ancor peggio, non c'è più perché si è suicidato?».

«*L'intellettuale è una persona che nasconde la propria stupidità dietro parole, informazioni e nozioni. L'intellettuale è cieco ed anche stupido. Lo stupido è colui che crede di sapere ma, in realtà, non conosce niente: perciò non è mai pronto a liberarsi della propria stupidità!*» afferma Osho. In effetti a cosa giova sapere tante cose se poi non si conosce nulla di quello che conta veramente, non essendo in grado di vivere nell'amore e nella condivisione?

Il *sapere*, che è quello che ci viene propinato a scuola, non può, né potrà mai soddisfare alcuna delle esigenze spirituali dell'uomo. Solo la *conoscenza* (che riguarda tutto ciò che concerne le *Leggi* e i *Princìpi* del Creato) è in grado di dare una risposta ai quesiti che l'esistenza inevitabilmente ci pone di fronte specie quando siamo diventati genitori ossia esseri che hanno la responsabilità di "preparare il terreno" in maniera amorevole ad altri esseri.

Per "preparare il terreno" intendo riferirmi alle qualità morali di un individuo e non a quelle intellettuali. Nessun genitore pensi stupidamente (perché questo è ciò che gli è stato fatto credere) che consentire ad un figlio di studiare, arrivando alla laurea, sia quanto di meglio gli si possa offrire.

Oggi ci sono molti giovani che sanno tante cose ma, non essendo stati educati in merito a quello che conta realmente, non hanno alcun rispetto del prossimo specialmente del padre e della madre che trattano come esseri inferiori (perché magari non hanno studiato) umiliandoli e contrastandoli continuamente. Quando si verificano simili fatti, allora sì che questi genitori si rendono conto di quanto hanno speso male i loro soldi e soprattutto quanto sia sciocca l'idea che lo studio porti necessariamente alla comprensione dei veri valori che caratterizzano una vita sana.

Averroè, famoso medico e filosofo arabo vissuto nel XII secolo, era solito dire: «*un asino carico di libri è pur sempre un asino*» volendo intendere con questa metafora che lo studio e la cultura non sono sufficienti, di per sé, nel rendere qualcuno migliore di quello che per sua natura è. Sono ben altre le cose che ci fanno maturare ed evolvere.

Conosco ed ho conosciuto molte persone affatto istruite eppure pregne di buon senso, semplicità, bontà e umanità che molto hanno da insegnare. Per me è sempre un autentico piacere parlare con loro e starci assieme. Preferisco di gran lunga frequentare questa gente piuttosto che individui eruditi e cervellotici che hanno poco di umano da trasmettere tranne le loro nevrosi e la loro infelicità.

La scuola, così come è concepita ed organizzata, costituisce un vero e proprio fallimento istituzionale essendo un luogo in cui *non si educa*, si istruisce soltanto. Anziché affiancarsi ai genitori aiutandoli a crescere i figli come individui autonomi (pronti un domani ad affrontare con positività e determinazione le prove della vita) con il suo nozionismo, il suo memorizzare, il suo inquadrare, il suo esasperato ragionare, il suo giudicare (buono-cattivo, bravo-somaro, intelligente- stupido), insomma con il suo dare valore alla *testa* anziché al *cuore* non solo serve a ben poco ma è anche nociva dal momento che sforna persone rigide e calcolatrici le quali, pur sapendo molte cose, ignorano ciò che è veramente essenziale: ovvero sono all'oscuro di possedere un'*anima*.

La scuola oggi più che mai è contrassegnata dalla competizione, dall'arrivare ad essere i primi e dal lottare con gli altri per prevalere ed eccellere. Tutto ciò porta soltanto a vivere nella disarmonia, nella nevrosi e nella infelicità. «*Quando arrivi ad essere il presidente o il primo ministro di uno Stato, hai attraversato una infelicità tale per cui ora la infelicità è la tua seconda natura. Adesso non conosci un altro modo di esistere. La tensione è ormai connaturata al tuo essere, l'ansia è diventata il tuo stile di vita e, anche se sei il primo, rimani pur sempre un miserabile*» sono parole di Osho.

La rincorsa al danaro, al potere e al prestigio rende l'uomo astuto, calcolatore e cinico privandolo della *innocenza del bambino*. E quando l'essere umano perde la innocenza ha perso tutto! «*Se vuoi entrare nel regno dei cieli come un bambino devi essere*» ci ha insegnato **Gesù Cristo.**

A scuola si dovrebbe imparare oltre che a leggere, scrivere, parlare correttamente la propria lingua, avere conoscenze di matematica, fisica e geometria etc... soprattutto a comunicare le proprie opinioni e ad esprimere i propri sentimenti, a collaborare, ad aiutarsi vicendevolmente, a condividere, ad essere solidali e compassionevoli, a scambiarsi baci e abbracci, a danzare, a cantare, a coltivare l'intuito e la creatività, a fare le cose e a godere nel farle senza pensare al risultato né a paragonare se stessi agli altri. Inoltre, andrebbero introdotte pratiche orientali quali *tecniche di respirazione, yoga* e *meditazione* (i cui giovamenti sull'equilibrio psico-emozionale sono straordinari) ed impartite lezioni riguardanti i *chakras*, l'*aura* (ossia il campo magnetico che circonda l'essere umano), l'*energia vitale* etc... la cui conoscenza sicuramente favorisce un approccio alla vita molto più costruttivo di quello che si verifica con una insulsa istruzione. In altre parole, è la scuola che deve adattarsi alle esigenze dell'uomo e non l'uomo (nella fattispecie il bambino ed il giovane) obbligato a conformarsi a stupidi regolamenti e costretto ad imparare cose inutili ed insignificanti facenti parte di demenziali "programmi ministeriali".

La scuola dovrebbe insegnare l'*arte di vivere* e non istruire su come sopravvivere. Per conseguire un obiettivo del genere è però necessario che chi insegna non sciupi le proprie risorse trasferendo agli alunni futilità (nozioni, date, nomi, formule) ma si prodighi nel mettere a loro disposizione il proprio bagaglio di conoscenze (basato su effettive consapevolezze) e la propria esperienza al fine di aiutarli ad avere una visione della esistenza tutt'altro che limitata. Sarebbe bene, inoltre, che l'insegnante incoraggi i propri allievi ad assecondare le inclinazioni che mostrano di avere e ciò che amano fare facendosi portavoce di autentici valori quali la dedizione, la sincerità, la cordialità, la tolleranza, la flessibilità, l'autostima, la gioia di vivere, l'ottimismo. Un docente, per di più, non dovrebbe avere alcuna difficoltà nell'ammettere i propri errori e nello scusarsi quando si accorge di averne commesso uno. Così facendo mostrerà la sua integrità morale e pure che nessuno è perfetto e, soprattutto, che nessuno è superiore o inferiore a qualcun altro in quanto a dignità e rispetto.

Un *vero* maestro dovrebbe essere se stesso ovvero manifestare i propri stati d'animo e le proprie emozioni commuovendosi o ridendo a seconda di quello che prova. Oltre a ciò, dovrebbe essere gentile ed amorevole, ma anche deciso e fermo quando le circostanze lo richiedono. Un autentico educatore (così come un bravo genitore) dovrebbe, in breve, costituire un pregevole esempio di pazienza, di coerenza, di sensibilità, di dignità, di compassione, di amorevolezza, vale a dire un supporto di umanità per tutti i bambini e i ragazzi con i quali viene a contatto fungendo (a seconda del sesso a cui appartiene) da papà o mamma supplementare.

Chi ha visto il bellissimo film intitolato *"L'attimo fuggente"* può comprendere ancor meglio il senso delle mie affermazioni. A parer mio i docenti dovrebbero comportarsi come il professore di letteratura (interpretato magistralmente da Robin Williams) protagonista del film il quale, sovvertendo tutti i canoni e le rigide regole della scuola convenzionale, insegnava ai giovani del college ad esternare quello che sentivano e provavano stimolandoli a vedere le cose da punti di vista alternativi. A tal fine un giorno li invitò a salire uno alla volta sulla cattedra e a rimanervi in piedi per alcuni istanti in maniera che potessero avere una visione della classe diversa da quella a cui erano abituati stando seduti al loro posto. Così facendo si sarebbero resi conto che, analogamente, c'è un modo differente di porsi nei confronti della vita rispetto a quello che la educazione convenzionale fornisce.

Questo insegnante fuori dal comune si adoperava affinché i suoi allievi non ripetessero meccanicamente un brano letterario o una poesia, ma ne comprendessero il senso compenetrandosi nei sentimenti e negli stati d'animo che avevano ispirato l'autore. Inoltre, essendo un indomito sostenitore del gioco, del divertimento e della libertà, spronava i suoi ragazzi a vivere animati da uno spiccato senso ludico della vita, a ragionare con la propria testa e a fare le cose con grande partecipazione ed intensità ovvero con piacere, gioia ed entusiasmo, dando il meglio di se stessi. «*Cogliete l'attimo (diceva loro), vivete pienamente ed intensamente il momento presente. Non sprecate la vostra esistenza correndo dietro a fu-tili cose... Soltanto in questo modo potrete assaporare il vero gusto della vi-ta riuscendo ad apprezzare e a godere della sua straordinaria essenza...».*

Purtroppo, sono veramente pochi gli insegnanti dalle vedute così ampie. Ciò accade non tanto perché manchino in questa categoria l'intelligenza e la sensibilità quanto, piuttosto, perché la maggior parte dei docenti si lascia schiavizzare da idioti regolamenti ed imprigionare da modi di pensare e di intendere l'educazione che poco o nulla hanno a che vedere con il *buon senso*, con il *sentire* e con la *consapevolezza* ossia con quelle doti spirituali che così tanto giovano all'anima.

Nella nostra società esistono scuole di ogni genere. C'è quella per apprendere le lingue, per imparare ad usare il computer, per divenire musicisti, cantanti, attori, per affinare ogni tipo di competenze e di ruoli. Manca, a mio avviso, la più importante di tutte: una **scuola per genitori.** Ossia un luogo ove si possa imparare qual è la via migliore per far crescere i propri figli ovvero apprendere, facendo pratica, quanto siano importanti espressioni d'amore e modi di comunicare quali i baci, gli abbracci, le carezze, le gratificazioni e tutto ciò che fa sentire bene interiormente i bambini, cioè i papà e le mamme di domani.

Tra i miei sogni c'è anche quello di realizzare una simile struttura. Chissà che un giorno con l'aiuto di altre persone (oltre che della Provvidenza) non riesca nel mio intento.

L'EDUCAZIONE PRENATALE

La nuova visione del feto secondo la quale sin dal suo concepimento l'essere che prende gradualmente forma nel grembo materno assorbe dalla mamma oltre al nutrimento che gli occorre per accrescersi fisicamente anche tutto ciò che gli perviene sotto forma di sensazioni e di emozioni (piacevoli o sgradevoli che siano), dovrebbe essere divulgata molto più di quanto non venga comunemente fatto. I medici (specialmente i pediatri e i ginecologi), gli psicologi, i pedagoghi, gli insegnanti, i sociologi hanno il dovere di educare la gente affinché divenga cosciente di cosa ha bisogno un bambino prima di venire al mondo e cosa andrebbe assolutamente evitato per non nuocere alla sua vita futura. «*An-*

ziché permettere che lo stato continui a spendere miliardi e miliardi per armamenti, ospedali, prigioni e tribunali, consiglierei di occuparsi soltanto della donna incinta: le spese non sarebbero tanto elevate e i risultati infinitamente migliori». Così si pronunciava a tale riguardo il Maestro Mikhaël Aïvanhov il cui pensiero è da me totalmente condiviso.

L'unico modo per migliorare la società consiste nell'agire beneficamente sulla origine della infelicità umana che risiede essenzialmente nella **carenza d'amore** e nella **non consapevolezza**. Tali fattori, difatti, giocano un ruolo fondamentale in tutte le tribolazioni e i dolori dell'uomo comprese le sofferenze che possono colpire precocemente il nascituro. Quanti bambini, ancora oggi, nascono in seguito ad una violenza sessuale o da madri abbandonate dopo essere rimaste incinte oppure in famiglie ove regnano la ostilità, l'aggressività e la mancanza d'affetto?

Ho già avuto modo di sottolineare come il *rifiuto* nei confronti del bimbo che si appresta a nascere costituisca una ferita emozionale profonda, vero e proprio **lutto dell'anima**, capace di produrre effetti negativi persino devastanti (droga, prostituzione, delinquenza, alcolismo, malattie psichiatriche...). Prepararsi ad accogliere la creatura che diverrà nostro figlio con pensieri, sentimenti ed atteggiamenti amorevoli è quanto di meglio si possa fare.

La qualità dell'anima appartenente all'essere che si incarnerà dipende molto dall'amore che provano il padre e la madre nel concepirlo. Ormai è assodato che le condizioni fisiche, mentali e spirituali dei genitori hanno una grande significatività nel momento in cui avviene la fecondazione dell'ovulo da parte dello spermatozoo. È rilevante perciò che, a partire da alcuni mesi prima del concepimento, il futuro papà e la futura mamma si disintossichino astenendosi dal bere alcol, fumare, assumere farmaci o droghe e dal mangiare cibi che danneggiano la salute (*cibo spazzatura*). Essi dovrebbero, per contro, nutrirsi con alimenti semplici e genuini, curarsi con rimedi naturali (*omeopatia, fiori di Bach, fitoterapia...*), effettuare delle passeggiate immergendosi nel verde, fare ginnastica o praticare dello sport. Inoltre sarebbe bene dedicare alcune ore a settimana all'ascolto di buona musica, alla lettura di libri che aiutano a crescere e a tutto ciò che rilassa (esercizi di respirazione, yoga, meditazione...) e che diverte (avere un hobby, assistere a film e a spettacoli teatrali...).

Quanto appena indicato (che dovrebbe far parte dello stile di vita di chiunque ami star bene e non soltanto di chi si appresta ad avere un figlio), malauguratamente non viene applicato dalla maggior parte delle persone. Ciò spiega come mai, specialmente nei centri urbani e nelle metropoli, si registrino livelli di stress dovuti all'insano modo di vivere talmente elevati da determinare un numero impressionante di malattie a carico soprattutto del sistema nervoso e dell'apparato cardio-vascolare (nevrosi, stati ansiosi, fobie, insonnia, depressione, infarto, ictus...).

La salute è il bene più prezioso e pertanto va salvaguardato innanzitutto attraverso una alimentazione sana, il movimento e lo svago. Quando si desidera un figlio, a maggior ragione bisogna stare in buona forma (sia organica che psichica) preparandosi all'importante evento con gioia e con il proposito di fare tutto il possibile (magari lasciandosi guidare da chi conosce più cose in merito) affinché il bambino nasca in buone condizioni fisiche, ma anche portando dentro di sé la benefica sensazione di chi si è sentito accettato ed amato ancor prima di venire alla luce.

Perché ciò si verifichi, occorre che la madre viva il periodo della gravidanza il più serenamente possibile sottraendosi ai rumori molesti e al chiasso, stando più tempo che può a contatto con la Natura, evitando di vedere film violenti e telegiornali forieri di notizie negative. Inoltre è anche rilevante che venga aiutata nel suo delicato compito dalle istituzioni (attraverso centri di consulenza, corsi di preparazione al parto, strutture sanitarie idonee), dai familiari e soprattutto dal compagno il quale dovrebbe condividere con lei la contentezza di diventare genitore trattandola con amore, comprensione e rispetto.

Soltanto da pochi anni si sta assistendo ad un precoce e più intimo coinvolgimento affettivo da parte del futuro padre. A differenza di un tempo in cui il marito, dopo aver fecondato la moglie, praticamente si disinteressava della gestazione in quanto educato a considerarla una "cosa da donne", oggi il partner è molto più attento e partecipe avendo iniziato a comprendere quanto sia importante, già a partire dal concepimento, cominciare a vivere il proprio ruolo di papà responsabilizzandosi e preparandosi ad ospitare con amore il bambino che nascerà.

Ricerche sempre più numerose testimoniano come il feto, oltre a riconoscere la voce materna e paterna sapendole distinguere tra tante, gradisce molto anche sentire l'amorevole presenza del padre che gli parla e lo accarezza (attraverso la parete dell'addome materno in cui è racchiuso). Simili scoperte indicano quanta importanza abbia per un bambino, ancor prima di nascere, la figura maschile (sottovalutata per tanto tempo) nei confronti della quale solo ultimamente si sta attuando un processo di riconoscimento e di valorizzazione.

A proposito della importanza del ruolo paterno vale sottolineare quanto saggia sia l'iniziativa di dare al padre la possibilità di assistere al parto. Questa esperienza, che trovo straordinaria avendo avuto il piacere di viverla personalmente, a mio avviso dovrebbe essere sperimentata da tutti i papà e per almeno due buone ragioni. La prima è che si provano sensazioni ed emozioni talmente forti da lasciare un ricordo benefico per tutta la vita. La seconda riguarda il fatto che, partecipando emotivamente all'evento, il padre comincia a rendersi conto quanto il suo coinvolgimento affettivo sia necessario, facendolo sentire appagato, e quanto anche la mamma del bimbo e il bimbo stesso si sentano amati e protetti (che è quello di cui entrambi hanno più bisogno).

Da studi recenti è emerso che le donne incinte, i cui mariti le hanno accompagnate ai corsi pre-parto e sono stati accanto a loro per tutta la gravidanza fino al travaglio e alla nascita del figlio, hanno patito molto meno (partorendo più agevolmente), non hanno dovuto assumere farmaci (perché non ci sono state complicanze) ed inoltre hanno conservato un buon ricordo dell'accaduto (non essendo rimaste traumatizzate a livello psicologico) rispetto a quelle gestanti, non confortate dalla presenza e dal sostegno morale del coniuge, le quali, invece, hanno incontrato maggiori difficoltà e sofferto di più.

ESSERE e AVERE

Viviamo in un'epoca in cui sempre più si ha fretta e si corre per arrivare non si sa bene dove. Si vuole tutto e subito (non essendo disposti a pagare il prezzo della conquista) e si insegue incessantemente il miraggio del facile guadagno e dell'arricchimento sfrenato, attratti come siamo dalle cose e dal benessere materiale.

Nella nostra società consumistica il conto in banca è diventato il criterio mediante il quale si misurano il successo e l'importanza di un individuo. In altre parole, si dà peso e valore all'**avere** piuttosto che all'**essere** (cioè ai sentimenti, alla dignità e a tutto ciò che riguarda la spiritualità dell'uomo).

La pubblicità spinge gli esseri umani, specialmente i giovani che costituiscono una considerevole fetta del mercato, ad acquistare oggetti e beni di consumo di ogni genere facendo leva sulle loro fragilità psicologiche (narcisismo, complesso di inferiorità, frustrazioni, ansie, paure). Le persone, letteralmente plagiate dagli spots pubblicitari, si comportano alla stregua dei tossicodipendenti ovvero si affannano per procurarsi tutto ciò che viene fatto credere loro essere indispensabile per divenire attraenti, per acquisire sicurezza in se stesse e per non sentirsi da meno degli altri.

Molta gente s'identifica con il mondo del tangibile, dell'effimero e delle apparenze spinta, inconsapevolmente, dalla esigenza di colmare il malessere profondo che si porta dentro (*ferite, traumi, lutti*). Accade a tanti, pertanto, di provare il massimo piacere soprattutto quando acquistano abiti, gioielli ed oggetti di vario genere. Come pure esistono molti individui che fanno dello sfarzo e della ostentazione la loro ragione di vita mettendosi in competizione con gli altri per chi possiede l'abitazione più grande e lussuosa, l'automobile più potente o la imbarcazione più lunga.

Quanti, purtroppo, ancora confondono l'amore per il potere e per le ricchezze, con la *ricchezza* che conferisce il **potere dell'amore.** Con ciò non voglio dire che avere dei soldi sia sbagliato o da condannare (a meno che il guadagno sia stato realizzato procurando sofferenza ad altre persone). Intendo semplicemente affermare che il danaro dovrebbe costituire solo un *mezzo* e non il *fine* della nostra esistenza, dal momento che il vero scopo della vita va ben oltre l'accumulo scriteriato di capitali. «*Non c'è nulla di male nel possedere le cose, l'importante è non esserne* *posseduti»* così Yogananda Paramahansa ammoniva i suoi discepoli affinché rifuggissero dall'attaccamento alle cose materiali.

Tutti i genitori tengono ai propri figli e cercano di fare del loro meglio affinché le creature che hanno messo al mondo possano crescere nel migliore dei modi. Molti di essi però credono, ingenuamente, perché così sono stati educati, che il principale dovere di un padre e di una madre sia quello di non far mancare nulla, nel concreto, a chi si è generato. Condizionati da questa falsa convinzione, costoro tendono a dare un'eccessiva importanza al lavoro, alla carriera e a tutto quello che può apportare vantaggi economici ed agi alla famiglia finendo col sottovalutare l'aspetto affettivo ed il coinvolgimento emozionale nei confronti della prole. In altri termini, si prodigano, spinti anche da un inconscio senso di colpa conseguente al fatto che stanno poco assieme ai figli, affinché quest'ultimi abbiano tutto ciò che di meglio si può trovare in commercio (giocattoli costosi, telefonino, computer, abiti firmati) non riuscendo a comprendere che l'*avere* concede solo fuggevoli momenti di contentezza. Più si ha, infatti, e più si vuole avere perché dopo un po' ci si stufa di un certo oggetto e se ne desidera un altro. Una volta stanchi di quest'ultimo se ne brama uno nuovo e così via all'infinito senza mai trovare pace e serenità durature. La *bramosia* e l'*attaccamento alle cose*, difatti, sono tra le principali cause di frustrazione e dolore.

Tutti quanti noi abbiamo il potere di essere felici a prescindere dalla entità delle nostre risorse finanziarie. Ho conosciuto tante persone facoltose che avevano dei problemi quanto quelle meno abbienti (se non addirittura maggiori). Se i soldi da soli fossero sufficienti a procurare la serenità e la pace, i miliardari sarebbero sicuramente i più felici al mondo: ma non è così! È risaputo che anche chi è facoltoso può avere un infarto, un cancro o una depressione e che può essere afflitto da un dispiacere e dallo sconforto tanto quanto i poveri, se non di più. Secondo recenti statistiche si è appurato che i casi di depressione e di suicidio sono nettamente più diffusi tra i ricchi.

La disponibilità economica in certi casi sicuramente aiuta, ma non sana il *disagio spirituale* da cui ha origine ogni sofferenza umana. Soltanto nell'*essere* e nell'*amore* c'è appagamento e gioia: questo è ciò che ognuno di noi dovrebbe tenere costantemente presente!

Che io sappia mai nessuno, per quanto ricco e potente possa essere stato in vita, ha potuto portare con sé, dopo morto, danaro e proprietà (neanche i faraoni ci sono riusciti). Nasciamo nudi ed altrettanto nudi moriamo. L'*avere* è transitorio, fugace, effimero. Altrimenti come spiegare il fatto che tante persone arrivano ad essere famose, a possedere ingenti capitali, ad occupare posti di prestigio e si sentono al tempo stesso vuote dentro e sempre inquiete e scontente?

Oggi come non mai è assolutamente necessario essere amorevoli, pazienti, flessibili, comunicativi e coerenti con i nostri figli dato che essi vengono continuamente sollecitati da stimoli fuorvianti e bersagliati da messaggi tendenti a far credere che più si ha, tanto più si è felici. È inoltre essenziale interessarsi fattivamente, giorno dopo giorno, delle problematiche che si presentano sul loro cammino via via che crescono.

Entrare in *empatia* con un figlio, ossia comprenderne gli stati d'animo, immedesimandosi con le sue aspettative e i suoi sogni, è quanto di meglio si possa fare nell'educarlo ad *essere*. Fargli sentire tutta la nostra partecipazione e la nostra disponibilità nello stargli accanto (fisicamente ed emotivamente) e nel porgergli una mano, in caso di bisogno, rientra in un assennato modo di aiutarlo a diventare un adulto equilibrato e felice. Inoltre, lo salvaguarda dall'infido pericolo di diventare preda di un materialismo smodato che fa perdere di vista una verità incontrovertibile: la felicità dipende dall'*essere* (cioè da chi siamo) e non dall'*avere* (ovvero da quanto possediamo).

Dove c'è amore, condivisione e considerazione si cresce sani e forti perché non c'è spazio per gli inganni e le menzogne. Se i figli trovano calore e comprensione a casa propria, non hanno alcuna necessità di fare incessanti richieste materiali né hanno bisogno di andare a cercare altrove quello che manca loro rischiando di incappare in cattive compagnie ed iniziare a bere o a drogarsi oppure a prostituirsi.

La nostra precipua responsabilità di educatori è quella di aiutare i nostri figli a crescere e a fiorire nell'amore e nella libertà. Essere indipendenti significa prima di ogni cosa credere in se stessi (*autostima*) ed amarsi (nel senso *cristico* del termine), vuol dire onorare pienamente il dono della vita non lasciandosi intrappolare da tutti quegli infernali meccanismi che inquinano e sviano una persona quali il successo, l'ambizione smodata, il potere, l'attaccamento, il possesso.

Il *vero successo* non ha nulla a che vedere con l'opulenza, la notorietà ed il prestigio sociale perché riguarda la *crescita spirituale* di un individuo. I figli ci amano, ci apprezzano e ci rispettano soltanto se siamo in grado di apportare *sostegno e nutrimento alla loro anima*. In caso contrario, sarà fatale che finiscano col provare mancanza di stima e sentimenti ostili nei nostri confronti, non essendo valse a nulla tutte le cose materiali che gli abbiamo dato.

Essere autentici e sinceri nei rapporti interpersonali (non portando maschere); *essere* amorevoli e flessibili verso se stessi, la prole e i propri simili; *essere* in grado di prendere delle decisioni e di fare delle scelte senza delegare ad altri le nostre responsabilità; *essere* padroni di dire "sì" quando vogliamo dire sì e "no" quando intendiamo affermare no; *essere* capaci di esprimere apertamente i propri sentimenti e le proprie emozioni; *essere* coscienti di quanto sia basilare porsi in armonia con la Natura e con le *Leggi* che regolano la vita. Tutto ciò dà un senso alla nostra esistenza permettendoci di viverla nella spontaneità, nella gioia e nella innocenza proprio come un bambino, ma con la consapevolezza di un adulto.

Tutto questo ha a che fare con il *vero successo* ed è quanto dovremmo desiderare rendendoci conto, una buona volta per tutte, che soltanto se *siamo*, possiamo godere anche di quello che abbiamo. Viceversa, se si *ha*, ma *non si è*, non esistono ricchezze al mondo che potranno mai colmare le carenze affettive con le quali siamo cresciuti né tantomeno lenire i *patimenti dell'anima* da cui saremo inevitabilmente tormentati fino all'insorgere di malattie anche gravi. L'essere umano può sentirsi realmente *felice* e trovare una *pace autentica* solo quando riesce a vivere mettendo in comunione la componente *spirituale* e quella *materiale* della vita.

PREDICARE BENE e RAZZOLARE BENE: L'ESEMPIO!

La maggior parte dei genitori spera di non fare con i propri figli i medesimi sbagli che hanno commesso i loro genitori. Qualche volta ci riescono, molte altre no. Un errore grossolano e quanto mai diseducativo che un genitore è solito commettere (comportandosi come suo padre e/o sua madre) consiste nel **predicare bene** e **razzolare male** ossia avere la malsana abitudine di dire una cosa e poi farne un'altra spesso diametralmente opposta a quella asserita.

Fino ad oggi non so quante volte mi è capitato di vedere papà e mamme che, urlando, rimproverano aspramente il figlio perché grida oppure, da accaniti fumatori quali sono, andare su tutte le furie nel momento in cui lo scoprono con la sigaretta in bocca. Che dire, inoltre, di quei genitori che vengono a consultarmi lamentandosi di non essere ascoltati dalla loro prole quando poi, durante la visita, ho modo di constatare come essi siano i primi a spazientirsi e a rispondere sgarbatamente allorché il figliolo chiede, come è naturale che sia, un po' di attenzione?

Gli esempi riferiti non sono che alcuni dei tanti che potrei menzionare riguardo al fatto che la educazione, così come viene comunemente impartita, sia carente di tatto, di comprensione e soprattutto di coerenza.

A questo proposito desidero anche far presente che la mancanza di accordo tra marito e moglie, su come educare un bambino, sicuramente costituisce un'aggravante. Difatti se, ad esempio, uno dei coniugi asserisce che il ragazzino deve andare a dormire entro le ore 20 mentre l'altro è di ben diverso avviso, è chiaro che al figlio giungeranno messaggi non univoci che lo disorienteranno rendendolo insicuro. Succederà inoltre che, a causa delle continue discussioni a cui egli assisterà, finisca col sentirsi responsabile dei dissapori che si verificano tra il padre e la madre e che ciò generi in lui deleteri sensi di colpa.

Sono un imperterrito promulgatore del principio pedagogico secondo il quale è assolutamente indispensabile offrire ai nostri figli qualcosa di autentico e di amorevole a cui ispirarsi per poter crescere il più equilibrati possibile. Credo che costituire un **buon esempio vivente** sia quanto di meglio si possa mettere a loro disposizione come educatori. Il nostro specifico modo di essere (*modello comportamentale*) rappresenta un punto di riferimento basilare per la nostra prole. È necessario pertanto impegnarci, giorno dopo giorno, nel migliorarci e nel crescere sotto il profilo umano.

I ragazzini, è noto, sono come carta assorbente, vale a dire si impregnano continuamente delle vibrazioni (positive o negative) provenienti dall'ambiente esterno. In particolare sono sensibili a quelle emanate da chi li ha concepiti. Parimenti agli animali essi sono in grado di percepire (pur non essendone coscienti) che genere di energia si respira in famiglia. Quando tale energia è benefica, se ne giovano, altrimenti arrivano persino ad ammalarsi qualora gli influssi che giungono loro siano venefici come accade nel caso in cui in casa regna un clima di litigiosità e di violenza.

A questo riguardo credo sia utile sottolineare che, pure se un figlio non è presente nel momento in cui il padre e la madre litigano, ugualmente ne subirà le conseguenze. Certo, il male ricevuto risulterà minore rispetto a quello che avrebbe patito assistendo all'alterco, ma non per questo potrà evitarlo del tutto. Difatti, il malumore e la disarmonia conseguenti al litigio, che per diverso tempo albergheranno nei coniugi, inevitabilmente gli verranno trasmessi sotto forma di emanazioni negative che, a sua insaputa, produrranno sentimenti di paura, di insicurezza e di ansia.

Quanti disordini caratteriali e comportamentali, riscontrabili in numerosi adolescenti e giovani, derivano dalle scene non edificanti alle quali hanno assistito loro malgrado quando erano piccoli o, comunque, sono la conseguenza delle tensioni e delle negatività scaturite dalle frequenti controversie verificatesi, anche in loro assenza, tra i genitori?

Non è superfluo ricordare a chi legge che i traumi psichici, incamerati soprattutto in tenera età, hanno ripercussioni sfavorevoli per tutta la vita sui pensieri e sulle azioni di un essere umano. Ecco perché la responsabilità degli adulti, attraverso l'esempio che danno, ha una enorme importanza!

Un bambino registra nel suo inconscio tutto quello che succede attorno a lui. I suoi atteggiamenti ed il carattere che sviluppa, via via che cresce, rappresentano il riflesso della condotta dei genitori dei quali diviene lo *specchio*. Se un ragazzino è per lo più sorridente, sereno e comunicativo, significa che il papà e la mamma stanno svolgendo un buon lavoro. Se, invece, è frequentemente chiuso e taciturno oppure è spesso irrequieto, imbronciato e capriccioso o addirittura violento, vuol dire che chi è preposto alla sua educazione non è propenso a riconoscere e a correggere le proprie debolezze e quegli errati comportamenti da cui hanno origine, conseguentemente, le problematiche del figlio.

I genitori possono sforzarsi quanto vogliono di insegnare certi valori e fare tanti bei discorsi. I figli assorbiranno essenzialmente i messaggi contenuti nei modi di agire, negli atteggiamenti e soprattutto nei sentimenti da cui sono animati il padre e la madre, piuttosto che le loro parole. Ad un bambino, lo si rammenti, non si può mentire: egli sente sempre e comunque la sincerità o l'ambiguità altrui!

I bambini, specialmente nei primi sette anni, sono come scimmiette ossia hanno la tendenza a riproporre ciò che vedono fare. Per tale ragione è del tutto inutile, oltre che poco corretto, dire loro una cosa e poi farne un'altra. Se, ad esempio, dico a mio figlio: «speriamo che domenica nonna Teresa non venga a trovarci, perché non la sopporto» e poi, invece, quando la domenica la nonna arriva io la accolgo dicendole che è un gran piacere rivederla, al ragazzino avrò trasmesso un ammaestramento contraddittorio e menzognero tramite il quale gli sto insegnando a mentire e ad essere un ipocrita.

Essere *ipocriti*, infatti, significa asserire una cosa e poi farne un'altra. Vuol dire mostrarsi in un modo e, nell'intimo, vivere una realtà completamente diversa. Nessuno può essere felice se non impara ad **essere se stesso**, così come nessun genitore può essere veramente in gamba (oltre che soddisfatto di sé come individuo) se predica bene e razzola male.

La potenza dell'esempio (cioè di quello che si *vede*) è nettamente superiore a quella delle parole (ossia di ciò che si *ode*). Di qui la necessità di essere congruenti con i bambini, e non solo con loro, vale a dire tenere un comportamento che sia coerente con quanto si afferma. Si eviterà in tal modo che essi crescano con una "doppia faccia" e siano destinati a vivere una esistenza contrassegnata dalle bugie, dalla falsità e dall'inganno.

Un padre o una madre che fa una promessa e poi non la mantiene, darà un dispiacere al figlio e lo deluderà. Se questo modo di fare anziché costituire l'eccezione, si ripete spesso, diverrà inevitabile che il bambino accumuli amarezze e frustrazioni. Succederà anche, inoltre, che egli rimanga talmente turbato e sconcertato da venire meno in lui la fiducia nel genitore e, successivamente, la fiducia in se stesso e nel prossimo.

Quando si promette qualcosa occorre onorare l'impegno assunto, altrimenti è molto meglio non dire nulla!

Un bambino ha bisogno di un affettuoso e solido sostegno a cui aggrapparsi, così come ha necessità di fidarsi e di affidarsi ai suoi genitori. Senza il loro amore e le loro attenzioni un ragazzino si sente perso, triste e infelice. Per lui il papà e la mamma costituiscono quanto di più "grande" e di più "bello" possa esistere. Ai suoi occhi essi personificano la giustizia, la sicurezza, la forza, la protezione e la verità. Quando i genitori non si comportano bene, mostrando che non sono all'altezza del loro compito e delle aspettative in essi riposte, a poco a poco in un figlio avviene qualcosa di molto spiacevole e doloroso: crolla quel "castello incantato" che il padre e la madre rappresentano e si sviluppano in lui sentimenti di sofferenza quali tristezza, rabbia, risentimento e vergogna che lo inducono a chiudersi in se stesso e a non comunicare oppure lo rendono polemico e disubbidiente o collerico e costantemente irrequieto (il bambino cosiddetto *iperattivo*).

Un ragazzino non è disposto ad obbedire e a rispettare i propri genitori se non prova nei loro confronti considerazione e stima sentendosi, per primo, amato e considerato. Anzi, cerca (consciamente o inconsciamente) di fargliela pagare con comportamenti e modi di agire malsani e spesso aggressivi che costituiscono il suo modo di ribellarsi e di far loro comprendere che stanno sbagliando e che devono cambiare.

Ci sono genitori dotati di una certa sensibilità e flessibilità che rispondono positivamente ai messaggi che i figli gli inviano. Proprio in virtù di tali messaggi essi si sentono indotti a correggere quegli aspetti del loro temperamento e del loro modo di fare che non sono graditi alla prole (magari lasciandosi aiutare da qualcuno che ha maggiori conoscenze pedagogiche).

Molti altri genitori, invece, a causa dell'esempio che hanno ricevuto, trovano estremamente difficile mutare certi atteggiamenti mentali e talune abitudini comportamentali con cui convivono. Per queste persone è molto arduo impegnarsi ed adoperarsi nel rettificare quei lati del carattere che non sono in sintonia con le esigenze spirituali dei figli perché sono cresciute considerandosi impeccabili ed infallibili, per non dire perfette, plagiate da genitori testardi e presuntuosi che non hanno mai messo in discussione le proprie idee e i propri comportamenti. Per costoro è del tutto naturale vedere soltanto i difetti e le manchevolezze altrui, così come risulta normale inveire contro i figli, sovente per una inezia, mortificandoli e facendoli sentire delle nullità al fine, secondo loro, di insegnargli a vivere.

Che genere di esempio, viene da chiedersi, rappresentano simili padri e simili madri? Quale significativo modello comportamentale essi possono costituire? Cosa hanno da insegnare ad un bambino individui del genere se non come *non si deve essere e come non si deve agire*?

Nessuno decide di fare del male ai propri figli facendolo di proposito. Tuttavia tantissimi genitori si comportano così pur non avendone l'intenzione. Quasi sempre per paura e per mancanza di consapevolezza arrecano danni alla prole non avendo il coraggio e la volontà di mettersi in discussione e di mutare il loro modo di essere, limitato e limitante, frutto degli esempi rovinosi assimilati da chi li ha generati e cresciuti.

Tutti noi genitori non abbiamo che un'unica strada da percorrere se vogliamo che la nostra esistenza e quella di chi ci sta a cuore sia sempre più appagante e luminosa (anziché irta di dolori e frustrazioni): **imparare ad amarci.** Solo cominciando da se stessi si può successivamente farlo anche con i bambini i quali, con la loro sensibilità, la loro naturalezza e la loro bellezza interiore, possono aiutarci moltissimo in questo percorso evolutivo. Fare innanzitutto su di noi un buon lavoro di quotidiana smussatura e rifinitura è il segreto della **vera** pedagogia!

Certo, sono consapevole che non sempre risulta agevole mettere in discussione il nostro operato. Però è indispensabile farlo se aspiriamo a piacerci e a poterci guardare allo specchio senza abbassare lo sguardo. Comportandoci in questo modo i nostri figli svilupperanno una buona immagine di sé e troveranno la forza interiore per fare le loro scelte e per assumersi, un giorno, le loro responsabilità di *uomini* e di *donne* e di *padri* e di *madri*.

I bambini sono i nostri più attenti osservatori, sono coloro che assorbono e si plasmano su quanto ci vedono fare e ci odono proferire. Fin dalla più tenera età essi ci esaminano attentamente e comprendono molto più di quanto noi pensiamo o possiamo immaginare. Il nostro esempio, pertanto, è a dir poco **vitale!**

C'è una deliziosa quanto significativa poesia scritta nel 1954 da Dorothy Law Nolte, intitolata *"I bambini imparano quello che vivono"*, che esprime con semplicità, ma anche con estremo realismo, quanto i comportamenti e gli atteggiamenti dei genitori incidano profondamente sulla formazione del carattere dei bambini e sul loro futuro di adulti.

– *Se i bambini vivono con le critiche, imparano a condannare*
– *Se i bambini vivono l'ostilità, imparano a combattere*
– *Se i bambini vivono con la paura, imparano ad essere apprensivi*
– *Se i bambini vivono con la pietà, imparano a commiserarsi*
– *Se i bambini vivono con il ridicolo, imparano a essere timidi*
– *Se i bambini vivono con la gelosia, imparano a provare invidia*
– *Se i bambini vivono con la vergogna, imparano a sentirsi colpevoli*
– *Se i bambini vivono con l'incoraggiamento, imparano a essere sicuri di sé*
– *Se i bambini vivono con la tolleranza, imparano a essere pazienti*
– *Se i bambini vivono con la lode, imparano ad apprezzare*
– *Se i bambini vivono con l'accettazione, imparano ad amare*
– *Se i bambini vivono con l'approvazione, imparano a piacersi*
– *Se i bambini vivono con il riconoscimento, imparano che è bene avere un obiettivo*
– *Se i bambini vivono con la condivisione, imparano ad essere generosi*
– *Se i bambini vivono con l'onestà, imparano ad essere sinceri*
– *Se i bambini vivono con la correttezza, imparano cos'è la giustizia*
– *Se i bambini vivono con la gentilezza e la considerazione, imparano il rispetto*
– *Se i bambini vivono con la sicurezza, imparano ad avere fiducia in se stessi e nel prossimo*
– *Se i bambini vivono con la benevolenza, imparano che il mondo è un bel posto dove vivere*

AUTORITARI, PERMISSIVI o AUTOREVOLI?

Non è infrequente, purtroppo, che i telegiornali e le cronache dei giornali siano portavoci di notizie che fanno orripilare, riempiendo gli animi di sdegno e di dolore, come quelle inerenti l'uccisione di un bambino da parte di un genitore che lo ha percosso, per l'ennesima volta, con selvaggia crudeltà.

È molto amaro doverlo constatare, ma anche ai nostri giorni esistono genitori protagonisti di eccessi d'ira che sconfinano nella follia e che costituiscono lo squallido retaggio di una educazione, quella del "padre padrone", che per secoli è stata la più diffusa e la più seguita.

Rivolgersi ad un bambino urlando, riempiendolo di insulti e di minacce costituisce un inconcepibile quanto esecrabile comportamento educativo **autoritario** nel quale rientrano le ancor più inconcepibili ed odiose percosse.

Il *genitore autoritario* è una persona che quando ha a che fare con la prole agisce con prepotenza ed arroganza sentendosi in diritto, per via del suo ruolo di educatore, di imporre con la forza fisica e/o con grida, intimidazioni, ricatti e improperi il proprio volere su chi (il figlio) viene considerato qualcosa che gli appartiene e di cui può disporre a proprio piacimento.

La violenza (sia fisica che psicologica) e la coercizione non hanno mai dato buoni frutti, né hanno in alcun modo reso felice qualcuno. Basti pensare, ad esempio, al sistema carcerario fondato prevalentemente sulla punizione e sulla repressione (anziché sulla rieducazione e sul reinserimento sociale) per farci comprendere come mai quasi tutti i delinquenti, una volta usciti di prigione, si diano da fare per ideare e per commettere nuovi reati.

Come il soffocamento delle emozioni procura danni all'essere umano, in quanto gli crea dei blocchi energetici che prima o poi lo fanno ammalare, altrettanto male fa l'educazione repressiva perché, oltre a non insegnare nulla di realmente valido, lascia nell'animo di un bambino soltanto dolore, collera e odio, verso se stesso e verso gli altri. È un dato di fatto che praticamente tutti coloro che hanno ricevuto punizioni fisiche abbiano ben impresse le sensazioni di paura e di rabbia (nonché di disistima e disprezzo) provate nei confronti dei genitori e non ricordino quasi mai il motivo per cui venivano picchiati o quale fosse la lezione che avrebbero dovuto imparare.

Un leggero colpo portato con la mano aperta sulla natica (sculaccia-ta), dato senza cattiveria e rabbia, è tutto quello che, a mio avviso, un fi-glio dovrebbe ricevere, peraltro solo in sparute occasioni in cui si dimo-stra particolarmente ostinato o ha combinato un guaio piuttosto grave. Qualsiasi gesto fisico che vada oltre quello appena descritto è da consi-derarsi un atto di violenza perpetrato ai danni di un bambino e, come tale, è da condannare e da evitare assolutamente. Le botte e le umiliazio-ni ricevute da piccoli rimangono impresse nella mente e nel cuore e spes-so condizionano negativamente l'intera vita di un essere umano se que-sti, da grande, non attiverà dentro di sé un processo di consapevolezza e di crescita spirituale che, aiutandolo ad elaborare le ferite del passato, gli consenta di accettare il male subìto perdonando chi glielo ha procurato.

L'argomento di cui sto parlando rappresenta per me una nota dolen-te dato che durante l'infanzia sono stato malmenato più volte da mia madre. Mio padre, invece, non è mai ricorso alle mani. Sono pienamente consapevole, pertanto, del senso di impotenza, dello smarrimento, dello sconforto, della sensazione di abbandono e della sofferenza che prova un bambino nel subire angherie e nel vivere temendo di essere punito o picchiato al minimo errore. Ricordo, ormai col sano distacco di chi è riuscito a metabolizzare il dolore e a perdonare le offese, che per anni mi è stata ripetuta questa cinica frase: «se cadi di nuovo ti do il resto, così impari». Da ragazzino, se mi succedeva di inciampare e di cadere, oltre al patimento che mi ero procurato mio malgrado e allo spavento prova-to, ricevevo anche degli scapaccioni perché cadendo mi ero sporcato gli indumenti o graffiato le scarpe.

È da tali presupposti educativi autoritari (compensati da una figura paterna affatto aggressiva) che in seguito si è sviluppata in me la ribellio-ne per ogni forma di prepotenza e di prevaricazione inducendomi, tra l'altro, a diventare un affettuosissimo ed indefesso paladino dei ragazzi-ni. La professione del pediatra, che sicuramente non è stata una scelta casuale, mi consente di rendere l'esistenza di tanti bambini (compreso il *Bambino* che è in me) più serena e felice in virtù delle indicazioni e delle conoscenze che metto a disposizione, con amore e dedizione, dei loro genitori.

Spesso la gente si lamenta o si meraviglia del fatto che, specie nelle città, gli atti di teppismo, delinquenza minorile e violenza (negli stadi, nelle discoteche, per la strada) siano in costante e preoccupante aumento non volendo comprendere, perché ciò vorrebbe dire iniziare a farsi un esame di coscienza, che tutti questi aspetti negativi della nostra società affondano le radici nella infanzia ed in particolare hanno origine da sistemi educativi per lo più coercitivi, limitativi e punitivi ossia privi d'amore e di consapevolezza.

Un bambino *iperattivo*, cioè che non sta mai fermo un momento, o affetto da tic nervoso o da enuresi (vale a dire che ancora si fa la pipì addosso avendo superato da tempo i tre-quattro anni di età) oppure palesemente *aggressivo* e *violento* costituiscono esempi tangibili di un malessere interiore, psico-emozionale, conseguente quasi sempre ad un modo di rapportarsi a lui rigido ed autoritario. Il fenomeno del *"bullismo"* che negli ultimi anni in Italia è aumentato vertiginosamente costituisce una ulteriore riprova di come la violenza (sia fisica che psicologica) dia origine ad altra violenza.

Come mai, è legittimo chiedersi, ci sono genitori che si comportano in maniera autoritaria, sono severi, intransigenti ed arrivano addirittura ad essere violenti? Come si può, viene da aggiungere, maltrattare un bambino ossia una creatura che non ha fatto alcun male e che è inerme? La risposta a questi inquietanti interrogativi va ricercata proprio nell'essere stati educati secondo regole e modelli comportamentali che non hanno lasciato spazio al dialogo, alle tenerezze, alla flessibilità, all'apertura verso alternative. Un padre o una madre autoritari, a causa di ciò che hanno ricevuto nell'infanzia, convivono con due emozioni negative che li tiranneggiano rendendoli ciechi e talvolta perfino disumani: la *paura* e la *rabbia*. La prima costituisce l'effetto delle imposizioni, dei soprusi, delle punizioni e delle eventuali percosse subìte. La seconda scaturisce sia dal senso di frustrazione e di impotenza vissuti in passato, che dal disagio e dal dolore profondo provati non sentendosi accettati ed amati.

Non vi è dubbio che la paura, l'afflizione e la rabbia siano le devastanti emozioni che irretiscono le coscienze di questi genitori rendendoli molto spesso inconsapevoli del male di cui sono artefici. Condizionati dagli esempi negativi ricevuti, scaricano in maniera del tutto automatica sul figlio (o sui figli) l'effetto dei rancori, delle amarezze, delle sofferenze e delle mortificazioni che si portano dentro (come successe anche a mia madre).

È sempre l'inconscio, dunque, a gestire i nostri pensieri e le nostre azioni fintanto che non si inizia un individuale percorso di consapevolezza e di crescita. Si spiega così come mai, paradossalmente, la maggior parte di coloro che sono stati allevati in maniera autoritaria ricalchino schemi mentali e modi di agire dannosi, appartenuti ai loro genitori, anziché cercare di acquisire una mentalità e un modo di fare diversi da quelli rivelatisi fonte di inibizioni, tribolazioni ed angustie.

Nel film *"L'attimo fuggente"* (a cui ho già fatto riferimento) uno degli studenti del college si uccide sparandosi con la pistola del padre il quale, da genitore autoritario, gli aveva imposto di diventare medico senza lasciargli alcuna alternativa. Il ragazzo, che invece nutriva un'ardente passione per il teatro e per la professione dell'attore, piuttosto che fare una cosa che non lo interessava affatto e che lo avrebbe reso un essere frustrato ed infelice, si toglie la vita preso dallo sconforto e dalla disperazione.

Questo episodio, tutt'altro che irreale, non solo ci induce a riflettere su un dato di fatto incontrovertibile, e cioè che l'autoritarismo è sempre controproducente, ma ci fa anche intuire come mai esistano tanti giovani che si drogano, si danno all'alcol, diventano teppisti o delinquenti oppure arrivino persino a suicidarsi o ad uccidere un genitore.

Qualche giorno fa, proprio a conferma di quanto l'autoritarismo sia dannoso e improduttivo, mi è capitato di assistere ad un episodio inquietante che mi ha fatto molto riflettere. Un adolescente, dopo una violenta lite avuta con il padre (sicuramente una delle tante), uscendo di casa sbattendo la porta ha detto ad alta voce: «tanto quando sono grande gliela faccio pagare a quello stronzo, perché l'ammazzo...». Lascio al lettore la facoltà di fare le considerazioni che crede su questo caso sicuramente non isolato né tantomeno raro.

All'estremo opposto dell'autoritarismo vi è un modo di educare i cui presupposti sono completamente diversi: il *permissivismo*. Il genitore **permissivo**, nel senso stretto del termine, non sgrida, non riprende, non punisce, non ricatta, non interviene, non ricorre alla forza. È colui che lascia andare, lascia correre e permette al figlio di fare tutto quello che più gli pare e piace, anche rompere degli oggetti, concedendogli di seguire costantemente i propri impulsi e i propri desideri.

La teoria della permissività nasce intorno agli anni '70 dello scorso secolo contrapponendosi all'autoritarismo. Il maggiore esponente di questa corrente pedagogica è stato il pediatra Benjamin Spock il quale asseriva che ad un bambino non si devono porre limiti di alcun genere perché ogni restrizione può rivelarsi nociva e generare in lui ansie, frustrazioni, rancori, paure, inibizioni.

Così come è vero che gran parte di coloro che sono stati allevati da genitori autoritari, una volta diventati padri e madri, si comportano con la propria prole più o meno come hanno fatto i rispettivi genitori (*plagio inconscio*), è altrettanto sicuro che una certa percentuale di individui, cresciuti con sistemi autoritari, seguono il percorso antitetico ovvero permettono ai figli di fare qualsiasi cosa perché, avendo essi stessi molto sofferto, non vogliono che i loro bambini patiscano le medesime pene.

«Da un padre avaro si sviluppa un figlio avaro o, all'opposto, prodigo». Uso spesso questo esempio per indicare ai papà e alle mamme che vengono a consultarmi, come un comportamento esasperato, o da una parte o dall'altra, generi comunque squilibri e danni e non insegni a seguire la *via di mezzo* che è l'unica ad offrire reali benefici.

Secondo il mio punto di vista l'autoritarismo è sicuramente da condannare così come è da biasimare l'atteggiamento educativo che tende a favorire le debolezze e l'anarchia. Se è vero, come è vero, che chi è violento ha ricevuto a sua volta violenze, è anche corretto sottolineare come alcuni individui siano divenuti prepotenti e prevaricatori perché *rovinati* da genitori deboli e fin troppo tolleranti che li hanno assecondati in tutto e per tutto, viziandoli e facendoli crescere con la assurda convinzione che ogni cosa gli è dovuta e che gli altri devono mettersi sempre e comunque a loro disposizione. Accade non di rado che, quando questi soggetti non ottengono ciò che vogliono, si imbestialiscano e ricorrano anche alla violenza fisica, arrivando persino all'omicidio, pur di procurarsi quello che desiderano. L'uccisione di un genitore, o di ambedue, avvenuta perché al figlio era stata rifiutata l'ennesima richiesta di danaro, costituisce un drammatico esempio (dolorosa realtà dei nostri tempi) di come anche il lassismo educativo e la troppa tolleranza producano seri danni.

Succede spesso che un genitore, rivolgendosi a me, faccia questo genere di affermazione: «mio figlio non deve patire quello che ho sofferto io, lui deve avere tutto quello che vuole...». «Certamente», rispondo ed aggiungo: «purché impari a conquistarsi ciò che desidera e non pretenda che siano gli altri a risolvergli i problemi». In altre parole, in queste occasioni mi adopero per far comprendere all'interlocutore che ho dinnanzi quanto sbagliato sia essere un educatore permissivo. Assecondando tutti i capricci di un figlio e prodigandosi continuamente nel cercare di evitargli ogni tipo di contrarietà e di dispiacere, lo si induce a crescere alla stregua di un *despota* ovvero di chi esige dal prossimo un pronto soddisfacimento delle proprie richieste e dei propri voleri oppure come uno *smidollato* ossia un individuo che, avendo paura di prendere decisioni ed iniziative autonome, delega sistematicamente le proprie responsabilità a parenti o ad amici ai quali si appoggia anche quando deve affrontare la benché minima difficoltà.

Se un padre ed una madre concedono ad un bambino sempre tutto, costui, man mano che cresce, anziché rafforzarsi accumulerà debolezze e difetti tali da renderlo fragile e vulnerabile (sia sotto il profilo caratteriale che psicologico).

Spesso un genitore non si rende conto che certi suoi comportamenti esageratamente indulgenti creano in un figlio abitudini malsane destinate inevitabilmente a ritorcersi contro lo stesso figlio una volta diventato adulto. Un ragazzino che è stato eccessivamente blandito, vezzeggiato e soprattutto viziato non sa cosa è bene e cosa è male, cosa è giusto e cosa è sbagliato, per cui si trova prima o poi a dover fare i conti con la realtà della vita e con le sue ferree ed inamovibili Leggi. **L'esistenza ci mette continuamente alla prova e non concede favori o sconti a nessuno!** Meno che mai lo fa con chi non si adopera, nell'amore e nel rispetto per se stesso e per gli altri, nel voler conseguire delle mete il cui raggiungimento implica necessariamente impegno e voglia di migliorarsi.

Si sa che l'estremizzazione di un problema non porta mai al suo superamento. Al contrario, lo accentua e lo esaspera sempre più. La *verità* si trova sempre a mezza strada tra due posizioni opposte, là dove entrambe hanno perduto la loro identità iniziale per coesistere in una nuova realtà. Gli antichi romani erano soliti dire: «*in medio stat virtus*» ossia la virtù sta nel mezzo. Orazio, celebre poeta latino, trasformò questa massima nel suo famoso: «*est modus in rebus*» vale a dire vi è sempre una misura in tutte le cose.

La mente è abituata a ragionare andando da un estremo all'altro (proprio come un pendolo) senza mai soffermarsi nel mezzo. Per questo la maggior parte delle persone non è bilanciata ed assennata. Un individuo può dirsi realmente equilibrato, quindi saggio, quando i suoi atteggiamenti e i suoi comportamenti non sono esacerbati né in un verso né in un altro ma seguono la via di centro (ovvero sono in sintonia con i *Princìpi* che regolano l'esistenza).

Similmente un genitore, per sentirsi pienamente soddisfatto di come svolge il proprio ruolo di educatore, dovrebbe evitare di essere rigido ed intransigente e perciò a maggior ragione violento, così come dovrebbe astenersi dall'essere *troppo* buono e *troppo* permissivo. In effetti, i risultati confortanti li potrà apprezzare soltanto quando saprà conciliare la pazienza, la flessibilità e la comprensione (essendo amorevole), con il saper essere fermo e risoluto allorché il comportamento del figlio rischia di prendere una piega sbagliata. Né autoritari, dunque, né permissivi. Essere **autorevoli** è il giusto compromesso!

Un genitore *autorevole* è fondamentalmente affabile, affettuoso, assennato e comprensivo. Riflette prima di agire perché sa mettersi nei panni del bambino. È determinato ed ha come obiettivo principale quello di far sì che la sua creatura un giorno diventi un uomo (o una donna) indipendente, cioè un essere capace di vivere la propria vita come meglio crede.

Questo, a mio parere, è il dono più prezioso che si possa fare ad un figlio. Questo sicuramente è il modo migliore di amarlo. L'amore autentico, difatti, è rispettoso, non è invadente e non interferisce sulla dignità e sulla libertà della persona amata. Al contrario, fa di tutto per rendere chi si ama autonomo e libero.

Insegnare alla propria prole, con amorevolezza e piena partecipazione, cos'è il *senso di responsabilità* credo costituisca uno degli aspetti basilari del modo di educare di un genitore autorevole. Se si consulta un dizionario è possibile constatare che la parola *responsabilità* significa "essere capaci di rispondere", "essere abili nell'agire". La persona responsabile è colei che agisce, opera, fa. Essere responsabili vuol dire, sostanzialmente, essere in grado di prendere in mano le redini della propria vita (il che non esclude la facoltà di chiedere aiuto in caso di bisogno) tenendo presente che la nostra *responsabilità primaria* è quella di amare e rispettare innanzitutto noi stessi, per poi amare e rispettare i figli ed il prossimo. **La crescita di un essere umano può accadere solo quando si assume per intero la responsabilità di se stesso, non prima!**

Chi è responsabile è un individuo *libero* e *soddisfatto di sé* perché non delega a nessun altro il potere di prendere decisioni e agire in vece sua. Per contro, chi scarica sugli altri le proprie incombenze, non solo è una persona *irresponsabile* e *inaffidabile*, quindi un *debole*, ma è anche uno *schiavo* in quanto dipende dalle decisioni dei suoi simili. Ogni essere umano ha delle responsabilità di cui deve necessariamente assumersene l'onere se vuole vivere nella piena soddisfazione. Nessuno, infatti, può superare delle difficoltà o risolvere dei problemi lasciando che qualcun altro lo faccia al suo posto.

I bambini del resto, già dopo i due anni di vita, ci mostrano chiaramente con il loro comportamento quanto sia innato il senso della libertà e dell'autonomia quando, con tono di voce spesso piccato, ci dicono: «Io faccio da solo (o da sola)...» riferendosi, ad esempio, al voler mangiare o vestirsi oppure allacciarsi le scarpe senza l'aiuto altrui.

Molti genitori per "troppo amore" (dovuto a scarse consapevolezze o a radicati sensi di colpa) cercano di spianare la strada ai figli perché sono convinti che sia un bene evitare loro fatiche e contrarietà. Così facendo favoriscono in un bambino l'insorgere di debolezze caratteriali (pigrizia, superficialità, scarsa diligenza nel fare le cose...) che sicuramente non lo inducono a sviluppare una sana considerazione di sé.

La mancanza di stima e di fiducia nei propri confronti, caratteristica sia di chi è stato educato in maniera permissiva che autoritaria, costituisce il presupposto da cui hanno origine i guai nei quali molti giovani sovente vanno a cacciarsi (droga, delinquenza, prostituzione).

Bisogna essere consci del fatto che per diventare forti dal punto di vista caratteriale (e non ostinati e testardi, si badi bene) occorre allenarsi nel fare le cose. Più si fa, anche sbagliando, più si acquisiscono esperienze e conoscenze e si prende sempre più confidenza con se stessi e con la vita. Un genitore autorevole, consapevole di questo principio, educa il figlio a diventare responsabile. Perché ciò si realizzi lo abitua a poco a poco (sin da quando è piccolo) a svolgere dei compiti quali, ad esempio, apparecchiare la tavola, piegare e mettere a posto i propri indumenti, riporre i giocattoli dopo averli usati, aiutare ad estirpare le erbacce in giardino etc... al fine di farlo crescere con la consapevolezza che ogni cosa va conquistata e che, in mancanza di impegno, ossia senza pagare un prezzo, non si ottiene nulla.

Invitare il proprio bambino con gentilezza ma anche con fermezza, a fare delle cose (essendo i genitori i primi a dare l'esempio) e gratificarlo ed incoraggiarlo sempre più, man mano che compie dei progressi, è fondamentale per indurlo a sentirsi utile ed importante e per insegnargli, tra l'altro, quanto sia bello collaborare, condividere ed essere in sintonia gli uni con gli altri facendo ciascuno la propria parte.

Un ragazzino non va lasciato per ore ed ore seduto davanti alla televisione o alle prese con il computer o con la play-station perché le onde elettromagnetiche dei suddetti apparecchi sono altamente nocive per la sua salute e la mancanza di dinamismo lo impigrisce. Le prorompenti energie di cui dispone vanno invece convogliate verso giochi che implicano movimento corporeo e verso attività ginniche o sportive effettuate in prevalenza all'aria aperta. È bene inoltre affidargli degli incarichi (ovviamente compatibili con la sua età) per mezzo dei quali, dando un contributo personale, possa fortificare progressivamente la propria autostima. Soltanto se si ha la possibilità di tirare fuori le qualità e le capacità di cui si è dotati, si può acquisire una crescente familiarità con se stessi.

Ad un figlio vanno assegnati compiti che è opportuno che svolga e porti a termine. Dire ad un ragazzino: «tesoro, per favore riponi nel cassetto i tuoi pantaloni...» e poi non verificare se la cosa viene eseguita, è sbagliato. Così come è altrettanto errato costringerlo con la forza o farlo al suo posto nel caso in cui non dovesse conformarsi a ciò che gli è stato chiesto. Essere autorevoli significa anche insegnare con garbo e polso fermo che ci sono delle regole che è bene applicare perché facendolo se ne traggono dei giovamenti (sentirsi soddisfatti, poter fare altre cose piacevoli, ricevere sempre più fiducia...).

Un bambino non può fare in ogni momento tutto quello che gli passa per la testa o soddisfare tutti i suoi ghiribizzi né, d'altro canto, è giusto che venga allevato nella costrizione o inculcandogli un esasperato senso del dovere. Fargli comprendere, sempre nel pieno riguardo della sua dignità, che esistono delle norme da rispettare è sicuramente di grande giovamento sia per il presente che per il suo domani di adulto e di eventuale genitore.

Man mano che i figli crescono, si presentano situazioni in cui, a mio avviso, bisogna essere non solo fermi ma persino "duri" con loro se vogliamo realmente aiutarli. Mi riferisco a quelle evenienze dove sono in gioco dei princìpi basilari quali, ad esempio, essere sinceri e leali, non usare e manipolare le persone, non ricattare, sapersi rimboccare le maniche quando serve, essere animati da un sano spirito di sacrificio, essere tenaci etc... Sulle cose banali si può anche passarci sopra, si può chiudere un occhio qualche volta, ma sulle regole della vita che hanno ripercussioni profonde sul destino di un figlio non si può fare finta di niente, non si può stare a guardare soprattutto se lo stesso figlio non è disposto a lasciarsi guidare e ad ascoltare. In questi casi occorre intervenire con decisione e risolutezza anche a costo di inimicarsi, momentaneamente, chi abbiamo procreato.

Un figlio, allenato gradualmente ad acquisire delle buone abitudini e a darsi da fare, con il tempo svilupperà una dote estremamente preziosa: il *senso dell'autodisciplina*. Essere autodisciplinati non significa, come il termine potrebbe far credere, essere troppo seri, rigidi, limitati, controllati. Vuol dire essere padroni di se stessi ossia capaci di decidere autonomamente cosa fare e in quale direzione andare.

L'autodisciplina è una qualità che permette di affrontare le difficoltà e gli ostacoli con decisione e coraggio. Consente di raggiungere i traguardi che ci prefiggiamo grazie alla determinazione, alla forza di volontà e alla perseveranza che sono sue peculiari caratteristiche. Senza autodisciplina non si può conseguire nessuna meta nella vita, né di ordine materiale né tantomeno spirituale. **Libertà** e **autodisciplina** non sono affatto in contrasto tra loro, semmai sono complementari in quanto, chi sa autogovernarsi, è una persona libera, responsabile di se stessa, che dà ascolto alla propria *voce interiore* e non si lascia condizionare dall'esterno.

Un padre ed una madre autorevoli pongono alcuni limiti a chi hanno generato sapendo, all'occorrenza, dire di "no". Ogni volta lo fanno spiegando il *perché* del diniego e sottolineando che non sempre si può fare ciò che si vuole né si può ottenere costantemente tutto quello che si desidera. Inoltre, essendo attenti agli stati d'animo della prole, quando si accorgono che un figlio ha dei timori o è contrariato o dispiaciuto per qualcosa, intervengono chiedendo, ascoltando, immedesimandosi, condividendo e soprattutto facendo sentire tutto il loro amore e la loro comprensione per quello che il figlio sta vivendo (*empatia*).

Un tale comportamento fa sì che i figli si sentano considerati e rispettati per cui crescono prendendo sempre più confidenza con ciò che provano e sentono, sapendolo esprimere senza vergognarsene, e così facendo acquisiscono una buona stima di se stessi. Questo tipo di educazione li rende prevalentemente allegri, ottimisti, fiduciosi, volitivi, responsabili. Facilita il loro rapporto con gli altri, agevolando l'acquisizione di nuove amicizie, e li aiuta ad affrontare e a superare i problemi (essendo meglio tollerato lo stress). In breve, consente loro di condurre una vita più sana e più serena.

I genitori autorevoli, dunque, sono sempre disponibili e si servono del calore, della comprensione, della pazienza e, come si è detto, anche della fermezza per instaurare con i figli un rapporto di complicità, intimità, fiducia e rispetto non temendo, a loro volta, di mostrare i propri sentimenti e le proprie emozioni. In effetti, possono piangere di fronte alla prole se ne sentono il bisogno ed esprimere il proprio disappunto quando c'è qualcosa che li manda in collera. In quest'ultimo caso cercano di farlo in maniera costruttiva ossia evitando di ferire la sensibilità di chi sta loro a cuore. E, se si rendono conto che sono stati sgarbati o hanno superato certi limiti, il che può succedere a chiunque perché nessuno è perfetto, ammettono di aver esagerato e si scusano senza alcuna esitazione.

In simili circostanze, un papà o una mamma autorevole esprime al figlio il proprio sincero rincrescimento per quanto è accaduto e coglie l'occasione per trasformare l'incidente in qualcosa di educativo per tutti e per rafforzare il legame affettivo esistente.

OCCUPARSI, NON PREOCCUPARSI

Ci sono molti genitori che tormentano i figli con le proprie insicurezze e con i propri timori la cui origine dipende soprattutto da come sono stati allevati. Tanti padri e tante madri vivono nel costante assillo mentale che alla propria prole capiti una disgrazia oppure che possa ammalarsi o che debba incappare, necessariamente, in qualcosa di spiacevole.

È forse un vivere sano ed equilibrato quello di preoccuparsi continuamente essendo sempre tesi e stressati? Come si può gustare pienamente il ruolo di genitore e godere, giorno dopo giorno, delle molteplici piccole-grandi gioie che un figlio sa donarci se gli si trasmettono in prevalenza messaggi negativi e non lo si lascia esprimere liberamente?

Una visione pessimistica della vita, intrisa di paure e di preoccupazioni, non giova a nessuno e meno che mai ai bambini i quali, se vengono cresciuti nel timore, nel pregiudizio e nelle continue limitazioni, diverranno individui insicuri, repressi, arrabbiati e colmi di risentimenti (con tutte le conseguenze che è facile immaginare). **Le ansie dei genitori rendono necessariamente infelice l'esistenza dei figli!**

Non esiste altra valida via per poter vivere in maniera appagante e per rendere serena la vita di chi ci sta a cuore al di fuori di quella della *consapevolezza* e del *cambiamento*. Un genitore che si angustia continuamente per un figlio e per il suo avvenire vive malissimo e provoca anche quello che più teme ossia che il figlio diventi una persona inquieta ed insicura che un domani avrà molte difficoltà nel far fronte alle proprie responsabilità. Sono completamente d'accordo con Leo Buscaglia quando afferma: «*l'ansia non solo non ci sottrae al dolore di domani, ma ci priva pure della felicità di oggi*».

Dobbiamo imparare a non preoccuparci, ma semplicemente a **occuparci** dei nostri figli. Se si analizza il termine *preoccupazione* risulta evidente come esso sia composto dal prefisso *pre* e dalla parola *occupazione*. Ogni volta che ci *preoccupiamo* significa che concentriamo la nostra attenzione su qualcosa prima che accada (sempre che debba succedere), e per di più animati da turbamenti e timori. In altre parole, preoccuparsi vuol dire vivere in continua tensione essendo legati all'idea che da un momento all'altro possa capitarci, o capitare a chi amiamo, un fatto sgradevole se non addirittura il peggio.

Occuparsi di un figlio significa essere attenti alle sue necessità e ai suoi bisogni (sia materiali che spirituali), supportarlo con il nostro amore senza soffocarlo, valutando il più serenamente ed obiettivamente possibile come risolvere i problemi man mano che si presentano. Più ci si *preoccupa*, più si entra in un circolo vizioso fatto di confusione, disorientamento ed agitazione che non torna utile, né a chi educa, né tantomeno a chi riceve l'educazione.

C'è un antico detto tibetano che dice: «*nella vita non ci sono problemi, esistono soltanto soluzioni*». In effetti, c'è una soluzione, o più di una, per ogni problema. Individuarla può non essere agevole all'inizio e può richiedere tempo. Con la preoccupazione e l'ansia sicuramente non facciamo altro che ingorgare la mente con pensieri negativi i quali renderanno ancor più ingarbugliata la matassa rinviando la soluzione e prolungando ulteriormente i patimenti.

Quando invece ci si *occupa* della propria prole, si riesce ad essere obiettivi, equilibrati ed in grado di comunicare forza ed ottimismo essendo consapevoli, in cuor nostro, che ogni difficoltà si supera se la si affronta senza farne un dramma ovvero vivendola come una opportunità per crescere e per evolvere.

Nel mondo c'è tantissima gente che spreca la propria esistenza (nuocendo nello stesso tempo anche a quella degli altri) perché *si preoccupa continuamente di qualcosa che nella stragrande maggioranza dei casi non accadrà mai*. Questo atteggiamento mentale disfattista comporta un notevole dispendio di energie e di risorse umane che rende infelici e più vulnerabili alle malattie.

Una delle preoccupazioni più diffuse, specie tra le mamme, è quella che il figlio prenda freddo e si ammali. Per tale ragione eccedono col numero di indumenti che fanno indossare alle loro creature, condizionate come sono da quello che è stato il comportamento delle loro madri con esse.

I bambini, per contro, sanno benissimo quando è il momento di coprirsi e quando invece è bene alleggerirsi. Essi, ad esempio, rispondendo
ad una esigenza del tutto naturale, si tolgono frequentemente le scarpe e
camminano scalzi perché avvertono quanto è importante avere un contatto diretto con la terra. Certo, agiscono così in maniera istintiva. Non
sanno spiegare che attraverso i piedi si scaricano al suolo le tensioni accumulate. Questa fisiologica necessità si è fatta ancor più pressante negli
ultimi anni non solo perché la vita di oggi è molto stressante (pure per i
bambini) ma anche in quanto si è diffusa la malefica moda delle calzatu-
re con la suola di gomma, anziché di cuoio, le quali, impedendo al corpo
di liberarsi delle negatività, concorrono a rendere ancor più nevrotiche
le persone.

Desidero sottolineare, a questo proposito, come le scarpe fabbricate
con materiali sintetici siano responsabili della sudorazione profusa delle
estremità, del loro conseguente cattivo odore nonché di patologie a carico dei piedi quali piaghe, dermatiti, infezioni batteriche e fungine... in
costante e drammatico aumento.

Quando è bersagliato dalle apprensioni di chi lo educa, un bambino
può ammalarsi anche spesso. Frasi del tipo: «copriti, se no ti ammali»
oppure «mettiti le scarpe, altrimenti ti buscherai una bronchite», ripe-
tute in continuazione, non fanno altro che inculcargli un senso di insicurezza le cui ripercussioni si rifletteranno sfavorevolmente anche sulle
sue difese immunitarie. Si spiega così come mai tante persone cagione-
voli di salute, caratterialmente pessimiste, indossino pure da adulte (e
d'estate) la maglia di lana (che rappresenta per loro una specie di "coper-
ta di Linus") simbolo della educazione oppressiva che hanno ricevuto.

In effetti, sono molti coloro i quali condizionati dai genitori credono
che nella vita ci si debba sempre "coprire" ovvero che occorra proteggersi e difendersi incessantemente per evitare i guai (la qual cosa è del tutto
fallace dal momento che l'esistenza è benevola con chi, al contrario, si
apre, è flessibile ed è disposto a modificare le proprie credenze e i propri
comportamenti sbagliati).

È risaputo che quanto più piccolo è il bambino, tanto minore è la sua
capacità di salvaguardarsi. È necessario, quindi, che un papà ed una
mamma si occupino della sua incolumità adoperandosi affinché non gli

succeda nulla di grave. Molteplici sono i pericoli che, soprattutto in casa, possono rivelarsi fonte di disgrazie (pentole sul fuoco, prese di corrente scoperte, detersivi lasciati a portata di mano, davanzali di finestre e balconi che possono essere scavalcati con l'uso di sgabelli o di sedie etc...). Occorre pertanto essere guardinghi e proteggere i bambini specie nei primi anni di vita. Poi, via via che essi crescono ed imparano a riconoscere e a evitare quello che può nuocere è bene, pur rimanendo attenti e vigili (e non preoccupati ed ansiosi), dare loro sempre più spazio e concedergli una graduale e crescente fiducia. Naturalmente ciò dovrà essere consono, di volta in volta, all'età e al senso di responsabilità mostrato. È ovvio che, ad esempio, non si permetterà ad un figlio di tre o quattro anni di attraversare da solo una strada trafficata, né gli si consentirà di guidare l'automobile se non è maggiorenne ed in possesso della patente. Ogni cosa deve essere adeguata alla fase che egli sta vivendo ed accordata in funzione dell'assennatezza mostrata e della capacità di rispettare gli impegni presi.

Alla prole è giusto far comprendere che nel fare una certa cosa ci si può trovare di fronte a dei pericoli. Nella maggior parte dei casi, comunque, ciò non vuol dire che quella cosa non possa essere fatta. Significa, invece, che occorre essere accorti nel farla. Molti genitori che si preoccupano eccessivamente per i rischi che i figli potrebbero correre, non concedono quella sana libertà di cui i figli stessi hanno bisogno per imparare gradualmente a fare le cose in maniera autonoma e per apprendere come diventare responsabili. Chi è iperprotetto e soffocato dalle ansie genitoriali non riesce ad esprimersi al meglio e non impara ad affrontare le difficoltà, riuscendo così a cavarsela egregiamente in situazioni disagevoli.

Quando mio figlio era piccolo ho evitato di dirgli: «non fare questo o non fare quello...». Mi rivolgevo a lui dicendogli: «se fai questo, può succederti una certa cosa e se fai quest'altro, può verificarsi quest'altra cosa...». In altri termini, ho usato la mia esperienza ponendola al suo servizio lasciandolo sempre libero di provare, sperimentare, mettere in dubbio e, perché no, anche di commettere errori.

Un genitore che si *occupa* di chi ha generato, *non si preoccupa* se il proprio figlio si procura una sbucciatura o una ferita mentre sta facendo qualcosa o se vive momenti di scontentezza e di frustrazione perché non ottiene i risultati che aveva desiderato conseguire. Un padre premuroso, affettuoso e presente permette a chi ha messo al mondo di fare esperienze e di verificarne la validità, consapevole che soltanto in questo modo si matura e ci si tempra. Naturalmente occorre stare accanto ad un figlio, seguirlo, offrirgli la propria incondizionata disponibilità, spiegargli le cose, dargli dei consigli, ma è lui, in prima persona, che deve assumersi l'onere di quello che fa e di come agisce, con tutte le ripercussioni positive o negative che possono derivarne.

Ricordo che Michele aveva poco più di due anni quando un giorno in casa venne a mancare la corrente elettrica e dovetti accendere delle candele. Il bambino, attratto dalla loro vivida luce, si diresse verso una di esse ed avvicinò l'indice della mano destra alla fiamma. Resomi conto di ciò che stava succedendo, misi la mia mano fra il suo dito e la candela dicendogli che quel gesto non doveva farlo perché altrimenti si sarebbe scottato. Il bimbo lì per lì sembrò ascoltarmi. Trascorsi alcuni istanti, tuttavia, ripeté la manovra precedente che di nuovo fu da me ostacolata. Al suo terzo tentativo, però, lo lasciai fare. Il bambino, in preda al bruciore procuratogli dalla fiamma, cominciò a piangere. A quel punto intervenni con del ghiaccio e successivamente applicai sulla parte lesa una pomata omeopatica che entro qualche minuto gli fece sparire il dolore. Poi lo abbracciai teneramente e lo consolai. «*Un genitore saggio lascia che i figli commettano errori. È bene che una volta ogni tanto si brucino le dita*» (Gandhi).

Ad onor del vero posso asserire che in seguito a quella esperienza mio figlio, crescendo, ha sviluppato un sano rispetto del fuoco (e non paura) tanto che oggigiorno adopera con disinvoltura i fornelli della cucina se gli serve di preparare una tisana o di cuocere un alimento. In simili frangenti si comporta sempre in maniera assennata proprio in virtù del fatto che quanto ha vissuto da piccolo, supportato dall'amore paterno, anziché traumatizzarlo gli ha insegnato ad essere giudizioso.

Quando ci preoccupiamo dei figli mostriamo di essere, oltre che ansiosi ed insicuri, anche fondamentalmente *egoisti* perché, seppur inconsciamente, pensiamo a ciò che noi potremmo patire nel momento in cui dovessimo vederli soffrire. In altre parole, abbiamo più a cuore le nostre sofferenze anziché i loro eventuali dolori.

Questo modo di agire credo che non possa considerarsi vero amore! Amare qualcuno significa dimenticarsi di se stessi per dedicarsi alla persona amata. Occupatevi dei vostri figli avendo la coscienza a posto che state facendo del vostro meglio per farli crescere bene. Se, inoltre, credete in Dio, chiedetegli aiuto affinché vi guidi nell'assolvere i vostri compiti quanto meglio è possibile e vedrete che il sostegno desiderato non vi mancherà mai.

COCCOLE, BACI ED ABBRACCI

Ci sono genitori i quali, dando per scontato che un figlio sappia che essi lo amano, pensano che non sia necessario mostrarglielo. Altri credono che manifestare amore sia sconveniente e renda deboli. Ancora oggi, purtroppo, ci sono tanti padri e madri poco o affatto espansivi che hanno considerevoli difficoltà nel comunicare, attraverso le parole ed il contatto fisico, quello che nutrono nei confronti della prole. Ciò si verifica non perché costoro non provino affetto verso chi hanno procreato, quanto, piuttosto, perché è così che sono stati allevati ed è così che credono ci si debba comportare (*condizionamenti*). A tal proposito non è peregrino ricordare che fino a non molti anni fa era largamente diffusa la convinzione secondo la quale: «*i figli vanno baciati quando dormono, altrimenti si montano la testa*».

Eppure ormai dovrebbe essere noto a tutti quanto sia cruciale che un bambino venga toccato, accarezzato e baciato fin dalla più tenera età. A sostegno di questo fondamentale principio pedagogico esiste una vasta messe di ricerche grazie alle quali si è constatato che c'è una differenza profonda tra i bambini presi in braccio, cullati ed accarezzati, e quelli che non ricevono un trattamento del genere. I primi crescono molto meglio (sia dal punto di vista fisico che psicologico) e si ammalano di gran lunga meno rispetto agli altri proprio in virtù del fatto che le carezze e le coccole agiscono favorevolmente sia sulla componente psichica ed emozionale che sulle capacità difensive dell'organismo (attraverso la produzione di endorfine).

Credo che al lettore possa interessare apprendere il perché essere toccati ed accarezzati sia estremamente benefico. Per comprenderlo occorre sapere che l'embrione umano, durante le sue prime fasi di vita, si differenzia in tre parti (foglietti embrionali) denominate *ectoderma*, *mesoderma* ed *endoderma*, ciascuna delle quali costituisce il punto di partenza per lo sviluppo di specifici organi e tessuti.

L'*ectoderma*, ad esempio, è la porzione da cui derivano sia l'*apparato neurologico* (cervello, midollo) che l'*epidermide*. Quando si accarezza qualcuno, quindi, si stimola necessariamente anche il suo sistema nervoso inducendo nella persona sensazioni piacevoli quali senso di leggerezza, rilassamento mentale, sentirsi accettati e benvoluti... In altri termini, nel fare delle carezze ad un bambino è come se in qualche modo "accarezzassimo" i suoi neuroni (ossia le sue cellule nervose), pur non toccandoli direttamente.

Un bimbo appena nato non è per nulla preparato ad interrompere bruscamente quella unione con la madre che tanto conforto gli procurava quando era all'interno dell'utero. Per tale ragione ha bisogno di essere nutrito ed accudito come pure di un costante ed amorevole contatto. È rilevante, perciò, che alla mamma sia data l'opportunità, subito dopo il parto, di tenere il figlioletto per un po' di tempo sulla propria pancia (al fine di rendere il meno traumatico possibile il passaggio dall'ambiente intrauterino a quello extra) e che successivamente essa inizi a prenderlo in braccio per allattarlo ed anche per accarezzarlo, baciarlo e cullarlo.

Malauguratamente accade spesso che ad una neo mamma venga raccomandato di prendere in braccio il figlio solo lo stretto necessario per dargli il latte perché, le si dice, altrimenti il bambino crescerà viziato e capriccioso. L'esperienza mi ha mostrato in tanti anni di professione che, semmai, è vero il contrario. Un neonato, specie nei primi sei mesi di vita, va tenuto sovente tra le braccia in quanto il collegamento "pelle a pelle" che si stabilisce innanzitutto con la madre gli procura effetti benefici straordinari sull'appetito, sull'accrescimento corporeo, sul ritmo del sonno e sulla componente psichica ed emozionale.

Sentirsi amati ed accettati costituisce quanto di meglio si possa ricevere e desiderare quando si nasce dato che l'*amore* e la *sicurezza* sono i principali fattori di cui un bambino ha bisogno per diventare, a sua volta, un individuo amorevole, fiducioso nelle proprie possibilità ed altruista.

Le donne appartenenti ai Paesi sottosviluppati, per tradizione millenaria, tengono i loro piccoli appesi al collo o poggiati dietro la schiena tramite teli di stoffa che fungono da sostegno. Queste madri sanno per istinto quanto sia importante portarsi appresso i figli facendoli stare a stretto contatto con il proprio corpo. Così facendo, infatti, il bimbo viene costantemente sollecitato (ricevendo un continuo massaggio) dagli innumerevoli movimenti che la mamma compie nel corso della giornata (camminare, lavare i panni, zappare la terra, inchinarsi per raccogliere legna o erbe etc...). La sorta di culla ambulante nella quale il bambino sta per parecchie ore al giorno diviene, pertanto, un valido mezzo per trasmettergli calore umano e protezione (che molto gli serviranno per affrontare le non facili prove a cui l'esistenza un domani lo sottoporrà).

Nelle nazioni tecnologicamente avanzate in cui, per contro, si vive in maniera sempre più artefatta, si è pensato bene di rimpiazzare il seno della mamma, dispensatore di un latte di altissima qualità e di amorevolezza, con insulsi biberon i quali oltre a creare distanza tra madre e figlio, hanno anche il difetto di servire da contenitori per un alimento, il latte artificiale prodotto dall'industria, che è scadente in quanto sprovvisto di fattori di difesa immunitaria (anticorpi, lisozima, interferone...) e che, inoltre, provoca danni alla salute del bambino (eczema, orticaria, asma, coliche gassose etc...) a causa delle sostanze chimiche in esso contenute (vitamine sintetiche, additivi, conservanti...).

Pur riconoscendo una certa loro utilità, è fuori dubbio che carrozzine e passeggini abbiano in gran parte sostituito le braccia umane tanto che, specie in città, non è frequente vedere una mamma andare a spasso portando il proprio piccolo in braccio o tenendolo aderente a sé per mezzo di un confortevole marsupio (come sarebbe giusto fare).

Il contatto cutaneo di cui un bambino ha una considerevole necessità non può essere vicariato in alcun modo! La pelle, infatti, rappresenta un basilare mezzo fisico di comunicazione. È per suo tramite che l'essere umano (similmente agli animali) può trasmettere tenerezza, protezione e amore ai propri cuccioli.

Così come è vitale respirare e nutrirsi, altrettanto essenziale per un ragazzino è essere accarezzato, baciato ed abbracciato. Un ottimale ed intenso rapporto tra genitori e figli non può prescindere per nessun motivo dalle **coccole**, dai **baci** e dagli **abbracci!** Un figlio che fin da piccolo viene baciato, accarezzato ed abbracciato acquisirà, sentendosi amato ed accettato, *fiducia in se stesso, ottimismo, coraggio, entusiasmo, voglia di fare* e di *conseguire obiettivi...*

In una canzone molto bella dedicata al figlio, Antonello Venditti così si esprime: «*...un padre e un figlio con un solo abbraccio squarciano il tempo, vanno oltre lo spazio...*». L'abbraccio è in assoluto il nutrimento maggiore per un bambino, è linfa vitale per lui, è cibo per la sua anima!

Potete appagare tutti i bisogni materiali dei vostri figli ed esaudire ogni

loro desiderio ma, se non li baciate ed abbracciate (e non gli dite che li amate), non saranno mai felici ed equilibrati! Anche se non lo faranno vedere, nel loro intimo, in profondità, si sentiranno tristi, insoddisfatti, delusi, trascurati, arrabbiati, risentiti. Proveranno un senso di sconforto, di paura, di incertezza, di precarietà, di frustrazione, di disistima nei propri confronti. Insomma, avranno la spiacevole sensazione di percepirsi sconnessi e privi di radici perché solo l'**amore** (e l'abbraccio è una delle sue manifestazioni più tangibili) ci trasforma in esseri gioiosi, appagati, vivi, radicati e rende la nostra esistenza e i nostri rapporti interpersonali fertili e gratificanti.

Ricordo che mio figlio aveva sette anni quando una sera, mentre ero intento a preparare la cena, ad un certo punto mi si è avvicinato e, rivolgendosi a me con quella semplicità tipica dei bambini, mi ha chiesto: «papà, per favore mi abbracci?». Nell'udire quelle parole ho immediatamente lasciato perdere ciò che stavo facendo e con slancio l'ho abbracciato tenendolo teneramente stretto a me per diversi istanti durante i quali (proprio come afferma la sopracitata canzone) il tempo e lo spazio, così come ogni altra cosa, hanno perso valore e consistenza. Michele, pur essendo abituato a ricevere spesso coccole sia da me che dalla madre, in quel momento aveva sentito il desiderio di un "extra". Accontentarlo è stato per me non un dovere ma un grande piacere. In effetti, che cosa c'è di più bello dello stringere a sé un figlio e dirgli quanto lo si ama?

I bambini è così che sono fatti. Hanno costantemente bisogno di attenzioni e di sentirsi amati ed appoggiati dai genitori, sia verbalmente, che attraverso frequenti ed affettuosi gesti (carezze, baci, abbracci). A questo proposito desidero rimarcare quanto sia rilevante, nel caso in cui si sia procreato più di un figlio, evitare di commettere il madornale errore, disgraziatamente molto diffuso, di essere teneri ed espansivi prevalentemente o esclusivamente con il più piccolo. Tutti i figli, a prescindere dall'età, hanno il diritto di ricevere effusioni e tenerezze. Se si fanno delle parzialità, è inevitabile che il bambino trascurato sviluppi sentimenti negativi (odio, rancore, rabbia) verso il padre e/o la madre e venga sopraffatto dalla gelosia nei confronti del fratellino (o della sorellina) che finirà col considerare un antagonista se non addirittura un nemico. Non è difficile comprendere come situazioni del genere creino nelle famiglie un clima di tensione e di costante conflitto perché chi non riceve le dovute attenzioni cercherà in ogni modo di farla pagare ai genitori, ad esempio, ammalandosi, non frequentando la scuola con profitto, essendo iperattivo e violento, chiudendosi in se stesso etc...

Nel momento in cui si abbraccia qualcuno, specie un ragazzino, e lo si fa con sincerità e calore, ovvero si utilizza il cuore e non la testa, si stabilisce un collegamento che va ben oltre il fatto fisico. In effetti viene a crearsi, oltre che uno scambio di energia, anche una intimità spirituale che dona ad entrambi gioia e vigore. In altre parole, l'abbraccio va considerato una vera e propria comunione di anime! Una deliziosa metafora, scritta da un anonimo, così si esprime: «*siamo angeli con una sola ala, per volare abbiamo bisogno di abbracciarci*».

Quando abbracciate vostro figlio, non fatelo mai meccanicamente né siate distratti. Prima di compiere un gesto così significativo, per non dire sacro, vi suggerisco di inspirare dal naso ed espirare dalla bocca più volte nel caso in cui non vi sentiate sereni e tranquilli per via dello stress accumulato. Questo semplice accorgimento vi libererà in breve tempo dalle tensioni consentendovi di abbandonarvi l'uno tra le braccia dell'altro e provare sensazioni straordinariamente intense e coinvolgenti. Con un abbraccio è possibile percepire la parte più intima e più recondita di noi là dove, in tutta la sua innocenza e purezza, alberga il *Bambino* che ci portiamo dentro. Contattare quella parte che rappresenta il nostro "baricentro spirituale" ci fa sentire sereni e felici e rende altrettanto sereni e felici chi abbiamo messo al mondo. Prendersi cura, nel senso più autentico del termine, dei nostri figli vuol dire anche accarezzarli, baciarli ed abbracciarli frequentemente tenendo presente che, così facendo, non solo essi ne trarranno inestimabili giovamenti per la loro crescita, ma anche noi ce ne gioveremo tantissimo sia come esseri umani che come educatori.

È talmente innata e potente l'esigenza di ricevere attenzioni ed amore, che un bambino arriva persino ad ammalarsi, anche in maniera seria, quando ciò che più desidera non gli viene corrisposto, perlomeno non come lui vorrebbe. Un ragazzino, man mano che cresce, ha modo di constatare che, allorché si ammala, tutti (padre, madre, parenti, amici) si interessano alla sua persona e gli riservano coccole e riguardi. Nel momento in cui sta bene, invece, nessuno gli fa una carezza, gli dà un bacio o lo abbraccia. Per essere al centro dell'interesse e delle premure dei suoi cari, dunque, impara a servirsi della malattia (mal di gola, bronchite, asma...). Questo suo modo di fare può diventare nel tempo, seppure inconsapevolmente, un'abitudine malsana che lo condizionerà negativamente anche da adulto. Quante persone, ad esempio, non fanno altro che lamentarsi dei loro acciacchi perché hanno verificato che chi sta male riceve attenzioni e considerazione dai propri simili?

Può sembrare incredibile, ma è questo ciò che succede a molta gente che non ha avuto tenerezze, baci ed abbracci durante l'infanzia. Simili vuoti affettivi rendono le persone paurose, insicure ed estremamente labili sotto il profilo psicologico, per cui non deve stupire se esse cerchino negli altri un rifugio ed una sicurezza. In altri termini, sono le carenze d'amore che trasformano gli esseri umani in veri e propri *mendicanti* spingendoli a prostituirsi e ad elemosinare affetto, spesso per tutta l'esistenza, per ottenere quella considerazione e quelle attenzioni che non hanno ricevuto da bambini.

Non riesco a fare a meno di indignarmi tutte le volte che vedo dei genitori serbare premure e fare carezze e coccole ai loro cani o gatti e non avere lo stesso comportamento con chi hanno generato. Conosco molte persone che trattano gli animali come se fossero figli. Ci parlano, li vezzeggiano, li prendono in braccio, li baciano, insomma hanno per loro ogni tipo di cura e di attenzione mentre alla prole riservano un trattamento a dir poco animalesco (grida, rimproveri, ricatti, botte...). Con questo non voglio assolutamente dire che gli animali vadano trattati male, tutt'altro. Desidero semplicemente affermare che l'essere umano deve rivolgere il proprio amore innanzitutto ai propri simili, specie ai bambini, e poi nutrire rispetto anche nei confronti delle altre creature.

Anni or sono una persona speciale che ho avuto la fortuna di conoscere in un periodo della mia vita in cui avevo bisogno di essere supportato, mi ha trasmesso un insegnamento semplice e nel contempo di grande spessore racchiuso nella seguente frase: «*le persone si amano, le cose si usano e al cane e al gatto si vuole bene*». Soltanto con un comportamento che segua queste sagge direttive si può vivere all'insegna della consapevolezza, dell'amore e della gioia. In caso contrario, ossia quando si amano le cose e si usano le persone (anteponendo a quest'ultime persino il cane o il gatto) l'uomo è destinato fatalmente a procurare (e a procurarsi) solo sofferenze e dolori!

«La vita è un gioco...giocala!»

Sai Baba

« Tanto più il bambino avrà giocato,
tanto migliore sarà l'adulto »

Platone

Il gioco è estremamente importante:
giocare con i figli è vitale!

Sono un instancabile sostenitore dell'idea secondo la quale il Padreterno, nel creare l'uomo, l'abbia fatto con l'intento di dargli, oltre al dono straordinario della vita, anche l'incredibile possibilità di **viverla giocando**. Credo che tutti noi dovremmo essere grati a Dio per avere inventato il **gioco** senza il quale, mi sono detto più di una volta, come sarebbe incredibilmente triste e piatta la nostra esistenza!

Non vi è dubbio che il gioco occupi un posto preminente in tutte le civiltà. Ce ne offrono una testimonianza tangibile le opere letterarie di insigni scrittori e poeti dell'antichità che ne parlano diffusamente, i dipinti raffiguranti scene ludiche nonché i giocattoli ritrovati in seguito a scavi archeologici.

Già da lungo tempo, dunque, l'essere umano ha compreso la grande importanza del gioco, non solo visto come strumento capace di soddisfare una connaturata esigenza individuale, ma anche concepito quale piacevole mezzo di aggregazione sociale. Difatti, vetusti spettacoli quali i *giochi Olimpici*, il *circo* ed il *carnevale*, tanto per citare alcuni esempi significativi, ancora oggi costituiscono consolidate dimostrazioni di come sia possibile trovare il buonumore e l'allegria divertendosi insieme agli altri.

Parlando di gioco non si può fare a meno di ricordare la celeberrima figura del "buffone", o giullare, che per lungo tempo è stato una immancabile attrazione nelle corti dei re e degli imperatori. Questo personaggio sapeva fondere la saggezza e l'arguzia, di cui era dotato, con uno spiccato senso dell'ironia e dell'umorismo. Il suo compito consisteva principalmente nell'intrattenere gli ospiti del sovrano cercando in ogni maniera di far trascorrere loro momenti piacevoli. Le risate e la giovialità, che riusciva a suscitare, creavano un clima di distensione i cui influssi benefici si ripercuotevano anche sugli affari e sulle relazioni diplomatiche del sovrano stesso.

La conferma che il gioco sia una espressione fondamentale della stessa Creazione (oltre ad essere parte integrante della vita degli esseri umani) ci viene data in ogni momento. È sufficiente, ad esempio, stare a guardare dei cuccioli di cane o di gatto mentre fanno la lotta, si mordicchiano uno con l'altro, si nascondono, si rincorrono e si rotolano sulla terra gioiosi, per rendersi conto quanto sia spiccato e prorompente, anche tra gli animali, il piacere di giocare. O, ancora, basta soffermarsi ad osservare un'alba, un tramonto, un cielo stellato, una distesa di acqua marina, un fiore che sboccia oppure un uccello che vola per rimanere incantati dall'incessante e fantasmagorico *gioco* di forme, luci, ombre e colori che la Natura ci propone ogni giorno con rinnovato fascino.

Ci sono persone per le quali il gioco costituisce l'interesse dominante (fino al punto che non prendono mai nulla sul serio). Ve ne sono altre che lo sanno conciliare molto bene con le responsabilità (ed è così che ci si dovrebbe comportare) ed altre che, invece, non giocano mai o solo molto raramente perché sostengono che soltanto i bambini debbano farlo: per costoro gli adulti dovrebbero pensare esclusivamente al lavoro e ai doveri. «*Lavora, il lavoro è necessario, ma non permettere che il lavoro diventi tutta la tua vita. Il gioco deve restare la tua vita, il centro della tua vita. Il lavoro dovrebbe essere solo un mezzo per raggiungere il gioco. Non permettere che la tua vita sia ridotta unicamente alla routine lavorativa, poiché la meta della vita è il gioco*» (Osho).

Chi banalizza il gioco corre il rischio di diventare un essere esageratamente rigido ed austero la cui esistenza, negli anni, è destinata a divenire sempre più monotona e scontata fino al punto di assumere connotati privi di qualsiasi colore ed attrattiva. «*Se un uomo vuole sempre occuparsi di cose serie e non si abbandona ogni tanto allo scherzo, senza accorgersene diventa pazzo o idiota*» (Erodoto).

Giocare e divertirsi equivale a godersi la vita perché, così facendo, si rinnova costantemente, tenendolo vivo, il contatto con il nostro *Bambino Interiore*. Per contro, se si è troppo seri e ci si controlla, inevitabilmente si finisce con l'ammalarsi.

Che un essere umano possa arrivare a fare dei *giochi* che non hanno nulla a che vedere con il sano divertimento è un dato di fatto incontrovertibile dal momento che esiste chi è capace di "giocare" con la propria vita drogandosi, bevendo alcol, mangiando in maniera smodata o rifiutando il cibo, scommettendo d'azzardo oppure facendo pazze corse in moto o in automobile o, addirittura, giocando alla "roulette russa". Così come è altrettanto vero che c'è pure chi "gioca" con la pelle del prossimo. Mi riferisco sia a quelle persone che manipolano, usano e sfruttano i loro simili approfittando delle altrui debolezze e sia a coloro i quali, trovandosi a ricoprire una carica importante, si servono del potere che detengono per soddisfare unicamente i propri interessi a tutto svantaggio degli interessi altrui. *«Come è misera la vita negli abusi di potere»* (Franco Battiato).

Molta gente ricorre, spesso senza rendersene conto perché abituata a farlo da tempo, ad atteggiamenti e a modi di agire non sinceri e non corretti (definiti "giochi" in psicologia). Questi individui sono soliti giustificarsi, mentire, fare finta di niente (anche di fronte a situazioni che invece li coinvolgono). Addossano agli altri la colpa dei loro insuccessi e delle loro mancanze (autocommiserandosi ed assumendo il ruolo di vittima). In breve, cercano di stare sempre dalla parte della ragione e di piacere ad ogni costo. Tutto questo si verifica ai danni della sincerità e della autenticità. Costoro recitano costantemente un *copione* prestabilito (frutto di condizionamenti ricevuti) e nascondono dietro una *maschera di ipocrisia* il timore di mostrare il loro vero volto e di esternare ciò che pensano e che provano realmente. La paura delle critiche e del giudizio, nonché quella di essere rifiutati dagli altri, costituiscono il principale movente della loro maniera di comportarsi tutt'altro che responsabile e dignitosa.

Di esempi che illustrino modi di giocare totalmente sbagliati e dannosi se ne potrebbero fare altri. Quelli riportati credo bastino per far comprendere come simili comportamenti non possono divertire real-mente o rendere la vita di qualcuno appagante.

Sicuramente il bambino non ricorre a tutte queste tortuosità mentali per vivere. Egli fa del gioco, quello *vero* tanto per intenderci, il principale requisito del suo semplice e spontaneo modo di essere. Che un ragazzi-no viva giocando e che il divertimento focalizzi tutta la sua attenzione è un'affermazione tutt'altro che esagerata. Per lui spassarsela, nel senso più autentico del termine, è un fatto del tutto naturale, per non dire es-senziale, perché innato proprio come la necessità di respirare oppure il bisogno di mangiare, bere o dormire.

Che il gioco costituisca anche il mezzo più idoneo affinché egli possa esplorare, conoscere, imparare, comunicare e socializzare, è un'acquisizione ormai consolidata in campo pedagogico. Il gioco, dun-que, riveste anche una enorme importanza per quel che concerne l'apprendimento.

Attraverso il divertimento un fanciullo viene a contatto con la realtà che lo circonda ed impara a servirsi di tutto ciò che gli consente di vivere in maniera allettante. Quello che apprende viene man mano registrato nel suo *inconscio* costituendo il presupposto per le esperienze e le cono-scenze successive. Non è un caso che nella cultura greca il concetto di *intelligenza* fosse strettamente collegato a quello di gioco: mediante quest'ultimo si insegnava ai giovani a superare gli ostacoli che la vita po-ne di fronte.

È a tutti noto quanto sia piacevole (e gratificante) imparare qualcosa quando ci venga trasmessa da qualcuno competente ed anche capace di farci sorridere e divertire mentre ce la spiega. Quanti, tra noi adulti, con-servano ancora un orribile ricordo di un docente che pretendeva di stimo-lare il nostro interesse di studenti essendo sempre serio e severo? Quante conoscenze ci siamo preclusi solo perché, avendo odiato quel suo modo di fare, abbiamo finito col detestare anche la materia che insegnava?

Sono persuaso che se gli insegnanti instaurassero un clima di maggio-re giovialità, allegria e flessibilità, e quindi a scuola si ridesse, si scherzasse e si giocasse di più, non solo si eliminerebbe quell'odioso alone di serio-sità, così diffuso, ma si otterrebbe anche un sicuro successo istituzionale (cosa che fino ad oggi non si è ancora verificata).

Qualche tempo fa mi è capitato di leggere una frase di Montaigne che trovo estremamente vera: «**il gioco deve essere considerato l'attività più seria dell'infanzia**». Sono anch'io del parere che il gioco vada visto come un aspetto estremamente importante della vita di un bambino, ma anche di un adulto. Espressioni del tipo: «è un gioco da bambini» o «è un gioco da ragazzi» per dire: «è una sciocchezza, è una cosa stupida», secondo me dovrebbero essere abbandonate una volta per tutte. Il gioco, non vi è dubbio, merita sicuramente molto più rispetto. Ogni genitore dovrebbe dare più enfasi ai giochi del figlio sia promuovendoli ed assecondandoli quanto più è possibile e sia coinvolgendosi in prima persona.

Un bimbo, dopo la nascita, riceve i primi contatti col mondo esterno oltre che mediante l'allattamento e le cure materne (sicuramente prioritarie) anche attraverso le parole affettuose, i vezzeggiamenti ed i suoni. Il classico gioco del sonaglio o del carillon, capace di catturare l'attenzione di un lattante fino al punto di farlo sorridere, costituisce la riprova di come ciascuno di noi nasca con un radicato senso ludico nonché con un profondo bisogno di esternarlo.

Nei primi anni di vita un bambino non usa i giocattoli in base al tipo di funzione specifica che essi hanno. Egli ama toccarli, metterli in bocca, farli cadere, lanciarli... rispondendo ad una precisa esigenza dell'organismo. In questa fase l'apprendimento passa attraverso i muscoli (movimento) e i sensi (soprattutto vista, udito e tatto). Quest'ultimi esercitano sul corpo del bambino delle sollecitazioni che si traducono in sensazioni (duro, morbido, leggero, pesante, liscio, ruvido, gradevole, sgradevole...) grazie alle quali il piccolo imparerà a conoscere gli oggetti e sarà in grado di riconoscerli nel momento in cui verrà di nuovo in contatto con essi. Perché questo periodo (definito da Jean Piaget *senso-motorio*) possa attuarsi in maniera ottimale, occorre mettere a disposizione del ragazzino, oltre che dei giochi, anche un ambiente abbastanza ampio dove giocare. Una stanza tutta per lui va sicuramente bene. Se poi può usufruire pure di un giardino, allora sì che può dirsi veramente fortunato!

Purtroppo accade spesso che certi genitori (condizionati come sono dagli insegnamenti ricevuti), per il timore che il figlio si sporchi o si faccia male, esagerino con le proibizioni e i divieti. Così facendo non si rendono conto che lo danneggiano, e non poco. Difatti, oltre a trasmettergli le loro paure e le loro ansie, impedendogli di acquisire una certa padronanza con l'ambiente nel quale vive, lo ostacolano anche nello sviluppare quel senso di fiducia e di sicurezza in se stesso di cui ha un gran bisogno. Ricorrere a semplici espedienti come, ad esempio, chiudere a chiave sportelli e cassetti, togliere di mezzo cose che potrebbero rivelarsi pericolose, applicare sulle prese di corrente delle protezioni e soprattutto fregarsene altamente se gli indumenti del bambino si imbrattano giocando, vuol dire avere a cuore la sua felicità (avendo compreso cosa è bene per lui) non lasciandosi influenzare da rigide regole e da stupidi pregiudizi.

Si può senz'altro dire che un ragazzino ce l'abbia nel sangue la voglia di curiosare, così come rientra nella sua indole il desiderio di toccare e la brama di ricercare e di scoprire nuove realtà. Tutto questo già di per sé fa parte del normale "gioco della vita". Un bambino vuole ad ogni costo rendersi conto di tutto ciò che gli sta attorno. Ama conoscere, provare, sperimentare e creare. Quando è alle prese con un giocattolo è possibile che lo smonti per capire come è fatto e subito dopo aver appagato la sua curiosità ne utilizzi alcune parti per inventare un gioco nuovo e diverso. Ogni cosa lo stupisce e desta in lui grande interesse, attenzione e meraviglia. Per un bambino nulla è scontato o insignificante. Ogni aspetto della esistenza lo attira, lo rallegra, lo entusiasma e stimola la sua fantasia.

Quando mio figlio era piccolo mi capitava frequentemente di osservarlo mentre si divertiva in giardino a giocare con le formiche o mentre fissava stupito una farfalla che gli volteggiava festosa davanti agli occhi o, ancora, allorché accarezzava un fiore dai colori cangianti. Conscio di quanto si impara dai figli, se li si osserva attentamente, tuttora mi soffermo a guardare anche i bambini degli altri mentre giocano. Ogni volta che succede, oltre a ricevere delle gradite conferme su quanto già conosco, puntualmente apprendo anche qualcosa di nuovo in fatto di psicologia infantile. Le informazioni che incamero si rivelano estremamente preziose, sia nel rendermi migliore come padre che nel metterle a disposizione degli altri in qualità di pediatra.

Le gradevoli sensazioni che suscita in me la vista di ragazzini che se la spassano e che, emettendo grida di gioia, si rincorrono festosi, hanno il potere di condurmi in una sorta di stato meditativo per mezzo del quale la mia mente, libera da ogni preoccupazione, può vagare nel passato rievocando le piacevoli scene appartenenti ai giochi che hanno costellato la mia infanzia. Quel che più mi appaga, in simili circostanze, è un senso di spensieratezza e di allegria che si fonde alle intense emozioni che provo nei confronti di tutti i bambini: un sincero rispetto, un amore viscerale e, soprattutto, una incondizionata complicità.

Sono dell'avviso che ogni genitore dovrebbe porre molta più attenzione e dedicare più tempo alla osservazione dei propri figli, specialmente quando giocano. Sottovalutare questo fondamentale aspetto del loro modo di esprimersi significa privarsi di un intenso piacere ed anche di uno "strumento" che, se utilizzato giorno per giorno, consente di comprendere più a fondo quali sono le necessità e le aspettative di un bambino e, quindi, come lo si può aiutare a soddisfarle nel migliore dei modi. Ma c'è di più. Il gioco spesso smaschera la presenza di qualche problema psicologico la cui individuazione, sul nascere, può rivelarsi utile nell'evitare sofferenze e guai peggiori in futuro.

Consapevole di ciò, chiedo abitualmente ai genitori quali sono i giochi che più amano fare i loro figli, con chi preferiscono giocarli e soprattutto che tipo di comportamento hanno durante il gioco. «Tuo figlio è timido ed ha la tendenza a subire o è aggressivo e cerca di prevaricare o, invece, riesce a divertirsi sapendo andare d'accordo con gli altri bambini? Preferisce giocare da solo oppure predilige la compagnia dei suoi simili? Gli è facile crearsi nuove amicizie oppure mostra una costante difficoltà nel farsele?». Queste sono alcune delle domande più ricorrenti che rivolgo ai papà e alle mamme che vengono a consultarmi per cercare di capire se durante le attività ludiche (che rappresentano dei veri e propri "momenti della verità") il modo di comportarsi dei loro figli rivela aspetti anomali o quanto meno singolari. Identificarli, nel caso siano presenti, e farne comprendere ai genitori il significato (cercando di non urtare la loro suscettibilità e senza colpevolizzarli) costituisce uno degli obiettivi più delicati ed impegnativi della mia professione. Inoltre, dare consigli che possano essere utilizzati per superare i problemi esistenti e per impedire che se ne aggiungano degli altri, lasciando la libertà di metterli in pratica o di non seguirli affatto, è un altro mio preciso compito di terapeuta nonché di uomo e di padre.

Un bambino può trascorrere ore a giocare con una palla, un trenino, un camion, dei pentolini, un bambolotto o, più semplicemente, con pezzi di legno, della stoffa o della carta. Non è tanto rilevante con cosa gioca, quanto il *modo* e ciò che *esprime* giocando che ha valore. Tutte le volte che osservo un ragazzino, senza che lui se ne accorga, rimango affascinato da come sappia manifestare con i gesti, le parole e con la mimica facciale e i movimenti del corpo, ciò che sta vivendo interiormente in quel momento. Può succedere, ad esempio, di vederlo mentre fa muovere e gesticolare un orsacchiotto o un burattino o un qualsiasi altro pupazzo e che lo faccia parlare servendosi di una voce diversa dalla sua mediante la quale gli fa dire cose che sono il frutto di una fervida fantasia ma anche un fedele specchio degli influssi (positivi o negativi) che egli riceve quotidianamente.

Un bambino è facile che, mentre è alle prese con qualche giocattolo, parli ad alta voce o si lasci andare ad esclamazioni, a grida e a sfoghi verbali. Dalle parole che dice e dal tono con cui le proferisce è possibile intuire quali sentimenti e quali emozioni si agitano in lui e, soprattutto, che genere di rapporto ha con i suoi familiari. Può accadere che faccia parlare un cane di pezza o una bambola imitando la voce e le movenze del padre o della madre e che, così facendo, esprima quei modi di fare dei genitori che lo gratificano e lo fanno sentire bene o, al contrario, lo infastidiscono e generano in lui sofferenza. Oppure può succedere che, dopo aver iniziato un appassionato colloquio con una marionetta (la quale in quel frangente rappresenta un fratello o una sorella), la accarezzi e la culli dolcemente o la sculacci e la sbatacchi a terra calpestandola con rabbia. Picchiare un pupazzo al posto di un fratellino consente al bambino di sfogare la sua gelosia e gli risparmia di provare quei sensi di colpa che invece avvertirebbe nel caso in cui dovesse farlo realmente.

Da *come* un ragazzino gioca, e a seconda dei comportamenti e delle reazioni che *manifesta* attraverso il gioco (buonumore, gioia, entusiasmo, disappunto, collera, aggressività...), si possono comprendere molti aspetti della sua vita psichica e cogliere tante sfumature riguardanti il suo mondo affettivo. In condizioni diverse difficilmente tutto ciò verrebbe fuori in maniera altrettanto schietta e diretta. Giocando, il bambino elabora e metabolizza dentro di sé le difficoltà e gli interrogativi che inconsciamente lo assillano a causa delle limitazioni e delle intrusioni provenienti dal mondo degli adulti.

Siccome non sempre viene data ad un ragazzino, specie se i genitori sono particolarmente apprensivi o rigidi, la possibilità di poter giocare con quello che vuole e come vuole lui, diviene inevitabile, dal momento che si va a turbare il suo innato senso di libertà e di indipendenza, che egli provi una sensazione di oppressione ed incameri indignazione e risentimento.

Un bambino gioca perché gli piace giocare. Non sa che tramite il gioco esprime in *chiave simbolica* cose che normalmente non riesce a tradurre in parole. Certo non ne è consapevole a livello razionale, ma istintivamente ne percepisce l'utilità. Il gioco costituisce per lui il linguaggio attraverso cui manifesta i suoi stati d'animo. È il mezzo mediante il quale egli tende a risolvere a livello inconscio problemi che nella realtà quotidiana non riesce a superare. Così, nel caso in cui il papà lo riprenda e lo sgridi spesso, mortificandolo, per liberarsi dal senso di frustrazione e dall'ira che un simile comportamento gli causa, è probabile che a sua volta la faccia pagare, maltrattandolo, al suo elefantino di stoffa o al coniglio di peluche che magari proprio lo stesso papà gli aveva regalato.

L'azione *catartica* e *rasserenatrice* nonché *terapeutica* che il gioco può svolgere su un ragazzino è straordinaria. Se, ad esempio, è stato traumatizzato da una visita medica o da un ricovero in ospedale, è verosimile che, dopo quella esperienza, si metta a giocare al "dottore" o all'"infermiere" e che questa volta sia lui a fare l'iniezione o l'operazione (ad un orsacchiotto o ad un pupazzo) anziché subirla. Il gioco verrà replicato nel tempo più volte (Freud coniò l'espressione *"coazione a ripetere"* per indicare la ripetizione coatta di un comportamento) fino a che il bambino avrà esorcizzato, emotivamente, la paura incamerata in seguito all'evento increscioso vissuto.

Non si dovrebbe mai commettere l'errore di vietare ad un bambino di giocare con quello che vuole e nel modo che meglio lo aggrada. Così come non gli si dovrebbe impedire di distruggere un giocattolo (perché fa parte del gioco) se è quello che egli sente di fare in una determinata circostanza. Un bambino, come chiunque altro, ha bisogno di esprimere e di esteriorizzare i suoi stati d'animo e le emozioni che prova. Ha la necessità di buttare fuori ciò che non lo aggrada o che lo tormenta. In qualche modo deve fare uscire il disagio proveniente dal sentirsi ostacolato e contrariato dai divieti che spesso riceve. Reprimerlo, perché si dà più importanza alle esteriorità o alla perdita di un insignificante balocco, vuol dire non occuparsi dei suoi malesseri e soprattutto non volersi interrogare sulla loro origine. Un simile comportamento, purtroppo ancora molto diffuso tra i genitori, non lo aiuta a crescere sereno ed equilibrato. Al contrario, lo carica ancor più di rabbia, paure e frustrazioni, facendo di lui un essere umano infelice.

Ciò che un bambino esprime giocando è talmente rilevante che, parafrasando il famoso detto latino: «*In vino veritas*», mi viene spontaneo affermare: «*In ludo veritas*». In effetti, durante il gioco le emozioni di un fanciullo escono sempre fuori nel bene come nel male purché, è evidente, si sappia coglierle.

Se un genitore tenesse presente questa importante regola, nel momento in cui è testimone dello sfogo collerico di un figlio che sta giocando dovrebbe innanzitutto lasciargli la libertà di scaricare i suoi malumori anziché rimproverarlo, punirlo oppure addirittura picchiarlo. Cessata questa fase, la cosa migliore da farsi sarebbe quella di andargli vicino e di chiedergli con dolcezza e sincera partecipazione che cosa c'è che non va. Nel caso in cui il ragazzino non sappia ancora esprimersi o, pur essendo grandicello, comunque non ne voglia parlare, non ha alcun rilievo. Quello che invece importa è fargli sentire che stiamo dalla sua parte, che lo comprendiamo e lo accettiamo così com'è anche nei suoi momenti d'ira. Se poi, oltre a rivolgergli parole affettuose e di incoraggiamento, lo accarezziamo, abbracciamo e baciamo, trasmettendogli tutto il nostro amore, allora è la volta buona che assisteremo al miracolo. In futuro non avrà bisogno di utilizzare il gioco per liberarsi dalle sue scontentezze e delusioni perché se ne servirà soltanto per divertirsi e per crescere forte e sereno.

Tramite il gioco non solo è possibile farsi una idea ben precisa delle problematiche di un bambino ma si può anche individuare con una certa esattezza cosa egli ama di più fare, cosa lo interessa maggiormente, quali sono i suoi desideri e le inclinazioni, quali le aspirazioni che lo animano. Se un genitore sa essere un buon osservatore ha modo di scoprire, man mano che passano gli anni, le sue vere inclinazioni e i suoi talenti. Nel caso in cui, ad esempio, si accorge che il figlio ha una spiccata propensione per la musica, sarebbe bene che gli regali qualche strumento musicale giocattolo. In questo modo oltre a soddisfare uno specifico interesse ludico del ragazzino (che già di per sé è il comportamento ideale da attuarsi) gli darà anche la possibilità di avvicinarsi più concretamente a qualcosa che lo attrae molto. Se poi crescendo il figlio mostrerà di voler dare un seguito alla sua passione, allora sarà il caso di favorirla ulteriormente donandogli uno strumento musicale vero e offrendogli anche la possibilità di prendere delle lezioni da una persona esperta o di frequentare il conservatorio. «*Da cosa nasce cosa*» afferma un noto detto. Quante volte un grande talento è nato proprio per gioco?

Naturalmente ciò non significa che se vedo mio figlio giocare con le automobiline o con dei camioncini o con una palla, egli debba un giorno diventare necessariamente un pilota di formula uno o un camionista oppure un calciatore. Non è certo questo che intendo affermare. Sarà il tempo, se non interferirò nelle sue scelte né forzerò gli eventi, che mi farà comprendere quale potrebbe essere la sua occupazione futura e come poterlo aiutare in tutto ciò che egli mostra di amare. Perché una cosa del genere si realizzi occorre avere tanta pazienza, tanto amore, tanto rispetto e soprattutto bisogna far sì che nostro figlio si senta libero di giocare a modo suo. Non dobbiamo mai pianificare né tantomeno intrometterci nelle sue attività ludiche a meno che non sia lui stesso a permettercelo. In definitiva, quel che più conta è che assapori fino in fondo la gioia che gli deriva dai giochi che fa e che goda pienamente delle sensazioni piacevoli che sta vivendo.

Quando un ragazzino gioca, i genitori oltre a badare che il figlio non si faccia male e non corra alcun serio pericolo, dovrebbero fargli sentire innanzitutto il loro amorevole appoggio. Quel che un bambino desidera, anzi brama, da parte di un padre e di una madre è la loro *incondizionata complicità* e la loro *costante approvazione*, anche nel gioco. Nulla per lui è più prezioso e più importante (per crescere emotivamente sano) delle lodi e della benevola considerazione di papà e mamma. È dalla *qua-lità* dei sentimenti che essi sapranno trasmettergli, che si svilupperà in lui una **immagine di sé positiva** (*io sono ok*) o negativa (*io non sono ok*). In altre parole, dal grado di autostima acquisito dipenderà molto anche il suo destino.

Si può affermare che i *giocattoli* non sono soltanto dei graditi regali con cui l'adulto gratifica il bambino, rappresentano anche dei veri e propri "attrezzi del mestiere". Da millenni il balocco costituisce uno strumento indispensabile di piacere e di divertimento. Ricordo che quando qualche anno fa visitai il museo egizio del Cairo rimasi note-volmente colpito dalla straordinaria bellezza dei numerosissimi reperti archeologici in esso custoditi. Tra tanto splendore rimasi particolarmen-te attratto dai giocattoli, appartenuti ai bambini egiziani di un tempo, la cui data di realizzazione risaliva a quattro-cinquemila anni fa. Attraverso il vetro delle bacheche potei ammirare bamboline, lettini, barchette, piccoli archi, bighe, carri in miniatura... Tutti quegli oggetti così sempli-ci, eppure incredibilmente belli e fascinosi, erano i testimoni silenziosi di una civiltà sfarzosa e potente che non trascurò di dare importanza e con-siderazione ai giochi e ai balocchi.

Mai, come al giorno d'oggi, i bambini hanno a loro disposizione una gamma vastissima di giocattoli. Se si entra in un negozio specializzato nel settore c'è solo l'imbarazzo della scelta, tanto è ampio l'assortimento che vi si può trovare. Di giochi e di giocattoli, ce ne sono praticamente una infinità. C'è il balocco fatto in legno o in plastica e quello realizzato in metallo o con della stoffa. Dal più semplice al più complesso, tutti hanno il loro fascino e la loro utilità. Una parte dei giocattoli esistenti proviene dalla tradizione che il passato ci ha tramandato (il gioco della corda, le bambole, il cavallo a dondolo, l'aquilone, i birilli, i soldatini di piombo...), mentre un'altra parte rappresenta l'effetto del progresso tecnologico moderno (computer, play-station, giochi elettronici di ogni genere, riproduzioni di astronavi, armi spaziali, aerei...). Esiste, inoltre, un terzo tipo di giochi (praticamente impossibile da quantificare) che corrisponde a quelli inventati sul momento dalla fervida fantasia dei bambini.

Sono profondamente convinto che qualsiasi gioco, purché praticato in piena libertà e con grande coinvolgimento e partecipazione da parte di un ragazzino, sia da considerarsi utile per il suo sviluppo psico-emozionale. Secondo il mio modo di vedere, il gioco infantile *non dovrebbe avere regole*. Con questa affermazione intendo dire che sarebbe opportuno lasciare ad ogni bambino la possibilità di utilizzare il giocattolo che ha tra le mani nel modo che più lo aggrada senza che obbligatoriamente si debbano seguire dei dettami precostituiti.

Personalmente sono anche dell'avviso che non occorrano giocattoli sofisticati o giochi complicati, per divertirsi veramente. Che basti poco lo dimostrano i fatti. Accade spesso che un bambino, senza pensarci due volte, accantoni i suoi costosi balocchi per coinvolgersi in maniera appassionata con qualche coetaneo che sta giocando con delle figurine o con delle lattine di birra vuote o con tappi di bottiglia o con pezzi di legno o, ancora, con sassi dalla foggia particolare. Ciò indica che si può giocare con qualsiasi cosa, traendone piacere, e che la *semplicità* è una peculiarità fondamentale della vita così come lo è pure del gioco.

Esistono giochi intelligenti (nel senso educativo del termine) e giochi che lo sono meno. Indubbiamente il *fai da te* o *bricolage* rientra nella prima categoria. Sarebbe bene che ogni genitore favorisca in un figlio questo tipo di attività ludica e che lo faccia soprattutto con l'esempio. Imparare ad impastare, modellare, tagliare, cucire, segare, carteggiare, incollare, avvitare, inchiodare, montare, smontare... in una parola *costruire* (nonché *creare*), costituisce un modo di giocare sicuramente divertente ed avvincente oltre che molto utile. Così facendo un ragazzino impara a sviluppare doti (di cui potrà avvalersi un domani nella sua attività lavorativa) quali il colpo d'occhio, il senso delle proporzioni e dell'armonia, la precisione, la cura dei particolari, la rifinitura. Giocando al "fai da te", tra l'altro, si acquisiscono e si potenziano qualità che hanno un indubbio valore nella vita. Mi riferisco alla *pazienza*, alla *perseveranza*, alla *caparbietà* e all'*automotivazione* (vale a dire la voglia di fare, agire, prendere delle iniziative e degli impegni e, quindi, assumersi responsabilità).

Realizzare cose con le proprie mani, consente ad un bambino di acquisire una *manualità* sempre più raffinata grazie alla quale potrà svolgere da adulto il proprio lavoro con maggiori possibilità di successo rispetto a chi non è stato educato in tal senso.

La buona riuscita di un "lavoretto" suscita sempre nel ragazzino che l'ha realizzato una gioia senza pari. Basta guardare il suo volto raggiante, per comprendere quanto sia grande la soddisfazione che prova. Poter affermare: «questo l'ho fatto io», e sentirsene fiero, significa acquisire sempre più fiducia in se stesso e nelle proprie capacità.

Sviluppare un senso di *sana autostima* crescendo nella convinzione che si è in grado di realizzare tutti i nostri sogni (desiderandolo intensamente ed applicandosi con tenacia), è uno degli aspetti fondamentali della esistenza. Il bricolage, soprattutto se praticato fin dall'infanzia, certamente rappresenta un valido contributo affinché tante aspirazioni e desideri dei nostri figli possano un giorno trovare un riscontro tangibile. Avere idee e non poterle realizzare solo perché non si ha considerazione di se stessi costituisce una delle principali cause di malcontento e di frustrazione per tanti esseri umani.

Al giorno d'oggi, col benessere economico che c'è rispetto ad un tempo, i bambini, specie nelle grandi città, non sono stimolati a fabbricarsi dei balocchi. La cattiva abitudine di regalargliene in abbondanza, conseguenza di una mentalità consumistica dilagante, sicuramente non favorisce la manualità ed il senso di conquista. La maggior parte di essi, perciò, ignora quanto sia bello ed esaltante costruire qualcosa con le proprie mani, e poi giocarci, e quanto ci si senta appagati dopo averlo fatto.

Quando mio figlio era un ragazzino e vedevo che lui e i suoi amici si annoiavano (pur disponendo di giochi belli e costosi), mettevo a loro disposizione colla, pezzi di legno, chiodi, martello, pinza, seghetto, carta vetrata e colori affinché, sotto la mia guida, potessero realizzare qualche oggetto di loro gradimento. In quelle occasioni era piacevole vedere come essi iniziassero subito a darsi da fare, tra grida di eccitazione e di entusiasmo, e come scomparissero dai loro volti la noia e la scontentezza a riprova del fatto che, quando ci si sente *artefici* di qualcosa, trova spazio in noi la gioia e l'appagamento. Il mondo dei giochi e dei giocattoli non costituisce una eccezione a questo principio, anzi ce ne dà una conferma.

Tutti, grandi e piccoli, abbiamo bisogno di manifestare la nostra *creatività*. Ognuno di noi ha la necessità di realizzare cose esprimendosi con originalità, fantasia ed in piena libertà. L'essere umano, se vuole dare un senso alla sua vita e sentirsi felice, deve poter esplicare questa connaturata esigenza.

Alcune volte vengono nel mio studio papà preoccupatissimi, per non dire sconvolti, perché hanno visto il figlio giocare con una bambola oppure con la cucina giocattolo della sorella o di una amichetta. Costoro pensano, perché questo gli è stato inculcato, che simili balocchi debbano essere utilizzati solamente dalle femmine e che se un maschio ci gioca cresce in maniera "non virile" e corre il rischio di diventare omosessuale. In queste occasioni devo fare appello a tutta la mia esperienza per far comprendere al padre che ho di fronte che un comportamento del genere non va ostacolato perché del tutto normale. E poi aggiungo con tono pacato ma al tempo stesso deciso: «non ci sono giochi da maschi e giochi da femmine, esistono semplicemente dei giochi!».

Ripensando alla mia infanzia provo ogni volta un grande piacere nel rievocare le immagini ludiche di un tempo. Alcune scene sono talmente scolpite nella mia memoria da essere tuttora incredibilmente vive. Accade, ad esempio, che mi riveda ragazzino intento a costruire arco e frecce (complete di punta ed alette piumate) che mi divertivo a scagliare contro barattoli o bottiglie vuote, veri e propri "nemici" dai quali dovevo difendermi. O, ancora, mi tornano in mente le scalmanate corse a cavallo di un manico di scopa, vestito ed armato come un pellerossa sul sentiero di guerra. Che dire, inoltre, del fortino in legno (realizzato da mio padre con dovizia di particolari) dove erano asserragliate le "giacche azzurre" che attendevano trepidanti l'assalto di un'orda di nemici inferociti? Per non parlare del monopattino, dell'aquilone, della fionda, della balestra, della trottola, della cerbottana (ricavata da pezzi di canna) e di tanti altri balocchi che mi hanno allietato lasciando nella mente e nel cuore un dolce ricordo.

Da bambino ho giocato quasi esclusivamente con giocattoli costruiti artigianalmente. Solo di tanto in tanto ne ho ricevuto in regalo qualcuno acquistato in un negozio. Oggi considero un grande privilegio aver avuto questa esperienza, per così dire da "povero", dal momento che l'abitudine nel maneggiare materiali naturali mi ha portato a conoscerne l'utilità e i pregi.

La plastica e le altre materie sintetiche, che hanno ragione di esistere per lo più per motivi economici, non potranno mai dare a chi le manipola quel sottile piacere tattile né quelle straordinarie sensazioni che solo le sostanze non artificiali (dotate di energia positiva) riescono a suscitare. Volete mettere il gusto che si prova nel montare su un cavalluccio a dondolo fatto di legno, rispetto a quello che si avverte nel cavalcare un triciclo interamente costruito con la plastica? La differenza qualitativa tra i due oggetti è notevole. Educhiamo, quindi, i nostri figli a giocare e a divertirsi con giocattoli semplici realizzati con materiali ecologici, anziché permettere che un falso progresso contribuisca, con i suoi giochi sempre più sofisticati e mostruosi, a trasformarli in tanti aridi robots.

Nel corso di una visita pediatrica succede spesso che mi venga rivolta questa domanda: «dottore, quale sport pensa sia più adatto per mio figlio?». In questi casi la mia risposta è sempre ed invariabilmente la stessa: «quello che suo figlio ama di più fare, e ciò per cui è più portato». Sono solito esprimermi così quando viene tirato in ballo questo argomento. Ogni volta la cosa che più mi preme far comprendere ai papà e alle mamme che mi trovo di fronte è l'assoluta priorità che deve avere nella vita (e quindi anche nello sport) tutto ciò che piace e che coinvolge profondamente.

Fare qualcosa tanto per farla o perché costretti, non dà alcuna soddisfazione né il minimo giovamento. Al contrario, produce unicamente scontentezze e frustrazioni. Soltanto se si è animati dall'*entusiasmo* (dal greco *"en theos"* = in Dio), si possono provare quelle esaltanti emozioni che ci spingono a fare sempre di più e sempre meglio. Molte persone conducono una vita scolorita e fallimentare, non per mancanza di intelligenza, ma per carenza di passione ed entusiasmo.

È a tutti noto che cucinare bene del cibo implica necessariamente farlo insaporire. Quando questa regola non viene osservata, l'alimento risulta essere insipido e non apporta alcun piacere al palato. Similmente la nostra esistenza, vissuta senza entusiasmo, diviene prima o poi piatta, scialba e quindi priva di "sale". Nel gioco, come nello sport (quest'ultimo non è altro che una forma di gioco), quello che più importa è che un bambino abbia la possibilità di esprimersi liberamente facendo una cosa che lo appaghi e che, soprattutto, lo diverta.

Praticare uno sport o fare un'attività ginnica è sicuramente un fatto rilevante per un ragazzino dal momento che giova molto alla sua salute sia fisica che psichica («*Mens sana in corpore sano*» dicevano i latini). Ciò non significa, tuttavia, che egli debba essere spinto verso ciò che i genitori reputano più giusto per lui solo perché qualcuno glielo ha suggerito oppure perché va di "moda" o in quanto essi stessi, da giovani, si sono cimentati in quella stessa disciplina sportiva.

È vero che un figlio va consigliato e stimolato, ma è anche altrettanto certo che gli si dovrebbe dare l'opportunità di provare uno sport avendo la possibilità di recedere nel momento in cui dovesse risultare non di suo gradimento. In ogni caso, la cosa fondamentale è rispettare le esigenze ed i gusti dei nostri figli comprendendo che va data assoluta priorità al divertimento e al loro piacere personale. Quello che conta di più, per un bambino, è crescere spassandosela. Il momento per le responsabilità e per gli impegni giungerà in ogni caso, per cui è bene che ci arrivi avendo molto giocato.

Il gioco e lo sport aiutano sicuramente a giocare in maniera aperta e vigorosa il "gioco della vita". Chi, nella propria infanzia, non si è trastullato e svagato a sufficienza perché, ad esempio, è dovuto andare a lavorare giovanissimo o ha giocato spesso il "gioco" degli altri, da adulto tenderà ad essere troppo serio e rigido (oltre che molto arrabbiato) e con ogni probabilità diverrà una persona nevrotica o depressa. Anche Platone aveva compreso molto bene quanto fosse importante giocare, per questo soleva dire: «*tanto più il bambino avrà giocato, tanto migliore sarà l'adulto!*».

Il gioco, dunque, non è necessario ad un ragazzino solamente per trascorrere in maniera spensierata gli anni della sua infanzia, gli occorre anche per divenire un adulto equilibrato e valente. Una volta diventati grandi, inoltre, non è detto che si debba smettere di giocare. Al contrario, è importantissimo continuare a farlo. Il gioco, infatti, facendo palpitare il *Bambino* che è in noi, ci consente di rimanere aperti di mente e giovani nello spirito.

Vengo sempre piacevolmente colpito dalla vista di nonni che si coinvolgono con i nipoti e si divertono assieme a loro come se fossero ancora bambini. Trovo che sia fantastico (oltre che toccante) osservare delle persone di una certa età che ancora provano la gioia di vivere ed il piacere di trasmettere amore.

A mio parere si diventa vecchi non nel momento in cui si sono compiuti settanta, ottanta o più anni, ma soltanto quando si è persa la voglia di meravigliarsi, entusiasmarsi, sognare ad occhi aperti e non si nutre più interesse per nulla tantomeno per il gioco. Un adulto che prova ancora soddisfazione e godimento nel giocare con i propri figli o con i nipoti indubbiamente costituisce un esempio da imitare perché ci insegna, tra l'altro, quanto sia importante prendersi cura di se stessi. Bertrand Russel si è espresso così a proposito del diritto all'ozio: «*anticamente vi era una capacità di spensieratezza e di giocosità che è stata in buona misura soffocata dal culto dell'efficienza da parte dell'uomo moderno...*».

È proprio vero che **la vita è semplice e basta poco per essere felici**. Vivere bene può divenire un "gioco da ragazzi" se si comprende che le cose non dovrebbero mai essere prese *troppo* sul serio. Ridere di se stessi, delle proprie debolezze e delle proprie incoerenze (potenziando sempre più un senso di autoironia che tenda a minimizzare, anziché caricare la nostra esistenza di difficoltà) ci permette di sviluppare doti estremamente utili quali la *flessibilità*, la *indulgenza*, la *compassione*, la *solidarietà*. C'è una frase molto scherzosa di Lyn Carol a proposito dell'autoironia che è la seguente: «*imparate a ridere dei vostri guai, e non sarete mai privi del motivo per una buona risata*».

Ricorrere ad una buona risata liberatoria aiuta a "gettare acqua sul fuoco" e a tenere lontani scoraggiamenti e malinconie. Essere allegri e divertirsi pone un individuo nella condizione di esprimersi liberamente *essendo se stesso*. Quando si è se stessi, si vede la vita in maniera completamente diversa. Non si portano addosso maschere di alcun genere. Si prova stima per la propria persona e si nutre rispetto per gli altri: primi tra tutti i figli. «*Nella vita c'è da piangere e c'è da ridere. Ma io sono vecchio e non ho più il tempo di fare tutte e due le cose. Preferisco ridere*» (tratto da "Il turno", romanzo di Luigi Pirandello).

Il *senso dell'umorismo* è sicuramente una delle qualità più significative di cui può disporre un essere umano in quanto allenta le tensioni, evita i conflitti e tende a sdrammatizzare. Le persone che si nutrono di semplicità e di naturalezza sorridono e ridono spesso, sono allegre, ottimiste ed alla mano. Non si pongono tanti sciocchi perché (proprio come un bambino) né si complicano la vita con stupide idee ed insensati preconcetti. Ridere, specie se lo si fa di cuore, è un autentico toccasana, una medicina efficace, una specie di panacea per tutti i mali. Sono d'accordo con Charles Field quando asserisce: «*non vi è giorno più sprecato di quello in cui non abbiamo riso*».

Il contatto giornaliero con chi patisce non è riuscito ad intaccare il mio carattere estroverso e gioviale. Al contrario, lo ha rafforzato. Sono un incrollabile sostenitore del principio secondo il quale un medico, proprio perché contatta tanta gente che tribola, debba rendere la consultazione il più divertente e leggera possibile. Quando visito qualcuno, perciò, mi piace scherzare e fare battute convinto come sono di quanto sia utile ridimensionare un problema vedendolo da una prospettiva diversa, più rosea. Così facendo riesco a suscitare nei miei pazienti (seppure afflitti da dolori e malanni vari) del buonumore, della sana ilarità e perfino a strappare loro qualche fragorosa risata. Succede, pertanto, che nel momento in cui escono dal mio studio il loro volto sia più disteso e i loro occhi esprimano la contentezza di chi si sente rincuorato per aver appreso che c'è la possibilità di guarire.

Avere a che fare con i bambini è un vero spasso. A contatto con loro mi libero completamente dei panni del professionista e lascio uscire il *Bambino* che è in me. Accade spesso che mi metta a parlare facendo la vocetta di un bimbo o che mi muova, gesticoli e faccia delle smorfie, proprio come se avessi pochi anni di vita. Comportarmi alla stregua di un bambino mi consente di instaurare in poco tempo una vera e propria empatia ed un rapporto molto amichevole anche con i bimbi più ricalcitranti. In effetti, succede che l'atmosfera rassicurante fatta di divertimento e di gioco che si respira, induca il piccolo paziente a lasciarsi visitare senza opporre alcuna resistenza e avendo il sorriso sulle labbra. Il tutto si svolge sotto gli sguardi increduli, seppure compiaciuti, dei genitori ai quali, quando ancora non mi conoscono, appaio un medico a dir poco bizzarro, una specie di "marziano".

Ciò di cui si ha più bisogno, soprattutto oggigiorno, è **ridere** e **giocare**. Non vi è dubbio che la risata sia molto utile nell'attenuare il dolore e nel curare le malattie. Negli Stati Uniti, ad esempio, già da diversi anni esistono dei centri terapeutici specializzati nel far ridere e divertire, attraverso la proiezione di films comici, i malati di cancro. La risata fortifica il sistema immunitario, agevola la circolazione sanguigna (migliorando la irrorazione di tessuti ed organi), stimola la respirazione (favorendo la ossigenazione di tutto l'organismo) e sgrava dallo stress. Numerosi studi hanno dimostrato che ridere, da un lato diminuisce il tasso ematico di *cortisolo* ed *adrenalina* (due ormoni la cui secrezione aumenta nelle situazioni di sovraffaticamento) e, dall'altro, incrementa la produzione da parte del sistema nervoso delle *endorfine* (sostanze proteiche simili alla morfina) che hanno la proprietà di ridurre il dolore e di attivare le difese anticorpali.

Diversi anni fa è stato realizzato uno stupendo film, "*Patch Adams*", che racconta la storia vera di uno studente in medicina (che diverrà poi medico) il quale, andando contro i canoni tradizionali e gli stupidi accademismi, si fa portavoce del principio secondo il quale chi soffre ha ancor più bisogno di ridere e di divertirsi. Sorretto dalla profonda convinzione che il buonumore sia la migliore medicina, Patch, vestito da clown, porta allegria e spensieratezza a tutti i degenti dell'ospedale in cui svolge il suo tirocinio, specie ai bambini ricoverati per patologie tumorali. È un film bellissimo che consiglio a tutti di vedere.

Sono della opinione che gli attori comici svolgano un ruolo importantissimo a livello sociale, non solo nel far trascorrere alla gente ore piacevoli e spensierate ma anche sotto il profilo terapeutico. Credo che essi debbano essere inclusi nella categoria dei benefattori dell'umanità.

Chi ha giocato molto da bambino, sicuramente da adulto sa affrontare le difficoltà e le problematiche con maggiore serenità ed ottimismo. Avere una visione giocosa della vita, pur sapendosi assumere le proprie responsabilità, essere gioviali, allegri e fiduciosi nel buon esito finale di ogni vicenda (anche di quella apparentemente più ingarbugliata), avere costantemente per i figli e per gli altri parole di conforto e di incoraggiamento significa vivere una esistenza piena, sicuramente molto più soddisfacente e gratificante rispetto a quella di chi è fondamentalmente scettico, disfattista e pessimista.

Il Signore desidera che si rida, si giochi e ci si diverta, altrimenti non avrebbe concepito la risata, il gioco ed il divertimento. Ridere vale molto più di una orazione. La risata è come una preghiera rivolta a Dio. Costituisce uno dei modi migliori per manifestare il nostro amore ed il nostro apprezzamento per tutto quello che l'esistenza ci dona. Anche **Gesù** (contrariamente a quello che vorrebbero farci credere taluni preti) era allegro, sorridente e gioioso. Amava scherzare e giocare con i bambini, così come apprezzava la buona tavola e tutte le cose belle della vita (anche fare l'amore).

Da piccoli ci hanno detto: «non fare questo, perché non sta bene; non fare quello, perché è peccato e Gesù si dispiace, piange...». La verità è che Gesù piange e soffre se ci vede mesti, seri, rigidi e chiusi in noi stessi. Si addolora solo quando non valorizziamo la vita, dono immenso, in tutti i suoi straordinari aspetti. Il fatto che si sia lasciato crocifiggere non significa che fosse sconsolato ed afflitto o avesse rinunciato a vivere, tutt'altro. Col suo magnanimo gesto ha voluto insegnarci che non dobbiamo permettere a nessuno, tantomeno a noi stessi, di calpestarci, vale a dire *metterci o farci mettere in croce*.

Qualche tempo fa mi è capitato di leggere una frase molto ironica, a proposito del "farsi crocifiggere", che mi ha indotto a fare delle serie considerazioni. «*Scendi dalla croce, che ci serve il legno!*» è la frase. Ossia, smetti di stare crocifisso e vieni giù. Così facendo, oltre a salvarti, si potrà utilizzare il legno della croce per farci qualcosa di diverso e di più vantaggioso.

La vita è un dono preziosissimo. Sprecarla, infangarla, calpestarla, sacrificarla per cose stupide o per falsi ideali è un vero *peccato*, un autentico *sacrilegio*!

I bambini hanno a disposizione tre modalità per giocare:

- *Giocare da soli*
- *Giocare con gli altri bambini*
- *Giocare con i propri genitori*

Ognuna di queste espressioni del gioco è utile ed importante. Ciascuna costituisce un naturale quanto necessario completamento dell'altra. Tutte, nessuna esclusa, hanno una ragione di esistere.

GIOCARE DA SOLI

È diffusa l'errata convinzione secondo la quale, se un ragazzino non mostra interesse per il gioco condiviso, la cosa debba essere considerata un fatto patologico. La realtà non è quasi mai così drammatica. Non vi è dubbio che esistano situazioni in cui dietro all'isolamento si nascondano seri problemi psicologici come nel caso in cui, ad esempio, il bambino sia autistico. Ma questa è l'eccezione, non la regola. Anche nelle situazioni in cui giocare da soli costituisce un vero e proprio rifugio nei confronti di condizioni familiari frustranti (genitori che litigano spesso o che trascurano i figli in quanto troppo impegnati nel lavoro o perché dediti all'alcol o alla droga...) si ha a che fare con bambini normali, pur se molto sofferenti.

La stragrande maggioranza delle volte che un bambino predilige giocare per conto proprio e tende a chiudersi in se stesso lo fa perché ha difficoltà a socializzare. In questi casi (si tratta per lo più di figli unici) per ottenere lo "sblocco" è sufficiente incoraggiarli ed aiutarli a superare le loro paure coinvolgendoli nei giochi con gli altri bambini o, meglio ancora, chiedendo la collaborazione di qualche coetaneo più disinvolto ed intraprendente, affinché sia lui a dare il via ai primi approcci ludici.

Mi è capitato sovente di vedere un bambino prendere affettuosamente per mano un suo simile (così come farebbe un papà o una mamma amorevole) e condurlo a giocare insieme agli altri con l'intento di farlo sentire a proprio agio e di indurlo a divertirsi. Scene di questo genere, oltre a suscitare tanta tenerezza, confermano quanto siano *grandi* i bambini.

È indubbio che un bambino debba avere spazi aperti dove poter correre, saltare ed arrampicarsi. Il contatto con la terra, l'erba, le piante e gli alberi, ossia con la Natura, è quanto di più appagante gli si possa mettere a disposizione per farlo giocare e per dare libero sfogo alle sue traboccanti energie. Così come è altrettanto vero che egli abbia bisogno di momenti interamente suoi per immergersi totalmente in un immaginifico mondo nel quale nessuno ha il diritto di entrare, tranne il pupazzo o la bambola o l'orsetto a cui egli è molto affezionato.

Un ragazzino che gioca da solo è capace di trascorrere ore a parlare, a farsi delle domande, a darsi delle risposte (come se stesse conversando con qualcuno) oppure a far muovere e dialogare i suoi amichetti inanimati. Inventare personaggi, ogni giorno diversi, improvvisare le più disparate situazioni di gioco, sognare ad occhi aperti e coinvolgersi emotivamente in questo intrigo fantastico è una delle principali occupazioni ludiche di tutti i bambini.

Il gioco solitario, oltre a far divertire, rappresenta anche un necessario momento di "privacy" nella vita di un bambino, un momento da dedicare esclusivamente a se stesso e alle proprie necessità creative. Giocare da soli è importante perché educa alla riflessione, alla introspezione, ad avere un colloquio intimo, ad essere sempre più intuitivi ed estrosi. Insegna pure, perché no, a star bene con se stessi e a non aver alcun timore della solitudine.

Un bambino ha bisogno di giocare da solo per accrescere e dare valore alla immaginazione e alla inventiva. Da adulto, se avrà avuto l'opportunità di coltivare questo aspetto del gioco, sarà consapevole del fatto che in ognuno di noi c'è un mondo sommerso pressoché inesauribile costituito da emozioni, sentimenti, sensazioni, percezioni, intuizioni, fantasia, creatività... dal quale è possibile attingere in qualsiasi istante *nutrimento per l'anima*.

GIOCARE CON GLI ALTRI BAMBINI

L'uomo è stato definito un *animale sociale* dato che ha bisogno di stare assieme ai suoi simili per imparare a conoscersi e per sviluppare stima verso se stesso e nei confronti del prossimo. Stare con gli altri implica necessariamente osservare dei princìpi che sono essenziali se si vuole avere una piacevole convivenza. Il *rispetto* reciproco, la *condivisione* di interessi ed obiettivi ed una buona *comunicazione* sono sicuramente elementi fondamentali per un sano rapporto tra le persone. Attraverso il gioco condiviso i bambini hanno la possibilità di sviluppare questi importantissimi aspetti della vita in comune.

Un bimbo, dopo aver trascorso il primo anno di vita per lo più a stretto contatto con la madre, quando inizia a camminare tende ad essere attratto anche dalle altre persone (padre, fratelli, sorelle, nonni...). Man mano che cresce, questo suo istintivo interesse si fa sempre più vivo tanto da indurlo a cercare il contatto con i suoi simili. Nel caso in cui abbia un fratello o una sorella più grandi di lui può iniziare, fin da piccolo, a soddisfare questa sua naturale esigenza. Nella eventualità, invece, che sia il primo figlio, il suo processo di socializzazione con gli altri bambini comincerà quando i genitori, portandolo a spasso, lo condurranno ai giardini pubblici o si incontreranno con amici che hanno dei figli. Anche la scuola materna, divenuta ormai una istituzione largamente diffusa, costituisce (specie per un figlio unico) un'ottima occasione per avviare una vita di relazione e per entrare ufficialmente nella società.

In effetti un bambino, relazionandosi con gli altri ragazzini, impara a socializzare e a prendere sempre più confidenza e sicurezza in se stesso. Dopo i primi momenti di comprensibile titubanza comincia ad avere con i coetanei un approccio che all'inizio si avvale in prevalenza di gesti e di comportamenti più che delle parole. Sedersi l'uno accanto all'altro, tenersi per mano, scambiarsi un giocattolo, un sorriso, una carezza, un bacetto oppure, come accade talvolta, darsi una spinta o uno schiaffo costituiscono altrettanti modi, non verbali, di comunicare e di interagire. Man mano che un bambino cresce ed il suo linguaggio diviene più comprensibile e vario, è in grado di trasmettere con maggiore chiarezza quello che pensa e che prova. Trovo estremamente spassoso, oltre che educativo, assistere a quelle scenette di cui sono protagonisti soprattutto bambini e bambine dai tre ai sette-otto anni di età i quali, mentre giocano tra loro, si scambiano frasi dal contenuto ora accomodante ed amichevole, ora pregno di stizza e di disappunto, a seconda dello stato d'animo prevalente in quel determinato momento. Vederli ragionare o discutere come tanti "ometti" e "donnine", mentre compiono gesti grotteschi ed assumono le più disparate mimiche facciali, è uno spettacolo davvero affascinante.

Un bambino, pur non essendone cosciente, giocando con gli altri si prepara in qualche misura anche alla vita di relazione che, quando sarà adulto, dovrà necessariamente avere con il prossimo.

Divertirsi tutti quanti assieme è una prerogativa essenziale di ogni bambino: nel gioco di gruppo ha modo di esternarla e di valorizzarla. Da grande, se avrà sviluppato con il gioco questa importante peculiarità, è molto probabile che sarà un individuo generoso e compassionevole nonché una persona animata da un senso di sincera solidarietà umana.

I giochi collettivi rivestono, dunque, un indubbio valore pedagogico perché insegnano a socializzare. A differenza del gioco solitario, il gioco condiviso ha *regole* ben precise che ogni ragazzino è tenuto a rispettare senza manipolarle a proprio vantaggio. Rispettando le regole il bambino comprende anche quanto sia necessario avere considerazione e riguardo nei confronti del prossimo e come l'aggressività, la scorrettezza e la sopraffazione non conducano a nulla di buono se non alla cessazione del gioco e del divertimento.

Il gioco di gruppo offre la possibilità di sviluppare doti umane di innegabile utilità quali la pazienza (perché si deve attendere il proprio turno) oppure il saper prendere l'iniziativa quando è il momento di farlo. Nel gioco collettivo un bambino impara sia a collaborare e ad ubbidire, ma anche a saper condurre il gioco quando occorre. Egli apprende come sapersi barcamenare (a seconda delle situazioni che si presentano e dei ruoli da svolgere) e quanto sia significativo essere decisi e combattivi, pur nel rispetto dei propri simili, se si vuole raggiungere un obiettivo.

Giocando con gli altri si ha modo di provare quanto sia bello *vincere* ma anche come, avendo dato il meglio di se stessi, non sia affatto disonorevole *perdere*. «*L'importante è partecipare*» ha detto Pierre de Coubertin, il fondatore dei Giochi Olimpici moderni, alludendo al fatto che ciò che conta è fare delle esperienze e divertirsi assieme agli altri.

"Vincere a tutti i costi" non deve divenire il credo di un bambino. Egli dovrebbe comprendere, e perché ciò accada occorre che i genitori l'abbiano compreso prima di lui e glielo insegnino con l'esempio, che nel gioco, così come nella vita, non sempre è possibile essere primi. Bisogna rendersi conto che esistono individui più abili e bravi di noi nel fare una certa cosa (essendo noi, a nostra volta, migliori nel farne un'altra)

così come è normale che si vivano momenti esaltanti e gioiosi ed altri caratterizzati dalla sofferenza. In altre parole, si deve imparare ad **accettare
l'esistenza in tutti i suoi aspetti, piacevoli o dolorosi che siano!**

GIOCARE CON I PROPRI GENITORI

Mi ritengo una persona fortunata perché quando ripenso alla mia infanzia ho tanti lieti ricordi. Non vi è dubbio che, tra tutti, i più cari siano quelli che si riferiscono ai momenti che mio padre e mia madre mi
hanno dedicato mettendosi a giocare con me. Le parole sicuramente
non possono descrivere la sensazione di incontenibile gioia che provavo,
ad esempio, allorché papà costruiva un giocattolo destinato a me del
quale seguivo le fasi di fabbricazione trepidando finché l'opera non era
completata.

Avendo avuto un genitore che mi è stato vicino e ha giocato con me,
anch'io, nel momento in cui sono diventato padre, non ho incontrato
difficoltà nel giocare con mio figlio. Fin da quando Michele era nel
grembo materno iniziai a comunicargli (parlandogli attraverso la pancia
della madre) la mia gioia per la sua imminente nascita e la mia impazien-
za nell'attesa di poterlo abbracciare e giocarci insieme.

Credo di aver tenuto fede a quelle premesse. Infatti, non c'è stato
momento del mio tempo libero che non lo abbia dedicato in gran parte
a mio figlio. Man mano che egli cresceva avvertivo quanta importanza
avessero le mie attenzioni e il mio amore nei suoi confronti, ma anche
quanta felicità provavo stando con lui. Partecipare ai suoi giochi facendogli sentire che l'amavo, è stato un comportamento di padre di vitale
importanza nel nostro rapporto.

Quando ero libero dal lavoro lo portavo sempre con me. Ogni occasione era buona per spassarcela, per ridere e per giocare. Oltre alla soddisfazione che provavo nel vederlo felice e pieno di prorompente vitalità,
anch'io stavo bene perché trascorrevo ore di spensieratezza che mi facevano rivivere le sensazioni di libertà e di serenità di quando ero ragazzino. Oggi che Michele ha trent'anni, non è infrequente che, quando
stiamo insieme, rievochiamo episodi del passato il cui piacevole ricordo
ancora ci riempie il cuore di letizia e di commozione.

Qualcuno potrà pensare che sono un papà "all'antica" quando asserisco che raccontare o leggere delle fiabe ai nostri figli oppure inventarne una di sana pianta sia da considerare un modo di giocare e di stare con loro molto importante. Oggigiorno, purtroppo, con la scusa che si ha poco tempo a disposizione molti genitori tendono ad acquistare un gran numero di giocattoli con i quali riempiono le stanze dei figli, lasciando poi che i bambini ci giochino da soli. Quanto sarebbe molto più costruttivo ed efficace, invece, comprare un buon libro di favole e mettersi seduti accanto a loro o prenderseli sulle ginocchia con l'intento di condividerne, in un clima di spensieratezza, il contenuto. I bambini sono dotati di uno spiccato senso della meraviglia, del magico e dello straordinario per cui, quando si raccontano loro delle favole, essi vivono la narrazione immedesimandosi in questo o in quel personaggio (fate, gnomi, giganti, animali parlanti...) e trascorrono momenti incredibilmente belli che rimarranno impressi nella loro mente e nel loro cuore per tutta la vita.

Quasi tutto quello che ho appreso dai libri di scuola e all'Università l'ho dimenticato (le mie conoscenze hanno radici che affondano in ben altri terreni). Quel che non potrò mai scordare, invece, sono le storie fantastiche che mi sono state narrate da ragazzino. A raccontarmele è stata soprattutto mia nonna materna. So bene, quindi, quanto sia seducente per un bambino ascoltare (con gli occhi sgranati e la bocca semiaperta) tutti quei racconti che cominciano con la magica frase: «c'era una volta...».

Memore di ciò, quando mio figlio era piccolo sovente la sera mi mettevo a raccontargli una fiaba o ne inventavo una sul momento oppure, prendendo in mano un fumetto per bambini, cominciavo a leggerglielo. In religioso silenzio Michele non perdeva una sola parola. Il suo sguardo compiaciuto e le sue risa rivelavano che ciò che dicevo e come lo esponevo riscuoteva il suo consenso. Per non cadere nella monotonia, inoltre, modulavo la mia voce, passando con disinvoltura dal tono baritonale a quello in falsetto, a seconda del tipo di personaggio e del ruolo che il personaggio stesso rivestiva nel racconto. Ricordo anche che amavo colorire la narrazione con smorfie del viso e con gesti volutamente teatrali che la rendevano più accattivante e spassosa.

A quel tempo succedeva spesso che il sonno avesse il sopravvento su di noi e che mi ritrovassi, passata già da un po' la mezzanotte, ad aprire gli occhi e a constatare che entrambi ci eravamo addormentati sul divano abbracciati teneramente. Usando ogni cautela per non svegliare il bambino, lo prendevo di peso e lo portavo nel suo letto. Una affettuosa carezza, un bacio della buona notte ed un commosso "grazie" per le appaganti sensazioni che mio figlio mi aveva fatto provare (permettendo al mio *Bambino Interiore* di palpitare) costituivano gli ultimi gesti con i quali mi congedavo da lui, amorevole suggello di una serata trascorsa felicemente in sua compagnia.

Giocare con i propri figli è un aspetto del vivere quotidiano che non andrebbe mai sottovalutato né tantomeno vissuto come qualcosa che si deve fare, cioè come un "dovere". Al contrario, va sentito come un grande *piacere* nonché come un vero e proprio *privilegio*. I bambini lo sentono chiaramente se ci divertiamo davvero quando stiamo con loro oppure no. In quest'ultimo caso la partecipazione dell'adulto, oltre a risultare sterile, è anche offensiva nei confronti di un figlio il quale ne soffre in silenzio incamerando frustrazioni e dolore.

Credo che, se tanti genitori si divertissero di più e si coinvolgessero maggiormente nei giochi dei figli, eviterebbero non solo di essere spesso di malumore ma anche di ricorrere a inutili quanto dannosi farmaci per cercare di curare i mali (gastrite, ulcera, colite, cefalea, depressione...) da cui sono affetti ed afflitti a causa della loro rigidità, del loro pessimismo e soprattutto della loro scarsa voglia di ridere e di spassarsela.

Giocare e per di più farlo con chi abbiamo messo al mondo tiene lontani i cattivi pensieri e le tristezze. Coinvolgersi con la propria prole animati da un amorevole desiderio di starci insieme permette di instaurare, a prescindere dal tipo di gioco che si fa, un clima di *intimità, affiatamento, complicità* e *comunicazione* che non ha eguali, vero e proprio toccasana per guarire da ogni disturbo o per mantenersi in uno stato di salute ottimale.

Giocare con i figli, inoltre, risulta essere di grande utilità per infondere nei loro animi una piacevole e benefica sensazione di sicurezza (derivante dal sentirsi accettati ed amati) che li porta, man mano che crescono, ad acquisire sempre più *fiducia in se stessi* (autostima) e perciò fiducia negli altri e nella vita.

Quando si gioca con un figlio l'atteggiamento mentale più giusto dovrebbe essere quello di pensare esclusivamente a divertirsi con lui avendo l'accortezza di lasciarsi guidare dalle sue preferenze, dalle sue idee e da ciò che vuole sperimentare giocando. Bisogna consentirgli di prendere l'iniziativa e lasciarlo fare. Solo nel momento in cui egli ci invita a condurre il gioco, allora è bene assecondarlo.

Un ragazzino, è noto, dopo un po' si stufa di giocare con lo stesso giocattolo, vuole cambiare, fare esperienze diverse, provare nuove emozioni. Di una cosa, tuttavia, non è mai stanco: di giocare con il proprio papà e con la propria mamma e di ricevere il loro supporto affettivo e la loro approvazione. A nulla serve stipare la sua stanza con un numero elevato di giochi (anche molto costosi) perché, dopo un iniziale momento di euforia, il bambino finirà inevitabilmente con l'ignorarli.

Noi dobbiamo essere i balocchi dei nostri figli! Demandare a degli oggetti, o ad altre persone, un nostro preciso compito di educatori, è uno sbaglio madornale le cui conseguenze sul futuro di un figlio si rivelano sovente disastrose (droga, alcolismo, delinquenza, malattie psichiatriche, suicidio...).

Un bambino chiede spesso ai suoi genitori di intervenire in un gioco o di interessarsi a qualcosa che lo appassiona. Così facendo oltre a soddisfare la sua naturale esigenza di condividere, mette pure alla prova il padre e la madre: egli vuole sincerarsi che essi lo amano davvero e tengono in considerazione tutto ciò che riguarda la sua persona.

Quanto è avvilente e frustrante, per un figlio, ricevere risposte del tipo: «ora ho da fare, non ho tempo, giochiamo dopo» e constatare amaramente che quel "dopo" non arriva mai. In questi casi non c'è da meravigliarsi se i bambini, avvertendo di essere trascurati, diventano disubbidienti e ribelli o si chiudono in se stessi o, ancora, sono svogliati a scuola e non studiano. Insomma se, in qualche modo, ce la fanno pagare!

Molti genitori, non tengono nella dovuta considerazione il gioco con i figli. Ne sottovalutano il valore perché sono stati educati a dare risalto al mangiare, al vestiario, al danaro, alla posizione sociale, alla istruzione: cioè sono usi enfatizzare le "cose". Perciò, presi dagli affanni e dal tran

tran quotidiano o dalla frenesia di incrementare i loro guadagni oppure dal desiderio di fare carriera per dimostrare agli altri quanto sono bravi, finiscono col dimenticare come ci si diverte e come ci si gode la vita. Così facendo non si rendono conto di quanto si perdono precludendosi la possibilità di svolgere in maniera appagante il ruolo di educatori.

Quando si trascura ciò che è veramente importante ed essenziale come il divertimento, il vivere momenti di gioia e di spensieratezza assieme ai propri figli, il condividere, il far palpitare d'amore il proprio cuore, l'*essere umano*, inteso come individuo la cui prerogativa peculiare è quella di possedere un'*anima* e di provare *sentimenti* ed *emozioni* (che ha la necessità di esprimere), commette un errore madornale dal quale fatalmente origineranno ripercussioni negative (abbuffarsi di cibo, fare uso di psicofarmaci, di alcol, di stupefacenti, ammalarsi...).

A causa di queste malsane abitudini il mondo è ricolmo di persone erudite e ben educate che sono rigide, controllate, cervellotiche e afflitte da malesseri di ogni genere. Se avessero riso, scherzato e giocato con i propri genitori, non solo farebbero a meno dei medicinali con i quali si intossicano ogni giorno (e di cui diventano spesso schiavi), ma eviterebbero anche di riempirsi la testa con insulse nozioni e con del falso sapere per cercare di compensare le carenze d'amore e quel profondo senso di vuoto che si portano dentro.

Mi capita spesso, malauguratamente, di ascoltare gli sfoghi accorati di adolescenti e di giovani dediti all'uso di spinelli che mostrano chiari segni di chiusura o di ribellione nei confronti dei familiari. Quando chiedo loro com'è e come è stato il rapporto con i genitori mi rispondono, visibilmente arrabbiati, con frasi molto dure quali: «quell'idiota di mio padre (di solito è il capofamiglia la figura genitoriale accusata di essere assente) ha sempre dato molto più valore al lavoro e alle sue amicizie piuttosto che trovare il tempo per giocare con me e per ascoltare le mie richieste e ciò che avevo da dire. Le poche ore che trascorre in casa le passa guardando la televisione o leggendo il giornale. Se gli chiedo qualcosa mi sento rispondere puntualmente che "poi" si vedrà. Con gli altri, invece, si mostra fin troppo disponibile e premuroso...».

Episodi come quello riferito sono drammaticamente frequenti e dovrebbero far riflettere non poco sulla grande, grandissima importanza che riveste, nel rapporto genitori-figli, il ruolo del gioco e della condivi-sione di interessi comuni. Il dolore, la rabbia e i rancori secondari allo scarso coinvolgimento affettivo mostrato nei confronti di un bambino, hanno strascichi sfavorevoli di notevole risonanza sia sulla sua vita quo-tidiana che su quella futura, nonché sul suo stesso destino.

Per far rimarginare definitivamente le ferite del nostro *Bambino In-teriore* non c'è rimedio più adatto del gioco e del divertimento assieme ai nostri figli. Così facendo, si impedirà che un giorno essi, a loro volta, di-vengano degli adulti feriti e malati e che facciano diventare (condizio-nandoli negativamente) feriti e malati anche i loro figli alimentando in tal modo una tragica spirale senza fine.

Quanto più intensa e spontanea è la partecipazione di un papà e di una mamma ai giochi di un figlio, tanto maggiori saranno i giovamenti sul piano psicologico, affettivo e comportamentale che il bambino ne trarrà. Giocare con la nostra prole, dunque, anche soltanto pochi minu-ti al giorno (è, infatti, la *qualità* del tempo che si dedica ad un bambino ciò che più conta e non la quantità) non solo è importante, ma risulta essere addirittura *vitale!*

«Metà di quello che dico non ha senso, ma lo dico perché l'altra metà possa raggiungervi»

G. K. Gibran

«La più breve frase che pronunciamo è un tesoro di informazioni su di noi»

Aforisma

«Il solo modo di dire il vero è dirlo con amore»

D. H. Thorean

«Modi garbati e parole dolci hanno il potere di trascinare un elefante per un pelo»

Proverbio persiano

L'arte di comunicare

Sono trascorsi oltre cento anni (1903) da quando i fratelli Wright hanno effettuato il primo volo coronando un antico sogno dell'uomo. In quest'ultimo secolo lo sviluppo tecnologico ha registrato veri e propri passi da gigante che mai erano stati realizzati nei secoli passati. Oggi ci si può trasferire da un punto all'altro del globo terrestre con una velocità che era impensabile fino a pochi decenni fa. Oppure è possibile contattare telefonicamente un parente o un amico che vive a migliaia di chilometri di distanza o si può essere informati, in tempo reale, di quello che succede in un'altra città o nazione. Il mondo sta diventando sempre più piccolo grazie alle scoperte scientifiche!

L'essere umano, incapace com'è di vivere isolato, ha cercato di soddisfare la sua innata necessità di **comunicare** dando sfogo al proprio ingegno. Ho scritto "cercato" perché, nonostante tutte le ammirevoli conquiste tecnologiche conseguite anche nel campo della comunicazione (radio, televisione, internet, telefonino...), nella maggior parte dei casi egli vive scollegato da se stesso e dai propri simili. Uno degli aspetti più deleteri della società moderna, difatti, è costituito proprio dalla incapacità di comunicare a *livello spirituale*.

L'imperversare dei conflitti bellici, della violenza, dell'indigenza, del razzismo, delle diversità di classe e di religione, dell'indifferenza nei confronti del prossimo, delle frequenti liti tra coniugi, dell'incomprensione tra genitori e figli e la presenza, specie nelle metropoli, di tante persone che vanno in giro parlando da sole ad alta voce o che, avendo rinunciato a vivere assieme agli altri, discorrono soltanto con cani e gatti, la dice lunga in merito alle difficoltà che l'essere umano ha nell'entrare in contatto con la propria dimensione interiore e con quella dei suoi simili.

Eppure dovrebbe essere chiaro a tutti che siamo venuti al mondo per vivere come animali sociali (nonché socievoli) ossia per stare insieme, aiutarci l'un l'altro, rispettarci ed amarci. Comunicare con gli altri, instaurando buoni rapporti di amicizia e collaborazione, fa parte della nostra natura. Costituisce una prerogativa umana dalla quale non si può prescindere, se si vuole vivere bene, tant'è che siamo stati concepiti come delle *ricetrasmittenti*, ossia alla stregua di esseri capaci di ricevere e di inviare messaggi.

Un individuo, per quanto voglia stare per conto proprio, il che in certi momenti può risultare estremamente salutare, comunque deve lavorare, fare acquisti, spostarsi da un luogo all'altro. È inevitabile, a meno che non decida di fare l'asceta, che venga a contatto con altre persone e debba in qualche modo relazionarsi con esse.

Pensare di essere come tante isole, cioè separati gli uni dagli altri, è una idea totalmente errata e per due buone ragioni. La prima è che le isole al di sotto della superficie del mare sono unite alla terra. La seconda riguarda il fatto che nulla, facente parte della Creazione, è sconnesso, isolato o separato dal resto!

La parola *separazione* è stata coniata dall'uomo, non è contemplata in Natura! Rivela quanto egli sia cieco e rispecchia un suo malessere profondo, un vuoto che tuttora non è riuscito a riempire e che può essere colmato soltanto in un modo: **amando!** Amare se stessi, il prossimo e tutto ciò che Dio ci ha messo a disposizione su questo pianeta è l'unica via da seguire per non sentirci soli e disperati. L'*amore* ci pone in contatto con la nostra anima e conseguentemente crea un ponte con quella degli altri consentendoci di comprendere che "stiamo tutti sulla stessa barca" e che, se non vogliamo affondare e privarci dei benefici della navigazione, ciascuno di noi, senza eccezione alcuna, deve dare il proprio contributo in termini di *gentilezza, tolleranza, compassione, condivisione, altruismo, dedizione... buona comunicazione*!

LA COMUNICAZIONE

Prima di prendere in considerazione come ci si dovrebbe comportare da un punto di vista comunicativo con i figli (e non solo con loro), desidero fare alcune valutazioni di carattere generale sulla **comunicazione** perché credo possano interessare a chi sta leggendo questo libro.

Esistono fondamentalmente due maniere di comunicare: quella *verbale* e quella *non verbale*. La prima si attua attraverso le parole (7%) ed il tono della voce (38%). La seconda si manifesta tramite la gestualità, l'espressione del viso, lo sguardo, il piangere, il ridere, l'abbigliamento, i pensieri... il silenzio!

La *comunicazione verbale* costituisce il 45% di quello che perviene al nostro interlocutore. Il restante 55% gli giunge tramite modalità (sopra indicate) che non implicano l'uso del linguaggio parlato.

Che la comunicazione sia un aspetto della nostra esistenza di grande importanza e che, come qualcuno ha affermato: «*è impossibile non comunicare*», credo trovi tutti d'accordo.

La **parola** è un mezzo di comunicazione esclusivo dell'uomo. Gli animali comunicano con un linguaggio non verbale (pur essendo in grado di emettere versi). Attraverso la *parola* possiamo esprimere tanto la necessità di mangiare, bere, dormire... quanto quella di esternare opinioni, dubbi, pensieri, sentimenti, emozioni... Il suono delle nostre parole può risultare armonico o disarmonico, dipende dallo stato d'animo con cui le si proferisce. Il tono della voce denota che genere di sentimenti albergano in noi e anche come viviamo (o abbiamo vissuto) quello di cui stiamo parlando.

Si dice, a ragione, che *le parole possono ferire più di una spada* proprio per sottolineare l'importanza del fatto che, a seconda dell'uso che se ne fa, il parlare può procurare del bene (parole di incoraggiamento, di speranza, di gratificazione, di gratitudine...) oppure del male (inveire, insultare, criticare, condannare...). Le vibrazioni che da esse si liberano hanno il potere di risuonare (la parola rientra nel principio fisico della risonanza) in noi e negli altri, producendo sensazioni piacevoli o sgradevoli, inducendo effetti terapeutici o dannosi.

Gesù rappresenta un eminente esempio di come la parola possa essere usata per dare conforto e, perfino, per aiutare a guarire. Quando Egli toccava qualcuno dicendo: «*va, la tua fede ti ha salvato*», la persona che in quel momento riceveva il suo amore e la sua compassione si sentiva subito meglio in quanto iniziava a liberarsi di tutto ciò che spiritualmente la tormentava e che l'aveva fatta ammalare.

Ciascuno di noi, senza essere necessariamente un grande Maestro come **Cristo**, può fare molto per se stesso, per i figli e per gli altri se lascia andare il proprio *ego*, ossia la componente mentale che ci induce a voler avere sempre ragione e a vedere i difetti e gli errori solamente nel prossimo, e ricorre invece alla comprensione, alla flessibilità ed a un po' di gentilezza nel parlare.

Succede di frequente che le persone, per via di un esasperato egocentrismo, dicano una parola di troppo in un momento di impulsività e finiscano col litigare o, peggio ancora, col venire alle mani per motivi assolutamente futili. Una condotta del genere, oltre a determinare un cattivo uso della propria vita e delle proprie energie, è anche apportatrice di angustie e dispiaceri e, per di più, non conduce ad alcuna proficua soluzione.

Occorre stare molto attenti a *quello* che si dice e a *come* lo si proferisce perché ciò che pronunciamo ha un impatto non trascurabile su coloro ai quali indirizziamo le nostre parole, parole che lasciano una traccia, non di rado indelebile, soprattutto sui figli. I bambini e i giovani sono molto sensibili e perciò enormemente influenzabili dal modo con cui i loro genitori li trattano verbalmente (e non soltanto verbalmente).

La **comunicazione non verbale**, come già accennato, rappresenta l'aspetto predominante (55%) del modo di trasmettere di una persona. Per comunicare, dunque, non è indispensabile ricorrere alle parole, lo si può fare anche stando in silenzio perché il nostro corpo parla (*linguag-*

gio del corpo) attraverso movenze, occhiate, mimica facciale, gesti, comportamenti...

I bambini sono la riprova di quanto veritiero sia questo principio. Se, ad esempio, se ne mettono insieme alcuni di nazionalità diverse ciascuno dei quali parla una lingua differente, è possibile constatare come, dopo qualche istante di iniziale esitazione, essi inizino a giocare e si divertano moltissimo riuscendo a comunicare tra loro con mezzi che vanno al di là del linguaggio parlato con cui sono abituati ad esprimersi normalmente.

La comunicazione attraverso gli occhi tante volte è più incisiva di quella parlata. Non di rado uno sguardo è molto più eloquente di un discorso ed è comprensibile anche a chi parla un'altra lingua. I ragazzini si esprimono benissimo con gli occhi e sanno anche comprendere che genere di persona si trovano di fronte: spesso basta loro solo un'occhiata per rendersene conto.

Facciamo un altro esempio. Se mentre ascolto qualcuno che sta parlando con me, ad un certo punto incrocio le braccia e faccio un passo indietro oppure accavallo le gambe e sposto il mio busto verso lo schienale della sedia su cui sto seduto, significa che quanto mi viene detto (o come me lo si sta esprimendo) in qualche misura mi infastidisce e mi crea tensioni. Se, invece, ciò che sento dire produce in me sensazioni gradevoli (sono d'accordo, provo interesse, mi è simpatico chi parla...) è verosimile che tenda a farmi più vicino a quell'individuo e che sottolinei positivamente il suo discorso con assensi del capo, sorrisi, pacche sulla spalla... In entrambi i casi agisco e mi muovo inconsciamente.

Il corpo compie movimenti che sono strettamente dipendenti da quello che si prova. Manda messaggi ben precisi che possono essere di avvicinamento e apertura (al contatto e all'amicizia) o, al contrario, di allontanamento e chiusura (fino ad arrivare ad atteggiamenti che esprimono ostilità o aggressività). Il corpo non mente mai essendo intimamente collegato all'inconscio che lo fa agire in automatico. Le parole, invece, possono essere false (dato che scaturiscono per lo più dalla mente razionale) a meno che ci si esprima attraverso il **cuore.** In questo caso ciò che si dice corrisponde effettivamente a quello che pensiamo e sentiamo.

Un ulteriore e suggestivo esempio di comunicazione non verbale è quello concernente la *telepatia.* Quante volte sarà successo anche a molti di voi di pensare ad un amico oppure ad un parente (che magari non sentivate da tempo) e di lì a poco avete ricevuto sue notizie attraverso una lettera o una telefonata? «Coincidenze», può dire qualcuno, «casualità» potrebbe affermare qualcun altro. In vero non si tratta né dell'una né dell'altra cosa, ma di un fenomeno (di cui ormai anche la scienza ufficiale ha dovuto riconoscere la veridicità) che si può spiegare in termini fisici (almeno in parte). I pensieri danno origine ad onde elettromagnetiche che si propagano nello spazio in maniera del tutto simile ai cerchi concentrici che si formano quando si getta un sasso in uno stagno. Tali onde, che possono percorrere anche enormi distanze, trasferendosi dalla persona da cui sono state generate (*trasmittente*) a quella alla quale sono rivolti i pensieri (*ricevente*), evocano in quest'ultima sensazioni che a loro volta si traducono a livello cosciente in informazioni, idee, nomi.

Tanto più si è razionali e si tende a dare sempre una spiegazione logica a tutto, tanto meno si è intuitivi e perciò ricettivi nel captare gli invisibili segnali che ci giungono dal Creato e dal nostro prossimo (segnali che solo la mente irrazionale o inconscia è in grado di percepire, decodificare e trasmettere poi alla mente conscia).

COMUNICAZIONE PRENATALE

Come ampiamente sottolineato nel capitolo riguardante i condizionamenti, il periodo prenatale assume un immenso valore sul futuro del bambino. In questa fase il nascituro, oltre alla necessità di ricevere un apporto nutritivo per svilupparsi adeguatamente a livello organico, ha anche un vitale bisogno di sentirsi amato ed accettato (per poter ben maturare da un punto di vista psico-emozionale).

Accogliendo con felicità la gravidanza, sia la madre che il padre fanno al figlio (o alla figlia) il più grande dei doni. Non c'è peggior trauma per il feto, difatti, di quello derivante dal sentirsi rifiutato prima ancora di venire alla luce (*rifiuto primario*). Ma l'accettazione, pur essendo sicuramente il miglior preludio, da sola non basta. Occorre anche comunicare con il nascituro facendogli sentire quanto amore si prova nei suoi confronti. I canali di cui una mamma e un papà possono avvalersi, in tal senso, sono rappresentati essenzialmente dalla parola e dal tono che si usa, dal tatto, dal *suono* e dai *pensieri*.

In Olanda Frans Veldmann ideò un metodo detto *"Comunicazione aptonomica"* mediante il quale si insegna ai genitori ad entrare in collegamento con il bimbo che dovrà nascere. Con questo sistema la madre (ma anche il padre) può insegnare al figlio a muoversi verso la propria mano poggiata sul ventre e a rannicchiarvisi contro. Col passare del tempo il bambino, oltre ad imparare questo gioco, mostra anche di gradirlo molto dato che spesso è proprio lui per primo a "bussare" e a sollecitare il contatto.

È da un po' di anni che si sta sempre più sviluppando la lodevole abitudine di parlare con chi si è concepito. Mi accade sovente di imbattermi in donne incinte, sedute su una panchina dei giardini pubblici, le quali parlano con la creatura che portano in grembo oppure le canticchiano una canzone o le raccontano una storia per nulla preoccupate di quello che possono pensare o dire gli altri.

Quanto è bello vedere queste mamme, dai volti radiosi, prendersi cura dei loro bambini ancor prima che siano nati. Così come, è altrettanto gradevole, scorgere un papà intento a carezzare con tenerezza la pancia di colei che è in procinto di dargli un figlio non trascurando di riservare pure alla donna coccole ed attenzioni.

Questo, a mio avviso, è un sistema giusto per accogliere bene un bambino in arrivo e per avviare in maniera ottimale l'esistenza di un essere umano. L'*amore* è la carta vincente! Comunicare questo amore con genuinità e trasporto è la cosa più naturale e più straordinaria che possiamo fare. Per comunicare col cuore non c'è bisogno di lauree, diplomi, attestati, erudizione. Occorre semplicità, spontaneità, sincerità. È necessario liberare la testa da tante stupide idee e da idioti preconcetti. Serve, più di ogni altra cosa, lasciarsi andare alle proprie emozioni e ai propri sentimenti permettendo al nostro *Bambino Interiore* di palpitare, gioire, esprimersi.

Rivolgersi al nascituro con una voce serena e pacata (di cui si è in grado di modulare i toni), facendolo soprattutto quando si sente il tenero impulso di parlargli e di dirgli cose belle, è indubbiamente un validissimo modo per approcciarsi a lui e per contattarlo. Saper trasmettere la propria carica emozionale positiva costituisce uno dei principali elementi per stabilire con il bambino un legame, via via sempre più intimo, i cui effetti salutari si ripercuoteranno sul suo sviluppo neurologico, psichico e corporeo.

È dimostrato che i bimbi i quali hanno frequentemente ricevuto il calore e l'affetto dei genitori sotto forma di stimoli tattili, verbali, sonori (musiche melodiose e rilassanti) e di costanti e carezzevoli pensieri quando erano nel grembo materno, nascano sani da parto spontaneo, siano allegri, sereni e crescano senza patire di inappetenza, insonnia, irritabilità e facilità ad ammalarsi come invece succede spesso a quelli che non sono stati trattati altrettanto amorevolmente.

Parlare con l'essere che si è concepito, ora rassicurandolo e confortandolo (quando le circostanze lo richiedono), ora facendolo partecipe di quello che sta accadendo intorno a lui, ora dicendogli frasi scherzose (magari imitando la voce di un bambino), ora rivolgendogli parole amorevoli, rappresentano modi diversi di comunicare finalizzati a farlo sentire amato ed accettato già da quando è nell'utero della madre. Così facendo, chi dovrà educarlo si ritrova ad attuare una sorta di allenamento che gli tornerà molto utile una volta che il figlio sarà nato.

È pure vero che non tutti i genitori hanno avuto con i propri genitori un buon rapporto comunicativo, per cui a tante madri e a tanti padri rimane difficile esternare quello che provano e sentono, a meno che strada facendo non abbiano imparato a farlo. Il periodo di gestazione in questi casi può servire anche allo scopo di rompere, una buona volta per tutte, quel muro di incomunicabilità e quell'artefatto riserbo, acquisito con l'educazione ricevuta, che rendono limitato e frustrante lo stile di vita di queste mamme e di questi papà.

I PRESUPPOSTI DI UNA SANA COMUNICAZIONE

Esistono innumerevoli argomenti per conversare. Si può discorrere del più e del meno, del tempo, del cibo, di sport oppure si può improntare il colloquio su cose e fatti che riguardano gli altri, il lavoro, la scuola, i figli, l'attualità, la moda, l'arte, la politica o, ancora, si può utilizzare la comunicazione per sfogarsi ed esprimere emozioni negative (rabbia, dolore, gelosia) o per esternare sentimenti di amore, gioia, entusiasmo, gratitudine o, anche, per chiedere scusa e per ammettere di avere sbagliato.

In tutti i casi, se si vuole che la comunicazione risulti efficace e costruttiva, occorre innanzitutto che gli interlocutori rispettino la regola secondo la quale quando uno parla, l'altro deve obbligatoriamente tacere (e viceversa). Non è pensabile, infatti, che due persone parlino contemporaneamente (come succede sovente) e che alla fine siano entrambe soddisfatte per quello che hanno detto e che si sono trasmesse. Una valida comunicazione presuppone che si instauri un dialogo (attraverso il quale ci si scambiano informazioni, idee, pareri, sensazioni, sentimenti) e che tale dialogo sia improntato essenzialmente sulla sincerità e sul rispetto (anche quando i punti di vista non dovessero collimare).

Se questi fondamentali criteri non vengono messi in atto la conversazione assume aspetti di superficialità e di falsità divenendo, conseguentemente, un parlarsi addosso, un adoperarsi per avere a tutti i costi ragione e voler dimostrare di essere bravi o superiori agli altri. Insomma acquisisce i caratteri della gara e della competizione cioè di qualcosa che, anziché avvicinare ed aiutare le persone a comprendersi, crea dissapori, malumori e distanze.

Una buona comunicazione, a prescindere dall'argomento trattato, non può basarsi sullo scontro e sul conflitto (che conducono alla sua interruzione) quanto, piuttosto, sul desiderio di collaborare e di darsi una mano reciproca. Perché ciò si verifichi bisogna partire dal presupposto che nessuno è superiore o inferiore all'altro e che ambo le parti (marito-moglie; genitore-figlio; datore di lavoro-dipendente; insegnante-alunno...) abbiano il sano proposito di trovare una intesa per arrivare ad un punto in comune. La parola comunicazione, del resto, significa "mettere un'azione in comune". Solo in questo modo la comunicazione riesce a migliorarci e a farci progredire divenendo uno strumento evolutivo e non distruttivo.

Saper comunicare significa, tra l'altro, essere capaci di esprimersi. Ossia presuppone la capacità di parlare in modo chiaro, semplice e comprensibile (senza ricorrere ad un linguaggio ricercato e difficile) specie quando ci si rivolge ai bambini. Implica, inoltre, schiettezza, sincerità, flessibilità, considerazione per l'altra persona e per il suo modo di pensare. Comporta anche mettere da parte, per quanto è possibile, idee pre-concette e schemi mentali precostituiti.

Se si vuole davvero comunicare con qualcuno occorre avere il genui-no desiderio di *confrontarsi*, che non vuol dire *scontrarsi*. Bisogna inol-tre essere disposti a dare e a ricevere avendo l'umiltà di cambiare opinio-ne nel momento in cui ci si rende conto che quel che si credeva vero non lo è affatto. La *comunicazione*, in sostanza, andrebbe vista come un mez-zo per arricchirsi vicendevolmente, per apprendere, conoscere, crescere, scambiarsi energia positiva... essere amici!

SAPER ASCOLTARE

Ci sono individui che parlano, parlano, parlano senza mai dare la possibilità di replicare. Così come ne esistono altri poco propensi ad esprimersi. Nel primo caso si tratta di persone restìe ad ascoltare (in quanto dotate di una buona dose di egocentrismo), mentre nella secon-da evenienza la tendenza è quella di controllarsi e di limitarsi nel comu-nicare. Ciò accade o per paura di essere giudicati sfavorevolmente, e per-ciò rifiutati, oppure perché non ci si stima a sufficienza e quindi si è per-suasi di non avere nulla di interessante da dire.

Affinché la comunicazione generi armonia tra gli interlocutori è op-portuno che si realizzi un equilibrio tra parlare ed ascoltare. Diogene era solito ripetere: «*abbiamo due orecchie ed una sola lingua allo scopo di ascoltare di più e parlare di meno*». Stando a questa saggia esortazione, dunque, dovremmo dedicare all'ascolto un tempo doppio rispetto a quello riservato al parlare.

Saper ascoltare, pur essendo una peculiarità dell'essere umano, è tuttavia prerogativa di pochi, una minoranza. La maggior parte delle persone non ascolta perché, essendo troppo presa dalle proprie convin-zioni, dai propri pensieri e dalle proprie preoccupazioni, attribuisce po-ca importanza agli altri e alle altrui necessità (*egocentrismo*) non riuscen-do a comprendere, tra l'altro, che quel che si dà, si riceve. Adler a questo proposito ha scritto: «*l'individuo che non si interessa degli altri è quello che ha più difficoltà nella vita e che procura più danni al prossimo. Sono queste le persone che falliscono nei loro intenti!*».

Alla base di questo diffuso e deprecabile modo di agire c'è, come spesso accade, una scadente educazione. Se non fossimo stati abituati a privilegiare la parte logica e razionale della mente, penalizzando quella intuitiva e creativa, e se fossimo stati a nostra volta ascoltati e compresi da bambini, tutto questo non succederebbe. Ascoltare, nel senso più autentico del termine, è un fenomeno irrazionale, un atto d'amore che non ha nulla a che vedere con il raziocinio.

Quando qualcuno mostra un sincero interesse nell'ascoltare qualcun altro, accade che tale atteggiamento venga molto apprezzato proprio perché è un evento non comune. Si spiega così, ad esempio, il successo ed il largo consenso che riscuote il medico omeopata. Costui, difatti, non solo si avvale di una terapia naturale molto incisiva ed efficace, l'*omeopatia*, ma dedica anche gran parte del tempo della consultazione all'ascolto delle vicissitudini, lamentele e problematiche del prossimo. Le persone, sentendosi benvolute e considerate, si aprono sempre più ed esternano quanto le fa star male riuscendo a liberarsi gradualmente dei fardelli psichici ed emozionali che si portano dentro, sovente da tanti anni. Ascoltare un proprio simile significa, oltre che aiutarlo a migliorarsi e a progredire, pure dargli una mano a guarire. Vuol dire riservargli delle coccole!

«*Chi sa ascoltare non soltanto è simpatico a tutti, ma dopo un po' finisce con l'imparare qualcosa*» (W. Mizner). Chiunque, anche la persona più umile, ha qualcosa da insegnarci se la stiamo ad ascoltare con attenzione, rispetto e pazienza. L'ascolto, oltre ad accrescere le nostre conoscenze attingendo da quelle degli altri, ci consente pure di andare al di là di quel che sentiamo proferire e delle apparenze (aspetto esteriore, atteggiamenti, modo di vestirsi e di acconciarsi). In altri termini, ci mette nella condizione di poter comprendere che genere di individuo ci troviamo di fronte, qual è la sua indole, cosa ha in animo, quali sono i suoi bisogni e soprattutto cosa vuole comunicare a prescindere da quello che dice o non dice e da quello che vuole fare o non fare credere.

La gente di solito non conosce qual è la differenza tra **udire** ed **ascoltare** tant'è che questi vocaboli vengono spesso confusi ed usati alla stregua di sinonimi. Tra le due parole esiste una differenza sostanziale. Mentre *udire* si riferisce alla funzione biologica che ci permette di sentire discorsi, suoni, rumori, *ascoltare* implica, oltre alla facoltà di udire, anche quella di essere aperti, disponibili, attenti, quindi propensi a lasciarsi coinvolgere, partecipare e condividere. Per poter *udire* è sufficiente che funzioni l'apparato uditivo, per riuscire ad *ascoltare* occorre un coinvolgimento emozionale. Detto diversamente, le orecchie ci permettono di udire, ma se non si fa intervenire il **cuore** è pressoché impossibile *ascoltare*.

Per ascoltare occorre anche *stare in silenzio*. Il silenzio è estremamente significativo perché, eliminando le parole, riesce a creare un filo diretto con l'altra persona ossia ci mette in comunicazione, e quindi in comunione, con tutto quello che essa ha da trasmettere di verbale e non.

Un tempo, specie tra i popoli più evoluti come, ad esempio, i pellerossa, i giovani venivano iniziati al silenzio perché dovevano imparare ad ascoltare e a comprendere che il silenzio ha una forza più grande della parola essendo molto spesso più incisivo ed eloquente. Presso le antiche etnie italiche il silenzio veniva rappresentato come un bambino il cui indice destro era poggiato, in segno di monito, sulle labbra. In una piazza di Parigi c'è un monumento, rappresentante il silenzio, sulla cui base di marmo è incisa questa frase:

"La parola è d'argento ma il silenzio è d'oro"

Il silenzio costituisce la più valida alternativa a quel continuo chiacchierare che caratterizza l'esistenza di tante persone e che, oltre a far sprecare molte energie, impedisce anche di ascoltare la propria *voce interiore* ostacolando, di conseguenza, quella comunicazione con se stessi (prima ancora che con gli altri) di cui si ha un'assoluta necessità per crescere ed evolvere spiritualmente. La soluzione ad ogni problema, in effetti, proviene da *dentro* e non da fuori. Il *silenzio* e la *parola* sono entrambi necessari purché si usino con equilibrio e buon senso. Così facendo si affinerà sempre più l'arte di saper tacere o di dire le parole giuste al momento giusto.

Se è vero, come è vero, che il dono più grande che si possa fare ad una persona con la quale ci si sta relazionando è ascoltarla con interesse e partecipazione, ciò risulta ancor più veritiero quando un simile comportamento lo si attua con chi si è messo al mondo. I figli, qualunque sia la loro età, hanno un gran bisogno di essere ascoltati, almeno quanto quello di mangiare, di bere e di dormire. Se non viene soddisfatta questa loro connaturata esigenza, si sentono trascurati e rifiutati. Per un figlio venire ascoltato costituisce, oltre che una coccola, dal momento che riceve considerazione, accettazione ed amore, anche una insostituibile opportunità per aprirsi, esprimersi e sfogarsi.

Molti sono i figli che si lamentano di non essere compresi dai genitori. Ciò accade perché sovente un padre ed una madre odono di un figlio solo le parole, non andando oltre. In altri termini, non si soffermano ad ascoltarlo, cogliendo così il messaggio che egli intende *realmente* inviare. Si lasciano sopraffare da pensieri e preoccupazioni personali oppure sono portati ad emettere giudizi affrettati, pareri discordi o critiche, persuasi che questo sia il modo di interagire con la prole.

Mi capita sovente che un adolescente o un giovane, mentre lo sto visitando e ci converso, si rivolga a me con una frase di questo genere: «è bello poter confidare a qualcuno quello che penso e provo veramente. Ai miei, però, non posso dire queste cose perché quando parlo non mostrano interesse per quello che dico e mi contraddicono continuamente».

Malauguratamente è molto ricorrente tra i genitori la tendenza a non prestare la dovuta attenzione quando un figlio vuole esporre la propria opinione o desidera esprimere una problematica oppure cerca di esternare un certo stato d'animo, essendo fin troppo radicata, tra gli stessi genitori, la insana abitudine di interrompere un discorso, imporre il proprio punto di vista, far prediche, biasimare, etichettare, ridicolizzare.

Ci sono almeno tre importanti aspetti dell'ascolto che vanno messi in pratica se si vuole instaurare una buona comunicazione con i figli (e non solo con loro):

A) *l'attenzione che si dà ad un figlio deve essere totale*. Perché questo si realizzi bisogna innanzitutto mettere da parte, anche se soltanto per pochi minuti, quello che si sta facendo (cucinare, cucire, leggere il giornale, guardare la televisione) e concentrarsi su ciò che egli ha da dire ascoltandolo fino in fondo senza interromperlo.

B) *cercare di entrare in empatia con il figlio*. Per conseguire un simile obiettivo lo si deve ascoltare stando in silenzio e dando valore sia a quello che dice e sia a come si esprime (tono e inflessione della voce, gesti, espressione del viso) perché è fondamentale comprendere il suo stato d'animo, mettersi nei suoi panni e cercare di vedere le cose con i suoi occhi e non con i nostri.

C)   *mostrare di immedesimarsi nelle sue problematiche.* Facendogli sentire che lo comprendiamo (perché anche a noi è capitato di vivere esperienze simili) e che può contare sul nostro incondizionato appoggio per superare le sue difficoltà delle quali, beninteso, è lui che deve farsi carico e non noi (pur se supportato dal nostro eventuale aiuto).

Se un genitore si comporta in questo modo i benefìci che ne deriveranno saranno considerevoli. Un figlio, infatti, prenderà coscienza che provare dei sentimenti è del tutto naturale e che è molto importante tirarli fuori liberamente. Egli imparerà che dopo averli espressi si sentirà molto meglio (senso di leggerezza, serenità, disponibilità nel collaborare) e che la fiducia in se stesso si rafforzerà sempre più rendendolo, nel tempo, un individuo portato all'equilibrio, alla flessibilità e all'apertura.

Nel momento in cui i figli vengono ascoltati provano, oltre che una sensazione di sollievo, incoraggiamento e sicurezza, anche amore, stima e vivo apprezzamento nei confronti dei genitori a tal punto da divenire inclini ad ascoltarne gli eventuali consigli o suggerimenti e, quando occorra, anche a lasciarsi guidare. Solo se un padre o una madre mostra rispetto e considerazione per un figlio attraverso l'ascolto questi, a sua volta, li ripagherà con la stessa moneta ossia con sentimenti di ammirazione, sincero affetto e profonda amicizia. In caso contrario, cioè quando si sente prevaricato o ignorato e percepisce che manca interesse, disponibilità e sincera partecipazione ai suoi problemi, si chiuderà in se stesso e non vorrà comunicare sperimentando conseguentemente dolore e frustrazione.

Ascoltate i vostri figli, non sottovalutando mai ciò che hanno da dirvi, se volete a vostra volta essere rispettati e stimati sia come persone che come educatori. Il vero insegnamento, è bene ribadirlo, non può assolutamente prescindere da un corretto ed amorevole esempio!

Françoise Dolto, una illustre pediatra francese che si è sempre battuta in favore dei minori, era solita ripetere una frase molto significativa: «*chiunque si applichi con costanza ad ascoltare le risposte dei bambini è un rivoluzionario*». Allorché i ragazzini si esprimono, gli adulti di solito trovano comunque qualcosa da ridire e da obiettare su quanto essi dicono non rendendosi conto che i bambini, a differenza dei grandi, parlano attraverso l'*anima* (e non per mezzo della testa) per cui, se li si ascoltasse di più, si imparerebbe molto da loro. I figli sono eccelsi insegnanti, autentici *maestri* se gli si presta la dovuta attenzione. Qualora ciò non accada, oltre a procurare loro sofferenze e mortificazioni e a farli crescere scostanti, insicuri, arrabbiati e rancorosi, i genitori si lasciano sfuggire anche un'altra grande opportunità: quella di tornare ad essere un po' bambini. Vivere la vita con innocenza, entusiasmo, semplicità e senso della meraviglia, tipici dei ragazzini, costituisce il più grande dei tesori ovvero il dono più bello che un adulto possa fare a se stesso e a chi gli sta a cuore.

COME PARLARE CON I FIGLI

Nel titolo di questo paragrafo è racchiuso un concetto molto importante: occorre parlare *"con"* i figli e non parlare *"ai"* figli. Infatti, quando *si parla con i figli* si è propensi a dialogare, ad avere uno scambio e si accetta che il figlio (o la figlia) possa dire la sua ed abbia idee diverse da quelle del genitore il quale, comunque, mostra di rispettarle anche nel caso in cui non le dovesse condividere. Allorché, invece, *si parla ai figli* significa che non si ammettono opinioni diverse dalle proprie e che, perciò, non sono gradite le repliche e le contraddizioni.

Se si vuole creare con i figli un rapporto amorevole improntato sulla fiducia, confidenza e intimità occorre, come si è detto, per prima cosa ascoltarli. Ma anche *saper dire le cose*, cioè essere consapevoli di **come** parlare, è sicuramente altrettanto essenziale. Per *come*, si badi bene, non intendo riferirmi alla forma e alla raffinatezza del linguaggio usato, quanto piuttosto alla *maniera* tramite la quale ci si esprime ed al tipo di *intenzioni* che una persona ha in animo quando si rivolge a qualcun altro.

«*C'è modo e modo di dire le cose*» afferma un noto detto proprio per sottolineare quanto sia importante ciò che si proferisce e anche quanto sia rilevante con quali modalità lo si dice (intonazione della voce, mimica facciale, modo di gesticolare). Se, ad esempio, mi rivolgo a mio figlio dicendogli con tono perentorio e sguardo serio: «dai, muoviti, vammi a prendere il martello» il ragazzino proverà delle sensazioni non piacevoli (di fastidio, disappunto, rabbia) completamente diverse da quelle che avvertirebbe nel momento in cui, con tono gentile e rispettoso, accompagnato da un sorriso, gli dicessi: «amore, posso chiederti un favore? Ti dispiacerebbe andarmi a prendere il martello?». In questo caso il bambino, sentendosi benvoluto e rispettato, compirà di buon grado quanto gli è stato chiesto contento in cuor suo di rendersi utile e di fare qualcosa gradita al papà.

Mi succede di frequente, mentre sono intento ad ascoltare le lamentele di qualche genitore insoddisfatto del comportamento un po' troppo turbolento e ribelle del figlio, di sentirgli dire questa ingiusta quanto indelicata frase: «la colpa del mio nervosismo è di mio figlio, è lui che mi fa sempre arrabbiare...». A questo tipo di padri e di madri rispondo, ogni volta, che dovrebbero evitare di esprimersi così maldestramente perché, senza rendersene conto, provocano nella prole danni psicologici di non trascurabile entità non sortendo, per di più, alcun risultato positivo.

Ad un figlio non si dovrebbe mai dire: «tu mi fai arrabbiare» ma semmai: «*il tuo comportamento mi fa arrabbiare*». Tra la prima e la seconda espressione, apparentemente sovrapponibili, esiste una differenza fondamentale che non va in alcun modo sottovalutata. Mentre nel primo caso il bambino proverà la spiacevole sensazione di essere la causa dei guai dei genitori e tenderà a sviluppare sensi di colpa, nel secondo esempio il messaggio è totalmente diverso, dato che sbagliato risulta essere il modo di agire e non la persona. Quando ci si relaziona ad un figlio, stando attenti a non ferirlo, egli accetterà di essere ripreso senza prendersela a male né incamerando frustrazioni. Anzi cercherà di fare del suo meglio per andare incontro ai genitori, i quali mostrano di rispettarlo e di amarlo, per compiacerli e per trovare con loro un'intesa.

Uno dei più gravi errori commessi da un papà o da una mamma, nel comunicare al proprio bambino che ha fatto qualcosa che non va bene, consiste nel nuocere alla sua dignità con frasi offensive quali: «sei uno stupido, non capisci niente» oppure «sei un cretino, guarda cosa hai combinato» o, ancora, «sei cattivo, non sai fare nulla di buono», anziché fargli notare con garbo che è il suo modo di comportarsi, e non lui, ad essere eventualmente stupido o cattivo.

Nessuno ama le critiche e le offese, meno che mai i figli che non si sentono assolutamente incoraggiati a far meglio e a progredire quando vengono biasimati o, peggio ancora, feriti spiritualmente. Al contrario, nella stragrande maggioranza dei casi sentendosi attaccati e combattuti, si ribelleranno e non vorranno collaborare con i genitori cercando di fargliela pagare in ogni modo.

Rivolgersi ad un ragazzino dicendogli: «*tesoro, io so che tu sei intelligente, come mai hai fatto questa cosa stupida?*» è un modo corretto per fargli notare che ha commesso uno sbaglio e per renderlo edotto del perché ha sbagliato mettendolo successivamente nella condizione di apprendere come evitare di ripetere lo stesso errore.

Spesso i figli finiscono col diventare proprio come i genitori li dipingono perché dentro di loro pensano: «se papà e mamma sono convinti che io sia stupido e cattivo, tanto vale che continui a fare quello che mi pare e piace, perché dovrei accontentarli?». Può sembrare assurdo, ma è così che funziona la mente. In effetti, quando si attuano sistemi educativi che non hanno riguardo per la dignità di un figlio, oltre a produrre emozioni negative (rabbia, odio, risentimento, sensi di colpa), si influenza sfavorevolmente la sua vita futura perché gli si impedisce di sviluppare una sana autostima condizionandolo conseguentemente a ricoprire un ruolo (*maschera*) che non corrisponde alla sua vera natura.

Quando chi avete messo al mondo fa qualcosa di pericoloso per sé o che può arrecare danni agli altri oppure vi disturba, affrontate subito il problema comunicandoglielo con gentilezza ed amabilità, il che naturalmente non vuol dire che non si possa essere fermi e risoluti. Ricordatevi, inoltre, che il rimprovero va *sempre* indirizzato all'azione, al comportamento, *mai all'individuo* e che dovrebbe essere seguito, dopo che ci si è spiegati a sufficienza e con creanza, da un gesto affettuoso affinché vostro figlio comprenda che non siete arrabbiati con lui, ma solo contrariati per quello che ha fatto. Un buffetto sulla guancia, un sorriso, una carezza o, ancor meglio, un abbraccio costituiscono modi, non verbali, per comunicargli che siete disposti a comprendere, andargli incontro e perdonarlo perché lo amate in ogni caso.

Quando spiegavo a mio figlio bambino, con educazione ma anche con risolutezza, *perché* un suo modo di fare non andava bene, ho sempre cercato di farlo con serenità e affetto. È normale, tuttavia, che anche la discussione più pacata e civile implichi punti di vista differenti, lamentele, opposizioni, resistenze. Essendone cosciente, facevo in modo che chi ho procreato sentisse innanzitutto quanto tenevo a lui e quanto desiderassi il suo bene. Per conseguire questo fondamentale obiettivo gli parlavo esprimendo quel che sentivo e provavo, usando parole come queste: «Michele, sai quanto tu sia importante per me. Mi rendo conto che quello che ti ho detto poco fa possa disturbarti ed arrecarti dispiacere. Sappi, però, che il mio rimprovero non è rivolto a te, bensì a quello che hai fatto. Io, da parte mia, ti amo sempre e comunque, anche se talvolta non approvo il tuo comportamento...». E poi, sorridendogli, alla fine del discorso aggiungevo: «bada, però, che il fatto che ti ami molto non ti autorizza a ripetere in futuro lo stesso sbaglio. Mi sono spiegato?».

In simili circostanze il viso di mio figlio puntualmente si illuminava divenendo radioso per la gioia di sentirsi amato ed accettato da suo padre. Succedeva, inoltre, che spinto dal desiderio di comunicarmi il suo amore e la sua gratitudine, a sua volta mi diceva che mi amava e mi abbracciava calorosamente come segno di ringraziamento. Anche oggi che Michele è adulto mi comporto con lui allo stesso modo quando non condivido un suo comportamento. Lui mi ascolta sempre con attenzione e rispetto perché è consapevole che quello che gli dico è per il suo bene e che, soprattutto, lo amo molto.

Se i figli vengono trattati amorevolmente e con riguardo, la qualcosa non implica che si debba lasciarli liberi di fare e di ottenere tutto, non solo il numero delle loro bricconate si ridurrà drasticamente ma vi ascolteranno e vi daranno retta tutte le volte che nel dovuto modo li riprenderete, perché non si sentiranno giudicati, criticati o biasimati come esseri umani, bensì accettati ed amati. Così facendo eviterete pure che essi crescano vittime di un inconscio quanto irrefrenabile *desiderio di punirsi* e di *autodistruggersi* che li condurrebbe, inevitabilmente, a procurarsi guai e sofferenze (tossicodipendenza, alcolismo, delinquenza, malattie psichiatriche...).

NON PUNTATE IL DITO CONTRO

Un vecchio proverbio orientale afferma: «*quando punti il dito contro qualcuno, ricorda che almeno tre dita sono puntate contro di te*» proprio per sottolineare il principio secondo il quale, allorché giudichiamo e condanniamo un nostro simile, automaticamente riceveremo con le dovute maggiorazioni (le tre dita rivolte verso di noi) un analogo trattamento.

Non sono pochi, purtroppo, i genitori che nel cercare di correggere un figlio, magari per una banalità, lo facciano, oltre che rimproverandolo aspramente ed urlando, anche avendo la cattiva abitudine di tenere il dito indice rivolto in maniera minacciosa contro di lui.

È bene essere a conoscenza del fatto che additare è un gesto estremamente offensivo dal punto di vista comunicativo ed educativo perché, oltre a far sentire un ragazzino sotto accusa, come se si fosse macchiato di chissà quale atroce crimine, lo umilia profondamente facendogli provare la mortificante sensazione di essere una nullità (vedere figura 3).

Puntare il dito contro qualcuno, specie se è un bambino, è un po' come puntare verso di lui un'arma, è un attentato alla sua dignità. È un gesto che implica disistima e disprezzo nei suoi confronti, dunque è un atto che va assolutamente evitato!

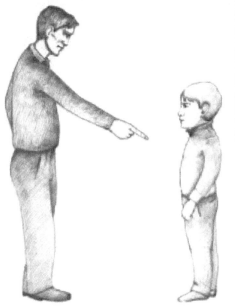

Figura 3

Un genitore, nel momento in cui ha qualcosa da recriminare, dovrebbe tutt'al più indirizzare il suo indice verso l'alto in maniera da creare (da un punto di vista energetico) una sorta di collegamento con il Cielo. In altre parole, un papà ed una mamma che sono alle prese con un figlio per correggere un suo modo di agire sbagliato, dovrebbero affidarsi all'Universo (tramite il suddetto gesto) per essere ispirati su come comunicare nella maniera migliore possibile quel che preme loro trasmettere (vedere figura 4 a pagina 294).

Ogni volta che giudichiamo, condanniamo o critichiamo un essere umano è come se gli puntassimo il dito contro anche nel caso in cui il dito non l'abbiamo puntato. Quando un genitore non fa altro che biasimare e criticare chi ha messo al mondo, inevitabilmente susciterà sentimenti di odio e di rancore nei propri confronti (le tre dita rivolte contro se stesso) e non riuscirà in alcuna maniera ad ottenere buoni risultati sotto il profilo educativo.

Nessuno desidera essere giudicato, criticato ed additato, eppure tanta gente lo fa e per di più indiscriminatamente («*non fare agli altri ciò che non vuoi sia fatto a te*»), senza prima cercare di immedesimarsi, riflettere e comprendere perché l'altro si comporta in un certo modo. Così, similmente, tanti genitori non riescono a fare a meno (in quanto cresciuti con padri e madri intolleranti e pronti ad emettere giudizi negativi sul prossimo) di inveire contro i figli, di evidenziarne solo i difetti e di condannarli, credendo stoltamente che un simile sistema sia quello più idoneo per correggerli. Questi genitori, pensando di essere sempre nel giusto e di non avere nulla da imparare e da modificare di se stessi, si arrogano il diritto di recriminare, giudicare e sentenziare continuamente («*chi è senza peccato scagli la prima pietra*») non rendendosi conto che, così facendo, nuocciono sia alla vita dell'essere più sacro al mondo, il *bambino*, che alla propria.

C'è uno stupendo brano, intitolato "Father forgets" ("Padre che dimentica") scritto da W. Livingstone Larned che costituisce una commovente e significativa testimonianza di un papà il quale, resosi finalmente conto del male che sta arrecando al figliolo con il suo fare ipercritico ed intransigente, gli chiede scusa dal profondo del cuore:

"Ascolta, figlio, ti dico questo mentre stai dormendo con la manina sotto la guancia e i capelli biondi appiccicati alla fronte. Mi sono introdotto nella tua camera da solo, pochi minuti fa. Quando mi sono seduto a leggere in biblioteca, una ondata di rimorso mi si è abbattuta addosso e, pieno di senso di colpa, mi avvicino al tuo letto.

E stavo pensando a queste cose: ti ho messo in croce, ti ho rimproverato mentre ti vestivi per andare a scuola perché invece di lavarti ti eri solo passato un asciugamano sulla faccia, perché non ti sei pulito le scarpe. Ti ho rimproverato aspramente quando hai buttato la roba sul pavimento.

A colazione, anche lì ti ho trovato in difetto: hai fatto cadere cose sulla tovaglia, hai ingurgitato cibo come un affamato, hai messo i gomiti sul tavolo. Hai spalmato troppo burro sul pane e, quando hai cominciato a giocare e io sono uscito per andare a prendere il treno, ti sei girato, hai fatto ciao ciao con la manina e hai gridato: «ciao, papino!» e io ho aggrottato le sopracciglia e ho risposto: «su diritto con la schiena!».

E tutto è ricominciato daccapo nel tardo pomeriggio perché, quando sono arrivato, eri in ginocchio sul pavimento a giocare con le biglie e si vedevano le calze bucate. Ti ho umiliato davanti agli amici, spedendoti a casa davanti a me. «Le calze costano, e se le dovessi comperare tu, le tratteresti con più cura» ti ho detto.

Ti ricordi più tardi come sei entrato timidamente nel salotto dove leggevo, con uno sguardo che parlava dell'offesa subita? Quando ho alzato gli occhi dal giornale, impaziente per l'interruzione, sei rimasto esitante sulla porta. «Che vuoi?» ti ho aggredito brusco. Tu non hai detto niente, sei corso verso di me, mi hai buttato le braccia al collo, mi hai baciato e le tue braccine mi hanno stretto con l'affetto che Dio ti ha messo nel cuore e che, anche se non raccolto, non appassisce mai. Poi te ne sei andato sgambettando giù dalle scale.

Be', figlio, è stato subito dopo che mi è scivolato di mano il giornale e mi ha preso un'angoscia terribile. Cosa mi sta succedendo? Mi sto abituando a trovare colpe, a sgridare; è questa la ricompensa per il fatto che sei un bambino, e non un adulto? Non che non ti volessi bene, beninteso, solo che mi aspettavo troppo dai tuoi pochi anni e insistevo stupidamente a misurarti col metro della mia età.

E c'era tanto di buono, di nobile, di vero, nel tuo carattere! Il tuo picco-
lo cuore così grande come l'alba sulle colline. Lo dimostrava il generoso
impulso di correre a darmi il bacio della buonanotte. Nient'altro per sta-
notte, figliolo. Solo che son venuto qui vicino al tuo letto e mi sono inginoc-
chiato, pieno di vergogna.

È una misera riparazione, lo so che non capiresti queste cose se te le di-
cessi quando sei sveglio. Ma domani sarò per te un vero papà. Ti sarò
compagno, starò male quando tu starai male e riderò quando tu riderai,
mi morderò la lingua quando mi saliranno alle labbra parole impazien-
ti. Continuerò a ripetermi, come una formula di rito: "È ancora un bam-
bino, un ragazzino!".

Ho proprio paura di averti sempre trattato come un uomo. E invece
come ti vedo adesso, figlio, tutto appallottolato nel tuo lettino, mi fa capire
che sei ancora un bambino. Ieri eri dalla tua mamma, con la testa sulla
sua spalla. Ti ho sempre chiesto troppo, troppo...".

LE URLA FANNO MALE

Qualche settimana fa è venuta a consultarmi una madre che accom-
pagnava la figlia di dieci anni, sofferente da tempo di frequenti otalgie
(mal d'orecchi), vanamente curate con antinfiammatori ed antibiotici.
Ad un certo punto, mentre interloquivo con la donna, la bambina, che
fino a quel momento era rimasta seduta in silenzio ad ascoltare i nostri
discorsi, ha così esordito: «mi fanno male le orecchie perché i miei genitori urlano sempre e mi sgridano continuamente. Non ne posso più, sono stufa di sentirli strillare».

Quella ragazzina diceva la verità ed aveva i suoi buoni motivi per essere risentita. In effetti, quando un bambino assiste a frequenti e violenti
litigi tra i genitori oppure lo si redarguisce continuamente (anche per
una sciocchezza), gridandogli contro, è facile che si ammali alle orecchie
perché inconsciamente cerca di difendersi da tutto ciò che gli dà fastidio
udire e gli procura sofferenza.

È bene essere a conoscenza del fatto che anche i frequenti mal di gola,
di cui così spesso soffrono i bambini, hanno a che fare con una cattiva
comunicazione. Quando il *V chakra* (situato alla base del collo) prepo-

sto alla comunicazione con il mondo esterno non funziona bene per via delle difficoltà che il bambino incontra nell'esprimere ciò che ha dentro, ad esempio gli viene impedito di esternare quello che vorrebbe manifestare oppure non gli si consente di sfogarsi, urlando o piangendo, succede che la gola si infiammi frequentemente. In questi casi occorre che i genitori cambino le modalità attraverso le quali si rivolgono al figlio. A nulla serve combattere la infiammazione (cioè l'effetto) con antifebbrili, antibiotici e cortisone perché, così facendo, lo si intossica soltanto e non si risolve il problema di fondo.

Le ragioni per le quali un adulto (e quindi un genitore) di solito strilla, quasi sempre affondano le radici nella infanzia. Se ogni volta che ci si rivolge ad un bambino lo si fa urlando, è molto probabile che costui impari a parlare gridando perché finisce col credere che sia normale farlo. Se, inoltre, quando ha da dire qualcosa non viene ascoltato o, peggio ancora, lo si ferisce con frasi del tipo: «sta zitto tu, che non capisci niente», non c'è da meravigliarsi se crescerà insicuro ed arrabbiato ed anche desideroso di mettersi in mostra e di far sentire la propria voce (*complesso di inferiorità*).

Queste sono usualmente le cause del malsano comportamento di tanti genitori "strilloni" i quali credono, perché così sono stati abituati, che gridando si ottiene il rispetto e l'ubbidienza della prole. Costoro si sbagliano perché nella comunicazione, se c'è una cosa che dà molto fastidio a tutti, è proprio avere a che fare con qualcuno che strilla. Nessuno ama che gli si gridi contro. Perché, dunque, ad un bambino dovrebbe piacere questo modo di agire e, per di più, costituire anche un buon sistema per educarlo?

Allorché si parla con un tono troppo alto si compie un atto di violenza nei confronti degli altri, oltre che verso se stessi. Chi urla nel rapportarsi ad un proprio simile mostra di essere una persona oltre che ineducata anche debole. Soltanto quando ci si sente deboli ci si arrabbia e si grida, manifestando così un senso di impotenza. *Chi è veramente forte* non ha alcun motivo di comunicare sbraitando. Lo fa con pacatezza senza mancare di rispetto al suo interlocutore perché non ha bisogno di dimostrare nulla né tantomeno necessita di schiacciare l'altro per sentirsi valente.

I rimproveri urlati mortificano ed umiliano un bambino. Generano in lui vergogna, sconforto e tristezza (nonché paura, rabbia e risentimenti) ovvero lo feriscono profondamente lasciandogli dentro una sensazione di amarezza e di inadeguatezza che spesso lo accompagnano per tutta la vita inducendolo a compiere, una volta diventato genitore, pesanti errori ai danni dei figli proprio come hanno fatto con lui suo padre e sua madre.

A taluni genitori può apparire strano quanto sto affermando. È un dato di fatto, comunque, che i bambini siano propensi a prestare attenzione e ad ascoltare, e perciò a stimare e ad amare, soprattutto i papà e le mamme che dicono loro le cose con garbo, gentilezza e tono sereno piuttosto che bruscamente o in maniera autoritaria. Del resto basta provare ad abbassare il tono della voce, esprimendosi in maniera amorevole e rispettosa, per constatare come anche il ragazzino più ribelle e ricalcitrante inizierà a rendersi disponibile all'ascolto e a lasciarsi consigliare e guidare. Se comunichiamo ciò che sentiamo e pensiamo con spirito di fratellanza e riguardo verso chi ci sta di fronte, non incontreremo alcun ostacolo nel rapportarci ai nostri simili perché nessuno, meno che mai un ragazzino, può resistere al fascino della cordialità e del rispetto essendo tutti quanti noi nati **per amare e per essere amati.**

IL "NON" CHE NON FUNZIONA

Molti genitori dicono spesso ai figli: «non fare questo, non fare quello...» ossia focalizzano il loro modo di educare soprattutto sulle proibizioni e sulle limitazioni piuttosto che nel cercare di essere flessibili e nel trovare alternative ai loro divieti.

Certo, lo si è evidenziato più di una volta, non si può concedere tutto ad un figlio, sono necessari anche i "no". Però, se le negazioni diventano eccessive, sicuramente si commette un grave errore proprio come chi permette che la propria prole faccia e ottenga qualunque cosa.

Fermo restando che bisognerebbe circoscrivere i divieti prevalentemente a ciò che è dannoso o pericoloso (altrimenti è del tutto inutile lamentarsi che i figli non ubbidiscono), occorre sapere che quando ad un bambino, specie di pochi anni di vita, si vuol comunicare che una certa cosa non va fatta, glielo si dovrebbe dire evitando di usare l'avverbio "non". È stato scoperto, difatti, che la nostra mente ha difficoltà nel recepire le negazioni essendo stata programmata per ricevere essenzialmente messaggi positivi. In altri termini, siamo stati creati per essere ottimisti e per vedere il bicchiere mezzo pieno. Non è naturale, perciò, essere pessimisti e considerare il bicchiere mezzo vuoto.

Affinché questo importante concetto sia chiaro desidero avvalermi di un piccolo esperimento che propongo al lettore. Per favore smettete di leggere, chiudete gli occhi, dopo di che ripetete varie volte a voi stessi la seguente frase: «*non* voglio vedere le scimmie, *non* voglio vedere le scimmie...». Cosa avete visto? Delle scimmie, naturalmente! Succede che la parola "non" venga ignorata dalla mente e che il messaggio verbale contenente la negazione si comporti come se ne fosse privo, sortendo di rimando l'effetto opposto a quello desiderato.

Qualcuno a questo punto potrà giustamente chiedere: «allora, in che modo devo rivolgermi a mio figlio per impedirgli di fare qualcosa che non va bene?». Per rispondere a questo legittimo interrogativo sono ricorso ad alcuni esempi:

Anziché dire:	*Provate a dire:*
- «*Non* giocare con la palla in casa perché fai rumore».	- «Ti dispiace fare a meno di giocare con la palla in casa perché fai rumore».
- «*Non* sporgerti dalla finestra che è pericoloso».	- «È bene stare attenti quando ci si affaccia alla finestra perché può essere pericoloso».
- «*Non* ti avvicinare ai fornelli perché puoi scottarti».	- «Evita di avvicinarti ai fornelli perché puoi scottarti».

Nel momento in cui, superando un comprensibile scetticismo iniziale, proverete ad applicare questa semplice regola, potrete constatare, dapprima con stupore, poi con soddisfazione, come queste modifiche apportate alla vostra maniera di comunicare si rivelino davvero efficaci. Se vi astenete dal dire "non", vedrete che i vostri figli saranno più propensi ad ascoltarvi e a prendere in considerazione le vostre richieste e i vostri consigli.

Credo non sia superfluo ricordare a chi legge che, quando si vieta qualcosa ad un bambino, bisogna farlo non solo spiegando il *perché* del diniego, con calma ed amabilità, ma anche proponendo una interessante alternativa («ti dispiace fare a meno di giocare con la palla in casa perché fai rumore. Che ne dici, invece, di giocare con il trenino che ti ha regalato lo zio?»). Ad un figlio va *sempre* data la possibilità di una scelta in quanto, se non si soddisfa la sua innata ed insopprimibile smania di giocare, scoprire, sperimentare e conoscere, è praticamente impossibile poter ottenere la sua attenzione e la sua collaborazione.

EVITATE DI FARE PARAGONI

Quando si critica un bambino (anziché limitarsi a disapprovare il suo comportamento) i risultati, come si è detto, sono estremamente negativi. Se poi il rimbrotto lo si fa portando a paragone qualcuno, che può essere un fratello, una sorella, un amico o un conoscente, allora sì che la qualità della comunicazione scade ulteriormente divenendo, oltre che inefficace, addirittura nociva.

Purtroppo è così che si comporta una cospicua percentuale di padri e di madri quando, pensando di correggere un figlio per stimolarlo a far meglio, gli portano come esempio qualcun altro.

Ricordo che al tempo in cui frequentavo la scuola media in classe con me c'era un ragazzino, Nicola, il quale mi veniva spesso indicato come punto di riferimento da seguire e da imitare. «Nicola ha avuto una pagella migliore della tua, perché tu non hai dei voti belli come i suoi? » oppure «Nicola è più bravo di te in matematica, dovresti imparare da lui come fare i calcoli» erano alcune delle frasi (che tuttora ricordo) con le quali mia madre pensava di stimolarmi per migliorare il mio rendimento scolastico. L'unico risultato che otteneva, invece, era quello di farmi arrabbiare e di rendermi profondamente invidioso di quel mio coetaneo.

I paragoni sono odiosi perché oltre a non sortire alcun esito positivo per quel che concerne l'educazione, inducono un figlio a trarre conclusioni sbagliate riguardo ai sentimenti che i genitori nutrono nei suoi confronti («papà preferisce mia sorella a me...»; «mamma ha più stima del mio amico che di me...») ponendolo nella condizione di diventare un individuo geloso il quale finirà col credere che gli altri valgono molto più di lui.

I paragoni, proprio perché fanno sentire un bambino incapace e non degno di considerazione, lo avviliscono e scatenano in lui, specie se usati frequentemente, sentimenti di gelosia, rivalità e odio nonché una insana competizione nei confronti di fratelli, sorelle e/o individui esterni alla famiglia. Quando ci si sente inferiori succede che o ci si mette da parte per mancanza di fiducia in se stessi e si conduce una vita da gregari, oppure si entra in costante antagonismo con i propri simili spinti inconsciamente dal forte desiderio di voler dimostrare che si vale e si è degni di ammirazione. In altre parole, si ricerca continuamente l'accettazione e l'approvazione degli altri.

Evitate, dunque, di fare paragoni perché non portano a nulla di buono. Cercate, piuttosto, di avere sincere ed amorevoli parole di incoraggiamento e di sostegno morale per i vostri figli dato che è di questo che essi hanno un estremo bisogno per sviluppare quella sicurezza in sé e quelle capacità individuali necessarie per affrontare e superare le problematiche che la vita porrà loro di fronte man mano che cresceranno.

METTERSI SULLO STESSO PIANO

Chi è esperto di fotografia o comunque ha una certa dimestichezza con la macchina fotografica sa bene che, quando si scatta una foto ad un bambino, occorre accovacciarsi in maniera tale che l'obiettivo non riproduca una immagine deformata del ragazzino facendolo apparire come se fosse schiacciato.

Analogamente, quando si comunica con un bambino è molto importante parlargli ponendosi alla sua altezza. Solo in questo modo è possibile guardarlo diritto negli occhi, dando anche a lui la stessa opportunità, e mostrare che è nostra intenzione trattarlo da pari a pari come essere umano.

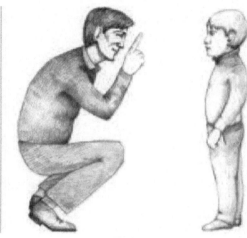

Figura 4

Il gesto di chinarsi per mettersi allo stesso livello indica, da parte di un adulto, una notevole sensibilità ed uno spiccato rispetto per chi ha di fronte. Inoltre, esprime la volontà di rivolgersi all'altro con riguardo e con amore senza assumere l'atteggiamento arrogante e prevaricatore di chi invece rimane in piedi, addita il bambino e lo redarguisce urlandogli contro.

Abbassarsi abitualmente, quando si vuole comunicare con un ragazzino, mostra quanto un genitore (o un educatore) abbia ben presente il principio della *flessibilità* e della *umiltà* e perciò quante buone intenzioni alberghino nel suo cuore nel voler aiutare un altro essere a crescere e a ben svilupparsi (sia psicologicamente che fisicamente) in maniera che un giorno diventi, a sua volta, un uomo o una donna altrettanto amorevole nei confronti dei propri figli e degli altri.

GRATIFICARE I FIGLI

A tutti fanno piacere i complimenti, non è vero? Eppure soltanto una minoranza di individui è propensa a compiacersi con i propri simili essendo disposta ad apprezzarne e a sottolinearne benevolmente i pregi e i meriti.

Quanti di noi, ad esempio, riservano parole di apprezzamento per il cuoco che al ristorante ci ha fatto gustare un piatto prelibato o mostrano gratitudine nei confronti dell'impiegato che ci ha sbrigato una pratica pur essendo già passato da qualche minuto l'orario di chiusura? Quanti sono i mariti che si compiacciono con le proprie mogli per tutto quello che esse fanno, e quante le mogli che si comportano allo stesso modo con i mariti? Quanti sono i figli che ricevono dai genitori complimenti o lodi per il loro operato? Pochi, veramente pochi è la risposta. Questa carenza comunicativa, ancora così diffusa, risulta essere una delle principali cause del clima di conflitto e di disarmonia che aleggia in molte famiglie.

Esercitando la professione di pediatra mi è capitato numerose volte di udire un ragazzino o un adolescente proferire, con tono stizzito, frasi come questa: «quando sbaglio tutti mi stanno addosso e mi rimproverano. Però, quando faccio qualcosa di buono, nessuno apre bocca per lodarmi».

Spesso i genitori, condizionati negativamente da chi li ha cresciuti, non fanno altro che aspettare che un figlio faccia qualcosa di sbagliato per rimproverarlo e per aggredirlo verbalmente («non capisci niente»; «non fai mai nulla di giusto») non rendendosi conto che questa non è assolutamente la maniera migliore di comunicare né quella più corretta per allevarlo.

Pensare che elogiare un figlio significhi "fargli montare la testa" inducendolo a crescere presuntuoso e pieno di sé, è una idea fallace che dovrebbe essere abbandonata una volta per tutte.

L'atteggiamento di approvazione o di disapprovazione di un padre e di una madre incide molto sulla vita di un bambino tanto da influire favorevolmente o meno sul suo futuro. I bambini, per crescere bene, hanno costantemente bisogno di incoraggiamenti nel prendere iniziative e nel raggiungere obiettivi. Ad essi occorre sentirsi dire che valgono e che sono bravi. *Incoraggiare* significa trasmettere coraggio dal profondo del cuore ed è questo ciò che più conta per un figlio. I figli ardono dal desiderio di sapere che i genitori sono dalla loro parte, anche quando dovessero sbagliare, che li stimano e che sono pronti ad aiutarli allorché si trovano in difficoltà.

Ci è stato insegnato soprattutto a nutrire il corpo di chi abbiamo procreato, piuttosto che la sua anima. Siamo capaci di dare da mangiare ad un bambino, preoccupati che possa patire la fame, ma sovente non siamo in grado, perché non abituati, di offrirgli quel cibo di cui ha una necessità ancor più grande: le *lodi* e le *gratificazioni*.

Gli elogi e gli incoraggiamenti non costano nulla ed hanno un enorme impatto positivo sulla psiche e sul morale dei bambini. «Dai, che ce la fai...»; «hai visto quanto sei stato bravo?»; «non ti preoccupare, tesoro, tu ti sei impegnato, andrà meglio la prossima volta...». Frasi come queste, pregne di affetto, considerazione e calore, magari accompagnate da un amabile sorriso o da una affettuosa pacca sulla spalla oppure da una amorevole carezza, sono un vero e proprio toccasana per qualsiasi figlio.

Dobbiamo porre più attenzione e tenere più in considerazione ciò che i nostri figli fanno ogni giorno di buono e di corretto. Dovremmo *sempre* applaudire le loro molteplici azioni positive se vogliamo che si riducano drasticamente le marachelle e crescano sviluppando importanti qualità come la sincerità, la fiducia in se stessi, il senso di responsabilità, l'ottimismo, il saper prendere decisioni e fare scelte in coscienza e buona fede... che renderanno la loro esistenza tutt'altro che grigia e frustrante.

Siate prodighi di sinceri apprezzamenti e di spassionate lodi nei confronti di chi avete procreato perché è anche in questo modo che si esprime l'amore. Le critiche ed il biasimo non hanno mai dato buoni frutti (specie se indirizzati contro la persona) anzi rappresentano una delle principali cause dei guai e delle tribolazioni dell'umanità.

AMMETTETE I VOSTRI ERRORI

Gli insegnamenti ricevuti già prima di divenire padre da parte di persone nei confronti delle quali nutro una eterna gratitudine, e le conoscenze che me ne sono derivate, mi hanno consentito di fare meno errori come genitore rispetto a quelli che avrei commesso privo di certe consapevolezze. Una delle conquiste più significative che ho fatto è quella di ammettere di aver sbagliato nel momento in cui commetto un errore.

Grazie ai suddetti insegnamenti quando interagivo con mio figlio cercavo di conservare la mia calma soprattutto nel caso in cui succedeva che Michele ne avesse combinata una delle sue. In quelle circostanze, infatti, poteva accadere che mi arrabbiassi e che mi rivolgessi a lui con troppa animosità. Non appena mi rendevo conto del tranello in cui stavo per cadere, mi astenevo dal proseguire con quel tono. Concentravo la mia attenzione sul fatto che non desideravo ferire mio figlio e che volevo evitargli le amarezze che avevo provato da ragazzino a causa delle non consapevolezze dei miei genitori. Avevo imparato che esisteva il sistema per evitare di fargli del male (impedendo di farlo pure a me stesso) e perciò lo mettevo in atto. Smettevo di parlare e iniziavo a respirare profondamente (inspirando dal naso ed espirando dalla bocca) il che mi rilassava velocemente. Non appena mi alleggerivo delle tensioni riprendevo a comunicare con mio figlio facendolo, però, in maniera diversa: gli *parlavo con il cuore*.

Terminato di esprimere il mio punto di vista, senza aver alzato il tono della voce, lo abbracciavo e mentre anche lui ricambiava il gesto stringendomi a sua volta con affetto, gli sussurravo all'orecchio queste parole: «Michele, amore di papà, ti chiedo scusa per poco fa, non avevo alcuna intenzione di mancarti di rispetto. Sai quanto sia legato a te e quanto ti ami. Anche a me, talvolta, capita di innervosirmi e di rispondere in maniera sgarbata. Pure un bravo genitore può sbagliare, perché nessuno è perfetto, per questo ti prego di aiutarmi a migliorare sempre più come padre. Quando il mio comportamento non ti sta bene, fammelo notare. Non preoccuparti, non me la prendo se mi correggi, anzi te ne sono grato».

Erano sensazioni di straordinaria intensità e commozione quelle che vivevo in quei momenti. Non c'era denaro al mondo che potesse comprarle né, in qualche modo, sostituirle.

Riuscire in un attimo a sgravarsi di certi fardelli che ci portiamo addosso fin dall'infanzia, sicuramente non ha prezzo. Non si può descrivere, tanto è bello, lo stato d'animo di leggerezza e di pace che si avverte dopo aver finalmente lasciato andare delle inutili quanto dolorose zavorre legate al passato. È come se si rinascesse tornando a vivere una nuova vita!

Questo è ciò che ci succede ogni volta che ammettiamo i nostri errori, sia con i figli che con i nostri simili. Ci togliamo un peso dalla coscienza ed in più alleggeriamo la nostra anima dei macigni che una educazione improntata soprattutto sul rimprovero, sull'accusa e sulla condanna anziché sulla comprensione, sulla gratificazione e sul perdono, ha generato.

Sin da bambini ci si deve proteggere per sopravvivere al dolore e alle mortificazioni che i continui rimbrotti, rivolti contro di noi, ci procurano. È nella diffusa maniera di educare, irriguardosa nei confronti della dignità umana, che va ricercata la ragione per la quale quasi tutte le persone hanno difficoltà nel dichiarare apertamente i propri torti. L'errore ci viene fatto vivere come qualcosa che ha a che vedere con la stupidità e la vergogna anziché come un naturale mezzo per apprendere ed evolvere. Scusarsi è comunemente considerato un atto di debolezza, una dichiarazione di inferiorità (mentre è vero l'esatto contrario). Non c'è da meravigliarsi, dunque, se la gente è portata a mentire e a giustificarsi continuamente.

Per ammettere i propri errori ci vuole coraggio. Bisogna aver acquisito una sana autostima. Occorre aver compiuto un consapevole lavoro di rieducazione, essendo arrivati alla saggia conclusione che mentire a se stessi, prima ancora che agli altri, è quanto di peggio possiamo fare nei nostri confronti. **Una persona veramente libera è colei la quale dice la verità innanzitutto a se stessa!**

Oggi provo soddisfazione nel riconoscere un mio torto o un mio difetto perché, avendo superato la paura del giudizio altrui ed il timore di non essere accettato, ho compreso quanto sia benefico e quanto faccia sentire forti e sicuri di sé ammettere una propria pecca. La mia soddisfazione diviene ancor maggiore quando constato, con gioia, che anche mio figlio (che allo stato attuale ha trent'anni), seguendo l'esempio di suo padre, non ha la minima esitazione nell'ammettere di avere sbagliato.

Ammettete i vostri errori e vedrete che il rapporto con i vostri figli (e non solo con loro) subirà un miglioramento a dir poco sorprendente. Tutti sono pronti a perdonare e a rendersi disponibili verso l'altro quando questi è propenso a chiedere scusa e a riconoscere, con onestà, di aver mancato. I bambini, in particolare, sono estremamente predisposti in tal senso, sia perché sensibili e puri d'animo e sia in quanto desiderosi di vivere in armonia e in amore con chi li ha messi al mondo.

C'È BISOGNO DI DIALOGO

Se si pensa che ancora oggi, specie nei piccoli centri, c'è chi dà del "voi" al padre e alla madre, ci si può fare un'idea di quali siano state per secoli le carenze di comunicazione e le distanze esistenti tra genitori e figli.

Da qualche decennio le cose sono sicuramente migliorate anche se credo che tutti, chi in maniera più accentuata chi meno, abbiamo avuto con coloro che ci hanno generato un rapporto tutt'altro che soddisfacente dal punto di vista comunicativo.

Per quel che mi riguarda posso confermare questo dato di fatto asserendo che il mio interagire con papà e mamma non è stato esente da problematiche. Soltanto dopo che, come detto in precedenza, frequentai corsi di crescita personale, mi è risultato più agevole avere con loro un dialogo più aperto e confidenziale. Un miglioramento sostanziale si è verificato solo allorché sono riuscito a superare l'imbarazzo di chi non è abituato ad esternare e ad esprimersi liberamente. Oggi sono cosciente che la causa principale della mia timidezza e delle mie insicurezze di un tempo va ricercata nel non essere stato avvezzo, fin da bambino, a manifestare ciò che provavo. A tal proposito ricordo che, quando a scuola dovevo scrivere un componimento, andavo ogni volta in crisi perché, essendo tendenzialmente un introverso, mi era difficile manifestare, anche per iscritto, le mie idee e i miei sentimenti. La mia professoressa di lettere, che non aveva compreso questo mio problema, in secondo liceo scientifico un giorno disse a mio padre che ero "negato in italiano".

Memore di quel che mi è mancato a livello comunicativo con i miei genitori, una volta diventato padre ho voluto parlare con mio figlio già a partire da quando egli era nel grembo materno cosciente di quanto sia essenziale istituire con chi si è procreato un quotidiano scambio verbale basato sulla libertà di espressione, sulla comprensione e sull'affetto.

Se, via via che i figli crescono, si riesce a discorrere con loro di tutto, e all'occorrenza si affrontano tematiche dolorose o che riguardano la sessualità e i sentimenti più intimi, mettendo da parte remore e vergogne, allora sì che possiamo considerarci, oltre che individui dalle ampie vedute, anche genitori capaci di costruire con la propria prole una relazione amorevole fondata principalmente sull'affiatamento, la confidenza e l'empatia.

Certo, per quelle persone cresciute in famiglie dove le emozioni sono state sminuite o bandite e nelle quali certi argomenti non si potevano intavolare perché considerati tabù, non è facile impiantare un buon dialogo impostato sulla spontaneità e sulla libera manifestazione delle proprie vedute e dei propri stati d'animo. In casi del genere c'è bisogno, oltre che di uno sforzo di volontà da parte di questi genitori nel cercare di aprirsi, anche dell'aiuto di un valido terapeuta o della partecipazione a seminari dove si insegna a comunicare, dando così spazio e sfogo alla dimensione interiore.

Come in ogni campo, anche in quello della comunicazione esistono delle regole la cui conoscenza consente di instaurare con un figlio, o con una qualsiasi persona, un approccio che, a prescindere dall'argomento trattato e dalle opinioni e idee espresse, dà la possibilità ad entrambe le parti di scambiarsi buona energia e di trarne un reciproco giovamento. Queste regole, la cui applicazione non è affatto difficile, sono riassunte qui sotto:

1. *Parlare uno alla volta*
2. *Saper ascoltare fino in fondo senza interrompere*
3. *Mostrare una sincera attenzione per ciò che dice il figlio (consentendogli di esprimere quello che più gli interessa dire)*
4. *Non rivolgere critiche alla sua persona e non polemizzare. Rispettare il suo pensiero (sapendosi mettere nei suoi panni)*
5. *Lodare ogni minimo progresso del figlio evidenziandone i pregi*
6. *Usare un linguaggio che agevoli il dialogo*
7. *Essere d'accordo sul non essere d'accordo*

Dato che i primi cinque punti sono stati trattati a sufficienza, mi limiterò a prendere in considerazione gli ultimi due che pure meritano delle precisazioni e dei chiarimenti.

Per avviare un buon dialogo con un figlio occorre innanzitutto trovare ogni giorno un po' di tempo da dedicargli (sottraendolo, eventualmente, a cose di minore importanza) tenendo presente che, quel che più conta non è *quanto* ci si sta assieme e ci si discorre (*quantità*) bensì *come* ci si rivolge a lui e *come* si imposta il colloquio (*qualità*). A questo riguardo è utile sapere che esistono delle "frasi-invito" (così le definisce lo psicologo Thomas Gordon) che costituiscono espressioni verbali favorenti l'avvicinamento tra genitori e figli e che agevolano la comunicazione. In altre parole, si tratta di un modo di rapportarsi alla prole che permette a quest'ultima di manifestare apertamente le proprie idee e i propri punti di vista così come consente di esternare problematiche e stati d'animo in piena libertà. Eccone alcuni esempi:

«Dimmi pure quello che vuoi dire...»

«Mi piacerebbe molto condividere con te ciò che pensi...»

«Dai, parlami di come ti senti a proposito di questa cosa...»

«Raccontami il fatto di cui prima mi stavi accennando...»

«Puoi spiegarti meglio affinché possa comprendere il tuo problema»

«Ti ascolto, tesoro, ti va di parlarne?» etc...

Una simile maniera di avviare o di portare avanti una conversazione stimola nell'altro la voglia di aprirsi e di confidarsi perché gli lascia la possibilità di iniziare o di continuare un discorso avendo la facoltà di esternare quel che pensa e prova.

Quando un bambino o un adolescente vengono approcciati facendo sentire loro che li rispettiamo e che non anteponiamo le nostre idee e i nostri giudizi o, ancor peggio, le nostre prediche ed il nostro biasimo a ciò che desiderano comunicare, succede che essi si aprano e parlino volentieri come accade a qualsiasi adulto al quale venga data la facoltà di farlo. Chi, vi chiedo, sentendosi accettato e rispettato come essere umano, a prescindere dalle convinzioni che ha e dal tipo di ottica con cui vede le cose, si tirerebbe indietro rinunciando a dialogare e a trovare una intesa col suo interlocutore?

I figli non costituiscono una eccezione a questa regola! Invitiamoli, pertanto, a parlare affinché esprimano tutto quello che vogliono esternare (pensieri, emozioni, desideri, sogni). Prestiamo loro attenzione ed ascoltiamoli. Non limitiamoli e non respingiamoli, anche se dicono qualcosa che non ci piace o non condividiamo, altrimenti essi tenderanno a chiudersi o a mentirci e andranno a sfogarsi e a confidarsi con qualcun altro per cercare affetto e comprensione.

È molto meglio che siamo noi i confidenti dei nostri figli, costituendo per loro un amorevole e sincero punto di riferimento, se vogliamo farne degli adulti sani e forti sotto ogni aspetto. In caso contrario, essi cresceranno alla stregua di smidollati e di sbandati ovvero come esseri

che a causa delle incomprensioni e delle carenze affettive ricevute in famiglia, cercheranno di colmare il vuoto che si portano dentro con la
droga, l'alcol, le bravate o con qualsivoglia altro mezzo negativo che
procurerà loro soltanto infelicità.

È del tutto normale che anche quando c'è una buona comunicazione
tra genitori e figli, i gusti, i pareri e i punti di vista non sempre collimino.
In questi casi la cosa migliore da fare è trovare un compromesso che
soddisfi le esigenze sia di chi educa che di chi riceve l'educazione.

Un simile comportamento eviterà che si creino dissapori ed attriti,
fino a generare astio, e consente anche ad entrambe le parti di risultare
vincenti ossia di vivere il rapporto senza che ci sia necessariamente chi
impone e chi subisce le imposizioni. Se poi qualche volta
l'accomodamento non si riesce a raggiungere, nonostante la buona volontà nel volerlo conseguire, pazienza. Non è certo la fine del mondo se
tra genitori e figli si vengono a determinare sporadiche divergenze.

In evenienze del genere ciò che risulta contare di più è *essere
d'accordo, sul fatto di non essere d'accordo* ossia è fondamentale rispettarsi ed amarsi a prescindere dalle idee che si hanno. In altre parole, non si
deve fare del parlare uno strumento di disputa e ripicca o di sfida e sopraffazione, perché altrimenti sarà inevitabile che si venga a creare in casa un'atmosfera di tensione e di contrasti che porterà ad un progressivo
allontanamento fino ad arrivare alla più completa incomunicabilità,
come avviene purtroppo in molte famiglie.

Se si desidera dialogare e non si vuole soltanto monologare, ossia avere sempre e comunque ragione, bisogna mettersi in gioco totalmente. Il
che vuol dire innanzitutto accettare l'altrui opinione anche quando
sembra essere molto lontana dalla nostra. In un vero dialogo la cosa più
importante non è l'affermazione di se stessi (*ego*) quanto la possibilità di
uno scambio di vedute, pensieri, sensazioni ed emozioni che permettano
ad entrambi di imparare, correggersi ed evolvere, allargando così i propri
confini mentali e spirituali. Ciò è ancor più raccomandabile quando si
ha a che fare con la prole verso la quale è necessario mostrarsi aperti, flessibili e ricettivi.

Saper instaurare un buon dialogo che dia gioia e soddisfazione ai genitori e ai figli è molto più facile di quanto si possa immaginare, purché

si tengano presenti le regole menzionate, la cui applicazione deve essere accompagnata dall'amore e dal buon senso.

COMUNICARE LE PROPRIE EMOZIONI

Affinché la comunicazione tra genitori e figli sia costruttiva occorre, oltre ad un buon dialogo, anche un coinvolgimento emozionale. Le emozioni, come sottolineato più volte, costituiscono l'aspetto umano fondamentale per non dire vitale. Ciò che maggiormente conta è sapere esternare quel che si prova e si sente (nel bene e nel male) perché, diversamente, si vive una esistenza insulsa e scialba che produce sofferenza e porta alla malattia.

Per crescere in maniera ottimale da un punto di vista psicologico ed emozionale, i figli devono rendersi conto che i loro genitori sono esseri umani e non dei robot. Debbono poter constatare che un padre ed una madre si esprimono manifestando gaiezza e buon umore così come possono esserci anche momenti in cui il disappunto e la tristezza dominano.

È da qualche anno a questa parte che con una certa frequenza mi lascio andare alle lacrime. Questa cosa mi succede tutte le volte che avverto l'irresistibile necessità di esternare una intensa gioia oppure se sono pervaso dallo sconforto o da un dispiacere. Quando morirono i miei genitori provai un dolore profondo che, per trovare sollievo, ebbe bisogno di frequenti sfoghi di pianto. Ogni volta che sentivo l'impellenza di piangere, ed era presente mio figlio, non ho mai cercato di trattenermi consapevole, come ero, di quanto male avrei arrecato a me stesso, reprimendomi, e quanto la mia repressione avrebbe danneggiato anche lui insegnandogli a fare altrettanto.

Michele, sofferente per la morte dei nonni che tanto amava e che lo adoravano, aveva come me la necessità di esprimere il suo dolore. Vedendo piangere suo padre, si lasciava andare alla commozione liberandosi delle sue pene e recuperando, una volta cessate le lacrime, la sua consueta serenità ed allegria. In queste circostanze supportato dai miei abbracci, dai miei baci e dalle parole di conforto e di amore che il mio cuore sentiva di rivolgergli, ha vissuto assieme a me momenti di intimità che hanno ulteriormente rafforzato il nostro legame ed il nostro modo di comunicare sempre più incentrato sulla manifestazione dei sentimenti, la sincerità e la condivisione di cose piacevoli e di altre che lo sono meno.

La genuina comunicazione delle proprie emozioni oltre ad essere utile ai genitori per vivere in maniera equilibrata sotto il profilo psichico e comportamentale, si rivela anche molto efficace per mostrare ai figli quanto sia naturale e benefico esprimere ciò che si sente e per insegnare loro, con l'esempio, che esternare i propri stati d'animo costituisce uno degli aspetti più importanti della vita.

Un genitore veramente in gamba non ha alcun timore e nessuna remora nel mostrare ciò che prova. Di conseguenza non fa finta di niente quando chi ha generato si lascia coinvolgere dalla collera o dalla paura oppure dalla infelicità né tantomeno si permette di rimproverarlo o di deriderlo, ridicolizzandolo, in frangenti del genere. Un papà ed una mamma che hanno raggiunto una certa maturità emozionale sanno creare un contatto empatico con il figlio perché ne rispettano i sentimenti, lo ascoltano, gli stanno vicino dedicandogli del tempo e lo tranquillizzano con parole di sostegno e di incoraggiamento allorché lo vedono in difficoltà. Un simile modo di comunicare non solo genera un rapporto di confidenza, fiducia e amore e quindi un clima familiare improntato sull'armonia, il rispetto e la condivisione, ma aiuta i nostri figli a tenerli lontani dalle innumerevoli trappole di cui la società moderna è disseminata (droga, delinquenza minorile, prostituzione, abusi sessuali). È ormai dimostrato, difatti, che un figlio educato a non nascondere i propri sentimenti e le proprie emozioni cresce molto più motivato (considerazione di sé, voglia di agire e di impegnarsi), sviluppa un carattere tendenzialmente positivo ed aperto incline a socializzare, fare amicizia e aiutare il prossimo, è attratto da interessi sani (sport, lettura, hobby) ed è propenso a lasciarsi dare una mano e a farsi consigliare dai genitori sia perché li ama e sia in quanto ne ha una considerevole stima.

I figli possono affrontare qualsiasi ostacolo e qualunque prova nel corso della loro vita se hanno avuto nei padri e nelle madri un amorevole punto di riferimento ed un pregevole esempio di comunicazione che abbia dato importanza al colloquio ma anche agli stati d'animo ed alle emozioni.

"TI AMO" E NON "TI VOGLIO BENE"

La maggior parte di noi non è stata educata a far emergere le proprie sensazioni, le proprie emozioni e i propri sentimenti anzi, molto spesso, abbiamo ricevuto l'insegnamento opposto ossia ci è stato detto che è sconveniente farlo perché rende fragili e vulnerabili. Per questo motivo le persone sono solite impostare una conversazione su quello che pensano e fanno, piuttosto che esprimere ciò che provano e quello che effettivamente ferve nei loro cuori.

Il principale problema di molti papà e mamme è rappresentato dalla incapacità di esprimere il proprio amore comunicandolo nel giusto modo alla prole. Chiedo frequentemente, specie ai padri che ho occasione di contattare, se dicono mai a coloro che hanno messo al mondo che li amano. Il più delle volte, visibilmente imbarazzati per la domanda che si sentono rivolgere, rispondono in maniera evasiva e, quando li metto nella condizione di dover dare una risposta precisa, quasi sempre mi sento ribattere che non lo fanno "perché tanto i figli lo sanno che gli vogliono bene".

Uno dei mali più diffusi e più distruttivi della nostra società è quello di *dare le cose per scontate ed essere superficiali*. Molta gente, una volta iniziato un legame affettivo, crede che non ci sia bisogno di esternare i propri sentimenti e che manifestarli sia un optional. La realtà, però, è ben diversa. Fa parte della natura umana, difatti, voler essere apprezzati ed amati con atteggiamenti e comportamenti amorevoli e con le parole affettuose. I figli, in particolare, desiderano ardentemente sentirsi dire che li si stima e li si ama. Non si stancano mai delle lodi e dell'amore da parte dei genitori perché questo, per loro, è ciò a cui tengono maggiormente.

Qualche tempo fa un ragazzino di nove anni, al quale avevo chiesto se amava suo padre, mi ha risposto, con il candore della sua età ma anche con il tono di chi non vuole essere assolutamente frainteso, questa significativa frase: «io papà lo amo ma, intendiamoci, non sono mica un gay!». Un'affermazione del genere è emblematica di quanta confusione, imbarazzo ed ignoranza ci sia ancora da parte degli adulti nei confronti di ciò che si prova e si sente e di come pertanto i bambini ne subiscano i diseducativi effetti.

Purtroppo è molto diffusa la convinzione che il verbo *amare* vada usato esclusivamente tra innamorati e che sia sconveniente servirsene in altre circostanze perché potrebbe dare adito ad equivoci. Moltissimi genitori, condizionati da questo tipo di mentalità, non si azzardano a comunicare ai figli quello che realmente provano per loro. Solo una bassa percentuale di padri e madri, in effetti, ricorre alla espressione "ti voglio bene", la quale è senz'altro molto meglio che niente, ma non ha la stessa incisività e prorompenza di un **"ti amo"**, naturalmente detto con il cuore e non con la testa.

Il potere comunicativo racchiuso in questa espressione verbale non ha eguali. L'effetto benefico che esse inducono sull'anima di un essere umano (bambino, giovane, adulto o anziano che sia) è talmente profondo da suscitare una gioia ed un appagamento di grande intensità.

A chi, chiedo, non fa un immenso piacere sentirsi dire da una persona cara "ti amo"? I nostri figli non si aspettano altro da noi, qualunque sia la loro età. Quando impariamo ad aprirci e a comunicare i nostri sentimenti, senza vergognarcene, facciamo un salto di qualità che ha del miracoloso. Non solo, ma anche chi abbiamo procreato ne ricava dei benefici a dir poco stupefacenti.

Abbiate il coraggio di infrangere certe stupide regole che vi sono state insegnate e dite ai vostri figli (e non solo a loro) "ti amo", magari mentre li baciate e li abbracciate. Questo, credetemi, è il più grande regalo che potete fargli. Non c'è al mondo nulla che valga più dell'amore, specie quando lo si comunica con immediatezza e sincero trasporto.

Ogni volta che vedo mio figlio o mi congedo da lui lo bacio, lo abbraccio e gli dico "ti amo" proprio come se fosse l'ultima volta che posso farlo. Da quando ho avuto l'opportunità, attraverso l'insegnamento di persone meravigliose, di imparare cosa conta veramente nella vita, non mi permetto più di farmi del male (procurandolo pure a chi ho generato) né spreco la mia esistenza vivendola in maniera inespressiva.

Se avete ancora delle difficoltà perché avvertite imbarazzo nel dire "ti amo" ai vostri figli, cercate di immaginare come vi comportereste se sapeste di non rivederli mai più. Sicuramente smettereste di dare importanza a cose futili e non vi trattterreste dall'abbracciarli e dal dire loro quanto li amate, non è vero? E allora avanti, non perdete altro tempo.

Fatelo in questo stesso momento senza che sia necessario un evento tragico per indurvi a cambiare. Comprenderete, così, quanto vi siete persi sino ad oggi non esprimendo pienamente ciò che provate e, soprattutto, quanto il vostro stile di vita e quello di chi vi preme ne riceverà giovamenti straordinari.

Parlando di un argomento così importante per tutti noi non posso fare a meno di rievocare un episodio che ha lasciato un segno indelebile dentro di me: la morte di mio padre. Rammento che il giorno prima che spirasse con un filo di voce, perché ormai le forze lo stavano abbandonando, si è rivolto a me e a mia sorella e ci ha detto: «sappiate che papà vi ama tanto e che vi amerà sempre». Anche mia madre negli ultimi anni della sua vita si è lasciata andare con noi figli e con i nipoti a molteplici momenti di tenerezza e di affetto che spesso suggellava con un: «mamma (o nonna) ti ama...».

I miei genitori, seppure in età avanzata, compresero quanto sia bello comunicare il proprio amore usando le parole giuste per farlo. Man mano che il tempo passa ed il dolore per la loro scomparsa si attenua, diviene ancor più viva e forte dentro di me la presenza di tutto ciò che di buono e di bello essi hanno saputo trasmettermi. Tutte le volte che sono colto da un attimo di tristezza per il fatto che non posso averli accanto a me ed abbracciarli, solo due parole riescono a far vibrare il mio cuore e a farmeli sentire vicini come se fossero ancora vivi. Quelle parole sono: *ti amo!*

«*L'amore che dona senza riserve riceve in cambio altrettanto, e anche di più*»

D. M. Craik

«*Per alcuni basta poco per dare molto. Per altri occorre molto per dare poco*»

C. Vagni

«*Quando facciamo dono di ciò che possediamo, ci predisponiamo a ricevere ciò di cui abbiamo bisogno*»

D. M. Lawson

«*Quando doniamo, in cambio riceviamo dagli altri, e la gioia esiste nell'equilibrio tra il dare e il ricevere*»

B. Weiss

Saper dare e saper ricevere

Alcuni anni fa mi sono reso conto come mai la vista del segnale stradale, indicante il senso unico, in passato abbia avuto su di me il potere di suscitare un istintivo fastidio, una vera e propria avversione.

Il motivo di questa stravagante (almeno in apparenza) antipatia l'ho potuto comprendere nel momento in cui, avendo iniziato a cambiare il mio modo di pensare, sentire e agire, sono divenuto cosciente che il senso unico non fa parte della vita. In Natura esiste un flusso di energia a *doppio senso* che ci collega agli altri esseri e al Creato e ci coinvolge tutti in un continuo scambio.

IL DARE E IL RICEVERE

Il *dare* e il *ricevere* costituiscono le due facce della stessa medaglia.

Fin da piccoli ci viene insegnato che non è corretto presentarsi in casa altrui a mani vuote e che è bene portare sempre in dono qualcosa per contraccambiare l'ospitalità di chi ci accoglie.

In Oriente un discepolo non si reca mai dal proprio Maestro senza fargli un piccolo omaggio (un fiore, un frutto, un oggetto). Tale secolare usanza ha lo scopo di insegnare che è bene prendere dagli altri (specialmente da chi ha da trasmettere cose importanti) ma è anche giusto e doveroso dare.

Queste inveterate consuetudini mostrano quanto sia radicato nell'essere umano il principio divino del dare e del ricevere. Dio, infatti, costituisce il *donatore* per eccellenza, essendo Colui che ci ha dato la vita, dono preziosissimo, mettendoci nella condizione di godere di tutte le strabilianti bellezze del Creato. In cambio, desidera unicamente che i suoi doni vengano usati nel migliore dei modi ossia nell'amore e nella fratellanza: non chiede nulla di più né pretende alcunché per Sé.

Anche il nostro corpo è stato concepito per dare e per ricevere. Difatti, con la mano destra diamo (un oggetto, del denaro, una carezza...) e con la sinistra riceviamo, prendiamo. Un noto proverbio afferma: «*una mano lava l'altra e tutte e due lavano il viso*». Questo detto esprime, attraverso una metafora, il concetto secondo il quale il dare e il ricevere (la mano destra che lava la sinistra e viceversa), allorché vengono utilizzati in maniera bilanciata, portano a fare cose che si rivelano utili e significative (lavano il viso).

Dare e ricevere, dunque, sono espressioni di quel processo dinamico che fa parte integrante della esistenza. Se tale flusso energetico di andata e ritorno subisce dei turbamenti perché si è più disponibili a donare o, al contrario, più orientati a prendere, non può esserci un effettivo equilibrio nella persona né può verificarsi una sua ottimale crescita spirituale.

QUEL CHE SI DÀ SI RICEVE

In un precedente capitolo è stata sottolineata l'importanza della *"Legge di causa ed effetto"*, conosciuta dagli orientali come Legge karmica, la quale può essere enunciata anche nel seguente modo: **quel che si dà si riceve.**

Molti individui non fanno altro che meravigliarsi o lamentarsi per come vanno loro male le cose, non volendo compiere un atto di sana autocritica attraverso il quale si renderebbero conto del fatto che sono essi stessi gli artefici delle insoddisfazioni e delle pene che li attanagliano attraverso i pensieri, i sentimenti e le azioni di cui sono protagonisti.

Se i nostri atteggiamenti e i nostri comportamenti sono colmi di amore e di rispetto per il prossimo, è inevitabile che si riceva amore e rispetto. In caso contrario è del tutto improbabile che una evenienza del genere possa verificarsi. Occorre saper fare il primo passo e dare l'esempio, specie ai figli, perché è in questo modo che gli altri vengono invogliati a superare la paura di esporsi al rifiuto (o al rischio delle fregature) sentendosi a loro volta indotti ad aprirsi e a mostrare la propria amorevolezza e generosità. Se ciascuno di noi, ogni giorno, impegnasse soltanto un po' di tempo nell'essere amorevole e compassionevole verso il prossimo, potremmo veramente iniziare a cambiare in meglio la nostra società e quindi il mondo.

Sono ormai diversi anni che ho acquisito la buona abitudine di salutare tutte le persone che mi capita di incontrare quando entro, ad esempio, in un negozio o in un bar o in un ufficio pubblico, oppure nel mentre sto andando a casa di amici o a visitare qualcuno che sta male. Ogni volta che mi trovo faccia a faccia con un mio simile, anche se non l'ho mai visto prima di allora, gli sorrido e lo saluto affabilmente. Chi più apertamente, chi meno palesemente, tutti comunque contraccambiano la mia gentilezza anche se alcuni di essi, mentre mi rispondono, si chiedono dove mi hanno conosciuto o incontrato in precedenza (lo intuisco dalla espressione del loro volto).

La gente sovente si sorprende o è addirittura diffidente se si è gentili ed affabili. È un dato di fatto che, soprattutto nelle città, si è persa l'amabile consuetudine di dare per il puro piacere di dare. Quasi sempre deve esserci un vantaggio, un proprio tornaconto per farlo. Questa diffusa quanto riprovevole mentalità spiega come mai esistono molte persone infelici, pur non essendo assillate da problemi economici, le quali, a causa del loro comportamento meschino ed egoista, non danno amore e perciò non ne ricevono.

Parlando di saluti e di sorrisi ovvero di due modi di dare e di comunicare semplici e per nulla costosi, non posso fare a meno di menzionare una deliziosa poesia, scritta da un anonimo, il cui insegnamento può rivelarsi prezioso:

"Un sorriso non costa nulla ma vale molto, arricchisce chi lo
riceve e chi lo dona. Non dura che un solo istante, ma il suo
valore è talora eterno.
Nessuno è talmente ricco da poterne fare a meno e nessuno è
talmente povero da non poterlo dare.
In casa porta felicità, nella fatica infonde coraggio.
Un sorriso è segno di amicizia, un bene che non si può com-
prare, ma solo donare.
Se voi incontrerete, chi un sorriso non vi sa dare, donatelo voi
perché nessuno ha tanto bisogno di un sorriso come colui che
ad altri darlo non sa".

Regaliamoci, dunque, un sorriso e facciamone spesso dono anche ai
nostri figli e agli altri. Quando sorridiamo utilizziamo un numero di
muscoli facciali nettamente inferiore rispetto a quello che viene impiegato se siamo cupi e seri. Ciò dimostra che per essere positivi ed amorevoli occorrono meno energie di quelle che servono per avere un comportamento negativo e distaccato.

Quanti hanno provato la bellissima sensazione di sentirsi utili per
qualcun altro aiutando, ad esempio, una persona anziana a portare la
borsa della spesa o dando una indicazione a chi non è in grado di arrivare in un certo luogo o, ancora, accompagnando un cieco dall'altra parte
della strada, sono consapevoli dell'intima soddisfazione e del senso di
appagamento che si avverte nel dare senza secondi fini pure a chi non
rientra nella cerchia dei familiari o degli amici. Non è forse meraviglioso
quello che si prova in simili frangenti? In effetti, dimenticandoci di noi e
dedicandoci ad un nostro simile con spontaneità e schietto altruismo, ci
poniamo nella condizione di essere felici al di là di quelli che possono
essere i ringraziamenti che riceveremo. Amare ci rende un ulteriore servigio: ci libera da ogni tipo di paura, essendo questa una emozione che può
albergare in noi solo in mancanza d'amore (per se stessi e per gli altri).

Chi, avendo il cuore puro, è capace di donare e di riversare sugli altri
il proprio amore, è una persona realmente ricca perché, contrariamente
a quanto pensano in molti, l'amore non si esaurisce e non viene mai
meno quando lo si elargisce. All'opposto, aumenta oltre ogni possibile

immaginazione ed arricchisce enormemente colui (o colei) che sa darlo perché risponde ad una *Legge spirituale* che dice: «*dona e riceverai. Dai di più e otterrai di più*».

Ognuno di noi è in grado di amare tante persone (marito, moglie, figli, familiari, amici, prossimo) senza che ciò comporti una diminuzione di ciò che abbiamo da dare. Così facendo il nostro amore risulta fortificato ed impreziosito dall'abilità che mostriamo nell'andare incontro agli altri. Scegliamo, dunque, di essere cortesi e premurosi (anziché egoisti ed insensibili) perché soltanto amando sinceramente possiamo procurare autentico bene ai nostri simili e, di rimando, a noi stessi. Allorché si dà, si riceve automaticamente a prescindere da quello che in seguito ci verrà o meno ritornato in quanto, essendo tutti interconnessi, siamo come una sola persona. Considerare gli altri come tanti se stessi è l'atteggiamento migliore, il più valido, se si vuole vivere in grazia di Dio. *Quello che facciamo al nostro prossimo lo facciamo a noi!* Questo è il vero segreto della vita che **Cristo** ci ha rivelato insegnandoci che siamo tutti fratelli e sorelle.

DARE A SE STESSI

Credo che la grandezza di **Gesù** abbia raggiunto il massimo fulgore quando ci ha trasmesso il precetto che più di ogni altro dà un senso profondo alla vita: «**ama il prossimo tuo come te stesso**». Solo se si mette in pratica questo fondamentale dettame possiamo vivere in pace, in serenità e in armonia con noi stessi e con gli altri.

Malauguratamente gli ammaestramenti (e quindi i condizionamenti) che solitamente riceviamo non tendono a farci crescere con una sana considerazione di noi (amor proprio) né, tantomeno, con la consapevolezza che siamo esseri dotati di straordinarie potenzialità. Al contrario, sembrano perseguire il malefico scopo di farci sentire non meritevoli di essere gioiosi ed appagati.

Fin da bambini la religione ci dice che siamo i "figli della colpa" e che nasciamo tutti peccatori dato che i nostri progenitori, Adamo ed Eva, hanno commesso il peccato originale. In altre parole, ci viene fatto credere che siamo dei *brutti anatroccoli* destinati a soffrire anziché dei *meravi-*

gliosi cigni che hanno la facoltà di volare dove vogliono e meritano di godere di tutto ciò che il Padreterno, con amore, ci ha messo a disposizione.

Un altro concetto falso e venefico, con il quale molto spesso si inquina la nostra mente sin da piccoli, è quello che si deve dare agli altri sempre e comunque (essendo irrisorio dare a se stessi) e che la vita va vissuta in funzione delle aspettative altrui (dei figli, del marito, della moglie, dei familiari, degli amici...) ignorando, quindi, quelle che sono le nostre esigenze più intime, le nostre aspirazioni, i nostri desideri, i nostri sogni.

Data la scarsa qualità degli insegnamenti che comunemente riceviamo, non deve sorprendere se nella maggior parte dei casi un essere umano cresca pauroso ed insicuro e si ritrovi nella deplorevole situazione di chi, non avendo imparato ad amarsi, pensa che sia del tutto trascurabile avere attenzioni nei confronti di se stesso. Un individuo che ha acquisito questo tipo di mentalità molto probabilmente sarà portato a dare, dare, dare, nel tentativo di essere amico di tutti e di farsi benvolere ed accettare. Ma, siccome questa non è la motivazione giusta per donare agli altri, trascorrerà la vita elemosinando amore e calpestando la propria dignità.

«*Chi ama se stesso ha fatto il primo passo verso il vero amore...Se ami solo gli altri, se il tuo amore è focalizzato soltanto sugli altri, vivrai nell'oscurità. Per prima cosa illumina te stesso, diventa luce nei tuoi confronti. Fà che la luce dissolva le tenebre interiori, la tua intima debolezza. Amandoti, acquisirai un tremendo potere, una forza spirituale. E, quando la tua anima è potente, sai che non morirai mai, che sei immortale, sei eterno...*» ha detto Osho.

Sono pochi i papà e le mamme che, tramite un assennato comportamento, insegnano alla prole quanto sia essenziale avere cura e rispetto per la propria persona. I più commettono il grave errore, perché questo gli è stato inculcato, che bisogna vivere solo per i figli e che è necessario rivolgere ogni attenzione e ogni premura verso di loro mettendo conseguentemente da parte i propri interessi e le proprie necessità. Tra i genitori, insomma, prevale nettamente la mentalità dell'annullarsi e del vivere di luce riflessa piuttosto che quella dell'amarsi e poi amare gli altri come se stessi, proclamata da **Cristo.**

Un genitore pieno di buon senso riesce a trovare del tempo per sé dato che, dopo tutto, pure i papà e le mamme hanno le loro esigenze e necessitano di spazi propri, di svago e di coltivare interessi ed amicizie. I figli sono importanti e vanno accuditi amorevolmente, non vi è alcun dubbio, ma anche la vita di chi li ha messi al mondo è degna di grande rispetto e considerazione come un noto proverbio fa argutamente osservare: «*si vive con i figli e non per i figli*».

Se i genitori non stanno bene in quanto sono stanchi, stressati, depressi, frustrati perché si preoccupano esclusivamente di ottemperare i loro doveri e non si concedono alcun piacere e diversivo, è lecito domandarsi: cosa hanno di bello e di costruttivo da trasmettere e, soprattutto, che genere di amore sono in grado di riversare sui figli?

Non si può dare agli altri ciò che non si è dato prima a se stessi! Di questo sacro principio ognuno di noi dovrebbe essere consapevole specialmente una volta che è diventato padre o madre. Prendersi cura della propria persona e parallelamente farlo anche con i nostri figli, è il più saggio esempio che possiamo offrire loro se vogliamo che crescano alla stregua di esseri amorevoli ed equilibrati.

DARE COME UN BAMBINO

Per un bambino è naturale dare, condividere, scambiarsi delle cose. A partire dai due-tre anni di età il senso del donare viene espresso dai bambini in tanti modi diversi. Ad esempio, scambiandosi giocattoli, figurine, indumenti o regalandosi caramelle, cioccolatini, biscotti. I ragazzini hanno connaturato il sentimento del regalo, dello stare assieme, del partecipare. Per loro non esiste la proprietà, il "mio" e il "tuo" ossia il senso del possesso inteso nel suo significato più restrittivo ed egoistico. Essi donano provando piacere ed allegria nel farlo. Sono spontanei, sinceri ed hanno una visione cameratesca della vita che li spinge a desiderare l'unione e l'armonia con i loro simili. Quando un bambino dà, agisce con semplicità e con schiettezza. Non fa calcoli o ragionamenti di alcun genere perché il dare gli proviene dal **cuore** e non dalla *testa* come accade frequentemente agli adulti.

Provo ogni volta una prorompente contentezza allorché mi capita, e per fortuna succede con una certa frequenza, che un bimbo di uno-due anni mi elargisca dei sorrisi mentre lo sto visitando e mi faccia, da ultimo, un dono fortemente significativo per la sua età: si toglie il ciuccio dalla bocca e lo accosta alla mia con l'intenzione di farmelo assaggiare, di condividerlo con me.

Anche un bambino piccolo, dunque, ha innato il senso del dare e del condividere senza che nessuno glielo abbia ancora insegnato. Non è assolutamente vero, perciò, che i bambini sono egoisti, come non di rado si sente dire. I bambini *diventano* egoisti solo quando vengono educati da adulti che non sanno amare ossia da persone che, essendo colme di paure e di pregiudizi, trasmettono ai figli le loro insoddisfazioni e i loro malesseri.

Un bambino, fino a che non è contaminato dai mali dei grandi, si illumina in viso quando ha l'opportunità di dare. Questo aspetto della natura umana l'ho potuto verificare non solo esaminando attentamente i comportamenti di tanti ragazzini, ma anche osservando mio figlio. Michele sin da piccolo si è sempre irradiato di gioia allorché, spontaneamente, porgeva a me o alla madre o ai nonni un fiore o un cioccolatino oppure, una volta che aveva imparato a leggere e scrivere, mi consegnava un bigliettino con su disegnato un cuore e con scritto: «papà, ti amo all'infinito».

Tutto questo accadeva, e succede tuttora, senza che necessariamente debba essere il giorno del mio compleanno (o il compleanno della mamma o dei nonni). Per dare con vero amore e sincero trasporto ogni giorno è giusto ed ogni momento è quello buono. Non occorre assolutamente che sia Natale, Pasqua o ricorra l'anniversario di qualcuno!

Basta poco, un semplice gesto, un piccolo dono fatto con spontaneità e generosità, perché l'atto di dare assuma un significato immensamente grande. I bambini, anche sotto questo profilo, sono degli autentici e splendidi maestri!

SAPER DARE = SAPER AMARE

Se fossimo allevati nella considerazione e nella accettazione totale ovvero se fin dall'infanzia venissero valorizzate le nostre doti e le nostre peculiarità di esseri umani e se, inoltre, fossimo aiutati a vivere in maniera armonica ossia incoraggiati a mostrare i nostri sentimenti e spronati a realizzare quello che più ci piace, da adulti non avremmo alcuna difficoltà nel **saper dare** e nel **saper amare** (due aspetti della vita che si equivalgono) perché risulterebbe semplice e naturale per ciascuno di noi farlo nella giusta maniera. Si eviterebbero in tal modo tutte quelle problematiche che travagliano frequentemente le relazioni umane e che sovente nuocciono al rapporto tra genitori e figli.

Così come "c'è modo e modo di dire le cose", analogamente si può affermare che *"c'è maniera e maniera di dare e, quindi, di amare"*. Anche se in apparenza possono sembrare molteplici le modalità attraverso cui si può dare, in effetti solo una risulta essere quella ottimale, vale a dire l'unica in grado di generare un completo appagamento: **dare per il gusto di dare e amare senza aspettative!**

Molti padri e madri sono estremamente possessivi ed accentratori. Considerano i figli alla stregua di merce propria pretendendo che essi si adeguino sempre ai loro desideri. Quando il volere di questi genitori viene disatteso, iniziano inevitabilmente le incomprensioni, i dissapori e le lotte che portano ad un progressivo deterioramento del ménage familiare rendendolo spesso un vero e proprio inferno. Nel caso in cui, invece, i figli soggiacciano alle pretese genitoriali e rinuncino a voler seguire i propri ideali e le proprie aspirazioni (per quieto vivere), succede che diventeranno dei succubi ossia delle persone sottomesse che in futuro proietteranno su altri le loro paure, frustrazioni e scontentezze.

Se si è possessivi, specie con un figlio, si tratta l'altro come se fosse un oggetto, una proprietà. Non lo si considera un essere umano che ha una dignità, dei desideri, delle idee proprie ed un proprio modo di sentire. Ciò che ne consegue è che lo si fa crescere come un individuo ribelle ed ostinato fino alla esasperazione, che andrà a ficcarsi in situazioni pericolose e a cercare guai, oppure lo si indurrà a vivere come una persona inibita ed insicura che sarà costantemente schiava del giudizio e dell'approvazione altrui.

Il vero dare, così come un autentico amare, lascia libero chi si ama, non tende a controllarlo, a manipolarlo, a usarlo. Se desidero per mio figlio ciò che lui vuole per sé, posso tranquillamente affermare di amarlo veramente. Se, viceversa, voglio che faccia ciò che io anelo, significa che non lo amo affatto e che sono un egoista. L'amore reale, infatti, è sempre rispettoso delle aspirazioni, delle scelte e del modo di essere dell'altro, non è mai prevaricatore.

Un'altra maniera di porsi nei confronti dei figli, non benefica, è quella di *dare a condizione che* ossia dare ricattando. «Se non fai il bravo, papà (o mamma) non ti compra...», «se non mangi tutto, non ti porto alle giostre...», «se non sei promosso, non ti regalo il motorino...». Se, se, se... Quante volte ho udito frasi del genere proferite da genitori che educano (si fa per dire) i figli comunicando loro un modo di dare, e quindi di amare, assolutamente distante dalla verità?

Come si può, viene da chiedersi, considerare l'educazione di un bambino alla stregua di un continuo tiro alla fune, di un costante negoziare e di un dare per avere necessariamente qualcosa in cambio? Come crescerà quel bambino rifiutato o accettato in base a quello che fa, ovvero valutato per qualcosa che non ha assolutamente nulla a che vedere con la sua anima e con la sua natura divina?

È mia convinzione che l'amore, soprattutto quello rivolto ai figli, debba essere *incondizionato,* cioè non offerto come una contropartita o come ricompensa ad un buon comportamento (e perciò esente da ricatti). Se si ama veramente un figlio lo si dovrebbe fare a prescindere dalle sue azioni. Non è possibile amarlo, nel senso più profondo del termine, se non lo si accetta totalmente per quello che è. In altre parole, come può esserci *vero amore* se si tende a mercanteggiare costantemente o se si ama solo se vengono soddisfatte le nostre aspettative?

Una terza modalità di dare, anche questa ricorrente e purtroppo tutt'altro che educativa, è quella tendente a *generare sensi di colpa* nella prole. Frasi del tipo: «con tutti i sacrifici che ho fatto per te, adesso mi abbandoni?» oppure «dopo tutto quello che ho sacrificato della mia vita, è così che mi ripaghi?» costituiscono espressioni quanto mai sconvenienti e deprecabili che sono emblematiche di una mentalità incentrata sull'attaccamento e sulla manipolazione. Il termine *"sacrificio"* proviene dal latino *"sacrum facere"* ossia *"fare una cosa sacra"*. Nessuna cosa sacra implica dovere e tribolazione nel farla, ma semmai gioia e appagamento. Solo ciò che non si fa con un sincero slancio d'amore pesa ed infastidisce. Altrimenti costituisce sempre un grande piacere, un autentico privilegio.

I genitori che vivono solo per i figli (e non con i figli) quasi sempre creano con loro un legame morboso che nulla ha a che vedere con il vero dare e con un reale amore. È da questo cordone ombelicale mai reciso che sorgono problemi a non finire ed infelicità. Un genitore che non vive per se stesso (essendo comunque disposto a dare e ad amare incondizionatamente) e conduce la propria vita in funzione della prole, è inevitabile che finisca col pretendere una uguale dedizione ed uno stesso comportamento da parte di chi ha generato creando così un deprecabile stato di dipendenza. Quando si ama veramente qualcuno, mai e poi mai si desidera che la persona amata sia nostra schiava!

Se i figli crescono psicologicamente ed emozionalmente equilibrati (grazie al sano amore che gli si è dato) è pressoché impossibile che non ci amino a loro volta e che non vogliano riservarci affetto ed attenzioni anche quando saranno andati via di casa. In questo caso lo faranno perché il loro cuore lo sente e non per dovere o perché spinti dai sensi di colpa. L'amore schietto viene sempre corrisposto. Quando ciò non si verifica significa che *non era vero amore*. Un figlio non va mai forzato ad esserci grato, a ritornarci obbligatoriamente qualcosa. Se lo fa, ben venga, altrimenti va bene ugualmente. Siamo noi genitori che dovremmo sentirci riconoscenti nei suoi riguardi per il fatto che ci ha scelti come padri o come madri consentendoci di fare una esperienza straordinaria.

Durante tutti gli anni (circa cinquanta) che mi hanno visto interagire con i miei genitori nessuno dei due si è mai permesso, neppure una volta, di rinfacciare a me o a mia sorella la benché minima cosa. Tutti i sacrifici che entrambi hanno sostenuto (e sì che se ne sono sobbarcati parecchi) non ce li hanno fatti assolutamente pesare. Anche per questo motivo sono loro profondamente grato. Seguendo l'esempio trasmessomi riesco ad essere un padre amorevole e premuroso che dà al proprio figlio per il piacere di dare (senza pretendere niente in cambio) e gli lascia, man mano che cresce, sempre più spazio ed indipendenza affinché un domani possa essere una persona autonoma ed un uomo pieno d'amore: un individuo che, oltre a cavarsela quando si trova di fronte ad una difficoltà, è anche capace di dare agli altri in maniera disinteressata e sincera.

Ognuno di noi, una volta diventato genitore, dà e ama a seconda di quello che ha ricevuto (*condizionamenti*). Questo non significa che ciò che ha imparato sia sempre corretto. Occorre rivedere gli insegnamenti che ci sono stati impartiti ed essere critici, nel senso costruttivo del termine, verso quello che ci è stato trasmesso. Chiedersi qual è l'*atteggiamento interiore*, l'*intenzione* che ci anima quando diamo, è una domanda quanto mai importante. Se desideriamo essere felici e far felici i nostri figli (e gli altri) soltanto una dovrebbe essere la risposta: **do per la gioia di dare e amo senza pretendere alcunché in cambio.**

SAPER RICEVERE = LASCIARSI AMARE

Normalmente veniamo educati con l'idea che è meglio dare, piuttosto che ricevere. In altre parole, è come se ci venisse detto che contiamo poco (o affatto) e che gli altri sono più importanti di noi. È da simili ingannevoli insegnamenti e dalle carenze affettive con le quali cresciamo che si sviluppa nel nostro inconscio l'autodistruttivo pensiero: «*non me lo merito, non sono degno di essere felice e di ricevere amore*».

Molti, proprio perché si sottovalutano, quando ricevono un complimento come ad esempio: «che scarpe di buon gusto porti» o «che bel vestito indossi» oppure «ti trovo bene, hai un aspetto delizioso» etc... rimangono impacciati e sorpresi non sapendo rispondere neanche con un grazie all'apprezzamento che è stato loro rivolto. I complimenti, purché sinceri e fatti di cuore, fanno bene. Costituiscono uno dei tanti modi di dare. È giusto, perciò, farli e mostrare di gradirli attraverso un sorriso ed esprimendo con le parole il proprio compiacimento.

Ci sono tanti individui che sono estremamente prodighi nel dare ma, al tempo stesso, molto restii a ricevere. Buona parte di essi appartengono a categorie sociali preposte ad aiutare gli altri (medici, infermieri, missionari, insegnanti...) o sono, ad esempio, genitori che hanno figli portatori di handicap. Tutte queste persone, proprio perché utilizzano molte energie dedicando ampi spazi della propria esistenza a dare, hanno bisogno anche di ricevere. Sovente, però, non permettono che qualcuno si occupi di loro e manifesti nei loro riguardi premure ed atti di sostegno.

Tutti, nessuno escluso, abbiamo la necessità di rinnovare continuamente le nostre risorse energetiche. Ognuno di noi ha bisogno di ricaricare le proprie batterie se vuole poter dare di nuovo e soprattutto se desidera donare gioia, serenità ed autentico amore. Chi si trascura non riesce a trasmettere alcun messaggio positivo e, oltretutto, col tempo è destinato anche ad ammalarsi in quanto omette di rivolgere amore nei propri confronti.

Un pozzo, per quanto profondo e capiente possa essere, prima o poi si essicca se non gli arriva altra acqua. Così anche gli esseri umani si prosciugano, se conducono la loro vita dando soltanto senza permettersi di ricevere (da se stessi e dagli altri).

In molti rapporti interpersonali, specie di coppia, si verifica che uno dei due dia incessantemente e si prodighi per chi gli sta accanto senza dare mai spazio alle proprie necessità come, ad esempio, sfogarsi per qualcosa che l'angustia, ricevere una parola di conforto, una carezza, un abbraccio, abbandonarsi sulla spalla dell'altro...

Spesso si riceve controvoglia o noi stessi non ci concediamo delle cose. Ciò accade a causa del tipo di educazione ricevuta che ci fa considerare l'atto come qualcosa che non meritiamo, di cui non siamo degni.

Se nessuno ricevesse, chi potrebbe dare? E se nessuno desse, chi potrebbe ricevere? Il dare genera il ricevere ed il ricevere, a sua volta, produce il dare. Le due componenti fanno parte integrante della equazione della vita: dare $\rightleftharpoons$ ricevere. Rappresentano l'espressione tangibile di quell'incessante flusso di energia chiamato *AMORE*, che tutto permea e che rende l'esistenza una esperienza straordinariamente seducente degna di essere vissuta in tutti i suoi aspetti e in tutte le sue manifestazioni (piacevoli o dolorose che siano).

Questo concetto così importante del dare e del ricevere dovrebbe essere assimilato da tutti, specialmente dai papà e dalle mamme. Invece, cosa succede usualmente? I genitori danno, danno, danno... e non permettono ai figli di ritornare loro qualcosa.

Mio padre era fatto proprio così! Dava incessantemente (senza mai chiedere nulla in cambio) e non voleva che gli si restituisse alcunché. Quando noi figli gli facevamo un regalo, tutte le volte lui smorzava il nostro entusiasmo dicendoci: «perché avete speso questi soldi, non dovevate, non serviva». Mamma, invece, mostrava piacere ed accettava di buon grado quello che avevamo acquistato per lei. Sottolineava sempre con parole di gratitudine il gesto gentile riservatole.

La cosa che mi ha fatto più soffrire del comportamento di papà è stato proprio il suo carattere refrattario a ricevere. Soltanto nelle ultime settimane della sua vita ha permesso, sia a me che a mia sorella, di accudirlo, lavarlo e perfino imboccarlo, dato che non era più autosufficiente per via delle menomazioni fisiche conseguenti all'ictus che l'aveva colpito. Porterò sempre stampato nella mente (e nel cuore) il ricordo del suo sguardo colmo di riconoscenza per ciò che facevamo per lui nonché il senso di fierezza che traspariva dai suoi occhi per aver cresciuto due figli amorevoli capaci di rendersi utili in caso di necessità. Può sembrare incredibile, ma ci è voluta una malattia invalidante per indurre un uomo come mio padre a farsi aiutare. Questo, purtroppo, è ciò che succede a molte persone, rigide con se stesse e che non si amano, abituate a non chiedere mai nulla per sé.

Quando ci permettiamo di ricevere, in qualche modo diamo perché consentiamo all'altro di sentirsi bene e di essere soddisfatto per aver potuto dare. Accordiamo, dunque, ai nostri figli il permesso di farci dei doni, se ne sentono il desiderio, e mostriamo contentezza e gratitudine ogni volta che lo fanno. Concediamo loro la facoltà di rendersi utili facendo delle cose per noi. Non opprimiamoli e non umiliamoli con il nostro dare assoluto. Lasciamo che ci vivano per quello che siamo, ossia degli esseri umani i quali, proprio perché umani, oltre al piacere di dare hanno anche bisogno di ricevere. Soltanto così gli insegneremo che la vita, quella vera, si basa sulla *reciprocità* e sullo *scambio d'amore* e nulla ha quindi a che fare con il senso unico e con la unilateralità.

«*Finché il mondo sarà colmo di femmine che portano i pantaloni e di maschi che indossano la gonna, i guai e le sofferenze non potranno aver termine*»

C. Bellecca

Il gioco dei ruoli

In natura esistono due princìpi fondamentali che la filosofia orientale ha denominato **Yin** e **Yang**. Lo **yin** rappresenta la componente energetica con caratteristiche femminili (ricettività, accoglienza, passività) mentre lo **yang** costituisce quella con proprietà maschili (penetrazione, veemenza, attività).

Il Creato è interamente permeato da questi princìpi che si manifestano attraverso un polarismo (o dualismo) che solo apparentemente possiede peculiarità contrastanti. In effetti entrambi i poli sono complementari tra loro costituendo i due aspetti di una stessa realtà. Così, ad esempio, c'è il *dì* e la *notte*, la *luce* e il *buio*, il *caldo* e il *freddo*, la *veglia* e il *sonno*, la *vita* e la *morte*. Il *maschio* e la *femmina*.

SIAMO SIA MASCHI CHE FEMMINE

In India si tramanda un'antica storia la quale narra che, in un'epoca remota, l'essere umano viveva non ancora differenziato nei due sessi. Un giorno, a causa del suo comportamento arrogante e presuntuoso, Dio, servendosi di una spada infuocata, volle punirlo dividendolo in due metà. Quel divino gesto diede origine al **maschio** e alla **femmina** i quali, da allora, hanno incessantemente provato l'indomito desiderio di ricongiungersi per ritrovare assieme l'armonia della originaria unione.

Contrariamente a quanto questa affascinante leggenda lascia intendere, in ognuno di noi coesistono sia il *principio maschile* che il *principio femminile*. Ogni individuo nasce dall'incontro e dalla fusione di uno spermatozoo (energia maschile) con un ovulo (energia femminile). Tutti possediamo una parte di nostro padre ed una di nostra madre e ciò a prescindere dal sesso a cui apparteniamo. In altre parole, un maschio ha in sé anche una componente femminile così come una femmina ne ha una maschile. Jung definì l'elemento maschile (yang) *animus* e quello femminile (yin) *anima*.

Una suggestiva immagine di Shiva mostra questa divinità induista con la metà destra del corpo avente sembianze maschili e quella sinistra con fattezze femminili, proprio per indicare come ogni essere umano sia sostanzialmente una sorta di ermafrodita cioè tanto maschio che femmina.

Anche la biochimica, del resto, ci dice la stessa cosa. Eseguendo una specifica analisi del sangue si può constatare che in ogni persona circolano sia androgeni (ormoni maschili) che estrogeni (ormoni femminili). La differenza tra i due sessi risiede unicamente nelle percentuali: nel maschio prevalgono gli androgeni, nella femmina predominano gli estrogeni.

La presenza di tale doppia valenza ormonale spiega come mai sia del tutto normale che un soggetto di sesso maschile esprima in certe situazioni la propria femminilità commuovendosi, essendo flessibile, comprensivo, sensibile e come, parallelamente, per uno di sesso femminile sia altrettanto naturale assumere in talune circostanze atteggiamenti maschili come prendere l'iniziativa, agire, essere intraprendente, programmare. L'equilibrio psico-fisico di una persona dipende molto dalla sua capacità di servirsi armonicamente delle due componenti, il *maschile* e il *femminile*, insite in lei.

IL MASCHIO E LA FEMMINA
L'UOMO E LA DONNA

Gli esseri umani si possono suddividere in **maschi** e **femmine** a seconda del tipo di organi sessuali che possiedono: pene e testicoli il maschio; vagina, utero e ovaie la femmina. Tali organi, come è noto, hanno una funzione riproduttiva (oltre che di piacere). Mediante il rapporto sessuale il maschio ha la facoltà di fecondare la femmina dando così inizio alla formazione di una nuova creatura che vedrà la luce dopo nove mesi di gestazione.

L'accoppiamento è un atto naturale, fortemente coinvolgente, nel quale il maschio e la femmina svolgono un ruolo ben preciso e al tempo stesso diverso da quello dell'altro (seppur complementare).

L'essere umano, a differenza di tutti gli altri animali, non è stato generato al solo scopo di mangiare, bere, dormire, defecare, urinare, fare sesso e procreare. È l'unico che ha la possibilità di parlare, pensare, ideare, creare, conoscere, provare emozioni, ridere, piangere, amare ed evolvere distaccandosi, così, dalla condizione meramente animalesca. «*Fatti non foste a viver come bruti ma per seguir virtute e canoscenza...*» ha scritto Dante nel XXVI canto dell'Inferno.

Tutti nasciamo maschi o femmine. Solo una minoranza, tuttavia, riesce a divenire nel corso della propria esistenza un **uomo** o una **donna.** Ciò si realizza allorché, animati dal desiderio di migliorarci e di espanderci sotto il profilo spirituale, gradualmente acquisiamo conoscenze e consapevolezze (ampliamento della coscienza) che ci permettono di attuare un salto di qualità come esseri umani. Una simile emancipazione è legata principalmente alla volontà e all'impegno che mettiamo nel voler rendere la nostra vita più armoniosa ed appagante.

Una persona a trent'anni può aver acquisito una percettività e una maturità che rendono il suo modo di essere e di ragionare quello di un uomo o di una donna mentre un'altra ad ottanta possiede ancora una mentalità ed una maniera di agire che la relegano a svolgere il ruolo di maschio o di femmina. Diventare uomini o donne non è una questione di età, anche se l'età ha una sua innegabile valenza. Riguarda, eventualmente, la *sensibilità* ed il *grado di consapevolezza* raggiunto, fattori che dipendono da quello che si è ricevuto dai propri genitori (ovvero come hanno svolto il loro ruolo e ci hanno educato), dalle esperienze avute in passato e soprattutto da *chi* vogliamo essere, vale a dire se ci accontentiamo di rimanere maschi o femmine oppure se intendiamo crescere interiormente e desideriamo svilupparci come individui coscienti di possedere un'anima.

Può darsi che a questo punto il lettore sia curioso di conoscere quali sono le caratteristiche che fanno la differenza tra un maschio ed un uomo e tra una femmina ed una donna. In effetti credo che questo sia un argomento estremamente importante perché non solo il ruolo che cia-

scuno di noi svolge è fondamentale per quel che riguarda il proprio benessere psico-emozionale, ma influisce anche molto sulla crescita dei figli e sul loro ruolo futuro.

Dal mio punto di vista per poter vivere da *uomo* o da *donna* e quindi
essere un padre o una madre valente, occorre sviluppare le seguenti qualità umane:

- Assumersi le proprie responsabilità non permettendo a nessuno
  di interferire con i compiti che ci spettano o di sostituirsi a noi
  nello svolgerli. Mantenere la parola data (se no è meglio non dar-
  la).

- Mettersi in sana discussione e analizzare il più obiettivamente
  possibile i propri comportamenti. Tenere nel debito conto il parere e i consigli degli altri senza esserne mai schiavi.

- Saper ascoltare per poter comprendere e imparare. Essere aperti
  e disponibili al dialogo ed al confronto (e non allo scontro).

- Avere una buona stima di sé (senza essere presuntuosi ed arroganti) affinché si possano affrontare i problemi con coraggio e si
  prendano le decisioni con assennatezza.

- Essere sinceri, leali e rispettosi del prossimo (e non ipocriti e bu-
  giardi). Quando si fa un piacere a qualcuno o si dona qualcosa,
  farlo sempre di cuore. Non fare giochi e non manipolare.

- Avere uno spiccato senso della dignità, propria ed altrui, cosicché non si mendichi amore e si eviti di far pesare alle persone
  quello che si fa e si dà loro.

- Essere flessibili, comprensivi e compassionevoli sapendosi mettere nei panni degli altri.

- Riconoscere i propri errori e scusarsi nel caso in cui ci si accorge
  di aver sbagliato. Non incolpare mai qualcun altro (o le circostanze) quando le cose non vanno bene. Non giustificarsi.

- Dichiarare esplicitamente le proprie difficoltà e chiedere aiuto in
  caso di bisogno.

- Vivere nel presente (e non nel passato o proiettati nel futuro).
  Saper apprezzare ciò che la vita ci offre momento per momento.

- Comunicare con onestà le proprie convinzioni rispettando al
  tempo stesso il parere ed il punto di vista del prossimo. Manife-

stare apertamente i propri sentimenti e le proprie emozioni (ridere, piangere) essendo sempre se stessi (non portare maschere).

- Essere amorevoli ed affettuosi (baciare, abbracciare, gratificare, incoraggiare) ma anche fermi e decisi sapendo dire "no" quando è necessario.
- Apprezzare l'intimità coinvolgendosi sentimentalmente con il proprio partner. Avere il piacere di fare all'amore rifuggendo dall'atto sessuale fine a se stesso. Impostare il rapporto di coppia essenzialmente sulla correttezza, sul rispetto e sulla fedeltà (altrimenti non ha senso stare assieme).

Qualcuno dopo aver letto il nutrito elenco di punti sopra riportati, peraltro passibile di eventuali rimaneggiamenti o ampliamenti, potrà pensare che è molto difficile o persino impossibile metterli in pratica. Certo, farli propri ed applicarli non è come bere un bicchiere d'acqua, sono d'accordo. Ma, se si vuole rendere il proprio stile di vita tutt'altro che squallido ed insoddisfacente e se si desidera lasciare ad un figlio (o a dei figli) qualcosa di veramente importante in eredità, occorre imparare a comportarsi da uomo o da donna.

Niente che abbia un effettivo valore nella vita può essere raggiunto senza impegnarsi con se stessi né può essere esente da sacrifici e da dedizione. Diventare un uomo o una donna non costituisce certamente una eccezione a questa regola, anzi, la avvalora ancor più. Senza forza di volontà, pazienza, costanza e soprattutto voglia di elevarsi al di sopra della condizione prettamente biologica di maschio o di femmina, non è assolutamente possibile raggiungere questo ambìto traguardo esistenziale.

Conseguirlo, beninteso, non implica che in seguito non si abbia più nulla da imparare e che non si debba più crescere (essendo l'apprendimento e la crescita spirituale aspetti di un processo evolutivo che si esaurisce solo con la morte) ma, semmai, l'inizio di uno stile di vita diverso basato sull'**essere**, piuttosto che sull'*avere*, ossia contrassegnato da un modo di sentire, ragionare e comportarsi sempre più imperniati sull'amore, sul darsi da fare assumendosi le proprie responsabilità, sulla comprensione e sul rispetto, per sé e per gli altri, piuttosto che sull'egoismo, le bugie, la superficialità, il delegare e lo scappare dai propri doveri.

IL PADRE E LA MADRE

È da qualche decennio che i tradizionali ruoli genitoriali del **padre**, che va a lavorare per sostenere economicamente la famiglia e della **madre**, che si occupa della casa e si prende cura dei figli, hanno cominciato a subire delle modifiche sostanziali.

Sicuramente il cambiamento che la nostra società industrializzata ha registrato anche in campo economico, costituisce un fattore non trascurabile nel gioco dei ruoli paterno e materno. Dato che soprattutto nelle ultime due-tre generazioni un numero crescente di mamme si è trovato nella condizione di andare a lavorare fuori della propria abitazione, molti papà si sono dovuti assumere maggiori responsabilità all'interno della casa, accudendo personalmente i figli (cucinare e lavare per loro, giocarci assieme, accompagnarli a scuola...).

La tendenza, quindi, è quella di una famiglia orientata ad un interscambio e ad una maggiore flessibilità dei ruoli rispetto al passato. Ciò è stato possibile per via dei mutamenti socio-economici verificatisi e anche grazie ad una maggiore presa di coscienza da parte dei padri. Un numero crescente di papà, difatti, si sta rendendo conto quanto sia importante la figura paterna per i figli, maschi o femmine che siano, e quanto sia piacevole ed appagante svolgere la mansione di genitore coinvolgendosi in prima persona dal punto di vista emozionale e pratico.

L'erronea convinzione, frutto di secolari condizionamenti, secondo la quale soltanto la madre è in grado di occuparsi di un bambino, specie se piccolo, essendo l'unica che sappia accudirlo e proteggerlo, per fortuna sta sempre più vacillando. A questo proposito i fatti parlano chiaro. Molti padri che si sentono coinvolti affettivamente sin dal concepimento del figlio, una volta che il bambino è nato si sostituiscono di buon grado alla moglie (o alla compagna) per consentirle di recuperare energie, riposandosi, o per permetterle di avere per se stessa un po' di tempo libero. Questa mentalità evoluta ha fatto sì che sia sempre più frequente vedere papà che tengono in braccio i loro figlioletti, li cullano, li portano a spasso con la carrozzina, li imboccano, li lavano, sostituiscono loro il pannolino e gli indumenti sporchi.

Dunque anche il padre, già a partire dalla più tenera età del figlio, svolge un ruolo significativo pur restando prioritaria la funzione e la figura materna nel primo anno di vita.

Studi recenti dimostrano che, quando i papà si responsabilizzano e si coinvolgono precocemente, offrendo un concreto aiuto alla famiglia, gli effetti positivi sono considerevoli sia in termini di sicurezza trasmessa alla madre del bambino e sia come vero e proprio investimento per quel che concerne la qualità del futuro rapporto con la prole.

Una donna intelligente nonché brava mamma, dovrebbe favorire in ogni modo la partecipazione del coniuge (o del compagno) alla vita pratica familiare e alla cura dei figli. Dovrebbe anche evitare di criticare il partner quando questi, seppur animato dalle migliori intenzioni, si dimostri all'inizio maldestro perché, così facendo, potrebbe indurlo a diventare rinunciatario e non collaborativo. Sarebbe opportuno, pertanto, che con garbo e femminilità, doti che ad una vera donna non mancano, gli desse indicazioni e lo incoraggiasse a fare, lasciandolo poi agire autonomamente.

È provato, infatti, che i bambini traggono maggiori vantaggi per la loro crescita psicologica quando ricevono cure ed attenzioni ambivalenti cioè ad impronta sia maschile (padre) che femminile (madre). Nel caso non infrequente in cui i due genitori non dovessero essere d'accordo su come fare una certa cosa a favore del bambino, è opportuno che essi si dividano i compiti in maniera da non interferire tra di loro e da non creare attriti e dissapori che si ripercuoterebbero negativamente sul rapporto di coppia e sulla educazione del figlio.

Pur essendo in corso, da svariati anni, una significativa quanto incoraggiante emancipazione del ruolo paterno che nel tempo ha visto crescere percentualmente il numero dei genitori responsabili, attenti ai bisogni dei figli ed emotivamente disponibili (per dirla alla maniera di John Gottman), tuttavia a tutt'oggi i *papà veri* costituiscono ancora una netta minoranza.

In effetti, la maggior parte dei padri lo sono solo da un punto di vista biologico perché quando si tratta di prendere decisioni, assumersi responsabilità, avere un buon rapporto comunicativo con i figli, interessarsi di ciò che fanno, aiutarli a risolvere le problematiche che li assilla-

no, tutti, chi più, chi meno, delegano alla partner i compiti che spette-
rebbe loro esplicare.

Sono fondamentalmente tre le categorie nelle quali i comportamenti
paterni possono essere racchiusi e definiti: il *padre ottimale*, il *padre vecchio stampo* e il *padre assente*.

A) Il *padre ottimale*. Come ampiamente riferito nei capitoli precedenti, un vero padre (per l'appunto ottimale) è autorevole, affettuoso,
comunica ai figli il proprio amore con baci, abbracci, parole ("ti amo") e
trova il tempo per colloquiare con loro e giocarci assieme. È un uomo
che mostra quello che prova (si commuove, ride, si indigna), è comprensivo, flessibile e sa essere risoluto e determinato quando serve. È colui
che si interessa sempre di ciò che un figlio fa, delle amicizie che frequen-
ta e di quello a cui il figlio stesso può andare incontro. È colui che infonde coraggio ai figli e li stimola a realizzare i loro desideri e i loro sogni.
È colui sul quale si può sempre contare e che è presente anche quando
sta da un'altra parte.

In poche parole, è un uomo che emana amore e sicurezza. È proprio
il *senso di sicurezza* ciò di cui una moglie e dei figli hanno maggiormente
bisogno per sentirsi realmente amati. Per sicurezza, si badi bene, non intendo riferirmi a quella economica (che pure ha la sua importanza) bensì alle certezze che solo chi è presente e si coinvolge affettivamente con la
famiglia, nella pratica quotidiana, è in grado di trasmettere.

Questo, a mio parere, vuol dire "avere le palle". Ricorro spesso a questa espressione colorita quando desidero comunicare con immediatezza
ed incisività ai papà che ho occasione di contattare un concetto estremamente importante: per essere un vero uomo, e perciò un padre in gamba,
occorre tirare fuori e sviluppare doti umane che vanno ben oltre la nozio-
ne di "virilità" con la quale ci hanno condizionato negativamente.

Desidero sottolineare, a questo riguardo, che chi si comporta da uomo, sa fare bene anche il padre e l'amante. Per contro, chi agisce da maschio ed è perciò concentrato sui muscoli, sulla esteriorità e sul sesso, è
inevitabile che lasci a desiderare come genitore, in quanto non ha ancora
compreso quali sono i veri requisiti morali che rendono uomo.

B) Il *padre vecchio stampo*. È il padre autoritario, intransigente e rigido (del quale si è diffusamente parlato in un precedente capitolo) che ricorre spesso alle punizioni (o persino alle botte) se un figlio non si adegua ai suoi voleri e non gli obbedisce. È colui che urla, rimprovera, comanda, pretende, non ammette contraddizioni o repliche e, soprattutto, che non si lascia mai andare ai sentimenti e alle emozioni. Se si va ad esaminare la sua storia personale, quasi sempre si può constatare che questo individuo, a sua volta, ha avuto un padre simile a lui ovvero una persona che lo ha criticato, rimproverato e punito e che non si è mai soffermato a giocare con il figlio, ad ascoltarlo, a consigliarlo, ad incoraggiarlo. È a causa di questo genere di educazione, tutt'altro che amorevole, che costui non è maturato ed è rimasto un maschio ovvero un soggetto che, non sapendo fare uso del cuore, perché non abituato, ricorre alla forza fisica e scarica sugli altri tutta la rabbia, le amarezze e le frustrazioni che si porta dentro per non aver ricevuto affetto e comprensione da bambino.

C) Il *padre assente*. Sono diversi i motivi che rendono un genitore assente. Può accadere a causa della sua morte, del troppo lavoro, della separazione dal coniuge, per debolezza caratteriale. Esaminiamo brevemente, una ad una, le principali ragioni.

Un padre che non c'è perché è deceduto naturalmente non è colpevole per la sua assenza. In situazioni del genere, però, è estremamente importante che una figura maschile sostitutiva colmi il vuoto venutosi a creare. Un tempo, quando le famiglie erano di stampo patriarcale e costituite da più componenti rispetto ad ora, c'era sempre uno zio, un nonno o comunque un parente che si prendeva cura dell'orfano (o degli orfani). Oggi, in base a come è strutturata la società moderna, un siffatto evento ha scarse possibilità di verificarsi per cui se una madre non si risposa o non trova un compagno, i figli crescono con ogni probabilità senza un papà.

Il lavoro, specie nel mondo capitalista in cui viviamo, tiene i padri fuori casa tante ore al giorno. Tali ore aumentano ancor più quando, ad esempio, c'è parecchia strada da percorrere oppure si perde quotidianamente molto tempo per via del traffico o, ancora, si lavora come forsennati in quanto la carriera, l'ambizione ed il danaro hanno la precedenza su tutto. In casi come questi succede frequentemente che un genitore arrivi in famiglia la sera tardi e trovi i figli, specie se piccoli, già a letto e non abbia pertanto l'opportunità di godere della loro compagnia (almeno non più di tanto) lasciando che anch'essi si giovino, conseguentemente, della presenza del padre.

La separazione tra coniugi comporta effetti che possono essere devastanti sui figli se i due genitori, una volta che non vivono più insieme, non si comportano da persone civili ovvero da adulti maturi e responsabili. L'allontanamento di un genitore dalla prole, che si verifica nella maggior parte delle separazioni (venendo di solito l'affidamento effettuato a favore della mamma), può costituire un pretesto di latitanza, anche se non giustificata, di tanti padri. Succede che questi individui, anziché trasmettere ai figli più affetto e certezze di prima, facendo sentire che il papà nonostante la separazione dalla madre è comunque presente, si lascino sopraffare dalle beghe con la ex moglie e finiscano col diradare o addirittura interrompere i contatti con chi hanno generato e col far mancare il proprio sostegno economico.

Ci sono padri che, avendo del tempo a disposizione dopo il lavoro, lo trascorrono con gli amici al bar oppure, una volta giunti a casa, lo impiegano per leggere il giornale o guardare la TV invece di dedicarsi alla famiglia, rendendosi fattivamente utili, o di mettersi a giocare o a dialogare con i figli, mostrando nei loro confronti interesse ed amore. L'atteggiamento irresponsabile di questi genitori *assenti*, pur se presenti fisicamente, rappresenta da una parte la conseguenza del deplorevole comportamento tenuto dai loro padri e, dall'altra, costituisce il riflesso di un modo di agire delle madri, castrante, improntato sull'incessante preoccuparsi di tutto e di tutti, sul prendere autonome decisioni ed iniziative e sul gestire personalmente ogni cosa (non potendo contare sul marito).

MADRI "CON I PANTALONI"
E
PADRI "CON LA GONNA"

I padri delle trascorse generazioni erano usi credere, perché questo era ciò che avevano appreso, che il compito di un genitore fosse principalmente quello di andare a lavorare per mantenere la famiglia e che a tutto il resto, educazione dei figli inclusa, dovesse pensarci la moglie. A causa di questa radicata mentalità accade ancora oggi, pur se meno rispetto al passato, che molte mogli, che non ricevono aiuto, collaborazione e supporto morale dai mariti, ovvero *sicurezza*, tendano a "mettersi i pantaloni" ossia cerchino in qualche maniera di vicariare le carenze dovute all'assenteismo maschile.

In effetti, "mettersi i pantaloni" e rivestire il doppio ruolo di mamma e di papà risulta essere un comportamento quanto mai sbagliato dato che va contro le Leggi della vita. Dio, altrimenti, perché avrebbe creato due figure genitoriali distinte?

Nessuna madre può sostituire un padre, così come nessun padre può rimpiazzare una madre. Quando questo principio viene violato, e ad infrangerlo sono soprattutto le madri le quali credono ingenuamente che compensando le carenze del consorte riusciranno ugualmente a crescere bene chi hanno procreato, le conseguenze negative investono ciascun membro della famiglia. Vediamo in che modo.

È fatale che col passare del tempo una madre che funge da "uomo di casa" e da "padre" e che per giunta fa da "mamma" al marito, perda gradualmente la sua femminilità: porta i capelli corti, si veste in maniera mascolina, non ha cura di sé, si abbrutisce e si imbruttisce. Essa, inoltre, con il suo modo di agire tendente a compensare i difetti e le mancanze del partner (fa le cose al suo posto), diventa complice delle debolezze di quest'ultimo il quale, essendo un immaturo e non venendo per di più stimolato ad assumersi le proprie responsabilità, rimane uno scriteriato e non cresce e non progredisce sia come essere umano che in qualità di coniuge e di genitore. Un marito che delega continuamente alla moglie quello che spetta a lui fare e che, perdipiù, non sa comportarsi da buon padre perché non dedica del tempo ai figli, non si coinvolge emotivamente e non è partecipe dei loro problemi e delle loro necessità, diviene per la prole una figura fallimentare ed un esempio sconfortante nonché distruttivo.

In circostanze del genere un figlio cresce debole come il padre e sviluppa un complesso di inferiorità nei confronti del sesso femminile, a causa del fatto che è la madre a dominare la scena familiare. Da grande, pertanto, specie se è dotato di un bell'aspetto, farà il Don Giovanni (o il macho) nel tentativo di autoaffermarsi e di sopperire al senso di inadeguatezza e di insicurezza che si porta dentro, per via dell'esempio paterno non edificante che ha ricevuto. Oppure sarà un individuo irresoluto e remissivo. In questo caso attirerà su di sé le attenzioni di una femmina forte la quale, una volta sposati, prenderà in mano le redini della famiglia relegandolo a ricoprire il ruolo del gregario ovvero di chi in casa non conta nulla.

Una figlia che vive in un contesto in cui i ruoli sono sovvertiti manifesterà peculiarità del tutto sovrapponibili a quelle della madre. Sarà incline a comandare, gestire, avere atteggiamenti e comportamenti maschili, ad essere materna con i maschi nonché a provare attrazione per individui smidollati ed incapaci somiglianti al padre. Un giorno, unendosi ad uno di questi soggetti, si ritroverà a ricoprire un ruolo che non è quello ideale (moglie e madre "con i pantaloni") e a vivere, perciò, le stesse difficoltà, gli stessi disagi e le medesime frustrazioni della mamma, in quanto colui con il quale si è accoppiata si è rivelato un essere fragile e inaffidabile (ossia uno che "porta la gonna").

PERCHÉ IL PADRE È IMPORTANTE

Che la mamma sia fondamentale per un bambino è noto a tutti sin dall'antichità. È lei che lo porta in grembo per nove mesi, lo partorisce e fornisce, una volta nato, tutto quello di cui ha bisogno (nutrimento, attenzioni, coccole) per farlo vivere e crescere quanto meglio è possibile.

La figura del padre, per contro, è stata sempre considerata necessaria per la fecondazione, ma secondaria o comunque non così importante come quella materna per quel che concerne l'allevamento dei figli.

Soprattutto negli ultimi decenni la psicologia moderna ha posto l'accento sul fatto che la funzione di un padre va ben al di là di quella dell'inseminatore e di colui che provvede al sostentamento familiare, essendo il suo ruolo addirittura cruciale ai fini di un sano sviluppo psicoemozionale e sessuale della prole. Vediamo quali sono gli aspetti paterni più salienti, e quindi più incisivi, sulla vita dei figli (maschio e femmina).

1) *Effetti sul figlio*. Man mano che passa il tempo un ragazzino è attratto in maniera crescente dal papà perché sente istintivamente che ne ha bisogno per crescere forte e sicuro di sé. Un padre ottimale (o *autorevole*) è consapevole di questa naturale e legittima necessità del figlio, tanto è vero che non ha alcuna difficoltà nel soddisfarla coinvolgendosi sia affettivamente (baci, abbracci, premure, buona comunicazione) che da un punto di vista pratico (accudirlo, mettersi a giocare con lui, portarlo in giro con sé, accompagnarlo o andarlo a prendere a scuola...).

Un tale encomiabile modo di fare il genitore da una parte costituisce quanto di meglio un figlio possa desiderare, e quindi rappresenta un modello maschile altamente educativo, e dall'altra evita che venga commesso un errore madornale piuttosto comune cioè che la madre del bambino divenga una "chioccia" e tenda ad essere iperprotettiva.

Quando i padri appartengono alla categoria vecchio stampo o, ancor peggio, a quella degli assenti, le madri sono portate a supplire le loro manchevolezze, affettive e pratiche, stando addosso ai figli in maniera morbosa e preoccupandosi incessantemente per ogni minima cosa che li riguarda. È così che hanno origine i "cocchi di mamma" cioè quei maschi viziati che da adulti saranno rammolliti e inetti proprio perché sono cresciuti all'ombra di una figura femminile dominante. Un maschio siffatto una volta sposato (ma già anche prima), diviene oggetto di disputa tra la moglie e la madre (nuora e suocera) le quali se lo contenderanno, non di rado anche litigando, per decidere chi delle due deve esercitare il potere su di lui.

Un figlio maschio che ha un padre valente è decisamente molto fortunato. Un ragazzino che può identificarsi con un genitore amorevole e capace di guidarlo efficacemente attraverso le delicate fasi della infanzia, della fanciullezza, dell'adolescenza e della gioventù, mette, pur non essendone cosciente, una straordinaria ipoteca sul proprio domani di uomo e sul proprio ruolo di futuro papà.

Il benefico esempio ricevuto lo porrà nella condizione di amare la madre senza esserne dipendente (o succubo) e di avere con il sesso femminile un rapporto paritario che gli consentirà di costruire una relazione di coppia basata sull'amore, sul rispetto e su un "gioco" dei ruoli equilibrato ed armonioso.

2) *Effetti sulla figlia.* Un padre presente e premuroso, non soltanto nutre l'anima della figlia con il suo calore genitoriale consentendole di crescere in condizioni ideali ossia sentendosi amata ed accettata, ma rappresenta per lei anche il modello maschile prioritario, il prototipo di uomo. Difatti, mentre la mamma costituisce il punto di riferimento principale per quel che concerne il ruolo femminile che la figlia un giorno ricoprirà, il papà, con il suo modo di essere e agire, fornisce una immagine che a seconda dei casi potrà risultare positiva (padre attento, affettuoso, responsabile) o negativa (padre autoritario, padre assente, padre ubriacone, padre violento).

Le modalità con cui un genitore si comporta costituiscono per una figlia il parametro primario sul quale essa impernierà le proprie scelte sentimentali e le proprie relazioni con l'altro sesso. È ormai assodato, infatti, che le ragazze i cui padri si sono mostrati colmi di attenzioni e premure, le hanno seguite e hanno avuto con loro un legame aperto e comunicativo, di solito non si lasciano andare alla promiscuità sessuale, non scelgono un rammollito o un debosciato come partner e non impiantano un rapporto di coppia se non su sani princìpi. È questa, dopo tutto, l'importanza che riveste per una figlia un modello paterno amorevole ed efficace sotto il profilo educativo.

La figura del padre, dunque, ha una duplice ed importantissima valenza. Per un figlio costituisce l'esempio con il quale identificarsi e rispecchiarsi (ruolo maschile) e, per una figlia, rappresenta la matrice a cui ispirarsi per instaurare una costruttiva relazione con l'altro sesso. Ma c'è di più. Un papà in gamba simboleggia per i figli di entrambi i sessi la stabilità, la sicurezza, il dare un significato pratico ed una direzione concreta alla propria esistenza. Personifica l'abilità di fare da guida, entrare in rapporto con gli altri, prendere decisioni, compiere scelte, affrontare e risolvere i problemi.

Il principale problema dell'umanità (da cui derivano guai e sofferenze senza fine) è quello della carenza di padri attenti, responsabili ed amorevoli (ossia "con le palle"). Questa, a mio avviso, è la piaga sociale fondamentale su cui si deve lavorare (con l'aiuto anche delle istituzioni) se si vuole dare una reale svolta migliorativa allo stile di vita dell'essere umano. Sono completamente d'accordo con il Prof. Enrico Cheli (docente di sociologia delle relazioni interpersonali all'Università di Siena) quando asserisce: «*Il ruolo della paternità necessita di essere valorizzato sia in relazione alla quantità e qualità del tempo da condividere con i figli e sia per le importanti funzioni svolte all'interno della famiglia. Questa esigenza porta con sé dei cambiamenti inerenti tanto la riformulazione del ruolo paterno nel contesto familiare quanto la necessità di apprendere nuove modalità di relazione. Il cuore del problema è che nessuno si è mai curato di insegnare ai genitori a svolgere bene il loro compito, ad impostare in modo sano e costruttivo i rapporti con i figli, a comunicare e gestire efficacemente le emozioni e ad esprimere appropriatamente i sentimenti. Oggi disponiamo di conoscenze e metodi didattici per una tale educazione che il mutamento socioculturale in corso rende sempre più indispensabile*».

IL GIOCO DEI RUOLI OTTIMALE

Credo molto nella parità dei diritti e dei doveri in una coppia tanto da essere convinto che due persone, che hanno messo al mondo una creatura (o più di una), debbano, oltre che condividere, anche effettuare all'occorrenza uno scambio delle mansioni genitoriali, sia per venirsi incontro e sia per mandare avanti al meglio la famiglia.

Mentre i ruoli biologici è impossibile scambiarseli, non essendoci alcun maschio che possa essere ingravidato e che possa allattare come non esiste alcuna femmina che sia in grado di inseminare qualcuno, i compiti quotidiani invece possono essere oggetto di avvicendamento. Se, ad esempio, oggi la mamma non può andare a prendere il bambino a scuola, ci andrà il papà così come, se il marito è impossibilitato nell'andare a pagare la bolletta della luce, provvederà la moglie. Altro esempio. Se si è rotta la spina incorporata al ferro da stiro ed il capo famiglia è fuori casa per lavoro, una donna può benissimo cercare di ripararla da sola come, d'altro canto, può verificarsi che un uomo faccia da mangiare, lavi i piatti e riordini la cucina, perché la consorte sta a letto con la febbre oppure quel giorno ha un turno lavorativo prolungato.

In una coppia, purché ci sia comprensione e spirito di collaborazione, l'interscambio è praticabile in qualsiasi momento senza che le prerogative maschili del padre e quelle femminili della madre vengano messe in discussione e che il modello che essi offrono ai figli subisca dannose distorsioni. Anzi in questi casi la prole (maschi e femmine) trae maggiori benefici educativi dall'esempio che riceve dai genitori perché vede che costoro, oltre ad essere delle persone che valgono, si amano e si rispettano.

L'amore e la reciproca stima tra coniugi sono elementi fondamentali in quanto generano quella voglia di costruire insieme delle cose e quella sana cooperazione che apporta gioia e serenità in casa, requisiti indispensabili per una buona crescita psico-emozionale dei figli.

È un dato di fatto che, quanto più un uomo si assume le proprie responsabilità e fa sentire alla donna che ha accanto il proprio affetto e il proprio concreto coinvolgimento con la famiglia (*sicurezza*), tanto più efficiente diviene la moglie anche nelle vesti di mamma "con la gonna". Così come è altrettanto vero che, quanto più una donna trasmette al suo uomo il proprio amore e la propria considerazione e quanto più lo sostiene nel ruolo di papà, incoraggiando i figli a rivolgersi al padre in caso di bisogno, tanto maggiore sarà l'efficacia e la incisività della sua funzione di genitore "con i pantaloni".

Per crescere bene ad un bambino o ad una bambina occorrono entrambi i modelli, quello *maschile* e quello *femminile,* non vi è alcun dubbio. La fase rivoluzionaria che stiamo attraversando, nella quale un numero sempre più elevato di padri partecipa attivamente alla vita familiare aiutando la moglie a prendersi cura della prole e dedicandosi a tutte quelle piccole cose che in passato erano prerogativa delle madri (fare il bagnetto al figlio, cambiargli il pannolino, imboccarlo, raccontargli delle fiabe, aiutarlo ad addormentarsi) evidenzia che non esistono ruoli rigidi e prestabiliti (tranne che per l'aspetto biologico) come la tradizione passata ci ha fatto credere per secoli.

Un uomo degno di questo appellativo, cioè un individuo forte, leale, che sa prendere decisioni e assumersi responsabilità, che è risoluto, energico, che è un valido amante ed esprime ciò che il suo cuore sente e prova, sa essere anche dolce, tenero e premuroso con la moglie e con i figli senza per questo rinunciare alla sua virilità.

In realtà, in ogni padre c'è anche una "madre" (lato femminile) così come in ogni madre è presente pure un "padre" (lato maschile). Solo quando questi connaturati aspetti dell'essere umano vengono vissuti nella flessibilità, nella comprensione, nella cooperazione e nel rispetto, il gioco dei ruoli assume un significato di grande utilità e diviene un valido supporto per la educazione di un figlio. In caso contrario, purtroppo, continueranno ad essere alimentati quegli stantii e sconsiderati presupposti culturali che stanno alla base di tanti mali e tribolazioni.

La confusione e il sovvertimento dei ruoli è una piaga che ammorba la nostra società. Padri autoritari o assenti e madri mascoline e aggressive oppure chiocce, non possono in alcuna maniera soddisfare le esigenze educative dei figli. Questo essenziale concetto è bene che trovi sempre più spazio nelle coscienze dei genitori se si vuole dare un taglio definitivo ad una mentalità e ad un modo di comportarsi, erronei, i quali nulla hanno a che vedere con la considerazione, l'armonia e l'amore che sono necessari per crescere brillantemente i figli e per vivere con loro in pace e serenità. Credo che i tempi siano maturi perché si verifichi un cambiamento di mentalità e di stile di vita che conferiscano finalmente dignità e autentico valore alla esistenza umana.

«Le colpe dei padri ricadono sui figli...»

(Cfr. Deuteronomio, 5, 9)

I figli dei separati

Il numero dei figli di genitori separati ha raggiunto valori considerevoli ed è pure in continuo e progressivo aumento. Essendo quello della separazione un evento ormai di rilevanti proporzioni, ho creduto opportuno parlarne per via delle implicazioni psicologiche e delle ripercussioni che un fatto così lacerante comporta sulla educazione di un bambino e sul suo domani di adulto.

Questa, comunque, non è l'unica ragione che mi ha indotto ad inserire il presente capitolo nel libro. Ce n'è anche un'altra che mi coinvolge in prima persona: sono separato da quando mio figlio aveva circa tre anni. Conosco bene, avendolo provato direttamente, cosa significhi fare il padre in condizioni che non sono quelle ideali perché ci si trova nella impossibilità di stare quotidianamente assieme a chi si è procreato.

Aver constatato che quanto ho appreso in merito a questo genere di problema mi consente di dare un aiuto concreto ai genitori che si rivolgono a me e che si trovano nella mia stessa condizione, mi ha ancor più invogliato a trattare un tema così attuale fiducioso, come sono, che quel che ho da dire possa tornare utile anche a molti lettori.

Per offrire una visione esauriente dell'argomento ho suddiviso il capitolo in due parti. Nella prima sono evidenziati i motivi che portano alla separazione mentre, nella seconda, vengono esaminati gli effetti sulla prole prodotti dalla separazione medesima. Ho concluso il capitolo con gli stessi consigli che mi furono dati dopo essermi separato e che si sono rivelati preziosi. Messi in pratica, difatti, evitano sofferenze e danni psichici ai nostri figli e consentono a noi genitori di comprendere che anche una esperienza penosa come quella della separazione può trasformarsi in una grande opportunità per imparare a perdonare e ad amare. In effetti, la fonte principale di apprendimento avviene attraverso le relazioni, specie di coppia. Le relazioni sono un laboratorio vivente che mette spesso a dura prova le nostre convinzioni, il nostro carattere, la nostra disponibilità nell'andare incontro all'altra persona... In altre parole, le relazioni suscitano emozioni, stati d'animo e comportamenti il cui fine è quello di apprendere delle lezioni e di crescere come esseri umani. Tutto ciò può verificarsi nella gioia e nell'amore o nella frustrazione e nel dolore!

PERCHÉ CI SI SEPARA

Anche se apparentemente possono sembrare svariate le cause che determinano la fine di un legame, l'esperienza vissuta sulla mia pelle e le molteplici separazioni di cui sono stato spettatore nel corso degli anni, mi inducono ad affermare che sono sostanzialmente tre i motivi che portano alla cessazione di una relazione. A mio avviso tutti e tre hanno il loro peso e la loro parte di responsabilità. A seconda dei casi e delle circostanze, tuttavia, può verificarsi che uno sia più determinante e incisivo rispetto agli altri due. Esaminiamo quali sono questi moventi.

A) *Proiezione sul partner*. Quando due persone si innamorano, di solito è l'aspetto fisico o il modo di fare, ragionare, parlare, sorridere... ciò che apparentemente fa scoccare la scintilla iniziale. In realtà l'elemento che determina l'attrazione spesso ha a che fare con problematiche che ci portiamo dentro, inconsciamente, derivanti dal tipo di rapporto avuto con i nostri genitori, specie quello vissuto con il genitore dell'altro sesso.

Ricorrerò ad un esempio per rendere più comprensibile questo importante concetto. Una ragazza il cui padre intollerante ed autoritario le rende la esistenza un inferno con il proprio modo di comportarsi, anela andarsene di casa per liberarsi dalla infelice condizione nella quale si trova. Un giorno conosce un giovane, se ne invaghisce e dopo alcuni mesi lo sposa essendo rimasta incinta. Il bambino nasce, i due genitori sono contenti di avere un figlio ed il loro ménage procede serenamente per un certo periodo di tempo finché, a poco a poco, cominciano gli screzi e i contrasti. Nel caso in questione è prevalentemente la moglie con il proprio atteggiamento polemico ed aggressivo, ad instaurare un rapporto conflittuale. Infatti, quando talvolta il marito non si mostra disponibile nell'accontentare una sua richiesta oppure esprime un parere diverso dal suo, lei si adira, gli mette il broncio, non vuole fare l'amore con lui, cerca in ogni modo di fargliela pagare.

La coppia va avanti tra alterne vicende per qualche anno. Gli attriti e i litigi non accennano a diminuire, anzi si intensificano. A farne le spese è soprattutto il figlio il quale, assistendo agli alterchi tra il papà e la mamma, cresce in un'atmosfera familiare pregna di incomprensione ed ostilità che finisce col farlo diventare un bambino introverso e triste.

La mancanza di volontà nel venirsi incontro per cambiare lo stato delle cose, affatto soddisfacente, unita al livore e all'acredine che i coniugi hanno accumulato nel tempo, fa sì che un certo giorno la loro unione si rompa definitivamente e i due si separino.

Analizzando l'esempio riportato possiamo evidenziare come la rabbia ed il risentimento, accumulati dalla giovane donna nei confronti del padre per via di tutto quello che l'uomo le aveva fatto patire, vengano scaricati sul coniuge (ossia su una figura maschile) il quale, almeno inizialmente, non merita le invettive e le ripicche che la moglie gli riserva perché il suo comportamento non è rude e prepotente come quello del suocero. In seguito, però, perdurando gli attacchi della consorte, e non sapendo gestire diversamente il rapporto con lei se non attraverso il litigio (esattamente come aveva visto fare ai suoi genitori), il marito gradualmente si lascia coinvolgere dalle provocazioni e finisce col rendersi corresponsabile della fine del matrimonio.

I dissidi interiori, provenienti per lo più dall'infanzia, impediscono di avere relazioni costruttive in quanto il vissuto di ognuno finisce inesorabilmente per affiorare man mano che si vive a stretto contatto con l'altro. C'è, in psicologia, un assioma che dice: «*l'inconscio non fa alcuna differenza tra il padre e il partner o tra la madre e la partner*». Ciò sta a significare che quando da bambini non si riceve amore e comprensione o, ancor peggio, si subiscono soprusi e violenze, si sviluppano sentimenti negativi (rabbia, rancore, odio) che rimangono impressi nell'inconscio e che in futuro verranno riversati (*proiezione*) su un eventuale compagno (o compagna). Va anche aggiunto, a questo riguardo, che spesso la persona della quale ci si innamora si rivela successivamente essere dotata di un carattere e di un temperamento per certi versi simile o persino sovrapponibile a quello del genitore responsabile degli originari patimenti. In altre parole, senza rendercene conto veniamo attratti da esseri la cui personalità e il cui modo di agire ricalcano cliché comportamentali che ci hanno fatto soffrire.

Si spiega così come mai le persone arrivino a separarsi due, tre o più volte nella loro vita. Quando le ferite del passato non sono state elaborate e guarite, l'inconscio ci condiziona negativamente facendoci compiere degli errori attraverso scelte che ci portano a ricreare i conflitti infantili.

Se non si attua un percorso di consapevolezza e di cambiamento, non soltanto non saremo mai sereni ed appagati ma neanche potremo costruire un legame affettivo con qualcuno che sia duraturo e soddisfacente. Le relazioni servono a farci da specchio, ovvero ci fanno vedere quali problematiche si annidano in noi e quindi su cosa dobbiamo lavorare per affrancarci dal dolore e dalla infelicità. Sono anche una opportunità per risolvere definitivamente i problemi dell'infanzia legati al rapporto avuto con il genitore appartenente all'altro sesso (figlio – madre; figlia – padre).

B) *Uno dei due vuole crescere, l'altro no.* L'emancipazione della donna avvenuta soprattutto negli ultimi quarant'anni grazie anche al contributo del movimento femminista, ha fatto sì che molte mogli non si accontentino più di fare solo le casalinghe e le madri. Vogliono lavorare per essere indipendenti economicamente e aspirano ad avere spazi per se stesse da dedicare allo sviluppo della propria creatività (pittura, musica, lettura...) e della propria spiritualità (yoga, meditazione, corsi di crescita personale...).

Accade, pertanto, che se i mariti non collaborano e non si assumono la loro parte di responsabilità nel prendersi cura della prole e nell'occuparsi dei fabbisogni familiari, esse non accettano più di sobbarcarsi tutti gli oneri che la convivenza richiede.

Oggigiorno una donna che sia degna di questo appellativo è assolutamente contraria *a fare da mamma al marito*. Desidera avere a fianco un uomo e non un individuo insulso e debole il quale, oltre a non onorare i propri doveri di coniuge e di padre, pretende pure che la moglie sia a sua disposizione e lo accudisca come un bambino. I tempi non sono più quelli di una volta. Stiamo progressivamente andando incontro ad una uguaglianza di diritti e di doveri tra i due sessi e verso una pari dignità, come non si era mai verificato prima di ora.

È noto che in ogni rivoluzione c'è una fase di transizione, affatto fluida ed agevole, necessaria per poter passare da una situazione preesistente che non soddisfa ad una nuova più appagante. Similmente, la separazione costituisce lo scotto che si deve pagare per emanciparsi e per svincolarsi da chi non intende mettersi in discussione e non vuole aprirsi a quei cambiamenti che farebbero progredire migliorando conseguentemente il rapporto con il partner e quello con i figli.

Quando in una coppia uno dei due è immaturo vede i difetti e le colpe solo nel coniuge ed è portato a biasimare e a recriminare piuttosto che essere propenso a ricercare dentro di sé le motivazioni che determinano disaccordi e incomunicabilità con chi gli sta accanto.

Se in un legame una delle due persone è distruttiva con se stessa perché, ad esempio, è depressa o dipendente da droghe oppure è ricalcitrante nei confronti di un personale mutamento, è evidente che anche la crescita dell'altra viene ostacolata. In casi simili, spesso l'unica via d'uscita è troncare la relazione non potendo questa funzionare con il solo impegno di uno dei due. Una decisione del genere, solitamente presa dal coniuge più evoluto, consente a quest'ultimo di liberarsi di un peso che inevitabilmente avrebbe finito col gravare sulla sua vita e coll'annichilirlo impedendogli di migliorare e di evolvere. Inoltre, dà la possibilità a chi viene lasciato di iniziare un cammino di riflessione ed introspezione che altrimenti difficilmente si sarebbe potuto attuare. Non è raro, difatti, che la persona dalla quale ci si è distaccati ammetta, a distanza di tempo, quanto la separazione le abbia giovato avendola indotta a maturare e a crescere.

C) *Mancanza di comunicazione.* La comunicazione non solo costituisce un elemento importantissimo nel rapporto tra genitori e figli ma è altrettanto fondamentale nel legame di coppia.

Molti matrimoni, dopo un po' di tempo dal loro esordio, vanno in crisi perché l'attrazione fisica sulla quale si basano inizialmente non è supportata da una intesa di sentimenti, gusti, idee, obiettivi e, soprattutto, non è nutrita da una buona comunicazione.

Anche la più grande delle passioni, se non è accompagnata da un'assidua e sincera esternazione di quello che si pensa, si prova e si sente, prima o poi è destinata ad esaurirsi, a spegnersi e a morire.

L'amore tra un uomo e una donna non può limitarsi al solo aspetto sessuale, ha bisogno anche della componente spirituale per poter dare origine ad un sodalizio che sia autentico e durevole. Occorre, cioè, che i partner condividano piaceri, gioie, speranze e ideali, ma anche amarezze, contrarietà, problemi e dolori. Serve che si parlino apertamente di tutto, senza remore e vergogne; che ammettano le loro difficoltà, le loro insicurezze e i loro sbagli; che si gratifichino e si incoraggino vicendevolmente; che si prestino attenzione e si ascoltino; che si scambino tenerezze, aiuto e solidarietà. Insomma, che non abbiano paura di esporsi, di coinvolgersi, di aprire il proprio cuore e di lasciarsi conoscere intimamente.

Amare significa saper comunicare all'altra persona con le parole, i gesti e gli atteggiamenti, quanto teniamo a lei, quanto conta per noi. Ecco perché è vitale che due che stanno assieme mostrino un abituale e reciproco apprezzamento per quello che fa l'altro senza incorrere nel madornale errore di dare le cose per scontate. Una relazione amorosa è un po' come una stufa che necessita di un costante apporto di legna per far sì che la fiamma rimanga viva e possa trasmettere calore. Quando c'è la tendenza a parlare poco o a impostare il rapporto su un conversare superficiale che non implica mettersi in gioco, esprimere il proprio punto di vista, le proprie sensazioni e le proprie emozioni, un legame affettivo perde gradualmente di interesse e smalto. Comincia a vacillare e a inaridirsi in quanto diventa preda dell'abitudine, della pigrizia e della noia. Così come, se i coniugi non fanno altro che litigare, scambiandosi accuse, rimproveri e rinfacciandosi le cose, è inevitabile che finiscano prima o poi col detestarsi, col non parlarsi e col divenire due estranei che vivono sotto lo stesso tetto.

Se, invece ci si mette in *sana discussione* (perché nessuno è perfetto), c'è confidenza e buona comunicazione e gli stati d'animo e i sentimenti vengono manifestati apertamente, diviene naturale palesare ciò su cui non si è d'accordo o che disturba. Affrontando e risolvendo i problemi sul nascere si impedisce che le incomprensioni, i torti e le offese si accumulino e si evita pure di contaminare l'unione con la rabbia, il risentimento e l'odio che nel tempo finirebbero fatalmente col corroderla e col distruggerla.

GLI EFFETTI DELLA SEPARAZIONE

Gli esiti di una separazione, in mancanza di prole, sono sicuramente meno devastanti rispetto a quelli che si verificano quando vengono coinvolti anche i figli. Nei casi in cui non c'è stata procreazione ciascun partner, pur se contrariato ed amareggiato per quanto gli è accaduto, non può fare altro che leccarsi le ferite e riflettere sul perché il matrimonio non ha soddisfatto le sue aspettative e non ha avuto un prosieguo.

Allorché c'è di mezzo un figlio (o più di uno), la questione cambia aspetto ed assume un significato completamente diverso, dato che in gioco c'è la vita ed il futuro di un essere indifeso e per di più incolpevole. In situazioni come queste è assolutamente necessario che entrambi i genitori usino il proprio senso di responsabilità affinché chi è innocente, non debba pagare un prezzo troppo alto a causa dell'atteggiamento sconsiderato altrui («*le colpe dei padri ricadono sui figli*»).

La separazione ha raggiunto a tutt'oggi, specialmente negli Stati Uniti e in Europa, una incidenza elevata. A partire dagli anni Settanta dello scorso secolo in poi anche in Italia separarsi è diventato un fenomeno sempre più diffuso. Fermo restando che sono innanzitutto le problematiche all'interno di una coppia a determinare la rottura di un matrimonio, tuttavia non si può negare che anche altri fattori abbiano contribuito ad accentuarne la espansione. Tra i principali vale la pena ricordare l'entrata in vigore della legge sul divorzio, una minore dipendenza dalla Chiesa e dalle rigide norme morali del passato, l'evoluzione sociale della donna e la sua crescente autonomia finanziaria nonché una presa di coscienza di quanto siano essenziali e prioritarie la qualità della vita che si conduce e la propria felicità.

Contrariamente a quel che avveniva fino a qualche decennio fa, sempre più frequentemente le coppie in dissidio preferiscono troncare il rapporto anziché rimanere insieme per i figli. Molti genitori hanno compreso che il clima di disaccordo, conflittualità e perfino di violenza che si instaura in casa quando viene meno l'amore e l'intesa coniugale, si rivela puro veleno, tanto per se stessi che per chi si è generato. La decisione di separarsi, dunque, viene presa nella convinzione che sia la soluzione migliore, ovvero il male minore. A questo proposito c'è da dire che effettivamente la maggior parte di coloro che si dividono consegue, nel tempo, un sensibile miglioramento del proprio stato mentale e del proprio modo di comportarsi. Ne sono una testimonianza, da un lato la serenità, l'ottimismo e la ritrovata voglia di vivere che la maggior parte di queste persone sviluppa man mano e, dall'altro, la maggiore pazienza, comprensione e comunicativa che esse esprimono stando a contatto con i figli.

Un folto numero di studi effettuati finora in varie nazioni ha dimostrato che quello che nuoce e che fa soffrire di più i bambini e i ragazzi, è vedere il proprio padre e la propria madre che si rintuzzano continuamente, si disprezzano vicendevolmente, urlano, litigano e vengono anche alle mani. In altre parole, è stato appurato che a danneggiare e a lacerare profondamente un figlio sono in realtà gli attriti, gli scontri e le ostilità tra genitori, e questo a prescindere dal fatto se essi stanno o meno insieme. Oltre a ciò è emerso che se si mettono a confronto i figli di conviventi in conflitto con quelli di separati che non bisticciano più e che svolgono il loro compito di educatori in maniera pacata e rispettosa per l'altro, i secondi crescono molto più equilibrati dei primi.

Del resto basta chiedere ad un ragazzino o ad un ragazzo come si sente dopo la separazione dei suoi, e come stava prima, per ottenere risposte eloquenti del tipo: «adesso sto molto meglio perché non odo più le loro urla» oppure «per me è finito un incubo da quando non li vedo più litigare e menarsi» etc...

È dunque la violenza e lo stato di tensione continua ciò che disturba e più fa male allo sviluppo psicologico di un figlio, fino a procurargli problemi di comportamento e di salute. A seconda della età e del grado di sensibilità, infatti, un bambino può manifestare disturbi fisici quali enuresi (farsi la pipì addosso di notte), pavor nocturnus (incubi durante il sonno), insonnia, tic, balbuzie, dermatiti, raffreddori ricorrenti, bronchiti, asma, e/o comportamentali come l'iperattività, la negligenza scolastica, la timidezza e l'introversione, l'aggressività nei confronti dei compagni... Negli adolescenti e nei giovani, inoltre, può verificarsi l'uso di droghe e di alcol, precocità e promiscuità sessuale, come pure può esserci la tendenza a comportarsi da bulli, fino ad arrivare al coinvolgimento in atti delinquenziali.

Tanto più piccoli sono i figli allorché i genitori iniziano ad avere dissidi violenti, tanto più pregnanti sono gli influssi negativi sul sistema neurovegetativo che ne derivano e tanto maggiori saranno le conseguenze sfavorevoli, sul piano psico-emozionale, che i figli stessi via via manifesteranno sotto forma di paure, rabbia, ansia, insicurezza, pessimismo, difficoltà ad autogestirsi e a relazionarsi con gli altri.

Quando due coniugi litigano spesso e lo fanno tirando frequentemente in ballo questioni che riguardano l'educazione dei figli, quest'ultimi, oltre a soffrire per gli alterchi a cui assistono, sono anche portati a credere che la separazione del padre e della madre, una volta avvenuta, sia dipesa da loro.

Il *senso di colpa* è uno degli effetti più dilanianti che un bambino, specie se ha un'età compresa tra i tre e i sei-sette anni, può provare in questi casi. Di conseguenza non è raro che un ragazzino, sentendosi colpevole, cerchi di rimediare divenendo più buono ed ubbidiente o che addirittura provi a fare da paciere e da mediatore tra i genitori affinché tornino a stare insieme. In circostanze del genere è necessario che egli venga messo al corrente del fatto che non è lui il responsabile di quello che è successo e che la decisione di separarsi è stata presa indipendentemente dal suo modo di comportarsi.

Allorché due genitori si separano ciò che rende l'avvenimento maggiormente traumatico per un figlio è il senso di angoscia che prova pensando: «adesso che papà e mamma non stanno più assieme, che ne sarà di me?». In altre parole, un bambino si preoccupa, come è naturale che sia, innanzitutto della propria sopravvivenza (paura di morire) dato che l'istinto di conservazione insito in lui costituisce il sentimento dominante quando viene minacciata la sua incolumità.

Anche il fatto di non poter vedere tutti i giorni un genitore, solitamente il padre, essendo la madre nel 90 % dei casi la persona affidataria, sicuramente non è confortante e rassicurante specie se il rapporto che il ragazzino ha con il papà è caratterizzato da un forte attaccamento.

In caso di separazione, oltre agli aspetti che riguardano la sfera psico-emozionale di un figlio e che, a mio parere, meritano la massima attenzione e considerazione dal momento che sono quelli da cui essenzialmente dipendono le sue sorti future, spesso se ne vengono ad aggiungere anche altri di ordine pratico quali, ad esempio, un eventuale cambiamento di abitazione e quindi di scuola e di amicizie oppure un mutamento peggiorativo del tenore di vita. Questi fattori logistici e/o economici aggravano e talvolta esasperano una situazione già di per sé pregna di difficoltà ed angustie.

Quando ci si separa, molteplici possono essere gli stati d'animo con i quali si affronta l'evento. Alcuni individui si sentono in lutto e percepiscono l'accadimento come una perdita. Altri sono sopraffatti dal dolore, dalla vergogna e dai sensi di colpa. Altri ancora provano rabbia e rancore verso il coniuge al quale attribuiscono tutte le colpe per quanto è accaduto. Ci sono persone che vivono la separazione alla stregua di un fallimento, di un vero e proprio smacco. Mentre altre, costrette a dividersi per iniziativa presa dal partner, cadono in depressione sentendosi vittime di un ingiusto abbandono.

Sono poche le coppie che, attraverso un percorso di consapevolezza e di accettazione dei propri errori, riescono a conseguire un certo distacco emotivo e perciò si separano in maniera civile consci di quanto i contrasti e le vendette non giovino a nessuno, meno che mai ai figli.

A seconda del grado di maturità raggiunto e del tipo di sentimenti che animano i partner all'atto di separarsi, dipende sia la facilità o meno con cui sottoscrivono gli accordi legali (spartizione dei beni, affidamento, mantenimento della prole) e sia la disponibilità a cooperare, affinché chi si è messo al mondo possa sentirsi amato e seguito come se i suoi genitori stessero ancora insieme.

COME CI SI DOVREBBE COMPORTARE
IN CASO DI SEPARAZIONE

All'inizio di questo capitolo ho riferito che sono un separato. Non nascondo che anch'io, come fa purtroppo la maggior parte di coloro che si dividono, ebbi con la madre di mio figlio accese controversie che si protrassero per diversi mesi anche dopo che il nostro legame ebbe termine. Un giorno, stanco di essere perennemente angustiato e desideroso com'ero di vedere crescere Michele in serenità, decisi di seguire il consiglio di un amico. Mi rivolsi ad un terapeuta di sua conoscenza il quale, oltre ad offrirmi una valida mano nel liberarmi dal dolore e dalla rabbia che provavo, mi diede dei suggerimenti su come avrei dovuto comportarmi in futuro.

Feci tesoro del prezioso aiuto ricevuto. Con pazienza ed umiltà iniziai a compiere significativi passi distensivi verso la mia ex compagna alla quale comunicai che sebbene il nostro rapporto si fosse concluso, avevamo un figlio in comune e perciò dovevamo assolutamente evitare di infangare la sua vita con le nostre ripicche ed i nostri scriteriati atteggiamenti. L'apertura e la disponibilità che mostrai ebbero l'effetto desiderato. Anche la controparte a poco a poco accantonò la collera e i rancori legati al passato e decise di collaborare nell'interesse del bambino.

Le cose da allora sono andate via via migliorando tanto che allo stato attuale io ed Eliana ci scambiamo favori e siamo buoni amici. Da separati, insomma, ci siamo rispettati ed abbiamo collaborato molto di più di quando stavamo insieme.

Quando osservo mio figlio, che ora è un giovane uomo di trent'anni, e vedo che è sereno ed allegro perché i suoi genitori si rispettano ed ambedue lo amano molto, il mio cuore di padre si riempie di gioia. Quante volte mi sono chiesto che ne sarebbe stato di lui se io e sua madre avessimo continuato a detestarci e a combatterci. Certamente avremmo rovinato la sua esistenza rendendolo un infelice. Mettendo da parte le nostre beghe e lasciando prevalere il buon senso anziché l'orgoglio abbiamo mostrato di amarlo veramente, desiderando il suo bene, e ci siamo inoltre fatti anche un grande dono: quello di poter vivere in pace!

Credo che l'esperienza della separazione abbia costituito per me una opportunità di crescita sia come uomo che come genitore. Se sono riuscito a trasformare un fatto spiacevole in qualcosa di positivo, lo devo principalmente al grande amore che nutro per Michele e alla ferrea volontà che ho impiegato nel cercare di non far ricadere su di lui, in maniera rovinosa, gli effetti dei miei comportamenti sbagliati.

I consigli che mi furono dati anni fa si sono rivelati vincenti. Per tale ragione ho ritenuto opportuno, a conclusione di questo capitolo, proporli al lettore. Se sono stati efficaci per me, mi sono detto, perché non dovrebbero servire ad altri genitori nell'evitare che degli innocenti, cioè i figli, debbano soffrire ingiustamente? Ecco quali sono i punti fondamentali sui quali, da separato, ho basato il mio modo di agire.

1)   *Qualunque timore esprima vostro figlio circa il suo destino, rassicuratelo.* È basilare, specie nel periodo iniziale della separazione, che i figli siano spesso rincuorati in merito al fatto che i genitori comunque continueranno ad amarli e a prendersi cura di loro anche se uno dei due andrà ad abitare in un'altra casa. È inoltre essenziale tranquillizzarli sul fatto che non sono loro i colpevoli della rottura tra il papà e la mamma (ciò per evitare che col passare del tempo siano tormentati da rovinosi sensi di colpa).

2) *Mettersi d'accordo sulla quota da versare per il mantenimento dei figli e rispettare l'impegno.* Malauguratamente succede non di rado che un padre, a causa del rapporto conflittuale che ha con la sua ex, per rivalsa ometta di pagare quanto pattuito per il mantenimento della prole e che la donna, di rimando, si inasprisca ancor più e si vendichi non facendogli vedere i figli. Quando si verifica una situazione del genere i bambini ne soffrono moltissimo perché, oltre a non poter stare con il papà, credono che la sua assenza sia dovuta a mancanza d'affetto nei loro confronti.

È dimostrato, e la mia esperienza personale lo conferma pienamente, che la regolare corresponsione dei pagamenti mitiga le avversioni tra gli ex coniugi e non offre l'appiglio a cui attaccarsi per impedire che il padre si incontri regolarmente con la prole.

3) *I padri debbono essere comunque presenti.* La figura paterna, come già evidenziato, è molto importante per una sana crescita dei figli, maschi o femmine che siano. È perciò vitale che dopo la separazione un papà continui ad occuparsi di loro e lo faccia svolgendo il ruolo di educatore con maggiore intensità e dedizione rispetto a prima, essendo il tempo a sua disposizione più limitato. Secondo il mio punto di vista è

estremamente grave il torto di quei padri che si allontanano progressivamente dai figli arrivando persino al punto di non vederli più per via dei persistenti attriti con la ex partner oppure perché hanno un nuovo legame sentimentale o in quanto si sono trasferiti in un'altra città per motivi di lavoro.

A mio avviso, non esiste alcuna giustificazione, inclusa quella della distanza, che renda legittimo trascurare o addirittura abbandonare chi si è generato. Affermo ciò con fermezza e cognizione di causa dato che, fintanto che Michele non è diventato un giovanotto, mi sono recato tutte le settimane a Salerno (dove mio figlio viveva con la madre) per stare con lui e fargli sentire la mia amorevole presenza.

Se ho riferito questo risvolto della mia vita di padre è per sottolineare come l'amore genitoriale debba andare oltre ogni difficoltà ed ostacolo se vogliamo che i nostri figli crescano senza portarsi impressa nell'anima la lancinante ferita del rifiuto e dell'abbandono e provochino altre sofferenze in chi, eventualmente, un giorno metteranno al mondo.

Il protagonista del toccante film intitolato *"Mrs. Doubtfire"* è un papà separato il quale, disperato per non poter più avere un contatto quotidiano con i suoi tre adorati figli, allorché viene a sapere che la ex moglie cerca una bambinaia, si traveste da anziana signora e si fa assumere come governante pur di poterli vedere tutti i giorni...

L'intraprendenza di questo uomo e soprattutto l'amore sconfinato che nutre verso la prole, ricevono alla fine il giusto riconoscimento. Infatti, quando la ex moglie scopre chi realmente si cela sotto le vesti dell'attempata baby sitter, superato il primo momento di sorpresa e di incredulità, si commuove di fronte a tanta abnegazione e premia il padre dei suoi figli consentendogli di stare con loro tutte le volte che lo desidera.

Tra i diversi messaggi, di cui questo delizioso film è portavoce, ne emerge uno particolarmente importante: un vero padre non abbandona mai un figlio, ma lotta contro ogni avversità pur di stargli accanto e di potersene occupare aiutandolo a crescere meglio che sia possibile.

4) *Non usare i figli per rivalersi sull'altro.* Il benessere psico-emozionale di un bambino e di un ragazzo, una volta che i suoi genitori

non stanno più assieme, dipende molto anche dalla possibilità che ha di poter dimorare alternativamente sia con il papà che con la mamma.

I figli di separati più felici ed appagati sono quelli che, pur vivendo con il genitore affidatario, possono sentire telefonicamente e frequentare l'altro a proprio piacimento. Ogni figlio ama sia il padre che la madre e anche quando sembra prediligerne uno, in realtà non è così perché dentro di sé è legato indissolubilmente ad entrambi. Cercare di portarlo dalla propria parte parlandogli male dell'altro genitore oppure servirsene come arma per ricattare l'ex coniuge o per riconquistare quest'ultimo, costituiscono azioni meschine (perché si sta usando un bambino) nonché deplorevoli in quanto altamente diseducative e distruttive. In effetti, come si può pretendere che i figli crescano sereni ed animati da sani princìpi se gli si insegna a mentire, manipolare, essere scorretti e vendicativi? Quand'è che le persone, viene da chiedersi, comprenderanno che farsi la guerra provoca solo dolore ed infelicità perché tutti gli sgarbi che si fanno agli altri sono destinati, prima o poi, a tornare indietro e per di più in forma maggiorata?

5) *Collaborare con l'ex partner.* Quando ci si separa come marito e moglie è necessario entrare nell'ordine di idee che, sebbene non si costituisca più una coppia, bisogna comunque collaborare in qualità di genitori. Rendersi conto che i dispetti, le ripicche e i comportamenti rancorosi generano unicamente un clima di conflittualità che non giova a nessuno, specie ai figli, dovrebbe essere un concetto chiaro a tutti e due i partner. Perciò, man mano che diviene meno penoso sopportare i disagi emozionali legati alla separazione, occorre per forza di cose accettare la nuova realtà ed adeguarcisi. Se si vuole che i figli crescano in maniera ottimale non si può assolutamente prescindere da una buona cooperazione. Ciò implica non soltanto prendere di comune accordo le decisioni che contano per il loro bene, come quella inerente il modo di educarli, ma anche supportare l'altro nel caso in cui momentaneamente non possa esplicare le sue funzioni genitoriali perché, ad esempio, sta male oppure un fatto imprevisto lo tiene occupato o lontano da casa per qualche giorno.

I figli si tranquillizzano e crescono in maniera equilibrata se vedono che i genitori sono presenti e si coadiuvano per farli crescere al meglio. Arrivano anche a desiderare che il padre e la madre abbiano una nuova vita sentimentale e siano felici, via via che si sentono sempre più sicuri del loro amore.

Collaborare da separati è un preciso dovere, un segno di civiltà dal quale non si può prescindere se si amano realmente i propri figli e si desidera provare il piacere di vivere da genitori responsabili ed amorevoli. Ciò implica anche non avere nulla da rimproverarsi e non provare alcun senso di colpa per non essere riusciti ad offrire alla prole una famiglia unita.

6) *Restare amici.* Quando due persone non si amano più dovrebbero separarsi facendolo nel rispetto reciproco e nella pace. Rimanere in buoni rapporti dovrebbe costituire l'esito finale di ogni separazione. Purtroppo, però, spesso non è quello che si verifica e a pagarne le conseguenze sono sempre e soprattutto gli incolpevoli bambini.

Restare amici non è auspicabile soltanto per il bene di chi si è messo al mondo, lo è anche per il proprio benessere perché ci si guadagna in termini di stress, salute ed economia. Le molteplici energie ed il tempo che si sprecano per combattersi così come il danaro che si sperpera rivolgendosi agli avvocati, non sarebbe molto meglio utilizzarli in altro modo ovvero per cose utili e piacevoli?

Due persone separate mostrano di essere veramente mature ed intelligenti solo quando si comportano in maniera civile avendo compreso che, pur non essendo fatte per convivere, possono rispettarsi come esseri umani.

Sono del parere che si possa trovare sempre la soluzione ad un problema, anche nel caso in cui il problema in questione è impegnativo perché riguarda una separazione e tutto ciò che ne consegue, primo tra tutti il destino dei figli.

Il marito che non ha rispetto per l'ex moglie non rispetterà neanche sua figlia e le altre donne, così come la moglie che non si comporta correttamente con l'ex marito non potrà essere una madre amorevole nei confronti del figlio né potrà sperare di avere una relazione felice con un altro uomo.

Quello appena enunciato è un incontrovertibile principio della vita che è bene tenere nel debito conto se si vogliono evitare ulteriori sofferenze e fallimenti dopo che ci si è separati.

7) *Lasciarsi aiutare.* Per non cadere nel rovinoso errore di proseguire, magari per anni, a combattersi l'un l'altro, sarebbe opportuno rivolgersi ad un buon terapeuta o frequentare dei seminari di crescita personale affinché le emozioni negative che si provano (paura, rabbia, rancore, odio, stato depressivo) possano gradualmente sciogliersi così da non costituire più la scintilla che alimenta il perpetuarsi delle discussioni e dei conflitti.

Nelle pagine precedenti ho confessato, senza alcuna remora, che anch'io, pur essendo un medico che aiuta tanta gente, dopo la mia separazione ho avuto bisogno di una mano. Tutti necessitiamo di sostegno in certi momenti della nostra vita. Riconoscere di essere in difficoltà è da coraggiosi non essendoci nulla di cui vergognarsi nell'ammetterlo. Anzi dovrebbe essere motivo di soddisfazione.

Chiedere aiuto ed utilizzare al meglio quello che si riceve significa fare buon uso della Provvidenza, vuol dire seguire le Leggi del Signore. **Gesù**, altrimenti, perché avrebbe affermato: «*chiedete e vi sarà dato, cercate e troverete, bussate e vi sarà aperto*»?

Se comprendessimo che nella vita tutto ha un inizio ed una fine, perché nulla è eterno, e che pure l'unione tra due persone rientra in questa regola, non ci sentiremmo arrabbiati, depressi o colmi di risentimento nel momento in cui un rapporto dovesse finire né lo considereremmo un fallimento. Al contrario, dovremmo vederlo come un'esperienza che ci ha insegnato delle cose e che ci ha fatto maturare (*tutti i mali non vengono per nuocere*). E se dal suddetto rapporto è nato un figlio (o più di uno), a maggior ragione dovremmo ritenerci fortunati per essere diventati un papà o una mamma e dovremmo essere grati nei confronti dell'altra persona per averci dato questa straordinaria opportunità

«*Nell'istante in cui accetterai te stesso, senza condizioni di sorta, accadrà in te all'improvviso una esplosione di gioia. I tuoi talenti fioriranno e la tua vita diventerà davvero estatica*»

Osho

«*Padre perdonali perché non sanno quello che fanno!*»

Gesù

«*Ciascun apra ben gli orecchi, di doman nessun si paschi; oggi sian, giovani e vecchi, lieti ognun, femmine e maschi; ogni triste pensier caschi: facciam festa tuttavia. Chi vuol esser lieto, sia: di doman non v'è certezza*»

Versi tratti dal "Trionfo di Bacco e Arianna" di

Lorenzo il Magnifico

Accettazione e perdono: vivere nel presente

Desidero avvalermi di un caso clinico, capitatomi non molto tempo fa, per introdurre l'argomento oggetto di questo capitolo.

È trascorso circa un anno da quando è venuta nel mio studio una venticinquenne, che chiamerò Carla, la quale, dopo anni di terapie convenzionali risultate tutte inefficaci, aveva deciso di ricorrere all'omeopatia per cercare di curare la *sclerodermia* da cui era affetta.

Per avere un'idea di quanto siano deleteri gli effetti di questa malattia basti pensare che è caratterizzata da ulcerazioni molto dolorose a carico della pelle che, nel rimarginarsi, danno luogo a cicatrici deturpanti (sclerosi). Quando tali cicatrici interessano il volto la persona perde gradualmente la propria mimica facciale e diventa inespressiva proprio come se portasse una maschera. Se, invece, le cicatrici coinvolgono una articolazione ne provocano a poco a poco l'irrigidimento e la immobilità.

Allorché vidi Carla per la prima volta e mi resi conto che il suo male era giunto ad uno stadio avanzato, le prescrissi una composita cura omeopatica. L'intento era quello di purificare e rivitalizzare il suo organismo intossicato dai farmaci assunti precedentemente e al tempo stesso anche quello di lenire le atroci sofferenze fisiche che l'affliggevano.

Dopo un mese, mi incontrai di nuovo con lei. Il seppur lieve miglioramento che si era verificato mi indusse ad iniziare un trattamento psicoterapeutico di cui, già dalla precedente visita, avevo ravvisato la necessità. Durante il colloquio, che all'inizio presentò delle difficoltà per via del carattere della ragazza tendenzialmente restìo ad aprirsi, emerse che la sua infanzia era stata fortemente traumatica a causa dei continui e brutali litigi avvenuti fra i suoi genitori. Il papà e la mamma, con la quale rimase a vivere, si separarono quando Carla aveva dieci anni. Dopo lo spiacevole evento la bambina rivide suo padre soltanto qualche altra volta perché l'uomo un certo giorno sparì e non si seppe più nulla di lui. Nel rievocare quei fatti dolorosi le parole della giovane venivano interrotte, di tanto in tanto, dalla commozione. Era chiaro che il suo cuore soffriva ancora molto per tutto quello che aveva vissuto da piccola.

Al nostro terzo incontro provai una grande soddisfazione nel constatare che nel frattempo c'erano stati evidenti progressi clinici e che il morale della paziente era decisamente più alto. Dopo un po' che conversavo con lei e le stavo insegnando degli esercizi per aiutarla a liberarsi degli stati d'animo che l'angustiavano, successe una cosa inaspettata. All'improvviso Carla scoppiò a piangere e con tono rabbioso mi disse: «odio e disprezzo con tutta me stessa mio padre per tutte le pene che ha procurato a me e a mia madre. Non gli perdonerò mai quello che ci ha fatto patire. Non voglio più curarmi, né tantomeno guarire. Il mio unico desiderio è quello di fargliela pagare a quel bastardo». Mentre singhiozzando sfogava così la sua collera ed il suo risentimento, si diresse verso la porta, l'aprì, e rivolgendosi alla madre che l'aveva accompagnata, la invitò ad andarsene con lei.

Alcuni giorni dopo la mamma di Carla mi telefonò scusandosi per quanto era accaduto e per ringraziarmi. Mi confidò che anche lei era convinta che il male della figlia fosse originato dalle sofferenze infantili e che successivamente avesse subìto degli aggravamenti per via dell'astio che la giovane provava nei confronti del genitore.

Da allora non ho più rivisto né sentito telefonicamente Carla, perciò non ho idea di cosa in seguito le sia successo. Posso solo dire che ho pregato affinché le sue esplosioni di rabbia e odio costituissero finalmente l'inizio di un percorso che la mettesse in contatto col proprio dolore, facendoglielo uscire fuori, e che la inducesse ad accettare quello che le era accaduto da piccola fino a perdonare il padre ed anche se stessa (per tutte le tribolazioni che lucidamente si procurava). Così facendo il decorso del morbo che l'affliggeva si sarebbe arrestato e le sue condizioni di salute avrebbero ricevuto un miglioramento.

L'*accettazione* ed il *perdono* costituiscono due aspetti fondamentali della nostra vita. Se non si accetta tutto quello che di spiacevole ci accade (o che ci è accaduto) e non si perdona chi ci ha fatto del male, coscientemente o meno, è impossibile liberarsi dai tentacoli del passato ed è altrettanto improbabile che si possa vivere all'insegna della consapevolezza, della pace e dell'amore.

L'ACCETTAZIONE

Una delle maggiori difficoltà che incontra la stragrande maggioranza della gente è quella di **non saper accettare**. Ognuno di noi, chi più chi meno, fa fatica ad *accettare* ed è per questa ragione che si ritrova frequentemente a lottare con qualcosa o a combattere contro qualcuno.

Così, ad esempio, *non si accetta* di aver commesso un errore, dunque non si chiede scusa. *Non si accetta* di invecchiare e pertanto si ricorre alla chirurgia estetica. *Non si accetta* che un altro la pensi in maniera diversa e quindi lo si osteggia. *Non si accetta* che un rapporto finisca e perciò si lotta affinché perduri ad ogni costo. *Non si accetta* di aver ricevuto un torto cosicché si diventa vendicativi... In effetti, sono molteplici le forme di non accettazione attraverso le quali le persone esprimono il proprio rifiuto nei confronti di tutto quello che non le aggrada.

Accettare significa accogliere l'esistenza come viene, con le sue gioie e i suoi dolori, con i suoi piaceri e con le sue amarezze, con i suoi lati positivi e con quelli negativi. In altre parole, *accettare* vuol dire prendere atto delle cose come sono, che ci piacciano o meno, perché *tutto nella vita ha un senso* e tutto, se si accetta, si rivela pregno di significato e di utilità. Anche un episodio molto doloroso, come la morte di una persona cara, implica che comunque lo si accetti. Solo in questo modo, infatti, l'evento ci lascerà un insegnamento e ci farà maturare. In caso contrario si rimane imprigionati, magari per l'intera esistenza, nel cordoglio, nella disperazione e nella rabbia.

Credo che la lezione più grande, riguardante l'*accettazione*, l'abbia ricevuta quando morì mio padre. In quella occasione dovetti accettare mio malgrado che papà, dopo essere rimasto paralizzato nella metà destra del corpo in seguito ad una emorragia cerebrale (ictus), avesse deciso di lasciarsi morire perché non voleva dipendere dagli altri né costituire un peso per i familiari. Ricordo che trascorse gli ultimi venti giorni nel suo letto rifiutando di alimentarsi ed opponendosi ad ogni tipo di cura medica. Con somma tristezza accettai, assieme a mia sorella e a mia madre, di vederlo consumarsi giorno dopo giorno sino a che, ridotto una larva, si spense.

Ciascuno di noi è libero di rifiutare il dolore, ribellarsi e imprecare contro di esso. Tuttavia, questa non è la maniera migliore per affrontarlo così come non giova affatto lamentarsi ed autocommiserarsi quando stiamo tribolando. La strada più giusta da seguire è quella dell'*accettazione* la quale, si badi bene, nulla ha a che fare con una passiva rassegnazione e col sentirsi perdenti. *Accettare* significa incamminarsi lungo il sentiero del cambiamento e della consapevolezza, vuol dire crescere come individui avendo a nostra disposizione l'opportunità di vivere in pace con noi stessi e con gli altri.

La vera alchimia della vita consiste nel sapere convertire tutto ciò che provoca patimento, in serenità: questa, a mio avviso, è autentica magia! Perché una cosa del genere si verifichi, occorre *accettare* anche il male vivendo l'esperienza dolorosa fino in fondo, senza tirarsi indietro. Soltanto così accadrà il miracolo. Dal dolore si trarrà giovamento e quello che ci sembrava veleno finirà col rivelarsi un provvidenziale aiuto.

Quando **Gesù** stava in croce ad un certo punto, preso dallo sconforto, esclamò: «*Dio mio, Dio mio perché mi hai abbandonato?*». Subito dopo, però, Egli *accettò* definitivamente di sacrificarsi per amore dell'umanità perché quella era la missione che doveva portare a termine.

Fino all'ultimo istante **Cristo** è stato un esempio di straordinario valore. Infatti, anche prima di morire, pur straziato dalle torture inflittegli, ha voluto trasmetterci uno dei princìpi fondamentali della vita: l'*accettazione*.

Ma perché, è lecito domandarsi, l'essere umano non è propenso ad *accettare* ed è invece incline a lottare e a combattere? È mia opinione che anche questo genere di problema, come molti altri, abbia origine nell'infanzia. Tutti i bambini, seppure in misura diversa, crescono non sentendosi accettati (almeno non completamente) da chi li ha messi al mondo. Basti pensare a quanti nascono senza essere stati desiderati oppure quanti hanno avuto un padre o una madre che avrebbe preferito un maschio piuttosto che una femmina (o viceversa) per rendersi conto di come si possa venire condizionati negativamente dalla *mancanza di accettazione*, già all'inizio della propria esistenza. Per non parlare dei divieti, critiche, biasimi e intolleranze che la maggior parte dei figli, man mano che crescono, ricevono da genitori convinti che puntare il dito contro, rimproverare, mortificare e punire sia il sistema migliore per inculcare regole e ottenere buoni risultati.

Non è così, tuttavia, che funzionano le cose! Ogni figlio, se non si sente *amato* ed *accettato* innanzitutto come essere umano, non sarà propenso ad ascoltare, obbedire, cambiare, migliorare, darsi da fare. *Accettare* senza riserve i nostri figli, quali che siano i comportamenti, le emozioni, le idee, i gusti, gli interessi e le aspirazioni che mostrano di avere, vuol dire amarli nel senso più autentico del termine.

Se ad un figlio diciamo: «ti amo anche se porti a casa una brutta pagella o fai qualcosa di sbagliato perché ciò che più mi sta a cuore sei tu» cosa pensate possa provare? Gioia e serenità, non è vero? Tutti i bambini che hanno un papà ed una mamma che li trattano con rispetto e fanno sentire loro il proprio amore incondizionato, cioè che li *accettano* per quello che sono e non per come si comportano, crescono con una buona immagine di sé, sono volitivi, ottimisti e sviluppano la propensione ad amare e ad aiutare il prossimo.

Quando un bambino *non si sente amato ed accettato* in quanto essere umano, finisce col diventare irrequieto, scontroso ed irascibile o matura un carattere chiuso ed introverso. Ma c'è di più. La *mancanza di accettazione* gli farà correre anche il serio rischio di rifugiarsi un giorno nella droga, nell'alcol o negli psicofarmaci oppure lo indurrà a vivere prostituendosi o a tramutarsi in un delinquente.

Il senso di sicurezza che conferisce ad un figlio sentirsi *accettato* dai genitori è qualcosa di straordinariamente importante ed insostituibile, è pura linfa per lui. Se fin da piccoli *non ci si sente accettati*, non ci si accetta e perciò si finisce col *non accettare gli altri*, inclusi i propri figli.

Soltanto quando ci *accettiamo* così come siamo, con i pregi e i difetti, con le nostre azioni corrette e con gli sbagli commessi, con i nostri comportamenti amorevoli e le nostre intemperanze, ci è possibile intraprendere un cammino evolutivo che ci porterà, oltre che a vivere in maniera molto più soddisfacente, anche a comportarci con la prole e con il prossimo con maggiore comprensione e amore. In altre parole, non può esserci alcun cambiamento positivo nella nostra vita, se **non accettiamo ed approviamo innanzitutto noi stessi.**

Dall'*autoaccettazione*, che sostanzialmente significa non sentirsi in colpa per gli sbagli commessi, né ritenersi meno validi degli altri, deriva conseguentemente il non incolpare nessuno se le cose non vanno come vorremmo e il non giudicare sfavorevolmente le altre persone, inclusi i nostri genitori. Nel momento in cui riusciamo ad avere un simile atteggiamento accadrà il miracolo perché tutto comincerà a funzionare meglio: godremo di buona salute, le relazioni col partner, con i figli e con gli altri saranno sempre più gratificanti, il danaro non ci mancherà, riceveremo attenzioni e troveremo sempre qualcuno che ci darà una mano se ne avremo bisogno.

IL PERDONO

È stato **Gesù** che ci ha insegnato quanto sia essenziale *accettare* e *perdonare* (*"Padre perdonali perché non sanno quello che fanno"*). Non è un caso che nel Padre Nostro è racchiuso tanto il concetto dell'accettazione

(...*venga il Tuo Regno, sia fatta la Tua volontà*...) quanto quello del perdono (...*rimetti a noi i nostri debiti come noi li rimettiamo ai nostri debitori*...).

Si dice che perdonare sia la cosa più difficile da attuare. Personalmente non sono d'accordo con questa affermazione in quanto credo che, se si accetta, il **perdono** diventa conseguenziale. Quello che intendo asserire è che se non accettiamo di aver ricevuto un torto, una violenza, una ingiustizia o quant'altro ci possa essere capitato, non potremo neanche *perdonare* chi ci ha arrecato l'offesa. Il primo passo consiste nell'*accettare*, il successivo riguarda il *perdono*.

Tutto quello che non viene accettato si ripropone, assumendo spesso aspetti più spinosi, perché è insito nelle Leggi della vita che si debba evolvere come esseri umani. Ogni esperienza che facciamo, anche penosa, tende a migliorarci e a farci maturare. Non è mai fine a se stessa né tantomeno costituisce una punizione inflittaci da Dio.

Fino a che *non accettai* il fatto che mia madre mi avesse picchiato da bambino, ebbi con lei persistenti contrasti. E quali furono le conseguenze del livore che nutrivo nei suoi riguardi? Per molti anni mi fu impossibile avere con l'altro sesso una relazione che fosse armoniosa e stabile. Tutte le mie storie sentimentali, difatti, si rivelarono fonte di patimenti e di frustrazioni.

Quando divenni padre qualcosa iniziò a cambiare dentro di me. Cominciai a desiderare di avere con mamma un rapporto diverso da quello precedente, ossia un modo di relazionarmi con lei basato sul dialogo, la comprensione e il rispetto invece che su una cattiva comunicazione, lo scontro e la durezza. Sentivo la voglia di farla finita col passato. La felicità che provavo nella veste di neo papà mi stava facendo comprendere che amavo mia madre e che pure lei mi amava molto. Il suo comportamento aggressivo di un tempo rappresentava la conseguenza dell'educazione sbagliata, che l'aveva condizionata pesantemente, e non costituiva una mancanza d'amore nei miei confronti. Di questa verità ero diventato finalmente consapevole.

Nel momento in cui accettai di aver subìto delle violenze fui anche pronto a *perdonare*. Ricordo che lo feci il giorno del battesimo di mio figlio. Terminata la cerimonia religiosa presi in disparte mia madre e, dopo averle comunicato che volevo assolutamente che cessassero i dissapori tra di noi, l'abbracciai teneramente e le dissi che l'amavo. Piangemmo entrambi di gioia e da allora il nostro modo di rapportarci cambiò a tal punto da rendere notevolmente migliore anche la qualità della nostra vita.

L'appagamento ed il senso di leggerezza che il mio cuore provò in quella occasione furono talmente intensi e profondi che mi sembrò di essere nato una seconda volta. In effetti, era come se mi fossi tolto di dosso una specie di macigno.

È sorprendente constatare che *accettando* e *perdonando* si possono annullare in pochi istanti anni ed anni di incomprensioni, di angustie e di tribolazioni e si può anche godere di una pace interiore ed un senso di libertà di inestimabile valore.

Da bambini non è possibile rendersi conto del perché i genitori si comportano in una certa maniera. Un ragazzino non può capire i veri motivi che spingono chi l'ha generato a perdere facilmente la pazienza o ad essere esigente e poco flessibile oppure violento. Subisce solamente, per cui cresce condizionato sfavorevolmente accumulando nel proprio animo sentimenti negativi (paura, rabbia, odio, sensi di colpa) che necessariamente influenzeranno il suo stile di vita e che, con ogni probabilità, un giorno riverserà sul partner e sui figli.

Se *non si accetta* e *non si perdona* e perciò non si smette di biasimare chi ci ha messo al mondo, è pressoché inevitabile che si compiano gli stessi sbagli oppure che si effettuino errori diametralmente opposti. Così, ad esempio, se nostro padre è stato rigido e severo, e noi lo condanniamo per questo e gli serbiamo rancore, è verosimile che una volta diventati genitori faremo altrettanto con nostro figlio o che, al contrario, saremo troppo tolleranti e permissivi. In entrambi i casi il nostro atteggiamento, tutt'altro che corretto, produrrà danni a scapito di chi abbiamo generato.

Oggi che siamo padri o madri è fondamentale comprendere che le intenzioni dei nostri genitori erano buone, che desideravano il nostro bene e hanno fatto del loro meglio in base a ciò che sapevano e al criterio con il quale sono stati allevati. Come possiamo pretendere che ci insegnassero cose che non conoscevano e che non avevano mai potuto sperimentare?

Se avessimo avuto la loro stessa infanzia, vissuto le medesime esperienze e difficoltà e ricevuto un'identica educazione, come ci saremmo comportati al loro posto? Saremmo incorsi negli stessi errori o ne avremmo commessi altri, magari più gravi? Dovremmo fare queste riflessioni quando ripensiamo a come si sono relazionati con noi nostro padre e nostra madre. Ossia sarebbe opportuno cercare di immedesimarci, anziché giudicarli e condannarli. Solo vedendo il loro operato sotto un'ottica diversa potremo provare nei loro riguardi quell'indulgenza e quella compassione necessarie per apportare serenità alla nostra anima. *«Perché guardi la pagliuzza che è nell'occhio del tuo fratello e non ti accorgi della trave che è nel tuo»* ha detto **Gesù**.

Col passare del tempo ho scoperto che accettando e *perdonando* papà e mamma per certi loro comportamenti che mi hanno fatto soffrire, accetto molto meglio gli altri (incluso mio figlio) e quindi evito di criticare il prossimo. Mi limito, semmai, a valutare il *modo di agire* delle persone nei miei confronti astenendomi, però, dal giudicarle in quanto esseri umani.

Quando giudichiamo un padre o una madre, è noi stessi che stiamo giudicando in quanto essi sono parte di noi. Se nutriamo rabbia non staremo mai in pace né potremo essere felici perché, ovunque saremo o andremo, i sensi di colpa ci accompagneranno e ci tormenteranno. È estremamente importante che, se ci sono delle acredini, vengano dissolte. In altre parole, finché i nostri genitori sono in vita bisogna adoperarsi per riappacificarci con loro e *perdonarli*. Solo così, quando non ci saranno più, non ci sentiremo in colpa e non vivremo il resto dei nostri giorni tormentati dai rimorsi e dai rimpianti.

Soltanto da bambini si è vittime perché non ci si può ribellare. Da adulti la situazione è completamente differente dal momento che è possibile operare scelte autonome. Perciò, continuare ad incolpare chi ci ha procreato (o chiunque altro) della nostra infelicità, è indice di immaturità.

Certo, alla nostra mente razionale piace farci sentire martiri degli altri e delle circostanze ed è soddisfatta se vede che puniamo chi ci ha fatto soffrire, tenendolo lontano da noi, ignorandolo ed odiandolo. In altri termini, il nostro ego ci induce a considerarci degli idioti se solo ci sfiora l'idea di *perdonare* chi ci ha ferito.

La verità è ben diversa perché, *non perdonando*, il male lo arrechiamo solo a noi stessi. Difatti, come si può essere sereni e godere di buona salute se proviamo *sensi di colpa, odio, risentimento* e *collera* e quindi viviamo in un perenne stato di *guerra interiore*? A lungo andare il nostro organismo per forza di cose viene avvelenato da questi sentimenti e finisce con l'ammalarsi. Non è un caso che nella nostra società, poco propensa alla flessibilità e alla clemenza, si registri un tasso elevato di affezioni croniche (artrosi, ipertensione, malattie degenerative, cefalee, gastriti, coliti, epatiti) e di decessi prematuri, peraltro in continuo aumento, per cancro, infarto e ictus cerebrale.

Chi *rifiuta di perdonare* è destinato a pagare un duro prezzo sotto forma di mali fisici e psichici (come il caso di Carla testimonia in maniera emblematica) perché spreca molta energia trattenendo dentro di sé pensieri e stati d'animo distruttivi che finiscono per ritorcersi contro. *«Chi non sa perdonare spezza il ponte sul quale egli stesso dovrà passare»* (Anonimo).

Trovo stupido, oltre che controproducente, *punirci* ancora oggi perché qualcuno ci ha fatto patire in passato. Mi capita spesso di rivolgermi ad un paziente che vive afflitto da una qualche malattia, dietro la quale si cela una forte acredine nei riguardi di un genitore o di un ex partner o di una qualsiasi persona e dirgli: «desidero che inizi a renderti conto quanto sia importante per te abbandonare il risentimento. Solo se accetti quello che ti è successo, vedendolo come un evento che ti può servire per migliorarti come essere umano e riesci a perdonare chi ti ha offeso, riuscirai a liberarti da ogni peso iniziando così a vivere un'esistenza totalmente diversa. Non ridurti a farlo quando sarai imbottito di tranquillanti o di altri nocivi farmaci oppure ti troverai in sala operatoria aspettando che ti venga tolto il "bubbone" a cui, in qualche parte del corpo, hai dato origine a causa dell'astio che è racchiuso in te...».

Se *non si perdona*, siamo noi a pagarne le conseguenze perché ci portiamo appresso una sorta di "palla al piede" la quale, oltre a minare la nostra salute, ci impedisce di utilizzare pienamente le nostre doti creative, ostacolando la realizzazione dei nostri sogni. Il perdono, infatti, facendoci vivere pervasi da un senso di leggerezza, ci pone anche nella condizione di conseguire i nostri obiettivi.

Perdonare vuol dire lasciare perdere, lasciare andare il passato. Ciò non significa giustificare il comportamento sbagliato altrui o mettersi nella condizione di chi è disposto a subire ulteriori torti. Consiste piuttosto nel rendersi conto che il *perdono* fa bene innanzitutto a noi perché, sciogliendo per sempre il vincolo negativo che ci lega all'altra persona, ci impedisce di continuare a soffrire. Dal *perdono* se ne traggono solo giovamenti e si ha molto da guadagnare. Questo è il messaggio racchiuso nel famoso detto: «*la migliore vendetta è il perdono!*».

Chi dobbiamo *perdonare* non deve necessariamente mutare il suo carattere e la sua maniera di comportarsi, può continuare ad agire come ha sempre fatto. Siamo noi, eventualmente, che dobbiamo modificare la nostra mentalità. Se, ad esempio, i nostri genitori continuano ad avere certe convinzioni e si ostinano a fare delle cose che non approviamo, non dobbiamo prodigarci nel volerli ad ogni costo cambiare credendo che dal loro mutamento dipenda la nostra felicità. No, non è assolutamente questo il modo corretto di agire! Quel che dovremmo fare è *accettarli* per quello che sono e *perdonarli*. Solo con il *perdono* possiamo sganciarci dai loro influssi rendendoci indipendenti ed avere la possibilità di vivere serenamente. Così facendo guariremo le ferite del *Bambino* che ci portiamo dentro ed avremo anche la straordinaria facoltà di educare la nostra prole senza incorrere negli stessi sbagli compiuti da chi ci ha cresciuto.

Desidero darvi un suggerimento. Se i vostri genitori si ostinano a mantenere le loro posizioni, abbiatene compassione e perdonateli. Dopo di che lasciateli al loro destino, se è necessario, perché ricordate che siete responsabili soltanto della vostra vita e di quella di chi avete messo al mondo, non della loro. Può sembrare un consiglio crudele il mio, ma non lo è. Costituisce, caso mai, la conclusione alla quale sono arrivato divenendo cosciente di quanto sia indispensabile spezzare la nefanda catena che ci tiene prigionieri del passato fatta essenzialmente di sensi di colpa, di sofferenze e mancanza di consapevolezza, se vogliamo che la nostra esistenza cessi di essere tormentata.

Maggiore *capacità di perdonare* sviluppiamo, più esigua sarà la probabilità di ospitare nel nostro animo ira, risentimento e senso di vendetta e tanto meno potremo essere soggetti al ferimento da parte degli altri.

Perdonando, inoltre, attireremo persone positive e si verificheranno eventi a noi favorevoli. In sintesi, la vita ci sorriderà!

Se il nostro cuore è colmo di sentimenti negativi non c'è spazio per l'amore e, quando manca l'amore, è l'infelicità a prendere il sopravvento. **Perdonando gli altri, perdoniamo noi stessi**, perché ci poniamo nella condizione di *essere a nostra volta perdonati* per le mancanze commesse.

Esiste un *perdono di testa,* cioè razionale, e un *perdono di cuore,* ovvero emozionale. Il primo non ha alcun valore anzi molto spesso è controproducente perché induce a credere che si è risolto il problema mentre in realtà le cose stanno diversamente. Solo il secondo ha uno straordinario potere.

In Oriente il cuore viene chiamato il *Trono di Dio. Perdonare di cuore* significa utilizzare la sorgente divina che è in noi la cui principale prerogativa è l'*amore* e la *compassione,* due temi particolarmente cari a **Gesù**, il quale non si stancò mai di promulgarne l'importanza. Ma come si fa a perdonare di cuore? Occorre innanzitutto essere disposti a lasciar fuoriuscire il dolore che ci portiamo dentro. Ossia bisogna entrare in contatto con le sensazioni penose racchiuse in noi e farle fluire. Soltanto lasciando andare le emozioni legate alle offese ricevute siamo in grado di *perdonare* con sincerità perché il nostro cuore, liberandosi dalla morsa del risentimento, della frustrazione e della rabbia, è in grado di ospitare amore.

Dunque, deve avvenire uno **sblocco emozionale** se ci si vuole sbarazzare definitivamente di quello che ci ha afflitto e che ci continua ad angustiare. A tal fine possono rivelarsi molto utili alcune tecniche. Il *perdono* può essere concesso, ad esempio, in seguito alla *visualizzazione* della persona che ci ha fatto del male (anche se è morta) o dopo averle *scritto una lettera.* Quel che conta in entrambi i casi è che emergano i sentimenti e che vengano espressi (pianto, urla...). La lettera, una volta scritta, può essere regolarmente spedita o venire stracciata o bruciata oppure, se chi si vuole *perdonare* è deceduto, la si può deporre sulla sua tomba.

Anche la *meditazione* e la *preghiera* costituiscono altri due validi strumenti per arrivare a *perdonare* in quanto ripuliscono la mente dai pensieri negativi e portano sollievo all'anima.

Una tecnica di cui mi avvalgo spesso per aiutare le persone a *perdonare* e a rasserenarsi è la N.E.I. (Integrazione neuro-emozionale), un metodo semplice ed estremamente efficace che ho appreso da un illustre collega, il Dr. Roy Martina.

Pure l'impiego integrato dell'omeopatia, dell'agopuntura, della *coppettoterapia* e della *neuralterapia* mi ha fornito ottimi risultati in quanto sono riuscito in tanti pazienti a rimuovere i *blocchi energetici* che stanno alla base dei lutti e dei traumi. In effetti, una volta che la persona viene liberata dall'*emozione negativa* (odio, rancore, rabbia) che la imprigiona, è molto più facile che riesca a *perdonare*.

Non è rilevante il cammino che si segue o il sistema di cui ci si serve per giungere a *perdonare*: ciò che conta è arrivarci. Così come è altrettanto importante che il *perdono* sgorghi da dentro, dal profondo e non costituisca un evento meramente razionale.

Il *potere del perdono* è strabiliante perché ci permette di vedere il *Bambino* che dimora in ogni essere umano e ci consente di percepire che tutti custodiamo una *luce divina* e che *siamo interconnessi*. Inoltre, ci rende coscienti del fatto che nessuno sbaglia per il gusto di sbagliare ma solo perché è privo di consapevolezza, proprio come lo sono stati i nostri genitori.

Comprendere che soltanto l'*amore* dà un senso alla nostra vita e che per amare è necessario liberarsi dei fardelli del passato, è a dir poco cruciale se vogliamo acquisire quella pace dello spirito che ci concede di vivere nella serenità, sia come esseri umani che come educatori.

«*L'odio non si placa con l'odio, ma con l'amore*» insegnava Buddha. Smetterla di fare la guerra a se stessi e agli altri è, in definitiva, la soluzione di ogni male!

VIVERE NEL PRESENTE

"*Hic et nunc*" (qui ed ora) e "*carpe diem*" (carpisci il giorno) sono due espressioni in lingua latina che esortano a **vivere nel presente** sapendo **cogliere l'attimo**.

I bambini vivono il momento essendone completamente assorbiti. Non pensano al passato né si preoccupano del futuro. Qualsiasi cosa facciano, la compiono con entusiasmo e con viva partecipazione, per questo conoscono la felicità. Poi però, crescendo, vengono inquinati dalle false credenze e dai pregiudizi dei genitori, degli insegnanti, della religione, della società... per cui si ritrovano da adulti a non saper più vivere il "qui ed ora" e a non godersi la vita.

La maggior parte della gente vive nel passato o proiettata nel futuro e si lascia sfuggire il *presente*. In altre parole, la mente delle persone è intrappolata nello ieri oppure nel *domani* e non vive l'*oggi*, l'adesso!

Vivere nel passato è assurdo perché il passato è finito, non c'è più, è morto. Non ha senso rimuginare sui torti ricevuti, non accettando e non perdonando. Così come è altrettanto nocivo avere rammarichi o rifugiarsi nelle nostalgie. Il passato va accettato per quello che è stato, nel bene e nel male, non può essere modificato né tantomeno è proficuo riesumarlo continuamente. Un noto adagio così si esprime: «*è inutile piangere sul latte versato*». Il passato, semmai, dovrebbe essere usato come esperienza che ci ha insegnato delle cose e che, perciò, ci ha aiutato a comprendere e a migliorarci. Senza quel determinato passato, infatti, oggi non potremmo avere certe conoscenze perché è da esso che sono scaturite.

Non si può tornare indietro. La vita, col suo dinamismo, non lo permette. Tuttavia, c'è una eccezione a questa regola: è opportuno tornare indietro solo per chiedere scusa ad una persona nei confronti della quale si è sbagliato, procurandole sofferenza!

Il futuro è qualcosa che ancora non c'è, deve arrivare e di cui nessuno può essere certo. Perciò, perché preoccuparsene? Vivere in avanti genera ansie e preoccupazioni in quanto non se ne riceve alcuna certezza.

Solo vivendo con intensità il *presente* è possibile gettare le basi per un roseo futuro. Quest'ultimo dipende da ciò che pensiamo adesso, dai nostri comportamenti attuali e dalle scelte che facciamo ora. La qualità del nostro domani è strettamente legata alla qualità del nostro oggi. Un proverbio orientale afferma: «*ieri è storia, domani è un mistero, oggi è il dono, per questo si chiama presente*».

Un esercizio quotidiano che pratico da tempo è il seguente: quando ad esempio, mangio, pongo la mia attenzione soltanto su ciò di cui mi sto nutrendo. Quando vado a correre il mio interesse è rivolto solo alla corsa. Quando parlo con qualcuno, sono preso unicamente dalla conversazione e così via. In questo modo *vivo nel presente*, non disperdo energie e mi godo il momento. Non faccio mai due o più cose contemporaneamente perché altrimenti, oltre a non farle bene, mi sottoporrei ad uno stress continuo.

Fare una cosa alla volta concentrati su quello che stiamo eseguendo, ed osservarlo, è una accortezza che ci consente di essere "testimoni" della nostra vita invece di comportarci come degli inconsapevoli automi.

Vivere nel *presente* vuol dire, tra l'altro, essere saggi perché si è compreso che la vita va vissuta istante per istante, con entusiasmo e coraggio, sia che ci offra gioie e sia che ci riservi dispiaceri. Non c'è un altro modo altrettanto valido per stare al mondo! La felicità si manifesta quando meno ce lo aspettiamo. Ma perché ciò accada, occorre vivere in sintonia con le *Leggi della vita* e nel *qui ed ora*.

Chi vive nel *"qui ed ora"* è una persona la cui mente non è legata né al passato e né al futuro. E se la mente è libera, anche l'individuo è libero, è se stesso, è rilassato e felice. Non ha mille pensieri che gli ronzano perennemente nella testa né è disturbato da sentimenti negativi. Solo una forza lo pervade: l'*amore*. «*Un uomo felice è così soddisfatto del presente che non può pensare molto al futuro*» ha detto Einstein.

Credo che la morte sia stata ideata per farci comprendere quanto è importante e preziosa la vita. Si ha paura di morire solo quando si prova la penosa sensazione di aver sprecato la propria esistenza non essendo stati capaci di amare se stessi e gli altri. Se si è amato intensamente e si è dato con sincerità, non può essere presente alcun timore di perire perché l'anima è serena e non è afflitta dai sensi di colpa e dai rimpianti.

A questo proposito ho un amaro ricordo. Quando a mio padre mancavano ormai poche ore di vita, mia madre gli si avvicinò e gli prese una mano. Restarono alcuni minuti guardandosi negli occhi come due innamorati. La scena mi colpì molto in quanto non li avevo mai visti in un atteggiamento così amorevole. Difatti, il loro rapporto matrimoniale era stato costellato di incomprensioni e di litigi. In quei tragici momenti nei loro sguardi potei leggere il seguente messaggio: «*come abbiamo sprecato la nostra vita. Quale grande opportunità per essere felici abbiamo buttato via...*».

La morte serve per ricordarci che è da sciocchi rimandare a domani perché potrebbe non esserci alcun domani. La morte, se sappiamo cogliere il suo messaggio, ci dice che *ora*, *adesso* è il momento per gioire ed amare perché tutto fugge, tutto passa, tutto svanisce ("*Chi vuol esser lieto, sia: di doman non v'è certezza*").

Mi capita sovente di chiedere ad un paziente che cosa farebbe se sapesse che ha soltanto un giorno da vivere. Forse potrà stupire quello che sto per riferire ma quasi sempre mi sento rispondere frasi del tipo: «lo passerei assieme ai miei figli e a mia moglie» oppure «cercherei di divertirmi il più possibile» o ancora «lo trascorrerei in mezzo alla Natura».

Che cosa ci impedisce di fare tutto ciò? Perché permettiamo alla nostra vita di sfuggirci di mano? Come mai abbiamo così poco riguardo per noi stessi? Nessuno sa quanti giorni, mesi o anni ha ancora da vivere e l'esistenza è troppo breve e preziosa per sprecarla in cose senza senso o che ci arrecano danni. «*La vita è 'na affacciata de finestra*» ammonisce un proverbio romanesco che paragona la fuggevolezza della vita al tempo impiegato per affacciarsi ad una finestra.

Ora, questo istante è il momento giusto per chiamare la persona amata e per dirle quanto teniamo a lei. *Ora, questo istante* è il momento giusto per abbracciare, baciare e dire ti amo ad un figlio. *Ora, questo istante* è il momento giusto per contemplare un'alba, un tramonto, un cielo stellato, un fiore che sboccia, un uccello che vola, un bambino che gioca. *Ora, questo istante* è il momento giusto per vivere amando e per sentirsi profondamente... *vivi!*

Dovremmo vivere ogni giorno come se fosse l'ultimo a nostra disposizione!

*«Non brillare affinché gli altri ti vedano.
Brilla perché attraverso di te gli altri possano
vedere Dio»*

Anonimo

*«Nella vita non esistono cose difficili ma,
semmai, cose che si ha voglia o non voglia di
fare»*

C. Bellecca

Concludendo

Tutte le problematiche e le sofferenze del genere umano sono da ricondurre al tipo di rapporto avuto con i propri genitori e a come si è stati allevati.

Molto raramente durante l'infanzia si riceve *vero calore* ed *amore* in misura appagante. Il vuoto affettivo che ne consegue (*dolore*) diviene una "spina nel fianco" (*ferita emozionale*) che sovente, senza esserne consapevoli, induce le persone a colmarlo con uno stile di vita improntato prevalentemente (o essenzialmente) sull'*avere*, sui *ragionamenti logici* e sulla *rincorsa al successo ed al potere* anziché basarlo sull'**essere**, sul **sentire** e sull'**uso del cuore.**

Una delle peggiori conseguenze derivante dal non aver ricevuto attenzioni ed affetto a sufficienza, da bambini, è quella che induce l'essere umano a trasformarsi in un **mendicante dell'amore** cioè un individuo il quale, avendo *paura del rifiuto* (che inconsciamente evoca un dolore infantile) dice sempre "sì" a tutti per essere accettato ed approvato. Così facendo, vive una vita che non è la sua e calpesta la propria dignità divenendo succubo di quel che pensano e dicono gli altri su di lui: ovvero è facile manipolarlo ed usarlo!

Quando la mancanza di amor proprio e di stima nei propri confronti raggiunge livelli profondi, l'essere umano arriva all'**autodistruzione.**

Esempi tangibili sono il suicidio, l'alcolismo, l'uso di droghe e di psico-farmaci, l'anoressia, la bulimia, gli incidenti mortali...

Se tutti i genitori, soprattutto i **padri**, allevassero i propri figli aman-doli incondizionatamente e riservando loro frequenti coccole, baci ed abbracci e frasi amorevoli quali: *«ti amo»*, *«sono orgoglioso di te»*, *«puoi sempre contare su di me»*, *«benedico il giorno in cui sei nato/a»*, *«sei in gamba, ce la farai sicuramente»*... ma anche usando un modo di fare autorevole, ossia fermo ed energico quando la situazione lo richiede, al mondo non ci sarebbero preti pedofili, politici corrotti, delinquenza, prostituzione, droga, povertà, guerre... dolori e malattie.

Senza nulla togliere all'importanza del ruolo materno, la *figura pa-terna* è sicuramente vitale nella educazione di un figlio o di una figlia. In effetti, un conto è crescere con un papà retto e di sani princìpi, affettuo-so, paziente, comunicativo, che gioca con la prole e sul quale si può sempre contare, ed altra cosa è averne uno che si arrabbia facilmente, che urla, che rimprovera spesso, che picchia, che è bugiardo e disonesto e che non ha mai un gesto né una parola amorevole nei confronti di chi ha messo al mondo.

Provate, ad esempio, a chiedere ad un delinquente o ad una prostitu-ta o ad un prete dedito alla pedofilia o ad un politico che fa solo i suoi sporchi interessi, che genere di padre ha avuto, e ne sentirete delle belle riguardo al comportamento di merda del suo genitore.

Le carenze affettive e i dolori sono la causa principale della scarsa considerazione che riserviamo a noi stessi e della mancanza di amore nei nostri confronti. In conseguenza di ciò, senza rendercene conto, col pas-sare degli anni diventiamo i *nostri peggiori nemici* perché sviluppiamo emozioni negative (*paure, rabbia, sensi di colpa, rancori*...) e modi di pensare e di agire che ci inducono a fare scelte sbagliate, a intessere rela-zioni conflittuali, a metterci maschere (*complesso di inferiorità, comples-so di superiorità*), a ricoprire ruoli (*vittima, carnefice*) ed altro ancora. Tutto ciò provoca frustrazioni, patimenti e stress che prima o poi fanno insorgere una malattia oppure provocano una morte prematura. In bre-ve, **non essere stati educati ad avere rispetto per se stessi e a fare governare il cuore è la radice di ogni tormento umano!**

Tanto più laceranti sono le ferite emozionali provocate al *Bambino* che è in noi, tanto più una persona farà del male a se stessa e agli altri!

Nella vita si possono commettere molti errori: nelle relazioni di coppia, con la prole, con il prossimo, in campo lavorativo... Non per questo ci si deve sentire cattive persone o falliti purché ci si ravveda, si chieda scusa e si cambi. Ma, se raggiunta una certa età, i figli non vogliono avere più nulla a che fare con i genitori e li ricusano, allora sì che la parola *fallimento* assume un significato profondamente vero perché vuol dire che non si è stati capaci di trasmettere *amore*. Esiste sempre, comunque, la possibilità di riscattare il passato non essendo mai troppo tardi per **imparare ad amare!**

Credo, fermamente, che siamo venuti al mondo non per soffrire e per farci la guerra ma, al contrario, per essere felici ed imparare a "prenderci per mano" uno con l'altro proprio come fanno i bambini quando si uniscono in un festoso girotondo. Sono sicuro che non sono l'unico a pensarla in questo modo e che siamo in tanti, sempre di più, a nutrire tali sentimenti.

Grazie per aver condiviso ciò che il mio cuore aveva da comunicare. Che Dio benedica tutti quanti noi e i nostri figli!

Con amore
Claudio Bellecca

Ho detto quello che conoscevo per cercare di aiutare un mio simile e non sono stato ascoltato.

Ho chiesto scusa quando ho sbagliato e mi hanno reputato un debole.

Ho aperto le braccia per andare incontro a qualcuno e mi è arrivato uno schiaffo.

Ho cercato di sollevare una persona che era caduta e ho ricevuto un diniego.

Ho fatto cose buone ed amorevoli e sono state giudicate scontate.

Ho esternato con sincerità ciò che pensavo e non sono stato creduto.

Ho versato lacrime di gioia e di dolore, manifestando i miei sentimenti, e mi hanno considerato un "marziano".

Che "strana" è la vita!

*Signore, ti ringrazio per avermi dato anche oggi la forza di stare sulle mie gambe per camminare lungo l'unico sentiero che sento realmente mio: il sentiero dell'**AMORE!***

Letture consigliate

C. Bellecca: Sorella Malattia, tutti i mali non vengono per nuocere – Amazon

K. Trudeau: Vogliono farti ammalare – Oscar Saggi Mondadori

E. Pierrakos: Il sentiero del risveglio interiore – Ed. Crisalide

M. Kataria: Yoga della risata – Ed. La meridiana partenze

Ramtha: Dio in te – Macro edizioni

E. Tolle: Il potere di adesso – Ed. Armenia

M. Emoto: Il miracolo dell'acqua – Ed. Il punto d'incontro

B. A. Brennan: Mani di luce – Ed. Longanesi

B. Marciniak: La via del risveglio planetario – Ed. Stazione celeste

Osho: La mente che mente – Corriere della sera

Osho: La forza di rinascere – Corriere della sera

Osho: La verità che cura – Corriere della sera

S. Scoglio: Apandemia – Amazon

C. Pettinelli, E. Grieco: Tu sei – Edizioni Albatros

Nota: chi lo desidera, può contattare l'autore telefonando
al numero di cellulare **347 1411312**

Indice

Printed in Great Britain
by Amazon

32236618R00216